COLLECTION

Grindelire

CW01664656

CP CYCLE 2

Livre du maître

Marie-Pierre ATTARD-LEGRAND
P.E.M.F.

Pierre CHAULET
P.E.M.F.

Dominique DELOMIER
Maître de conférences en linguistique

Valérie DRÉVILLON
Professeur d'I.U.F.M.

Jean-Paul LARUE
P.E.M.F.

Avec, pour la production d'écrits, la collaboration de :

Jacqueline MASSONNET
I.E.N.

BORDAS

Avant-propos

Lire au CP, c'est entrer dans le monde de l'écrit, se confronter à la richesse de la langue française, en comprendre les mécanismes et se les approprier.

■ Dans la collection Grindelire, deux temps de l'apprentissage sont distingués : la prise de sens à partir d'une histoire de littérature jeunesse d'une part, et la maîtrise du code d'autre part. Même si, bien sûr, dans l'activité de lecture d'un texte, toutes les compétences et toutes les procédures sont mobilisées, les supports et les moments de structuration sont donc volontairement différents.

■ Devenir un bon lecteur nécessite entraînement et réinvestissement, activités proposées dans le manuel et dans les cahiers (lecture de nouvelles phrases ou de nouveaux textes, jeux, devinettes...).

■ Lire, c'est s'instruire et adopter des stratégies de lecture différentes, en découvrant des textes documentaires ou fonctionnels liés aux différentes disciplines du programme.

■ Lire, c'est aussi se familiariser avec l'écrit dans les deux cahiers d'activités qui accompagnent le manuel. De plus, un cahier d'écriture a été spécialement pensé pour apprendre aux enfants de CP d'une part à tracer les lettres minuscules et d'autre part à réaliser des projets d'écriture, véritables situations de communication.

Grindelire offre ainsi la richesse de « vrais » textes et la rigueur d'une progression pour étudier le code. Deux atouts majeurs pour bien apprendre à lire au CP.

Ce livre du maître, dans une première partie, présente l'état de la recherche et les théories relatives à l'apprentissage de la lecture. Dans un deuxième temps, il expose les choix pédagogiques de la méthode. Une troisième partie vous guidera, jour après jour, pour accompagner les enfants dans cette grande année de découverte de la lecture.

Bon CP.

Conception couverture : Killiwatch
Conception de la maquette : Compo 2000
Recherche bibliographique : Isabelle Villeneuve
Illustrations : Annaïck Caraës et Françoise Naudinat
Calligraphie : Nicole Vilette
Réalisation : Compo 2000
Fabrication : Patricia Poinsard
Édition : Claire Delbard

ISBN 2-04-728960-2

Sommaire

Les outils de la méthode

La collection Grindelire est composée de différents outils pour vous aider dans cette année majeure d'apprentissage de la lecture :

• Un manuel unique

• Cinq mini-albums reprenant les histoires du manuel

• Un livre du maître

• Cahier d'activités 1

• Cahier d'activités 2

• Cahier d'écriture

Du matériel collectif :
• une mallette de posters
• un pack de 5 nouvelles histoires
• des fiches à photocopier :
  – évaluation
  – imagier
  – jeux de lecture

Un manuel autour de cinq histoires

■ Phase de découverte : C'est la rentrée ! pages 6-7

■ Abécédaire des prénoms : page 8

		Faire fonctionner la langue	Réinvestir Lire…	Jouer…
Congés Toussaint	 un récit poétique p. 9 : Première de couverture p. 30 : Quatrième de couverture	• le/la/les • il/elle • un/une • un/une/des • le dialogue • chacun • le plus/la plus • et • ou • trois, deux, un	• des phrases • des phrases • des phrases • des phrases • des phrases • des phrases • des phrases • des phrases • des phrases • des phrases	• dessin/phrases • dessin/phrases • vrai ou faux • vrai ou faux • dessin/phrases • dessin/phrases • possible/impossible • vrai ou faux • devinette • devinette
Congés Noël	 un récit de voyage p. 43 : Première de couverture p. 64 : Quatrième de couverture	• l'adjectif attribut • les majuscules • l'adjectif épithète • la direction : vers • mon/ma • ne … pas • ils/elles • son/sa • le/la/les (pronoms) • leur (pronom)	• des phrases • des phrases • des phrases • des phrases • des phrases • des phrases • des phrases • un texte • un texte • un texte	• vrai ou faux • devinette • dessin/phrases • créer des phrases • dessins/étiquettes • définitions • vrai ou faux • jeu du détective • devinette • l'intrus
Congés Hiver	 un récit d'aventure p. 81 : Première de couverture p. 102 : Quatrième de couverture	• c'est/c'était • que fait… ? • l'énumération avec « et » • donner un ordre • était/étaient • tu veux + infinitif • moi, je/toi, tu • car • un panneau/des panneaux • mon/notre	• un texte • un texte • un texte • un texte • une carte postale • un texte • un texte • un texte • un texte • un texte	• charade • vrai ou faux • dessins/étiquettes • devinette • créer des phrases • devinette • vrai ou faux • mots déformés • jeu du détective • dessin légendé
Congés Printemps	 un récit du quotidien p. 119 : Première de couverture p. 136 : Quatrième de couverture	• ne … plus • pourquoi/parce que • qui • le lieu : dans/sur/à • le temps : quand • donner des informations sur un nom • passé/présent/futur • mais	• un texte • un texte • un texte • une liste • une poésie • un extrait de journal • un message • un texte	• jeu du détective • vrai ou faux • blague • jeu de logique • charade • devinette • chaîne • jeu de logique
Congés Été	 un conte p. 149 : Première de couverture p. 166 : Quatrième de couverture	• il se sentait • l'information sur le lieu dans la phrase • Au milieu, surgit un château Au milieu un château surgit • nous = toi et moi • l'énumération avec « ou » • Savez-vous… ? Vous savez… • sa main/la sienne • l'information sur le temps dans la phrase	• un texte • un texte • un texte • une recette • une formule magique • un texte • une poésie • la fin d'un conte	• devinette • jouer avec les mots • vrai ou faux • devinette • charade • créer des phrases • jouer avec les mots • mots cachés

pour apprendre à lire au CP

Étudier le code	Lire des textes documentaires et fonctionnels	Comptines/Poésies	
[a] [l] [y] [m] [i] [r]	• Français : couverture de livre • Espace : carte météo • Vivant : fiche signalétique • Arts plastiques : sculpture	• Pierre Coran, Ho ! Hue ! • Corinne Albaut, Les trois classes	Révisions
[n] [e] [ə] [ɔ̃] [o] et [ɔ] [v] [ʃ] [ɑ̃] [t] [d]	• Espace : tableau des départs et billet de train • Mathématiques : dépliant sur l'euro • Éducation civique : affiche de l'UNESCO • Matière : notice de montage	• Georges Jean, Dans le train roule le temps… • Arthur Rimbaud, Le matin des étrennes	Révisions
[p] [ɛ̃] [f] [u] [s] [ʒ] [ɛ] [b] [k] [wɑ]	• Matière : recette de cuisine • Français : « une » de journal • Arts plastiques : tableaux sur les bateaux • Vivant : écran d'ordinateur	• Jean Richepin, Dans le silence… • Francis Carco, L'averse	Révisions
[g] [j] [ø] et [œ] [ɲ] [z] [wɛ̃]	• Vivant : page d'encyclopédie • Temps : calendrier • Arts plastiques : tableaux de mère et d'enfant • Éducation civique : affiche sur l'hygiène	• Topor, La petite fille • Victor Hugo, À ma fille	Révisions
Les lettres muettes La lettre x La lettre h	• Arts plastiques : manuscrit du Moyen Âge • Temps : photo et schéma légendé d'un château fort • Français : affiche de spectacle • Vivant : article de journal sur le chêne • Éducation civique : règlement	• Jean Moréas, À la fraîche fontaine • Guillevic, La plaine, les vallons plus loin…	Révisions

Partie 1

Qu'est-ce que lire ?

« La compréhension commence en amont de la lecture... » [1]

Lire, c'est comprendre... et après ?

Les Instructions Officielles de 1985 rappelaient déjà la nécessité de faire de la lecture une activité fondée sur le sens des textes. Affirmer que « Lire, c'est comprendre », c'est en effet placer la compréhension au cœur de l'activité lexique et, par voie de conséquence, inciter à mettre en place une pédagogie qui corresponde à cette définition. Mais que signifie-t-elle ? L'acte de lire consiste à intervenir dans un texte pour en actualiser le sens qui s'y trouve à l'état virtuel. De ce fait, il devient difficile de distinguer les éléments du texte qui ne tiendraient qu'au code et ceux qui concerneraient spécifiquement la compréhension : tout concourt à construire le sens du texte depuis le point sur le i jusqu'aux connaissances personnelles du lecteur en passant par les connotations de tel mot ou les sous-entendus de tel énoncé. C'est pourquoi les textes proposés à l'école doivent être, en priorité, des textes de littérature car c'est la condition pour que les enfants soient confrontés aux véritables difficultés et aux richesses de la langue écrite – d'autant plus que, pour certains enfants, l'école sera le seul lieu de la rencontre avec ces textes. Ce qui ne signifie pas que les autres supports doivent être négligés : les écrits sociaux (écrits rencontrés dans la vie de tous les jours : tracts, formulaires, affiches...) contribueront à conférer une fonctionnalité à l'activité de lecture et permettront de faire varier les projets du lecteur : la lecture doit aussi avoir ses motivations.

Puisque l'on sait que l'apport du lecteur dans la lecture est fondamental, il faudra favoriser au maximum les rencontres d'ordre culturel qui permettent d'établir des liens entre les notions rencontrées : tel mot, tel thème ou telle idée doit provoquer une réaction en chaîne de réminiscences auxquelles viennent se mesurer ces évocations nouvelles. Ce sont ces connexions, en effet, qui sont à la base de la compréhension, de la culture et de la pensée.

Ainsi, une fois admise la définition citée plus haut, il est toutefois nécessaire de la compléter car les composantes de l'acte de lire sont multiples. Si les recherches actuelles n'en ont pas achevé la description, un certain nombre de principes sont néanmoins admis et permettent d'en repérer les fondements et les caractéristiques essentiels.

---

1. Chartier, Clesse, Hébrard, *Lire écrire*, Hatier, 1991. Le tome 2 est paru en 1998.

I. LES EXIGENCES DU TEXTE

A. Le système alphabétique français

1. Phonogrammes, morphogrammes et logogrammes

• Phonogrammes

Bien que le système alphabétique français soit relativement transparent – en comparaison de certaines langues comme l'anglais, par exemple, dont les graphies sont nettement moins prévisibles – il comporte un certain nombre de difficultés auxquelles va être confronté le jeune apprenti-lecteur. En effet, si la majorité des lettres sert à transcrire des sons et ce, de façon univoque (d pour [d], u pour [y]) souvent un seul phonème peut se transcrire de plusieurs façons : par exemple, [o] → o, eau, au ; [s] → s, ss, c, ç, t, x (dans dix). À l'inverse, un même graphème se prononcera différemment en fonction de son environnement (exemple : g prononcé tantôt [g], tantôt [ʒ] ; le x cumule à lui seul cinq prononciations différentes : [ks] dans *taxi*, [s] dans *dix*, [ ] dans *deux*, [z] dans *deuxième*, gz dans *exactement*). À travers ces exemples, on voit bien une des difficultés de notre système : il n'y a pas correspondance terme à terme entre la chaîne orale et la chaîne écrite. Mais malgré ces spécificités, notre écriture reste essentiellement phonographique, c'est-à-dire que la majorité des lettres servent à transcrire des sons (80 à 85 % d'entre elles, selon N. Catach [2]). « Apprendre les lettres », c'est donc, en réalité, apprendre les phonogrammes : *eau* est un phonogramme puisqu'il sert à transcrire le phonème [o].

• Morphogrammes

D'autres lettres, en revanche, ont une valeur sémique, c'est-à-dire qu'elles fournissent des indications de sens. Leur fonction est idéovisuelle. Il en est ainsi du s du pluriel, du e qui note le féminin, des désinences verbales qui indiquent la personne, le mode ou le temps (dans la finale *-ait*, *ai* permet d'identifier l'imparfait, *t*, la troisième personne). À ces morphogrammes grammaticaux, N. Catach ajoute des morphogrammes lexicaux. Ce sont des lettres qui appartiennent au mot et qui permettent de visualiser le lien avec le féminin ou les dérivés : il en est ainsi de t dans *petit/petite* et de *respect/respectif.*

• Logogrammes

Enfin, certains mots ne sont identifiables hors contexte que par leur graphie. Ce sont, dans la catégorie des homonymes, les homophones hétérographes comme *selle/celle*, *mal/malle*, dans lesquels les lettres logogrammiques sont les lettres distinctives (s/c, l/ll).

2. Et la combinatoire ?

Par ce terme, on fait souvent référence à deux activités complémentaires relatives au code. D'une part, l'apprenti-lecteur doit découvrir et connaître les relations grapho-phonologiques, c'est-à-dire qu'il doit savoir faire correspondre une lettre à un son, ou plus exactement un graphème à un phonème et vice versa. D'autre part, il doit être capable de combiner entre eux les phonogrammes, afin de reconstituer l'image sonore du mot (ex : *éléphant* = [e] + [l] + [e] + [f] + [ã] ; *cheval* = [ʃ] + [ə] + [v] + [a] + [l]).

La conscience de cette correspondance et de ce fonctionnement détermine la *découverte* du *principe* alphabétique par l'enfant. L'idée même de la correspondance entre une trace écrite et des paroles prononcées ne saurait en effet s'enseigner ; il ne suffit pas de dire simplement aux enfants de l'admettre. En revanche, l'enseignant qui ne pourra jouer ici que le rôle de guide ou d'accompagnateur, favori-

2. N. Catach, *L'Orthographe*, « Que sais-je ? », PUF, 1978 ; *L'Orthographe française*, Nathan, 1980.

sera, par toutes les rencontres qu'il organisera entre l'enfant et l'écrit, ces tâtonnements qui permettront la découverte. Cette phase, qui se situe en amont de l'utilisation d'un manuel, ne doit pas être négligée ni accélérée. Entamée au cycle 1, elle doit se poursuivre aussi longtemps que cela s'avère nécessaire pour les enfants concernés.

On sait que la place accordée à la combinatoire dans les différentes approches de l'enseignement de la lecture a été fluctuante et discutée et a souvent servi à définir telle ou telle démarche (depuis les méthodes syllabiques qui fondaient l'essentiel de leur enseignement sur les correspondances grapho-phonologiques – le B-A BA – jusqu'aux méthodes globales qui en faisaient abstraction au début de l'apprentissage). Aujourd'hui que ces querelles de méthodes sont dépassées et que l'on raisonne davantage sur un principe de réconciliation et de complémentarité entre les activités de compréhension et celles qui visent à assurer la maîtrise du système alphabétique, les recherches les plus récentes, menées aussi bien en laboratoire que dans les classes, font apparaître que, à un moment ou à un autre, on ne saurait faire l'économie d'un travail sur le code.

3. La maîtrise phonologique

Parce qu'il apparaît [3] qu'il y a permanence des traitements grapho-phonologiques chez le lecteur expert, on en conclut souvent [4] à l'importance fondamentale de la phonologie pour l'apprentissage de la lecture.

En effet, l'enfant prélecteur n'a pas conscience des unités qui segmentent son propre discours. À l'oral, les unités sont celles que déterminent le sens, l'intonation et les pauses par groupements de souffle. Les notions de phrase ou de mot ne recouvrent aucune réalité pour le jeune locuteur. *A fortiori* des unités abstraites comme le phonème. Pourtant, pour pouvoir établir les relations qui conviennent entre la chaîne orale et la chaîne écrite, il faut au préalable acquérir la capacité de *« percevoir et se représenter la langue orale comme une séquence d'unités ou de segments tels que la syllabe, la rime, le phonème. »* [5] Une corrélation a en effet été mise en évidence entre cette compétence et le niveau de lecture [6]. Dès la maternelle donc, les enfants seront sensibilisés à la structure phonémique de la langue, par le biais d'activités qui doivent tenir compte de la progression des compétences. Les rimes et les syllabes sont plus facilement et plus rapidement repérées ; les phonèmes le seront un peu plus tard. En effet, J.-E. Gombert établit une distinction entre *capacité épiphonologique* et *capacité métaphonologique*. Les enfants détiennent naturellement la première : ils sont capables de reconnaître de façon intuitive des mots qui riment. En revanche, la deuxième est le résultat d'une prise de conscience des particularités phonémiques de la langue : le travail au niveau du phonème – retrait à l'initiale ou à la finale d'un mot, ajout ou fusionnement – n'est pas envisageable d'emblée avec les enfants entrant à l'école. C'est pourquoi il sera bon de continuer au CP l'entraînement mis en place au cycle 1 car, si la maîtrise phonologique suscite des progrès en lecture, parallèlement, la lecture aide au développement de cette maîtrise [7].

B. Les conventions de l'écrit

Outre la connaissance des correspondances grapho-phonologiques, la prise en compte de certains indices contribue à la lecture et à la compréhension d'un texte.

3. *Cf.* infra.
4. *Cf.* Observatoire national de la lecture, *Apprendre à lire*, Odile Jacob, 1998.
5. M. Jacquier-Roux, M. Zorman, *Entraînement phonologique*, éd. La Cigale, Grenoble, 1998.
6. Cette conclusion est à nuancer. J. Fijalkow, par exemple, remet en cause ces résultats en rappelant qu'ils ont été obtenus sans tenir compte des pédagogies mises en place. Un enseignement qui privilégiera une approche grapho-phonologique sera en effet dépendant d'une bonne maîtrise phonologique, mais la même conclusion est-elle déductible pour d'autres démarches ? *Cf.* J. Fijalkow, *Entrer dans l'écrit*, Magnard, 1993.
7. Voir la deuxième partie pour des exemples d'exercices.

1. La mise en page et les spécificités de chaque support

Être capable, avant même de l'avoir lu, d'identifier la fonction d'un écrit grâce à sa présentation occasionne un gain de temps et promet une lecture plus efficace. Dès le cycle 1, les enfants ont été familiarisés avec la silhouette d'une lettre, reconnaissable à la disposition de ses éléments constitutifs : la date, la formule d'adresse au destinataire, la signature, etc. Des exercices de tris leur ont permis de repérer les spécificités matérielles des différents supports, puis les intentions des différents textes (celles des récits de fiction par rapport à celles des documentaires, par exemple), les rôles des paragraphes ou des illustrations dans un texte scientifique comme dans une recette de cuisine... Par ailleurs, dans ces activités, tout autant que le résultat du classement, c'est le processus classificatoire lui-même qui est intéressant et formateur pour l'enfant parce qu'il suscite des moments de langage fondés sur l'argumentation, la justification, la comparaison. Toutes ces spécificités des différents supports constituent bien un système de signes auquel l'enfant doit être initié. C'est au contact de ces différents écrits qu'il élaborera des repères et des critères de classification, qu'il pourra distinguer entre les traits pertinents et ceux qui ne le sont pas (exemple : la présence de schémas suffit-elle à identifier un texte explicatif ? Notices de montage et recettes de cuisine en comportent également). Cette maîtrise permettra également à l'enfant de construire un projet de lecteur cohérent (Pourquoi ai-je choisi ce livre ? L'ai-je bien choisi en fonction de cet objectif ?) [8].

2. Les indices typographiques

Ils sont constitués par :

• les espaces vierges dans une page : blancs entre chaque mot, alinéas, titres ;

• les majuscules de début de phrase ou de nom propre ;

• les signes diacritiques comme le trait d'union qui permet de distinguer *peut-être* et *il peut être* par exemple ;

• les différentes polices de caractère elles-mêmes, qui sont porteuses de connotations (*cf.* l'analyse d'E. Charmeux [9]) : un commerçant voulant vanter l'authenticité et l'esprit de tradition de ses produits choisira, par exemple, pour son enseigne ou sa publicité, une police de style gothique ; un agent immobilier voulant évoquer le luxe et le confort de ses maisons utilisera les anglaises.

3. La ponctuation

Bien loin de ne servir qu'à isoler des groupes de souffle, elle permet d'élucider le sens en déterminant les groupes fonctionnels – exemple : *Je regarde la femme du wagon d'en face./ Je regarde la femme, du wagon d'en face.* – voire les classes grammaticales – exemple : *Les portions, nous les portions. / Les portions-nous, les portions ?* [10]

C. La langue de l'écrit

1. Langue orale/langue écrite

Les livres et les hommes parlent la même langue : les conventions sémantiques et syntaxiques sont bien, de façon globale, les mêmes à l'oral et à l'écrit. Mais les spécificités de l'écrit peuvent dérou-

---

8. *Cf.* pour développement de cette problématique, G. Chauveau, *Comment l'enfant devient lecteur. Pour une psychologie cognitive et culturelle de la lecture*, Retz, 1997
et Boussion, Schöttke et Tauveron, *Apprendre à lire, bâtir une culture au CP*, Hachette Éducation, 1998.
9. E. Charmeux, *Lire à l'école,* et aussi *Apprendre à lire*, Milan, 1998.
10. Merci à A. Mauffrey et I. Cohen pour ces exemples.

ter les enfants qui n'y auraient pas été préparés. La situation de communication différée implique en effet de ne manipuler que des expressions dont les référents sont dans le texte et non dans une réalité immédiate et palpable. C'est en ce sens que la familiarisation précoce avec les textes de littérature de jeunesse est fondamentale.

Les enfants qui entrent en cours préparatoire ont déjà des compétences linguistiques qui leur permettent de s'exprimer à l'oral et de comprendre un énoncé. Ils ont une maîtrise – imparfaite encore, mais efficiente – du *langage* ; l'école va les amener progressivement à s'interroger sur la *langue.*

Par ailleurs, la difficulté de l'accès à la langue écrite n'est pas la même pour tous : elle est fonction de la qualité affective de la communication au sein de la famille et de l'écart qui existe entre les usages de l'oral des enfants et la langue que ces mêmes locuteurs vont rencontrer d'une part à l'école, d'autre part dans les écrits. Il ne faut donc pas négliger les problèmes qui peuvent se poser à cause de l'organisation de phrases qui bouleversent les habitudes. Que l'on compare en effet l'énoncé suivant : *« Le livre que Mathieu avait oublié à l'école a été volé. »* et la version qu'aurait pu en fournir un enfant : *« Mathieu, son livre, il l'a oublié à l'école et on lui a volé. »* [11]

2. Syntaxe

Quel que soit le domaine considéré, il n'est pas envisageable que la compréhension puisse naître de la juxtaposition des données. C'est dans les liens établis entre elles, dans l'interaction des sources de connaissance que se constituent le raisonnement, l'imagination, la culture. Il en va ainsi de la lecture. Le matériau sur lequel elle travaille est celui de la langue. Le sens d'une phrase ne saurait naître de la simple juxtaposition du contenu sémantique des mots qui la constituent. A. Bentolila développe l'exemple suivant pour illustrer l'importance de la syntaxe :

« Imaginons que quelqu'un écrive avec à-propos : "La chèvre a mangé le chou." Cette suite de six mots invite à une construction du sens qui ne devrait pas choquer. Deux mots, "chèvre" et "chou", sont respectivement chargés de jouer un rôle d'agent (mangeur) pour le premier et de patient (mangé) pour le second. L'animé herbivore "chèvre" entre tout naturellement dans le rôle d'agent ; l'inanimé végétal "chou" accepte volontiers le rôle de patient. L'expérience ainsi évoquée correspond à une attente normale. En revanche, si l'on écrit : "Le chou a mangé la chèvre.", les mêmes six mots imposent de construire une réalité qui amène à penser que décidément le monde n'est plus ce qu'il était ou bien à mettre en question l'état mental du correspondant. » [12]

Ici, ce sont bien l'organisation de la phrase et les positions respectives du sujet et du complément de chaque côté du verbe qui permettent, entre autres, d'interpréter sans ambiguïté l'énoncé. C'est peut-être la fréquence de cette disposition usuelle des mots dans la phrase qui pourrait expliquer la difficulté de la tournure passive pour les enfants. Sur le plan de l'enseignement, il ne s'agit naturellement pas de mettre en place une grammaire explicite mais seulement une conscience du rôle que jouent les mots dans la phrase : qui agit ? sur quoi ? dans quelles circonstances ?

De même, les indices de sens que constituent les accords de pluriel ou de genre sont à exploiter chaque fois qu'ils permettent d'identifier les référents concernés. Exemple : *La maîtresse réprimande les élèves juchés sur une table. / La maîtresse réprimande les élèves, juchée sur une table.*

L'enfant débutant qui cherche à déchiffrer un texte utilise la syntaxe comme fil directeur pour valider ses hypothèses. Il cherche constamment quel mot pourrait bien faire suite, logiquement – c'est-

---

11. Notre exemple met en relief, d'une part la tendance à placer en premier, à l'oral, certains éléments afférents au thème, d'autre part la préférence des enfants pour les énoncés qui suivent la chronologie des événements (d'abord Mathieu oublie le livre, ensuite, on le lui vole).

12. A. Bentolila reprend dans *Apprendre à lire*, op. cit., un article publié dans *Les Entretiens Nathan, Actes II*, 1992.

à-dire selon des exigences de sens et de construction – à cet autre. Il effectuera peut-être des erreurs de type paradigmatique (un mot pour un autre) mais beaucoup moins vraisemblablement des erreurs de type syntagmatique (des associations impossibles) à moins d'avoir abdiqué toute exigence de sens (ce qui peut se produire précisément si la difficulté du déchiffrage est telle qu'il ânonne chaque mot à la suite de l'autre en ayant perdu le souvenir du mot précédent). C'est la syntaxe qui servira donc également à soutenir l'effort de mémoire effectué pour retenir tous les éléments de la phrase.

Par ailleurs, si l'organisation et le rôle des mots sont à observer dans le cadre de la phrase, le texte n'est pas non plus une simple suite de phrases accolées. Le sens se tisse tout au long des chapitres et des paragraphes. Les mots de liaison entre les groupes et entre les phrases instaurent des relations logiques ou chronologiques et confèrent à l'énoncé sa cohérence. Les expressions qui servent à désigner les personnages ou les choses doivent être repérées dans leur coréférence : *un jeune et beau prince, le prince, il, lui, notre héros* sont autant de substituts pouvant susciter des difficultés de lecture chez les enfants qui n'ont pas compris qu'il s'agissait du même personnage. Ils impliquent que l'élève soit capable d'identifier des procédés syntaxiques comme la reprise en genre et en nombre et de valider la cohérence sémantique de l'énoncé.

Ainsi, on le voit, les compétences d'ordre syntaxique, tant au niveau de la phrase qu'au niveau du texte, entrent dans la définition de l'acte lexique et sont directement en relation avec la compréhension en lecture. Si, dans le but de favoriser la lecture, il est légitime de développer ces compétences, il ne faut pas oublier qu'à l'inverse, l'entraînement à la lecture favorisera leur développement.

3. Morphologie et orthographe

Nous avons vu plus haut que le système alphabétique français reposait sur une double organisation. Certaines lettres servent à transcrire des *sons* ; ce sont elles qui font que notre écriture est fondée sur une relation grapho-phonémique. D'autres servent à transcrire autre chose que du son : ce sont elles qui font la nature idéographique de l'orthographe française. En effet, la forme même que revêtent certains mots donne des indications de *sens* : la désinence *-èrent*, terminaison verbale du passé simple, marque à la fois le temps et la personne. Une seule lettre suffit parfois à distinguer la classe grammaticale, comme dans l'opposition *se/ce*, par exemple. Quant aux affixes, ils différencient tout autant qu'ils rapprochent des mots de la même famille *(porter/emporter ; transformer/transformation).*
Enfin, de façon plus générale, la silhouette orthographique d'un mot mémorisée pour avoir été rencontrée plusieurs fois permet une identification rapide pour laquelle les variations graphiques rencontrées dans les homophones hétérographes sont particulièrement efficientes : *selle/celle, vers/verre.*

II. LES COMPÉTENCES DU LECTEUR

La lecture est avant tout une activité linguistique qui met en jeu les compétences sur la langue définies plus haut. Mais bien d'autres données essentielles entrent en compte.

A. Une implication personnelle et affective

1. L'univers de l'enfant et l'univers de l'école

Les enfants entrent au CP avec un certain nombre de représentations, à la fois sur l'école et sur l'écrit. Ces représentations se construisent aussi bien dans la famille – où les propres relations des parents avec le système scolaire distillent déjà, de façon inconsciente, des influences – qu'à l'école –, où le premier contact avec l'écrit, sans être déterminant de façon définitive, prend néanmoins valeur de précédent. Ce vécu a pu développer une curiosité, des attentes positives ou bien des appréhensions et des découragements. Les enfants ont pu retrouver dans le contexte scolaire un mode de communication qui leur était familier, et donc y fonder des repères constructifs ou, au contraire, se heurter à un univers étranger, différent de leur culture familiale, et donc s'en sentir exclus [13]. Un véritable refus de l'apprentissage a pu se développer chez certains enfants par peur de devenir différents des leurs ou au contraire pour affirmer leur opposition au milieu familial. Ce contexte socio-affectif n'est pas sans conséquence sur les apprentissages. Il apparaît de plus en plus comme une des raisons de l'échec scolaire. Parce qu'il est difficile de prendre en compte ce genre d'influences, on fait bien souvent comme si elles n'existaient pas, alors que toute procédure d'enseignement peut se heurter à des réticences, voire à des blocages. Quelles pourraient être les solutions ?

2. Quelques pistes pour trouver des solutions

• Prendre en compte les représentations de chacun [14]

Qu'est-ce que l'école ? Comment est-elle organisée, autour de qui ? À quoi sert-elle ? Qu'en attendent les enfants ? Qu'y apprend-on ? À quoi sert l'écrit ? Où le rencontre-t-on ? Les repères des enfants doivent être formulés afin que le maître puisse les compléter, voire les corriger. De même, il serait bon d'expliciter l'organisation spatiale (repérer les différents lieux dans l'école) et temporelle (le calendrier scolaire, les vacances) propre à l'univers scolaire dans lequel l'enfant va désormais évoluer. On multipliera les rencontres avec l'écrit, dans et hors les livres, dans et hors l'école (littérature et écrits sociaux, affichages dans le préau et dans la rue).

• Agir sur ces représentations en développant des attentes positives

L'attitude du maître, toute de bienveillance envers les élèves, est fondamentale pour qu'ils se sentent égaux. Ils seront évalués, non pas jugés. Présenter des activités stimulantes, s'engager avec les enfants dans des projets communs, privilégier le plaisir, y compris de l'effort et de la rigueur, sont des conditions nécessaires pour construire des apprentissages.

Le choix des livres présentés sera donc très important : on sait la valeur cathartique de la littérature de jeunesse sur les enfants [15].

• Établir des liens entre l'école et les parents

Chaque fois que l'enseignant pourra faire entrer les familles dans l'école, les faire participer à ses projets, expliquer pour elles ses démarches, leur parler simplement d'égal à égal, il aura mis une chance de plus du côté des enfants. L'entrée dans le monde de l'écrit constitue à la fois une émancipation et une acculturation, c'est pourquoi il est nécessaire d'être accompagné par les familles. Le recours à un manuel peut déjà constituer un lien entre les milieux scolaire et familial : le même outil sera utilisé dans les deux lieux, les parents pourront suivre la progression de leurs enfants.

• Donner, le plus possible, du sens aux activités

Trop souvent, la finalité des activités est purement scolaire : pour les enfants, il s'agit d'effectuer une performance qui satisfasse l'enseignant. Cet objectif ne constitue pas une motivation suffisante pour tous, en particulier pour ceux qui craignent de décevoir. Ceux pour qui le monde du savoir est un monde étranger qui ne les concerne pas ont besoin, plus encore que les autres, d'être associés à un **projet** redonnant un sens à des activités qui, sinon, seraient totalement coupées de leur réalité. Si toutes les situations d'apprentissage ne s'y prêtent pas, la formulation claire d'objectifs communs à atteindre, tant par le maître que par les enfants, contribue à instaurer un climat de responsabilisation, de confiance et de défi à relever.

---

13. *Cf.* à ce sujet J. Fijalkow, *Entrer dans l'écrit*, Magnard, 1993.
14. *Cf.*, pour un développement de cette problématique, J. Bernardin, *Comment les enfants entrent dans la culture écrite*, Retz, 1997.
15. B. Bettelheim, *Psychanalyse des contes de fées*, Laffont, 1976.

• Varier les modes d'intervention dans la classe et jouer de la diversité des organisations en groupe

La position frontale du maître face à la totalité du groupe-classe est intéressante dans certaines situations comme, par exemple, lors d'une séance de lecture-découverte, car les remarques des uns profitent aux autres. Elles permettent, en effet, à ceux qui ont besoin à ce moment-là d'un apport d'informations plus grand de construire leurs apprentissages. Mais cette organisation ne saurait être la meilleure pour d'autres types d'activités. J. Fijalkow en décrit bien les inconvénients : les enfants sont constamment guidés par les apports d'information du maître ou, dans le meilleur des cas, par son questionnement, ce qui ne laisse pas suffisamment de place à une activité autonome. Par ailleurs, cette organisation *« favorise fortement la comparaison sociale et une compétition incessante entre les enfants. »* [16] C'est pourquoi le travail en ateliers peut être une manière pour le maître d'intervenir de façon moins directive et, pour les enfants, de travailler, soit de façon individuelle en suivant enfin leur propre rythme, soit en s'appuyant sur la coopération plutôt que sur la compétition. En effet, les enfants doivent être formés à l'entraide, non seulement dans une perspective morale et civique, mais aussi dans le but d'installer une attitude métacognitive. Ils auront à expliciter les uns pour les autres leurs démarches et leurs stratégies utilisées pour les diverses tâches d'apprentissage et donc à les formuler, les analyser et les confronter à celles des autres.

Ce n'est donc que dans ce contexte de confiance et de motivation que pourront se construire des apprentissages qui comportent, par ailleurs, des données purement mécaniques.

B. Une activité d'ordre physiologique

1. On lit avec ses yeux

Lire, c'est d'abord utiliser ses yeux (même s'il est possible de s'en passer, en ayant recours à l'écriture braille, par exemple.) Or, les représentations que l'on a de l'activité oculo-motrice ne sont pas sans relation avec les définitions de l'acte lexique et, partant, avec les pédagogies qui y sont liées. En effet, si l'on imagine, comme on le faisait autrefois, qu'au cours de la lecture, l'œil se déplace selon un mouvement continu et linéaire depuis la première lettre de la ligne jusqu'à la dernière, il s'ensuit assez logiquement que les enseignements portent de façon quasi exclusive sur les correspondances grapho-phonologiques, c'est-à-dire sur le B-A BA. Selon ce schéma de représentation, le lecteur ne fait que réagir de façon assez passive aux stimuli – les informations visuelles – transmis par le texte. Aujourd'hui, la maîtrise du code, après une période transitoire où son influence a été minimisée, apparaît à nouveau fondamentale, mais les recherches en laboratoire, rendues désormais possibles par les avancées de la technique, dessinent une tout autre conception de l'acte de lecture [17].

2. L'activité oculaire

En réalité, le prélèvement de l'information apparaît comme une opération beaucoup plus active, même si l'on sait maintenant que l'œil reste plus souvent immobile qu'en mouvement. Le regard ne saisit pas chaque lettre à la suite l'une de l'autre mais en fixe un certain nombre (entre sept et dix) et se déplace par saccades pour passer d'une fixation à une autre. Ce mouvement a pour rôle de placer les signes devant le centre de la rétine, nommé fovéa, car c'est à cet endroit précis que la discrimination est la plus fine. Il se fait bien sûr de gauche à droite mais également par régressions, c'est-à-dire par retours en arrière. Le nombre de lettres ainsi saisies en une seule fois détermine ce que l'on

16. J. Fijalkow, op. cit.
17. Dès 1879, le docteur Javal avait observé la discontinuité du mouvement de l'œil (mentionné par E. Jamet, *Lecture et réussite scolaire*, Dunod, 1997), mais il ne disposait pas des outils technologiques actuels pour préciser sa découverte.

appelle l'empan visuel. En marge de la zone fovéale, les caractères qui s'éloignent du centre de la rétine sont néanmoins perçus par le lecteur, sur le plan orthographique et peut-être aussi phonologique, mais pas complètement identifiés : ils ne fournissent aucune information d'ordre sémantique. En revanche, ayant été l'objet d'un pré-traitement, lorsqu'ils accèdent à leur tour à la zone fovéale au cours de la saccade suivante, un certain nombre d'informations est déjà disponible. L'identification s'en trouve accélérée [18].

C. L'identification des mots

1. Pour l'apprenti lecteur

On admet généralement que, lorsqu'un enfant apprend à lire, sa compétence d'identification des mots passe par trois phases successives.

Lorsqu'il n'en est qu'au **stade logographique**, l'enfant traite les mots qu'il rencontre comme des images. Il est capable de reconnaître hors contexte celui qu'il a vu souvent sur une affiche, mais à condition qu'il n'y ait aucune modification de police ou de couleur. C'est le dessin du mot qui est identifié, en dehors de tout indice de type linguistique (en revanche, la présence et la place d'une lettre « haute » comme le t ou d'une lettre « qui descend », comme le j contribuent à la mémorisation de la silhouette du mot, tout comme les oreilles et les moustaches servent à identifier le lapin).

Au **stade alphabétique**, l'enfant a pris conscience du *principe* alphabétique, de l'existence des lettres et de leur relation avec la chaîne phonologique. Il devient capable de déchiffrer, c'est-à-dire d'effectuer une conversion grapho-phonologique.

Enfin, au **stade orthographique,** l'identification est une reconnaissance globale de la forme du mot qui lui associe d'une part une correspondance phonologique, d'autre part un sens. L'enfant devient capable de reconnaître et d'identifier les mots qu'il a stockés dans son lexique orthographique, mais contrairement à ce qui se passe au stade logographique, il lui est possible, pour effectuer cette identification, de prélever des indices linguistiques et donc de retrouver le mot quelle que soit sa présentation.

Si la logique de ces trois stades est bien de l'ordre de la succession, il ne faudrait pas en conclure que l'évolution s'effectue de façon définitive et sans retour. Il est clair qu'un même enfant en cours d'apprentissage utilisera, selon les mots rencontrés, l'un ou l'autre de ces principes d'identification.

2. Pour le lecteur expert

Même si l'identification de la majorité des mots par le lecteur expert se fait par la reconnaissance orthographique, c'est-à-dire par adressage, encore appelé voie directe – je vois le mot, je l'identifie – il apparaît désormais que la maîtrise des relations phonèmes-graphèmes est indispensable pour l'usage d'un système alphabétique comme le nôtre. En effet, les résultats des recherches les plus récentes font ressortir que la conversion grapho-phonologique perdure, en certaines occasions, chez le lecteur expert et fait donc partie intégrante du processus lexique. Lors de la lecture, certains items sont donc reconnus globalement, ceux que le lecteur a déjà rencontrés plusieurs fois et mémorisés (c'est, de façon privilégiée, le mode d'identification des mots irréguliers) ; d'autres (noms propres, mots inconnus, techniques ou étrangers) sont décodés, si nécessaire [19], de façon analytique. La diffé-

---

18. *Cf.* E. Jamet, op. cit.

19. Malgré les certitudes de certains chercheurs, le détail du processus de lecture n'est pas encore clairement compris. Il semblerait que certains mots inconnus puissent être traités, reconnus même, lorsqu'utilisés à plusieurs reprises dans le même texte, sans être réellement analysés. Par ailleurs, les travaux les plus récents montrent également que les deux voies – directe et indirecte – seraient activées conjointement, et que la plus rapide – la voie directe – est plus efficiente pour les mots familiers.

rence qui pourrait être établie entre l'analyse du lecteur expert et celle de l'apprenti lecteur est que le premier est capable de traiter des unités plus grandes que la lettre et que le graphème, comme les morphèmes ou d'autres unités infra-lexicales (des terminaisons comme *-tion*, *-ment*, des syllabes).

Par ailleurs, des tests de lecture portant sur des pseudo-mots (comme *tirouli* par exemple) permettent d'évaluer les performances en décodage strictement. D'autres qui reposent sur des mots irréguliers (comme *oignon* ou *femme*) sont, au contraire, significatifs des compétences dans le domaine de la reconnaissance orthographique. Or, il s'avère, à l'expérimentation, et bien que les raisons de cette relation ne soient pas totalement élucidées, que les lecteurs performants en décodage le sont également en identification directe des mots.

Enfin, et comme nous le verrons plus bas, une autre corrélation mettant en jeu maîtrise et compétences dans le domaine des correspondances grapho-phonologiques est celle qui existe entre ces dernières et les habiletés de compréhension. En effet, les lecteurs les plus compétents en décodage et identification des mots seraient ceux qui auraient le plus de chances de mieux comprendre [20].

Il est indéniable que les automatismes portant sur le traitement du code doivent être travaillés et développés auprès des enfants. Mais, il ne faut pas oublier que *« leur acquisition correspond [...] d'une certaine manière, à la conception étroite, brute, rudimentaire de l'apprentissage, objectif de l'*alphabétisation *d'hier, mais notoirement insuffisante pour répondre à l'ambition de* lecturisation *d'aujourd'hui. »* [21]

D. Des compétences d'ordre culturel

Pour donner du sens à un texte, il faut d'une part avoir un projet de lecture (lire pour son propre plaisir, pour répondre à une question que l'on se pose, pour trouver une information...) et d'autre part, combiner deux sources d'information : les connaissances antérieures sur la matérialité du support, la situation d'utilisation, le sujet, etc., c'est-à-dire les *« informations non-visuelles »* et par ailleurs les éléments tirés du texte, le prélèvement d'indices *i.e. « les informations visuelles »* [22]. Entre ces deux catégories d'information, l'influence est réflexive car, d'une part, le prélèvement d'indices s'opère, semble-t-il, en fonction d'hypothèses sémantiques, d'autre part, ces dernières sont influencées par les indices prélevés. La culture antérieure du sujet intervient donc, y compris dans la perception. E. Charmeux en tire pour conséquence que lors de sa première rencontre avec l'écrit, l'enfant pourra ne rien percevoir, d'où la nécessité d'un véritable « bain d'écrit » préalable à toute tentative d'enseignement. Les savoirs à développer sont d'ordres très divers.

1. Types d'écrit et formes de discours

Il est nécessaire, nous l'avons vu, de faire découvrir les enjeux individuels et sociaux des différents supports. À chaque type d'écrit correspond une stratégie de lecture et un projet de lecteur. L'annuaire téléphonique induira une lecture sélective pour une fonction de recherche. Par ailleurs, les textes ont des spécificités de présentation (informatifs : schémas, tableaux... ; narratifs : chapitres et paragraphes), de langue (prédominance du présent de l'indicatif, de la troisième personne pour les textes informatifs ; système du passé avec alternance imparfait/passé simple pour le discours narratif), d'intention (expliquer, informer pour l'un ; distraire, faire plaisir pour l'autre). À la lecture de ces différents textes, le lecteur construit peu à peu et affine ses représentations des particularités de chacun. À l'inverse, la représentation qu'il se fait de la fonction et du fonctionnement de l'écrit qu'il a sous les yeux influence

---

20. *Cf.* une étude de Bell et Perfetti (1994) qui l'a démontré ainsi que les travaux de L. Sprenger Charolles dont *Lire : lecture et écriture*, PUF, 1996.
21. A. Mauffrey, I. Cohen, *Lecture – Éléments pour une pédagogie différenciée*, A. Colin, 1995.
22. Terminologie de F. Smith, *cf. Devenir lecteur*, A. Colin, 1986.

sa stratégie de lecture et le choix des indices qu'il prélève. La faculté de prévoir la structure d'un récit ou d'une fable constitue une aide à l'élaboration et à la mémorisation de la macrostructure du texte. Les grandes lignes de l'histoire, les événements principaux sont emmagasinés dans un ordre logique.

2. Les expériences personnelles

Pour un enfant, ce sont les premières connaissances à être construites. Le vécu du lecteur et ses différents savoirs permettent de convoquer, lors de la lecture, une représentation, parfois appelée modèle mental, de la situation évoquée par le texte. *« Comprendre, c'est toujours se donner des représentations mentales de la situation proposée, enrichir et stabiliser progressivement ces représentations, en interprétant les données nouvelles en fonction de schémas déjà mis en mémoire. »*[23]

On le voit ici, cette définition de la compréhension en lecture correspond au modèle constructiviste des apprentissages, pour lequel la représentation interne, partielle et incomplète au départ, s'enrichit progressivement au contact de nouvelles informations jusqu'à ce qu'elle corresponde exactement au savoir enseigné. Cette idée s'oppose à une conception traditionnelle qui distribuait à chacun un rôle bien arrêté : l'enfant, tel un récipient vide, devait recevoir tel quel le savoir constitué, en lui versé par le maître, détenteur de ce savoir. À ce modèle se substitue celui de l'enfant (re)constructeur de son savoir, actif jusque dans ses erreurs. Le savoir est un objectif à atteindre, une découverte individuelle qui passe par des phases de tâtonnements et d'approximations. Selon ce point de vue, les écarts par rapport à la norme ne sont pas perçus comme des manques mais comme des étapes sur le chemin de l'appropriation d'un concept[24]. Le maître devient un accompagnateur, un guide.

3. Les connaissances d'ordre littéraire

Tous les repères que le lecteur aura pu élaborer sur les textes en faciliteront la réception. Ainsi, la connaissance des thèmes spécifiques du conte ou de l'aventure policière permettent de créer un horizon d'attente. Par ailleurs, l'intertextualité permet d'accéder à une autre dimension du sens. On goûte toute la saveur du loup de M. Aymé[25] lorsque l'on a en mémoire celui des contes ; le renard de Roald Dahl[26] s'inscrit dans la lignée de celui de La Fontaine ; il est intéressant de voir en quoi il s'en démarque. D'où, pour le maître, la nécessité d'instaurer en classe une lecture en réseau[27]. Toute œuvre étudiée devrait être resituée à l'intérieur d'un ensemble défini par une communauté d'auteur, d'illustrateur, de thème, de personnages, ou même de structure. Les enfants doivent être amenés à établir des liens entre les livres afin de construire des représentations qui seront mobilisées lors des lectures suivantes. Le vécu du lecteur, ce sont aussi ses rencontres précédentes avec des livres.

4. Les connaissances culturelles

Il a été démontré que, lorsque l'on fait lire un texte technique à un groupe d'individus, le temps de lecture est beaucoup moins long pour les spécialistes du domaine concerné. Cet exemple rend compte d'une réalité : les connaissances qu'un lecteur a du sujet interviennent dans sa compréhension du texte. Ainsi, pour des adultes, l'appréhension d'un roman dont l'action se déroule au Moyen Âge sera facilitée par la capacité du lecteur à identifier le contexte historique et à construire des attentes par rapport au sujet. L'anticipation sera facilitée, ainsi que la reconstitution du sens d'un mot inconnu.

---

23. Chartier, Clesse, Hébrard, op. cit.
24. *Cf.* E. Ferreiro, *Lire-écrire à l'école. Comment s'y apprennent-ils ?* CRDP de Lyon, 1988.
25. M. Aymé, *Le Loup*, Gallimard, 1939.
26. R. Dahl, *Fantastique Maître Renard,* Gallimard, 1970.
27. Nous utilisons cette expression en référence à M. Foucault, pour qui le livre ne constitue pas un système clos, mais dépasse sans cesse ses propres limites. Il constitue donc un *« nœud dans un réseau »* : M. Foucault, *L'Archéologie du savoir*, Gallimard, 1969. Pour des exemples d'exploitation pédagogique, voir B. Devanne, *Lire et écrire. Des apprentissages culturels*, A. Colin, 1992.

Les connaissances sur les pratiques sociales d'autres sociétés, les savoirs théoriques et pratiques, tous les types de connaissances permettent d'effectuer des inférences, c'est-à-dire des raisonnements déductifs à partir des données du texte. *« Ainsi, le référentiel est de moins en moins le monde de l'expérience vécue, mais le monde de l'expérience modelée par les savoirs, formels et informels, livresques et empiriques, procéduraux et langagiers, locaux ou généraux, qui élargissent considérablement le pouvoir de compréhension de chacun. »*[28]

On comprend, par conséquent, pourquoi tout miser sur les savoirs fondamentaux sous le prétexte des lacunes des enfants, du manque de temps ou des pressions sociales, aux dépens de la culture constituerait une erreur. *« L'apprentissage de la lecture se nourrit de tous les apprentissages construits par ailleurs dans les programmes "à contenus" extérieurs à l'enseignement du français : découverte du monde, éducation civique, arts plastiques, éducation physique et sportive. »*[29]

Face au texte, l'enfant met en jeu ses acquisitions antérieures et construit ainsi sa lecture en même temps que son apprentissage. C'est en effet dans et par la lecture que vont également se construire de nouveaux savoirs.

E. Un processus cognitif

Le principe de compréhension n'est pas une problématique propre à l'écrit. Il apparaît d'ailleurs que les individus compétents pour appréhender l'écrit le sont également dans le domaine de l'oral. En d'autres termes, certaines compétences et procédures mises en jeu dans la compréhension écrite – traitement syntaxique, mobilisation des connaissances, mise en mémoire, anticipation – font partie du processus général de compréhension. Mais des différences demeurent.

Comprendre un texte, c'est construire pour soi, à partir du matériau linguistique, une représentation de son sens global en intégrant les informations fournies par la combinaison des mots. Chaque unité de sens définit ce que l'on appelle une proposition. « Une phrase peut être composée de plusieurs propositions. Ainsi, la phrase "Le jeune homme attend devant la gare délabrée" comprend quatre propositions :

– l'homme attend,

– l'homme est jeune,

– l'homme est devant la gare,

– la gare est délabrée. »[30]

À cette liste de propositions explicites, on pourrait en ajouter d'autres, liées au contenu implicite ou à l'absence de certains mots :

– cet homme a déjà été mentionné dans le texte (sens de l'article défini) ;

– la gare est une gare de chemin de fer puisqu'elle n'est pas caractérisée (elle n'est pas routière)…

Le lecteur devra donc traiter les différentes propositions d'une phrase et d'un texte, mais ce traitement lui-même se fera en fonction des modèles mentaux qu'il aura développés.

1. Le rôle de la mémoire

Le travail de décodage, d'identification, de prélèvement d'indices morpho-syntaxiques et sémantiques resterait inopérant si les informations recueillies n'étaient pas conservées en mémoire. Les

28. Chartier, Clesse, Hébrard, op. cit.
29. Observatoire national de la lecture, op. cit.
30. E. Jamet, op. cit.

données sont associées entre elles et avec l'ensemble des expériences passées du lecteur, activées dans ce que l'on appelle la mémoire à long terme. La mémoire à court terme, elle, permet d'effectuer ce traitement en conservant le matériau nécessaire à disposition sous forme d'impressions, de jugements, d'idées. La mémoire à long terme a une durée illimitée alors que la mémoire à court terme est ponctuelle et n'a qu'une faible capacité. Ainsi, en ce qui concerne les propositions dont nous parlions plus haut, lorsqu'un certain nombre d'entre elles auront été mémorisées grâce à la mémoire de travail, ces propositions seront stockées dans la mémoire à long terme sous forme de condensé. Ce condensé, qui constituera en quelque sorte un résumé du texte, servira à son tour d'information convoquée par la mémoire à court terme pour interpréter de nouvelles propositions.

L'effort de mémoire de l'enfant qui ânonne est trop important : lorsque le bagage des mots qui peuvent être identifiés directement n'est pas suffisant, le déchiffrage porte sur une succession de données qui doivent être mémorisées mot à mot, tout en anticipant en même temps sur la suite du texte. D'où la nécessité d'effectuer des retours en arrière laborieux pour restaurer l'identité de la phrase dans sa logique syntaxique et sémantique.

2. Le non-dit ou une compétence d'ordre logique : les inférences

Nous avons vu que la compréhension à l'écrit n'était pas sans rapport avec la compréhension à l'oral. *« Cependant, un texte se distingue d'autres types d'expression par sa plus grande complexité. Et la raison essentielle de cette complexité, c'est qu'il est un tissu de non-dit. »* Umberto Eco s'intéresse ici à l'activité du lecteur expert et à ce qu'il appelle *« la coopération interprétative »*. En effet, le lecteur, quelle que soit la simplicité du texte, est amené à effectuer des raisonnements mettant en jeu à la fois ses connaissances des conventions textuelles et sa propre logique.

« Étant donné la portion textuelle :

Jean entra dans la pièce. "Tu es revenu, alors !" s'exclama Marie, radieuse,

il est évident que le lecteur doit en actualiser le contenu à travers une série complexe de mouvements coopératifs. […] En premier lieu, le lecteur doit actualiser sa propre encyclopédie de façon à comprendre que l'emploi du verbe /revenir/ *présuppose d'une manière quelconque que le sujet s'est précédemment éloigné. En second lieu, il est demandé au lecteur un travail inférentiel pour tirer de l'emploi de la conjonction adversative* /alors/ *la conclusion que Marie ne s'attendait pas à ce retour et de la détermination* /radieuse/ *la certitude qu'elle le désirait ardemment. »* [31]

L'exemple d'Umberto Eco s'appuie sur le contenu sémantique des mots eux-mêmes. Il faut comprendre par ailleurs que les inférences s'effectuent tout autant sur le lien - ou l'absence de lien - entre les énoncés. Ainsi, Jocelyne Giasson [32] propose comme exemple d'activité inférentielle les deux phrases suivantes :

« La roue se détacha de la voiture. La voiture percuta un arbre. »

Le lien de cause à effet entre les deux événements décrits n'est pas explicite et doit être restauré par le lecteur. De même, elle fait apparaître le caractère déductif de la compréhension en lecture à travers l'énoncé suivant :

« Dans la classe, nous avions deux poissons rouges, Pollux et Castor. Ce matin, il n'en reste plus qu'un. Pollux est mort. »

À partir des informations données par le texte, le lecteur inférera que Castor est vivant.

---

31. U. Eco, *Lector in fabula*, Milan, 1979.
32. J. Giasson, *La Compréhension en lecture,* De Bœck, 1992. Voir aussi du même auteur, *La Lecture - De la théorie à la pratique*, Gaëtan Morin, 1995.

Ainsi, perception des présupposés et élaboration d'inférences sont constitutives de l'activité du lecteur qui, grâce à ses connaissances, pourra combler les trous sémantiques du texte.

3. L'anticipation

En utilisant conjointement sa culture sur l'époque, l'auteur ou le type de texte, ses connaissances sémantiques et syntaxiques, le contexte, la nature des derniers mots, le registre de langue, le lecteur peut anticiper les événements ou les structures qui vont suivre, voire le ou les mots à venir. Plus le lecteur avance dans sa lecture, plus le champ des hypothèses se resserre, moins il y a de possibilités et plus la lecture est aisée, même s'il ne faut pas oublier que les mots les moins prévisibles sont ceux qui renseignent le plus. Sans anticipation, l'effort ne porte que sur la mémoire de travail qui se trouve rapidement saturée. Ainsi, freinés par l'effort de décodage, les débutants qui déchiffrent, ne parviennent pas à prélever le sens. C'est pourquoi un enseignement qui ne porterait que sur le code négligerait une partie essentielle de l'acte lexique.

Les indices du texte qui servent de base à l'anticipation, et qui peuvent être de tous ordres, comme nous l'avons vu (lettres, mise en page, lexique, morphologie…) ne seront pas les mêmes pour tous les lecteurs. Ce prélèvement de détails s'opère en fonction des connaissances et du vécu de chacun. En conséquence de quoi, il n'y aura pas une mais des lectures. Par ailleurs, nous avons vu que dans l'énoncé en apparence le plus clair, un travail inférentiel s'opérait à la fois au niveau du lexique et des relations logiques. *A fortiori* lorsque l'auteur se livre à des sous-entendus ou des allusions à demi-mot. C'est tout cela qui est à lire. C'est à cela qu'il faut préparer les enfants.

III. L'INTERACTION ENTRE ACTIVITÉS DE LECTURE ET ACTIVITÉS D'ÉCRITURE

« Cette activité [l'écriture] a des effets en retour extrêmement importants sur la lecture, ne serait-ce que parce que les enfants sont sans cesse obligés de se relire au fur et à mesure qu'ils avancent dans leur production. » [33]

A. Lecture et écriture

Les pratiques scolaires actuelles ne font plus dépendre l'accès à l'écriture de la maîtrise de la lecture ; les activités portant sur ces deux compétences s'accompagnent, sans que l'une ou l'autre soit seconde. Pourtant, elles diffèrent nettement quant aux processus cognitifs qui entrent en jeu. Alors que l'acte lexique mobilise des compétences de reconnaissance pour l'identification des mots ou des lettres, l'acte graphique nécessite une connaissance plus complète. Il est possible de reconnaître une forme, un visage, sans pour autant pouvoir les dessiner parce que la reconnaissance consiste en une simple confrontation-vérification entre l'image stockée en mémoire et l'objet présent. La reproduction, en revanche, nécessite une analyse préalable de l'objet beaucoup plus précise et ce, qu'il soit présent ou absent. C'est dire que le travail de copie n'est pas aussi simple qu'il y paraît. Malgré ou en raison de ces différences, lecture et écriture doivent être abordées conjointement parce qu'elles s'éclairent mutuellement, quel que soit le niveau de l'apprentissage.

En effet, au tout début, l'enfant qui doit écrire un mot est aidé par le fait de l'avoir déjà rencontré dans les textes, parce qu'il en a fixé l'image. Mais inversement, l'analyse nécessaire à la production construira une meilleure connaissance et donc reconnaissance du mot. En effet, le mot qui aura été produit, sur l'identité duquel on se sera interrogé, sera reconnu plus facilement lorsqu'il sera

33. Chartier, Clesse, Hébrard, op. cit.

rencontré au hasard d'un texte. Enfin, la lecture permettra à nouveau de vérifier l'exactitude de l'hypothèse écrite.

Il en est ainsi pour l'identification et la reproduction des mots mais le procédé est le même pour toutes les conventions afférentes à l'écrit. Ainsi, pour la ponctuation par exemple, son rôle est perçu dans les textes lus, mobilisé dans les productions, puis à nouveau validé dans les textes.

De même, au niveau du texte tout entier, les enfants rencontrent dans leurs lectures des exemples de différentes structures ou d'effets esthétiques variés. Lorsqu'on leur demande de produire un « à la manière de… » – même si le pédagogue doit lutter par ailleurs contre un effet trop étroitement modélisant du recours aux textes pour les productions – les allers retours lecture/écriture sont la condition même de l'activité. Dans d'autres types de démarche, lorsque les enfants sont directement confrontés à la page blanche, ils mettent à l'épreuve leurs intuitions, se constituent des questionnements, qui trouvent leurs réponses dans une confrontation aux textes, avant de retourner à la rédaction.

Enfin, dans tous les cas, la lecture est impliquée de façon évidente dans l'activité de production à travers les multiples relectures qu'effectue le scripteur au cours de son travail.

B. Les étapes de l'apprentissage de l'écriture

E. Ferreiro[34] a décrit avec précision les représentations que les enfants se font de l'écrit. Elle distingue principalement quatre niveaux même si, à l'intérieur de chacun, elle isole de nombreuses sous-catégories.

1. Au premier niveau, deux stades sont appelés **pré-syllabiques**.
D'abord, l'enfant cherche à transcrire des noms selon un code qui lui est propre. Il s'agit d'un graphisme inventé et qui ne cherche pas à prendre en compte la forme sonore du mot. En revanche, l'enfant intègre dans son tracé la représentation de certaines caractéristiques d'ordre sémantique : par exemple, le prénom de son père comportera plus de lettres que le sien parce que son père est plus grand que lui. À ce niveau, les enfants font une lecture globale du mot sans prendre en compte les différents éléments du graphisme qui ne sont pas forcément des lettres (*cf.* le stade logographique pour la lecture). Plusieurs mots pourront prendre la même forme graphique puisque c'est l'intention subjective de l'enfant qui prévaut.
Dans un second temps, cette intention subjective se heurte à la découverte de la nécessité de traduire des mots différents par des symboles différents. La variation pourra se faire sur un seul élément du tracé, mais elle existe. Il n'y a toujours pas de correspondance entre parties sonores et parties graphiques ; la lecture est toujours globale.

2. Ce n'est qu'à un deuxième niveau, appelé **syllabique**, que l'enfant prend conscience d'une correspondance entre ses traces écrites et un son. Mais cette correspondance s'établit d'abord au niveau de la syllabe. À un signe écrit, qui peut être une lettre réelle ou inventée, aléatoire ou correcte[35], correspond désormais une syllabe.

3. À un troisième niveau, l'hypothèse syllabique coexiste avec l'analyse en phonèmes. L'écriture est dite alors **syllabico-alphabétique**, c'est-à-dire que certaines lettres transcriront des syllabes et d'autres des phonèmes.

---

34. Emilia Ferreiro, op. cit.

35. E. Ferreiro distingue une double compétence métaphonologique : *« Nous parlons de* correspondance sonore *quand l'enfant contrôle la quantité des lettres d'un mot par rapport à la quantité des syllabes ou des phonèmes qu'il identifie, et nous parlons de* valeur sonore conventionnelle *quand l'enfant met, pour ces syllabes ou phonèmes, les lettres qui correspondent à l'écriture de sa langue. »*

4. Au dernier niveau, l'écriture est **alphabétique** : cette fois, la correspondance terme à terme se fait entre chaque signe graphique et un phonème de la langue. À ce stade, ne sont pas pour autant résolus les problèmes de l'espace entre les mots ni de l'orthographe, qui se construira peu à peu.

Cette progression de l'apprentissage envisagé sous l'angle de l'écriture correspond bien à celle que nous avons présentée sous l'angle de la lecture. On y retrouve les stades logographique (niveau 1) et alphabétique (niveaux 2,3,4) et une ouverture vers une appréhension d'ordre orthographique. Le point essentiel de la recherche d'E. Ferreiro, c'est d'avoir permis de comprendre que les erreurs doivent être considérées comme des étapes de l'évolution, d'avoir montré qu'il existait une progression parmi ce que l'on avait pu considérer comme de simples gribouillis et d'inciter à retenir les réussites plutôt que les manques.

C. Quelles approches envisager ?

Une définition de la production d'écrit pourrait comporter au moins trois points :
• une activité d'ordre linguistique mettant en jeu le langage et les signes graphiques dans les conditions de la communication différée,
• une activité motrice qui consiste dans le tracé des signes et le maniement des outils,
• et un troisième point qui les résume ou les englobe : une activité de choix et d'analyse de la situation de communication pour sélectionner non seulement le registre de langue, mais aussi les mots justes, la forme de discours, les types d'écrit et de support qui conviennent.

Parmi les différentes démarches que l'on pourrait mettre en œuvre, et sans que cette liste soit exhaustive ni que l'ordre de présentation constitue une progression, voici celles qu'il faudrait retenir.

1. La dictée à l'adulte

Produire un texte constitue une activité très difficile, qui met en jeu de nombreuses compétences à mobiliser en même temps. C'est pourquoi, avant même de savoir écrire, les enfants doivent pouvoir s'exercer à la production. Le principe devenu maintenant traditionnel de la dictée à l'adulte consiste à transformer le maître en secrétaire de la classe, un secrétaire actif, bien entendu. Les enfants sont ainsi confrontés très tôt (dès le cycle 1) aux nécessités d'explicitation maximale de l'écrit en vue de produire un message destiné à autrui, sans être inhibés par les questions graphiques ou orthographiques. Ils prennent conscience de la spécificité de la communication différée car, jusque-là, leur représentation de l'écrit pouvait être celle d'une simple transcription terme à terme de l'oral. Ils rencontrent et manipulent les structures syntaxiques propres à l'écrit. La dictée à l'adulte permet par ailleurs de détruire une autre illusion selon laquelle l'écrit s'élaborerait naturellement, comme le langage, sans brouillon. Le principe de la relecture s'impose sans se limiter à des préoccupations d'ordre orthographique. Les difficultés ne sont pas toutes affrontées au même degré et peuvent suivre une progression : les élèves sont entièrement déchargés de celles qui portent sur la maîtrise de l'acte graphique ; celles qui concernent l'orthographe sont également levées par le maître seul, qui sollicitera néanmoins de plus en plus les enfants, au fur et à mesure de l'augmentation de leur capital de mots. En revanche, l'attention se porte sur la structure du texte et des phrases, sur le choix du mot juste, sur l'adaptation du registre de langue à la situation de communication… Par ailleurs, l'activité collective permet de dédramatiser la relation à l'écrit. Les diverses réécritures font naître une argumentation entre élèves autour des choix effectués et permettent de rendre explicites les opérations mentales qui s'effectueraient sinon dans la solitude de celui qui écrit. En effet, le maître ne manquera pas de formuler tout haut et de décomposer le travail d'énonciation auquel il se livre avec l'aide des enfants.

2. Produire à l'oral

On produit un message pour être compris, donc toutes les activités qui aident à se décentrer, la prise en compte de la compréhension de l'autre sont intéressantes. Ainsi, on pourra travailler à l'oral sur des situations de communication intermédiaires entre une communication directe et une communication différée : des jeux ou des activités nécessitant le recours au téléphone ou au magnétophone engagent l'enfant producteur à se mettre à la place de son destinataire afin de lui donner les informations nécessaires à la compréhension.

D'autres situations d'énonciation orale proches de celle de l'écrit peuvent être envisagées pour développer cette attitude de décentration : faire le récit d'une sortie ou raconter une histoire lue sont autant d'occasions d'éprouver sa capacité à se faire comprendre. Dans ce dernier cas, on distinguera cette activité de *re*production qui consiste à reformuler l'histoire, d'une véritable activité de production à la suite de la lecture des textes (inventer la suite d'une histoire, inventer un épisode supplémentaire…).

Il ne s'agit donc pas ici simplement de parler mais bien de produire un récit et ce, à partir de divers supports. Une image unique permet surtout de provoquer des échanges informels autour d'une description, éventuellement d'une narration. Mais très vite les images séquentielles permettent d'exploiter la cohérence de la succession des événements, soit pour amener les enfants à la repérer, soit au contraire pour jouer à la détourner, la modifier. Par ailleurs, les textes constitueront des supports privilégiés. Leur intérêt, par rapport à l'image, est qu'ils suscitent la reproduction à l'oral, et donc la mémorisation, de formules ou de structures de l'écrit.

3. Écouter des textes pour le plaisir

L'entrée au CP ne devrait pas marquer la fin de ces moments privilégiés d'écoute qui permettent, d'une part de rappeler les enfants au plaisir de la lecture, d'autre part de les familiariser avec la langue écrite. C'est bien dans les textes que se trouvent les exemples et la mise en fonctionnement d'une langue parfois très différente, nous l'avons vu, de celle de l'oral (que l'on songe aux difficultés que peut occasionner pour l'apprenti lecteur l'écrasement phonétique, c'est-à-dire la contraction de certaines voyelles à l'oral : faire correspondre la forme graphique *« je ne sais pas »* à la forme connue *« ch'sais pas »* n'est pas chose aisée).

Les textes choisis ne doivent donc surtout pas faire l'impasse sur les difficultés propres à l'écrit, comme celles que pose le système du passé – et donc l'usage du passé simple et du plus-que-parfait – sous prétexte d'être à la portée des élèves.

4. Travailler le geste graphique

Dans la continuité de la maternelle, les apprentissages qui reposent sur la manipulation des divers outils scripteurs, sur la variété des supports où le repérage dans l'espace de la feuille continueront à accompagner ceux qui portent plus précisément sur le graphisme lui-même. Les programmes de 1995 préconisent l'usage de l'écriture cursive. Au CP, la production des majuscules cursives ne sera pas nécessairement imposée. Nous pensons, en revanche, que les textes lus, eux, doivent impérativement les comporter puisque, sans elles, on prive les enfants d'indices importants pour leur exploration du texte d'une part et d'autre part, on ne leur donne pas l'exemple d'un véritable écrit.

5. Copier

Le travail de copie lui-même présente de grandes difficultés et devrait être effectué quotidiennement. Il nécessite d'abord une observation et une analyse des signes à copier afin d'en construire une représentation mentale. Ensuite, il met en jeu le geste graphique et les habiletés motrices. Dans un premier temps, les lettres copiées ne sont pas nécessairement identifiées en tant que telles par tous les enfants qui peuvent n'y voir, au début, que des formes de tracé. Les unités analysées ne correspondront donc pas forcément à des lettres mais éventuellement à des groupes indistincts. On voit bien que cet entraînement à l'analyse des mots en unités ou à la mémorisation de groupes de lettres ne peut que trouver sa correspondance dans les activités de lecture. Quant au projet d'écriture, il serait bon qu'il existe aussi pour les activités de copie : chaque fois que c'est possible, il faudrait privilégier des situations vraies où l'on a besoin de garder trace de telle liste de mots ou de constituer des étiquettes pour un cahier ou un casier…

6. Produire à l'écrit

Nous avons vu que la langue de l'écrit différait de celle de l'oral. Elle représente un degré maximal d'explicitation par rapport à la pensée, diffuse et pas toujours verbalement organisée. La donnée essentielle à prendre en compte dans la production d'écrit, c'est l'absence du récepteur. Le scripteur doit en effet toujours se projeter dans la lecture de son destinataire, prendre de la distance par rapport à son propre texte pour relire, non pas ce qu'il a voulu écrire mais ce qu'il a réellement écrit. D'où la nécessité de mettre en place des démarches qui facilitent cette mise à distance du texte, comme une relecture différée dans le temps ou réalisée en commun avec les pairs. D'où également l'instauration de projets d'écriture dans lesquels l'enfant s'implique réellement. Car, contrairement à la production orale, l'écriture a besoin d'être motivée, elle ne répond pas systématiquement à un besoin. C'est pourquoi, chaque fois que ce sera possible, on privilégiera des textes susceptibles d'être montrés, diffusés ou utilisés réellement.

La production pourra être envisagée par groupes ou de façon individuelle, avoir pour point de départ des images, la lecture d'albums ou des situations de vie, correspondre à tel ou tel type de texte mais devra être nécessairement variée. Il faudra aussi mettre en place, au cours de l'année, l'habitude de reprendre son texte pour le retravailler, ne serait-ce, dans un premier temps, que pour revoir la précision du graphisme ou la mise en page.

Partie 2

Les choix pédagogiques de la méthode Grindelire

Comme on l'a vu dans la première partie, lire est une activité complexe qui nécessite un investissement personnel important de la part de l'apprenti lecteur qui va acquérir un grand nombre de compétences dans le domaine de la lecture. Pour qu'il réussisse cette conquête et devienne un vrai lecteur, l'accès au sens est aussi important que la maîtrise du code, ces deux compétences indissociables se confortant l'une l'autre.

UN CHOIX PÉDAGOGIQUE DÉTERMINANT : DISSOCIER LE TRAVAIL SUR LE SENS DU TRAVAIL SUR LE CODE

Dans le manuel, nous avons regroupé les pages des histoires avec leur exploitation pédagogique d'une part, les pages de travail sur le code d'autre part. Nous avons donc nettement dissocié, dans chacune des cinq périodes :

– les textes des histoires, à partir desquels est mené un travail de mémorisation, de fonctionnement de la langue et de réinvestissement ;

– les pages où apparaît le lutin Grindelire dans des grandes images qui permettent un travail sur les sons, puis sur la combinatoire.

Fondant notre méthode d'apprentissage de la lecture sur des textes de littérature jeunesse, nous avons choisi de faire lire aux enfants de vraies histoires et non pas des textes écrits pour satisfaire à l'étude de certains sons. Il devenait dès lors artificiel de proposer une progression pour l'approche des sons dans le cadre de l'étude des histoires. Nous avons donc complètement séparé le travail sur les sons et l'entraînement de la conscience phonémique de l'étude du texte. En effet, cet entraînement s'exerce de façon privilégiée à partir des mots d'une langue, puisque c'est à partir du mot et non de la phrase, encore moins du texte, que l'on peut établir les phonèmes [1]. Nous considérons donc le tra-

1. Rappelons que le phonème est une unité abstraite, accessible seulement par une analyse du matériau phonétique d'une langue précise.

vail sur le code comme une série « d'activités décrochées » de la lecture et des activités autour du texte ce qui n'exclut pas, bien au contraire, d'avoir recours à l'analyse phonémique ou à la combinatoire lors de la lecture du texte avec les élèves. En effet, travailler le code n'est pas lire : ce sont deux activités de nature différente qui mettent en jeu des compétences distinctes, mais complémentaires. Les élèves réinvestissent les compétences acquises lors de ces activités décrochées sur le code au moment de l'activité de lecture. Nous avons pris le parti de faire apparaître clairement ces différences dans notre méthode.

De plus, nous avons privilégié l'entrée par le son pour le travail sur le code. Dès lors, nous avons voulu que les supports sur lesquels les élèves travaillent soient séparés dans leur présentation mais également dans leur esprit. Grindelire, le lutin malin, se retrouve sur toutes les fiches-sons dans une grande illustration qui permettra au maître, sous forme de jeu, de faire trouver aux enfants des mots contenant le son étudié.

Dissocier dans la présentation du manuel les pages d'exploitation sur les textes et le travail sur le code ne veut pas dire pour autant rejeter le travail correspondant en un seul bloc à la fin de chaque histoire. Bien au contraire : dans le livre du maître, nous montrons que ces deux types d'activités doivent être alternés. Cependant, l'autonomie des pages-sons par rapport aux pages d'exploitation des histoires permet, au maître qui le souhaite, de suivre sa propre progression pour l'approche des sons, au sein d'une période.

Ainsi, pour faire de l'apprenti lecteur un vrai lecteur, nous avons choisi :

– de lui proposer de lire de vrais textes qui l'aideront à devenir un chercheur de sens, riche d'une culture aussi large que possible ;

– de lui permettre de maîtriser le code, clé d'une lecture efficace.

I. LIRE DE VRAIS TEXTES

A. Lire des textes de littérature jeunesse

En entrant au CP, l'enfant, nourri en maternelle d'histoires passionnantes, est parfois déçu par les efforts qu'on lui demande de faire pour apprendre une technique sur des textes construits afin de faciliter l'acquisition d'un son ou de structures syntaxiques simples, mais dont l'intérêt est limité. Alors qu'il s'était familiarisé avec des structures narratives parfois complexes, il doit tout à coup déchiffrer des phrases insipides et cette expérience en décourage plus d'un dans son approche de l'écrit. Or, le prélèvement du sens inhérent à l'acte lexique implique que le texte en comporte un ! Pourquoi les enfants produiraient-ils l'effort considérable d'élucidation d'un texte s'ils ne devaient être payés en retour par la gratification que constitue l'accès à un monde dont les clés ouvrent de réelles perspectives ? Pour qu'existe cette « envie de lire », envie de savoir, envie de connaître (*cf.* première partie, II.A. Une implication personnelle et affective), il faut que l'apprenti lecteur trouve, dans les textes qu'il découvre, matière à construire de nouveaux savoirs, matière à rêver, matière à imaginer.

1. Richesse des histoires

• Richesse du texte

Nous avons donc travaillé à partir de textes riches qui ne font pas l'économie du « second degré », de la dimension symbolique ou métaphorique, en un mot de la connivence culturelle et intellectuelle. Les cinq textes du manuel sont des histoires inédites, écrites pour nous par des auteurs de jeunesse de renom, sans impératifs inhérents à l'étude des sons, comme nous l'avons déjà mentionné.

Ces cinq histoires présentent un large éventail de thèmes et de genres. Alternativement ancrées dans le réel et dans l'imaginaire, elles sont proches des intérêts des enfants, en particulier grâce à leurs personnages.

Ces histoires mettent en place des situations d'énonciation variées. Deux récits imaginaires utilisent le système du passé (qui marque un récit coupé du moment de l'énonciation avec l'alternance imparfait/passé simple). En effet, si l'on veut faire lire aux enfants de vrais textes, il est indispensable qu'ils lisent des récits au passé. Il serait absurde de les cantonner dans des histoires au présent/passé composé sous prétexte qu'ils ne maîtrisent pas le passé simple. Temps réservé à l'écrit, c'est à l'écrit qu'ils doivent le rencontrer. Par ailleurs, tous les textes incluent également des moments de dialogue entre les différents personnages, qui donnent plus de vivacité aux récits.

• Richesse de l'illustration

Les illustrations ont été réalisées avec le plus grand soin pour s'adapter au style de chaque histoire. L'illustration peut avoir plusieurs fonctions par rapport au texte : elle peut donner des informations partielles, servir d'entrée dans le champ contextuel et nourrir les hypothèses des enfants. Elle peut être simplement illustrative, purement redondante et répondre à un objectif esthétique et facilitateur. Elle peut dépasser le sens du texte et en permettre une lecture métaphorique, poétique. Elle peut enfin être contradictoire et apporter une dimension argumentative ou humoristique. On le voit, texte et image s'associent au fil des pages pour aider l'enfant à entrer dans l'univers de l'écrit.

• Cinq mini-albums

Les cinq histoires contenues dans le manuel sont également publiées sous forme de mini-albums. Les enfants pourront ainsi retrouver leurs histoires préférées sous forme de « vrais » livres de jeunesse, à manipuler avec les enfants le plus souvent possible dans le coin-bibliothèque de la classe.

1. *Le lièvre et la tortue Rosemonde* est un **récit poétique** écrit et illustré par Pef. Cette histoire courte, au vocabulaire très simple est intéressante pour son implicite et permet de faire le lien avec les histoires d'animaux lues en maternelle. Le déchiffrage du texte sera facilité par des illustrations redondantes, bien adaptées à l'âge des enfants.

2. *Petit voyage à Londres* est un **récit de voyage** écrit par Elsa Devernois et illustré par Jean-François Dumont. Cette histoire réaliste fait entrer les lecteurs dans une expérience du quotidien : deux enfants partent à la découverte de Londres avec leur mère. Le texte est disposé par groupes de souffle et se trouve systématiquement au-dessous de l'illustration. Celle-ci est d'abord redondante pour faciliter le déchiffrage du texte, puis donne des informations de plus en plus partielles par rapport au texte.

3. *Va, petit mousse, où le vent te pousse*.... est un **récit d'aventures**, écrit par Michel Amelin et illustré par Jérôme Ruillier. Il s'agit d'une histoire de pirates pleine d'humour mettant en scène Jambe-de-Bois, un pirate haut en couleur et un orphelin qui fait l'apprentissage de l'existence. Les illustrations renforcent le côté humoristique et imaginaire de cette histoire qui finit bien. La disposition du texte par rapport à l'illustration est plus libre : tantôt le texte est situé au-dessus de l'image, tantôt au-dessous et parfois il vient en habillage, à côté de l'illustration.

4. *La petite sœur de Julien* est un **récit du quotidien** écrit par Marie-Hélène Delval et illustré par Régis Faller. Il aborde la question de la naissance d'un bébé, à travers les interrogations de Julien, son futur grand frère. Les enfants de CP pourront facilement s'identifier à Julien ou à ses amis et cette histoire, écrite dans un style plus oral, ne les laissera pas indifférents. Les dessins sont de taille variable et se présentent parfois sous forme de vignettes qui n'illustrent qu'un des aspects du texte.

5. *Le dernier enchantement de Merlin* est un **conte**, inspiré de la légende de Merlin. Écrite par Évelyne Brisou-Pellen, spécialiste des légendes bretonnes, et illustrée par Stéphane Girel, cette courte

histoire du Moyen Âge plonge les enfants dans un monde merveilleux. Le texte de l'histoire est présenté non plus par groupes de souffle mais, comme dans la plupart des livres de poche jeunesse, justifié à droite et à gauche.

On ne s'étonnera pas de la place importante des textes narratifs dans notre manuel à côté des textes documentaires : c'est la forme de discours par excellence pour les jeunes enfants. Les textes narratifs leur permettent en effet de s'engager affectivement, à partir de modèles textuels familiers ; ils les ouvrent au monde imaginaire et les incitent à la recherche de relations entre différentes histoires, créant ainsi des horizons d'attente qui facilitent l'entrée dans le texte.

2. Des textes lus par épisodes, dans leur intégralité

Les enfants, avec l'aide du maître et en collaboration avec leurs camarades, lisent intégralement des textes longs de qualité. La conquête du texte est à la portée de tous les enfants et c'est ensemble, du moins au début, qu'ils questionnent le texte pour le lire dans sa totalité.

Le recours à des textes longs implique une lecture par épisodes. Cette façon de les aborder suscite le désir de découvrir la suite de l'histoire, favorise l'anticipation, la formulation d'hypothèses sur le devenir des personnages et encourage ensuite la recherche dans le texte des indices permettant de vérifier les hypothèses formulées. La lecture par épisodes permet également un travail à l'oral de remémoration et de reformulation du début de l'histoire, premières étapes du travail de production d'écrit qui, on le verra plus loin, est indissociable de l'acte de lire. Les trois premiers textes comportent ainsi dix épisodes chacun, les deux derniers huit : la longueur de chaque épisode augmente progressivement au fil du manuel. L'illustration, tout en conservant une place importante, occupe un espace moindre dans la page au fur et à mesure que l'on avance dans l'année et que les compétences de l'enfant en lecture augmentent.

3. La lecture en réseaux

Lire des livres de jeunesse, c'est offrir aux enfants la possibilité de lectures en réseaux (*cf.* première partie, II.D.3. Les connaissances d'ordre littéraire) dont B. Devanne a montré l'intérêt tant pour les textes que pour les illustrations[2]. Ainsi, les enfants vont pouvoir lire d'autres albums du même auteur, dans la même série ou dans des séries différentes, identifier des albums du même illustrateur, retrouver dans d'autres livres la « griffe » qui les aura séduits. Ils rechercheront également d'autres ouvrages sur le même thème… par exemple des albums qui mettent en scène les mêmes animaux *le lièvre et la tortue Rosemonde*, racontent des histoires de pirates (*Va, petit mousse, où le vent te pousse)*, relatent des voyages (*Petit voyage à Londres)*… Les axes d'exploration sont nombreux. Mais les pistes d'investigation vont bien au-delà, puisqu'elles peuvent être complétées par des recherches documentaires, s'orienter dans le domaine poétique… – voies multiples, stimulantes pour les enfants et riches de potentialités d'apprentissage.

Pour chaque histoire, vous trouverez dans ce livre du maître des pistes bibliographiques qui vous aideront à enrichir le coin-bibliothèque de la classe et permettront ces confrontations.

Nous avons donc choisi d'offrir aux enfants la possibilité de lire des textes de littérature de jeunesse aux histoires et illustrations riches, de les lire par épisodes, dans leur intégralité, et d'explorer ensuite la pertinence d'une lecture en réseaux.

2. B. Devanne, *Lire et écrire des apprentissages culturels*, tome 1, A. Colin, 1992.

B. Lire tous types de textes

Lire, ce n'est pas seulement lire des textes narratifs. On lit aussi dans bien d'autres situations (cf. première partie, II.D.1. Types d'écrit et formes de discours). Mais on lit alors autrement : on n'aborde pas une page d'encyclopédie, un horaire de train, une fiche de montage de la même façon qu'un texte narratif. Savoir ne pas tout lire, sélectionner seulement l'information utile dans une page, dans un tableau… en un mot adapter ses stratégies de lecture aux types de textes abordés et aux projets de lecteur que l'on se fixe sont des compétences que les enfants peuvent commencer à acquérir dès leur entrée dans l'écrit.

• Des documents variés…

C'est pourquoi, à côté des cinq textes d'auteurs, nous proposons pour chaque période quatre à cinq documents, thématiquement reliés à l'histoire : ils confrontent l'enfant aux situations de lecture les plus variées et l'aident à adapter ses stratégies de lecture au type de texte qu'il a à lire. En effet, il nous a paru indispensable de donner à l'enfant les moyens de s'intéresser à tous les écrits de sa vie quotidienne mais surtout de retrouver à l'école la réalité quotidienne de l'écrit. Ces reproductions de documents sont accompagnées de pistes qui en permettent l'exploitation avec les élèves. À partir de ces documents et de ces pistes, l'enseignant pourra donc encourager chez les enfants des attitudes de recherche dans les écrits sociaux qui les entourent pour élargir leurs observations et faire le lien avec la réalité.

•… liés aux disciplines du programme de cycle 2

Nous avons sélectionné une grande diversité de documents que nous reproduisons dans le manuel. Ils invitent à des prolongements pluridisciplinaires variés : carte météo, billet de train et tableau d'affichage des départs de trains, page de journal pour enfants, etc… Nous avons veillé à couvrir, dans l'ensemble du manuel, les différents domaines du programme du cycle 2, en particulier tous les aspects de la découverte du monde ainsi qu'une ouverture à la citoyenneté et aux arts plastiques.

Domaines disciplinaires		Support	Période
Découverte du monde	**Vivant**	Fiche signalétique Écran d'ordinateur Page d'encyclopédie Page de journal pour enfants	1 3 4 5
	Espace	Carte-météo Billet de train et tableau d'horaires de départ	1 2
	Temps	Calendrier Photo et schéma légendé	4 5
	Matière	Notice de fabrication Recette de cuisine	2 3
Mathématiques		Dépliant sur l'euro	2
Français		Première de couverture d'un livre « Une » d'un journal Affiche de spectacle	1 3 5
Éducation civique		Affiche de l'UNESCO Affiche sur l'hygiène Règlement	2 4 5
Arts plastiques		Sculpture Tableaux Manuscrit du Moyen Âge	1 3 et 4 5

Nous avons choisi de faire lire tous types de textes, donc des documents variés, toujours en liaison avec les programmes officiels du cycle 2.

C. Lire des textes poétiques

Travailler la poésie permet des apprentissages spécifiques où les acquisitions linguistiques se mêlent étroitement à l'affectif et à l'imaginaire. *« Que l'on se donne donc la peine de pratiquer la poésie »* [3] conseillait André Breton : si les enfants ont eu l'expérience de la poésie, ils auront le désir et la possibilité d'en lire et d'en écrire. La poésie contribue à développer l'imaginaire, elle stimule l'imagination tant du fait des images sonores que des images visuelles puisque la disposition des poèmes est différente de celle des autres textes. L'ouverture sur l'univers poétique implique en fait une autre forme de communication, que certains enfants ne rencontreront jamais s'ils ne la découvrent pas à l'école.

Pour chaque période, nous avons choisi deux comptines ou poésies en rapport avec l'un des thèmes de l'histoire ou les moments de l'année. En proposant des comptines pour la première période, nous avons souhaité établir des liens avec le travail effectué à la maternelle concernant les jeux sur les sonorités et les rimes dont on sait l'importance pour l'apprentissage de la lecture. De plus, l'une de ces comptines propose un cadre simple au premier projet d'écriture de la méthode. Comptines et poésies seront l'occasion de familiariser les élèves avec ces formes d'expression différentes, de les entraîner à des exercices de diction et de mémorisation mais également à des exercices de compréhension fine. Les poèmes sélectionnés sont variés : poèmes d'auteurs contemporains (Topor, Carco), mais aussi extraits de poèmes du patrimoine littéraire (poésies de Victor Hugo et Arthur Rimbaud par exemple). La lecture de textes poétiques, par l'ouverture au monde imaginaire, enrichira également la lecture des textes narratifs. Par ailleurs, l'enseignant aura tout intérêt à relier cette forme d'expression artistique à l'approche d'œuvres d'art, surtout s'il veut engager les enfants à écrire à leur tour des poèmes. Il ne faut pas perdre de vue que toutes ces activités se font pour développer chez l'enfant une attitude de chercheur de sens.

D. Se forger une culture

L'enseignant de CP peut être tenté de réduire l'entrée dans l'écrit à une technique. Or, l'enfant doit être stimulé dans son désir d'apprendre et accompagné dans ses efforts. S'il est indispensable qu'il lise des textes de qualité, il a tout autant besoin qu'on lui en lise. L'enfant doit, en effet, pouvoir accéder au sens de l'histoire par la médiation de l'adulte lecteur. Il est important qu'il voie des adultes qui lisent… ainsi que le recommandent les auteurs de *La Maîtrise de la langue à l'école* : *« Un enseignant qui lit, qui montre qu'il lit, qui parle de ses lectures, qui n'hésite pas à les insérer explicitement dans les activités de la classe, est un enseignant qui suscite la lecture autour de lui. »*

C'est pourquoi nous avons intégré au livre du maître des textes de lecture-plaisir, thématiquement reliés aux différentes histoires du manuel ou à la période de l'année (les saisons et les fêtes qui rythment la vie de l'enfant…). Ces textes authentiques, que l'enseignant lira à haute voix pour faire partager son propre plaisir de lire, donneront aux enfants envie de lire à leur tour. Quand le texte est court, il figure en entier dans le livre du maître ; dans le cas contraire, des extraits sont proposés. La référence précise permettra alors à l'enseignant de se reporter à l'œuvre complète si elle plaît aux enfants et si elle correspond à un thème de la vie de la classe. Créant complicité et connivence entre le maître et les élèves, ce moment de lecture-plaisir aidera les enfants à enrichir leur culture de l'écrit, nécessaire pour aborder leurs futures lectures.

Nous pensons qu'il est préférable de conserver à ces lectures leur caractère gratuit de « lecture-cadeau » : le maître sera donc attentif à laisser venir les questions et les remarques s'il y en a, à évi-

---

3. André Breton, *Entretiens 1913-1952*, Gallimard, 1973.

ter soigneusement de les solliciter, l'objectif essentiel de cette activité étant d'emporter l'adhésion de l'enfant.

Que les élèves lisent de vrais textes ou qu'ils écoutent des textes lus par l'enseignant, ils sont confrontés, dans tous les cas, à des œuvres de qualité qui leur permettent d'acquérir une attitude de chercheur de sens et d'élargir leur culture.

Encore faut-il qu'à côté des indices culturels fournis par les textes, les élèves soient à même de prélever les indices liés au fonctionnement du code.

II. LA MAÎTRISE DU CODE, CLÉ D'UNE LECTURE EFFICACE

On sait que, dans notre système d'écriture, on ne peut faire l'économie de la découverte du phonème pour apprendre à lire : pour savoir lire, l'enfant doit découvrir le principe alphabétique (le fait que les lettres codent des sons) et doit le découvrir par lui-même. De fait, les enseignants de CP observent fréquemment que se produit un déclic : « Tout à coup, ils savent lire ! » Mais tous les enfants ne vont pas faire cette découverte au même moment. Si certains sont capables de mettre en jeu le principe alphabétique très tôt (les enfants peuvent acquérir la conscience du phonème en maternelle), tous n'ont pas acquis cette conscience du phonème en arrivant en CP. Il est donc nécessaire d'entraîner la conscience phonique pour faciliter la découverte du principe de relations sons-lettres.

A. La discrimination auditive

Les compétences de discrimination auditive sont souvent développées en maternelle, mais nous avons choisi de proposer un travail systématique. Pour quelques enfants, il viendra renforcer des compétences déjà bien installées et constituera une révision. Pour d'autres, cette exploration systématique des sonorités de la langue afin d'affiner leur conscience phonémique est une aide indispensable à la lecture et doit être poursuivie tout au long de l'année de CP.

De nombreux exercices contribueront à favoriser l'accès à la conscience du phonème, en particulier :

– repérer les mots qui riment dans une liste à l'oral ou en trouver d'autres,

– compter les syllabes d'un mot,

– segmenter des mots en syllabes,

– reconnaître des syllabes identiques dans une liste,

– assembler des syllabes pour constituer un mot,

– supprimer une syllabe d'un mot (la première ou la dernière),

– segmenter une syllabe en phonèmes,

– compter les phonèmes d'un mot,

– reconnaître le phonème identique à l'initiale ou à la finale dans une liste de mots ou repérer l'intrus (voyelle ou consonne),

– proposer un mot commençant par le phonème proposé,

– fusionner les phonèmes,

– supprimer des phonèmes [4].

---

4. *Cf.* M. Jacquier-Roux, M. Zorman, *Entraînement phonologique*, éd. La cigale, Grenoble, 1998.

L'entrée par le son, que nous avons privilégiée, nécessite l'emploi de la phonétique. Repères pour le maître, les caractères phonétiques sont systématiquement associés à la représentation d'un mot-clé qui permet à l'enfant de savoir de quel son il s'agit. **L'ordre de présentation des sons choisi tient compte de la fréquence des sons dans la langue française.**

Le travail systématique sur les compétences de discrimination auditive constituera une solide révision.

B. Les correspondances grapho-phonologiques

(*Cf.* première partie I. A. 1. Phonogrammes, morphogrammes et logogrammes.)

Dans notre système graphique, la chaîne des phonèmes ne correspond pas terme à terme à celle des graphèmes. À un même phonème peuvent correspondre à l'écrit plusieurs graphies différentes : le phonème [z] par exemple, peut correspondre à la lettre z, dans *zèbre*, ou s dans *rose*. À l'inverse, une même lettre peut correspondre à des phonèmes différents : la lettre t correspond par exemple au phonème [t] dans *taxi*, mais à [s] dans *nation* ou encore ne correspond à aucun phonème dans *lent*.

À cette difficulté s'ajoute l'existence de morphogrammes, c'est-à-dire des lettres qui ne servent pas à transcrire du son mais du sens (le s du pluriel par exemple). Enfin, les mots homophones posent le problème des logogrammes : ainsi, *ver* se distingue-t-il de *verre* par la seule forme orthographique.

Si ces difficultés doivent être découvertes par les élèves à travers leur rencontre en contexte, il n'en est pas moins nécessaire d'en systématiser l'étude par des activités de structuration.

Les correspondances phonographiques seront donc abordées, à partir de la découverte d'un son, en suivant des critères de fréquence (*cf.* § III.B. p. 38).

C. La discrimination visuelle

De plus, l'enfant est amené à différencier les lettres les unes des autres : il devra savoir distinguer b de p, de q, etc. ; il va devoir également apprendre à reconnaître une même lettre quelle que soit la police de caractère utilisée, à reconnaître un mot, qu'il soit écrit en script ou en cursive, en minuscules ou en majuscules.

Là encore, de nombreux exercices entraînent ces compétences dès la maternelle, mais il est indispensable de les renforcer tout au long du CP.

Le code est à la lecture ce que le solfège est à la musique. Il est nécessaire de travailler systématiquement le code, mais – de la même façon qu'un point de solfège est travaillé séparément, et même dans un cours différent, de l'étude d'un morceau – il faut dissocier les moments de structuration du code, de la lecture comme prise de sens même si les références au code se font aussi en situation.

Il convient à présent d'examiner comment nous envisageons l'exploitation pédagogique des cinq histoires de notre manuel et l'entraînement des compétences liées à la maîtrise du code.

III. LE TRAVAIL PROPOSÉ

Comme nous l'avons montré, l'apprenti lecteur (comme plus tard tout lecteur expert) cherche du sens à partir de repères, d'indices de toute sorte (lettre déjà connue, mot mémorisé globalement en maternelle ou dans les premières leçons…), s'efforçant de trouver à quoi correspondent les lettres qu'il voit. Au préalable, on l'a dit, l'enfant doit découvrir et comprendre le principe alphabétique. Or, nombre d'activités peuvent faciliter cette découverte.

Le problème est donc de savoir quelles aides mettre en place pour y contribuer et faire en sorte qu'à l'issue du cycle 2, l'enfant soit capable :

– de construire du sens et d'entrer dans la culture de l'écrit,

– de maîtriser les mécanismes d'un décodage « fiable » des mots,

– de s'approprier « la langue des livres » et de produire des textes à sa mesure.

Nous avons choisi d'associer à chaque épisode de l'histoire, qui figure dans le manuel sur la page de gauche, une proposition d'exploitation pédagogique sur la page de droite. Viennent ensuite les pages consacrées à la maîtrise du code, puis les documents et textes fonctionnels, la poésie et enfin les révisions. La structure des cahiers d'activités est calquée sur celle du manuel.

A. Travail sur le texte

1. La découverte collective du texte et le travail sur le sens

Comme le soulignent les programmes (*« l'apprentissage de la langue orale et celui de la langue écrite s'articuleront étroitement »*), il est important d'encourager l'expression orale à tout moment et en particulier lors de la découverte collective d'un texte. *« Pour apprendre à lire et à écrire, l'enfant doit avoir un usage efficace de la langue parlée, celle qui est nécessaire aux activités quotidiennes et à la communication ordinaire »* [5]. Le rappel de l'épisode précédent met les enfants en situation de raconter avec leurs mots ce qu'ils ont compris de l'histoire et nécessite de mettre en forme à l'oral les structures rencontrées à l'écrit, ce qui conduit à une meilleure maîtrise du langage oral.

De plus, on sait que ce travail de découverte des textes est beaucoup plus fructueux s'il est mené collectivement [6], du moins au début, et si le maître encourage les élèves à expliciter leurs « stratégies de lecture ». En effet, les procédures utilisées sont différentes d'un enfant à l'autre [7] chaque enfant effectue des prises de sens différentes sur le texte. En tentant de verbaliser ces processus, les enfants en prennent conscience et s'aident mutuellement dans leur recherche : ces échanges créent une dynamique dans la classe et permettent à tous d'acquérir plusieurs stratégies de lecture, clé d'une plus grande flexibilité mentale et donc d'une plus grande efficacité.

C'est face au texte dans toute sa complexité que les enfants doivent être invités à chercher et prendre du sens : en s'aidant de leurs connaissances sur l'écrit (acquis antérieurs, notamment ceux de maternelle mais aussi découvertes individuelles), ils doivent être amenés à émettre des hypothèses sur le contenu des textes. L'exercice 1 des cahiers d'activités est systématiquement consacré à la compréhension du sens du texte.

Mais c'est également au-delà du texte que les enfants devront chercher du sens, c'est donc tout l'implicite qu'il faudra peu à peu les amener à décoder.

2. La constitution d'un capital-mot

Mémoriser des mots fait partie de l'acte de lire, la reconnaissance globale du mot doit se faire parallèlement à l'activité d'analyse. De plus, mémoriser des mots prépare à l'orthographe.

---

5. *Cf. La Maîtrise de la langue à l'école*, p.129, Savoir Livre, 1992.
6. *Cf.* notamment J. Bernardin, *Comment les enfants entrent dans la culture écrite*, Retz, 1997.
7. Cette remarque est également vraie pour les lecteurs experts.

La rubrique « Je mémorise » a donc pour ambition de favoriser la constitution d'un lexique actif étendu : les élèves vont devoir lire hors contexte les mots nouveaux les plus usuels rencontrés dans chacun des fragments des histoires étudiées. Nous les présentons dans une fiche de travail en regard de chaque texte sous forme de listes méthodiques, facilitant leur mémorisation globale. Les mots sont répartis selon leur classe grammaticale mais le terme grammatical exact ne sera jamais évoqué : noms dans la première colonne, puis verbes, adjectifs et, enfin adverbes et mots de liaison en satellite. Au sein de chaque colonne, des classements ont également été établis : noms propres / noms communs, déterminants défini / indéfini, masculin / féminin ; verbes conjugués suivant la personne / verbes à l'infinitif ; adjectifs épithètes / attributs. Ces listes contribuent à renforcer la grammaire implicite des enfants. Leur utilisation sera détaillée dans la troisième partie : nous proposons que la mémorisation s'effectue en deux temps, pendant lesquels l'épisode de l'histoire est travaillé.

3. Le fonctionnement de la langue

L'apprenti lecteur doit également s'imprégner des structures syntaxiques de la langue écrite qui, on l'a vu, lui sont moins familières que celles de la langue orale (*cf.* première partie I.C.2. Syntaxe). Car ce sont les structures syntaxiques qui vont soutenir sa recherche de prise de sens au fil du texte et lui permettront, entre autres, d'anticiper. Plus l'enfant aura été habitué à manipuler les structures de la langue écrite, plus il sera à même d'en jouer. Il ne suffit pas de proposer à l'enfant de lire des structures d'écrit – les textes lui en proposent – il faut de plus lui permettre de s'approprier ces structures : en les manipulant à l'oral puis à l'écrit, il exerce sa grammaire intuitive, étape indispensable à la maîtrise de la langue.

Quelques manipulations permettront cette imprégnation : l'enfant sera amené à trouver des expansions pour une phrase ou un segment de phrase ou au contraire à supprimer des mots (c'est l'opération inverse). À cela s'ajouteront des permutations (déplacements, par exemple, d'un complément de phrase), des substitutions d'un mot à un autre, d'un mot à un groupe (remplacer un complément de phrase par un adverbe, un groupe nominal par un pronom) ou encore des transformations d'une structure (à partir d'une phrase affirmative, fabriquer une phrase négative ou interrogative…).

C'est pourquoi, dans chaque épisode, nous faisons manipuler aux enfants une structure grammaticale de l'histoire. Elle est mise en vedette par le maître lors de la découverte du texte puis déclinée avec un ou deux exemples sur lesquels le maître insistera, faisant construire à l'oral d'autres phrases sur le même modèle. Il s'agit essentiellement d'une imprégnation, les notions travaillées ne donnent lieu à aucun travail de grammaire explicite, encore moins à de quelconques formes d'étiquetage. Elles sont, du moins au début, reprises dans les exercices oraux de réinvestissement de lecture et dans un exercice écrit visant à leur manipulation (l'exercice 3 des cahiers d'activités).

Nous n'avons pas établi de progression de points grammaticaux à aborder, ce qui supposerait des objectifs de grammaire explicite et des textes pré-fabriqués. Nous avons plutôt cherché dans les textes des histoires des structures récurrentes susceptibles d'aider les enfants à *« utiliser la syntaxe comme fil directeur pour valider [leurs] hypothèses au moment de la lecture »* (*cf.* première partie I.C.2. Syntaxe). La programmation a donc été imposée par les textes eux-mêmes : de la manipulation des déterminants dans la période 1 aux différentes formes d'interrogation – sur le temps, le lieu, la cause… – dans la période 4, jusqu'au sujet inversé dans la période 5). Nous n'avons pas recherché l'exhaustivité (est-elle seulement concevable en matière de syntaxe ?), nous avons été guidés en tout premier lieu par la présence dans le texte de structures dont l'imprégnation est utile pour mieux lire les textes. Ainsi, dans le manuel (p. 154), le texte de l'histoire comporte à trois reprises une structure avec sujet inversé (*Au milieu, surgit un château aux murs épais*…). Nous avons donc choisi de faire manipuler cette structure difficile mais fondamentale pour la compréhension du fonctionnement de cet épisode et des textes littéraires de façon générale.

Les notions abordées dans la rubrique « Je fais fonctionner la langue » :

Période 1	• le/la/les • il/elle • un/une • un/une/des • le dialogue • chacun • le plus/la plus • et • ou • trois, deux, un
Période 2	• l'adjectif attribut • les majuscules • l'adjectif épithète • la direction : vers • mon/ma • ne … pas • ils/elles • son/sa • le/la/les (pronoms) • leur (pronom)
Période 3	• c'est/c'était • que fait… ? • l'énumération avec « et » • donner un ordre • était/étaient • tu veux + infinitif • moi, je / toi, tu • car • un panneau/des panneaux • mon/notre
Période 4	• ne … plus • pourquoi/parce que • qui • le lieu : dans/sur/à • le temps : quand • donner des informations sur un nom • passé/présent/futur • mais
Période 5	• il se sentait • l'information sur le lieu dans la phrase • Au milieu, surgit un château. Au milieu, un château surgit. • nous = toi et moi • l'énumération avec « ou » • Savez-vous… ? Vous savez… • sa main/la sienne • l'information sur le temps dans la phrase

L'objectif du CP est ***« d'apprendre à l'élève à repérer les principes de fonctionnement de sa propre langue »*** **(programmes 1995), de lui faire manipuler du matériau langagier pour développer ses compétences à l'oral, de l'amener à des questionnements sur l'écrit, voire de faire émerger des prises de conscience. La finalité de la rubrique « Je fais fonctionner la langue » est donc de mettre les enfants en situation de jouer avec les mots, les groupes de mots et ce faisant de conforter leur grammaire implicite, mais ne conduit en aucun cas à un étiquetage explicite des unités manipulées.**

4. Le travail de réinvestissement

L'intérêt de faire manipuler des structures est limité s'il n'est pas accompagné d'un objectif de réemploi de ces structures et du vocabulaire ainsi extraits, qui permet leur appropriation. Un mot, une structure mis en mémoire dans un certain contexte ne seront vraiment utiles que si le besoin s'en fait sentir dans un autre contexte.

C'est pourquoi la rubrique « Je lis de nouvelles phrases », qui devient dès le milieu de la deuxième période « Je lis un nouveau texte », propose un réinvestissement des structures et du vocabulaire mis en évidence grâce au texte au moins dans les trois premières périodes. Il s'agit ici de « décontextualiser » les formes nouvellement rencontrées et de donner à l'enfant une occasion de les réutiliser. À partir de la quatrième période, les textes sont plus variés, l'enfant rencontrera alors des poésies et des textes d'auteurs (Paul Verlaine, Marcel Pagnol...) ainsi que de réelles situations d'écrit (recette de cuisine, liste de courses...) thématiquement reliés à l'histoire.

En outre, nous avons choisi de proposer systématiquement, à la fin de chaque page d'exploitation, des activités ludiques qui permettent un réinvestissement actif de l'enfant : grâce à ces jeux variés (vrai ou faux, jeu du détective, devinette, charade...), l'enseignant pourra tester la compréhension fine de l'enfant. Par exemple, l'association d'un dessin à une phrase choisie parmi quatre phrases très proches incite l'enfant à lire ces phrases et à montrer, par sa réponse, s'il les a comprises.

Activités proposées dans la rubrique de réinvestissement ludique :

Tantôt il s'agit d'élucider des devinettes, des charades, des mots déformés, des jeux de logique, des jeux du détective, des phrases vraies ou fausses, tantôt il s'agit d'associer une phrase à un dessin, de créer des phrases amusantes à partir de mots classés dans un tableau, de trouver l'intrus dans une liste de mots, de compléter une liste de mots qui s'enchaînent, de jouer avec les mots...

L'enfant, chercheur de sens, est invité à appuyer ses recherches sur tous les indices fournis par le texte (organisation spatiale, structure syntaxique...), par l'illustration qui l'accompagne, mais également par les lettres elles-mêmes en ce qu'elles codent des sons. Or, si la découverte par l'enfant du principe alphabétique est un préalable incontournable au savoir lire, de nombreuses activités peuvent constituer des aides précieuses pour en faciliter la découverte. C'est notamment tout le travail sur le code que nous proposons.

B. Travail sur le code

La maîtrise du code ou combinatoire recouvre en fait deux types d'activités distinctes (*cf.* première partie I.A. Le système alphabétique français) :

– un travail de discrimination des sons, développant la conscience phonémique des enfants,

– un travail de combinatoire, c'est-à-dire d'association des lettres entre elles pour former des syllabes elles-mêmes, servant à construire des mots.

1. Syllabe orale/syllabe écrite

En français, dans la plupart des régions, il y a contradiction entre la segmentation des mots en syllabes orales et en syllabes graphiques : *tomate* comporte deux syllabes orales (*to-mate*) alors qu'il en comporte trois à l'écrit (*to-ma-te*). Chaque fois que le mot se termine à l'écrit par un « e muet », le découpage du mot en syllabes sera différent à l'oral et à l'écrit, mais pour l'enfant qui entre dans l'écrit, c'est la syllabation orale qui prime. La décomposition en syllabes, matérialisée dans la classe par la frappe rythmée, individuelle ou collective, permettra de renforcer la réalité psychologique que constitue cette unité pour l'apprenant. C'est la syllabation orale qui prévaut donc dans notre méthode, les enfants découvrant la syllabe graphique à leur rythme lors du passage à l'écrit.

Les mots comportant une consonne double, et ils sont nombreux en français, suivront également cette règle : *allumette* sera en fait scindé en trois syllabes phoniques (*a-llu-mette*), mais en quatre syllabes graphiques (*al-lu-met-te*).

2. La progression choisie

Dans le manuel et les cahiers d'activités, nous avons donc choisi de regrouper les fiches-sons après l'exploitation de l'histoire, dont elles sont nettement dissociées. Ces fiches sont organisées selon une progression qui tient compte de plusieurs critères :

• La fréquence des différents phonèmes du français à l'oral : les sons [a], [i], [l], [m], [r], abordés dans la première période, figurent parmi les phonèmes les plus fréquents du français et nous avons ainsi veillé, pour chaque période, à rester le plus proche possible des données de fréquence.

• La proximité phonétique de sons : contrairement à ce qui est parfois proposé, nous avons fait le choix de séparer dans le temps l'étude de sons consonantiques voisins pour éviter les confusions. En effet, les recherches des psycholinguistes tendent à montrer que faire travailler des sons très proches crée plus de confusion que de bénéfice. Ainsi, chacun des membres des oppositions [t] et [d], [p] et [b], par exemple, est-il étudié séparément ; l'opposition n'est abordée qu'au moment du travail sur le deuxième membre de la paire. En revanche, les phonèmes [o] et [ɔ], d'une part, [ø] et [œ], d'autre part, qui ne s'opposent que dans un nombre réduit de mots, considérés par bien des locuteurs comme des variantes d'un seul phonème et correspondant aux mêmes graphies, sont présentés ensemble.

• La production des sons : les voyelles et les sons prolongeables [l], [m], [r] étant plus faciles à produire, ils sont sans doute aussi plus facilement identifiables par les enfants : ils sont donc introduits tôt dans l'année.

• Le nombre de graphies correspondant à un son : les phonèmes [e] et [ɛ], qui comportent tous deux des graphies complexes, sont travaillés respectivement dans les périodes 2 et 3.

• La nature du geste graphique impliqué dans l'écriture de la lettre correspondante.

• Les digrammes, [õ] et [ɑ̃] par exemple qui sont une difficulté du système graphique français, sont introduits dès la fin de la période 2.

Dans la **période 5**, le travail sur le code se concentre sur le fonctionnement du système graphique : sont donc abordés le cas des lettres muettes en fin de mots, les valeurs de la lettre x et celles de la lettre h.

La progression proposée pour l'ensemble de la méthode est la suivante :

Période 1	[a], [y], [i], [l], [m], [r]
Période 2	[n], [ə], [o] et [ɔ], [ʃ], [t], [e], [ɔ̃], [v], [ɑ̃], [d]
Période 3	[p], [f], [s], [ɛ], [k], [ɛ̃], [u], [ʒ], [b], [wɑ]
Période 4	[g], [ø] et [œ], [z], [j], [ɲ], [wɛ̃]
Période 5	Les lettres muettes, le x, le h.

Cette progression, qui tient compte des critères précisés auparavant, pourra être aménagée par l'enseignant en fonction des découvertes des enfants, de la vie de la classe et des textes étudiés. Ainsi, à l'intérieur d'une même période, l'enseignant peut traiter les sons dans l'ordre qui lui conviendra le mieux. Notre découpage par période lui indique quels sons il serait préférable d'avoir traité à tel moment de l'année.

Les caractères de phonétique internationale ne sont des indications, des repères que pour le maître.

3. L'étude des sons

Menée de façon ludique, l'étude d'un son commence toujours comme un jeu collectif : il implique un travail actif de discrimination auditive permettant, à partir de dessins, d'isoler puis de localiser le son et d'en découvrir toutes les graphies. Cette entrée par le son, choisie pour favoriser le renforcement de la conscience phonémique, se situe dans le prolongement des activités de la maternelle. Dans le manuel, la présence de Grindelire, le lutin malin, sur les images des fiches-sons souligne ce caractère ludique.

La démarche utilisée est la suivante :

• Les enfants sont placés devant une situation de problème. La recherche inductive du son commun à un ensemble de quatre mots se fait de façon collective au tableau, sans le livre, à partir de quatre dessins ou de l'écoute de ces mots prononcés par l'enseignant. Les dessins correspondent à ces mots reproduits sous forme de vignettes à gauche de la grande image, dans les pages-sons du manuel.

• Une chasse au son permettra aux élèves de retrouver dans la grande image, en plus des quatre mots utilisés pour le travail de discrimination auditive, un nombre important de mots comportant le son isolé. L'illustration, que nous avons voulue dynamique et amusante, met en scène Grindelire dans un cadre proche de l'univers des enfants, de la période de l'année ou de la vie de la classe. Ces deux premières étapes correspondent à la rubrique du manuel « Je chasse le son ».

• Les enfants doivent ensuite être capables de localiser le son dans le mot : le maître place sous le mot autant de cases que le nombre de syllabes orales prononcées dans sa région. Puis il localise la syllabe contenant le son étudié.

• La quatrième étape conduit au repérage de la (ou des) graphie(s) correspondante(s) que les enfants identifieront en étroite liaison avec l'étape précédente. Cette recherche sera menée collectivement au tableau, la rubrique « Je classe les mots » servira de vérification individuelle.

Le logo « attention » attire le regard des enfants sur certaines particularités de la graphie principale des sons ou sur des exceptions fréquentes.

• La combinatoire ne se conçoit qu'à partir du moment où des consonnes sont introduites. En effet, les consonnes se combinent avec des voyelles pour former des syllabes, les voyelles ne se combinent que très rarement les unes avec les autres. Dès l'introduction de consonnes, mais toujours après l'étape de discrimination auditive, on encourage le travail de combinaison de sons et de combinaisons des lettres correspondantes : c'est la rubrique « J'assemble » des pages-sons.

• Enfin, les enfants cherchent dans l'histoire qu'ils étudient des mots comportant le son étudié : ils réinvestissent ainsi leurs acquis en déchiffrage sur les mots mémorisés globalement. C'est pourquoi l'encadré « Des mots de l'histoire » figure dans les pages-sons, à la façon d'un mémo. Suivant le moment où le son sera étudié, les enfants auront vu une partie ou tous les mots de l'encadré. Le maître devra donc sélectionner les mots connus pour les faire lire. D'autres mots de l'histoire comportent encore le son étudié : nous avons choisi de ne faire figurer qu'un nombre relativement restreint afin de ne pas exiger trop d'efforts de mémorisation. Cette rubrique donne aussi au maître qui le souhaiterait la possibilité d'étudier ensemble le son et le texte.

4. Le mot-clé et la constitution de référentiels

• Le mot-clé

Pour que le mot-clé soit « efficace » et qu'il puisse constituer un exemple, support de mémoire indiscutable, nous avons privilégié les mots qui supposent une implication affective pour l'enfant : *chat* pour le son [a], *tortue* pour le [y]. En outre, pour faciliter le repérage du son du mot-clé et sa mémorisation, nous avons posé les principes suivants : pour les voyelles, le son est toujours à la rime [8] ; pour les consonnes, en revanche, du fait de la fréquence des « e muets » finaux, le son retenu se présente à l'initiale du mot. On retrouvera à la fin du manuel, p. 176, les principaux sons étudiés dans l'année.

• **Les pages de révisions :** elles permettent à chaque fin de période, de reprendre les sons étudiés et offrent de multiples utilisations possibles.

• **Les référentiels, collectifs ou individuels**

Élaborés par les enfants et enrichis au fur et à mesure de l'introduction de nouveaux textes, de tels outils peuvent aider à avoir une attitude de recherche active par rapport à l'écrit et constituent des aides précieuses pour la production d'écrits.

Individuels ou collectifs, affichés dans la classe ou rassemblés dans des fichiers organisés par les enfants eux-mêmes, ces référentiels évoluent au cours de l'année en fonction des besoins des élèves et des objectifs de l'enseignant.

C. Les cahiers d'activités (1 et 2)

Les cahiers d'activités suivent la progression du manuel de l'élève et permettent de l'accompagner dans son apprentissage de la lecture. Nous avons fait des choix dans ces deux cahiers.

1. Organisation, structure des cahiers

La structure des cahiers est rigoureuse et répétitive :

– Découpage en périodes.

– Suivre, dans chaque période, le découpage du livre, c'est-à-dire dissocier le travail de prise de sens sur le texte de l'histoire du travail sur le code.

– Proposer à la fin de chaque page de travail sur le texte de l'histoire un bref exercice de production d'écrits (de difficultés variées en fonction de la période : écrire une phrase à partir d'étiquettes jusqu'à la rédaction d'un court texte à partir d'une image et à l'aide d'une boîte à idées).

– Sélectionner certains textes fonctionnels ou documentaires et en proposer une exploitation.

– Un projet d'écriture est proposé à la fin de chaque période : il permet de mettre l'enfant en situation de production d'écrits, de façon guidée, et à chaque fois avec une finalité de communication à autrui. Cette démarche est aussi développée dans le cahier d'écriture.

– Une page de révisions-jeux pour permettre le réinvestissement et le plaisir de jouer avec les mots et les phrases.

• **Quelques particularités du cahier 1**

Pour le cahier 1 : un jeu d'étiquettes cartonnées pour aider à la mémorisation des mots, à la mise en place de structures, à la construction de phrases. Les étiquettes sont proposées, sur une face en écriture scripte sans majuscule, sur l'autre avec une majuscule en début d'étiquette.

Le cahier 1 commence par quelques pages de bienvenue et permet un lien avec l'école maternelle :

– Travailler sur les prénoms de la classe,

– Découvrir les lettres de l'alphabet, écriture des minuscules (en script et en cursive),

8. Voir sur ce point J.-E. Gombert (1989) *Le Développement métalinguistique*, Paris, PUF et les travaux de L. Sprengler-Charolles. Tous montrent que le son à la rime est plus facilement mémorisé qu'un son en position médiane.

– Présentation de Grindelire, le lutin qui permettra le travail sur le code,

– Travailler la structure : « Je m'appelle… »,

– Travailler sur le thème de la rentrée des classes,

– Revoir le nom des jours de la semaine.

2. Les exercices

– Les consignes sont courtes, directement adressées à l'élève. Elles ne proposent qu'une seule activité à la fois.

• Dans le cahier 1 :

– Les pages travaillant sur le sens sont structurées de manière identique.

1 : exercice portant sur le texte,

2 : exercice portant sur la phrase,

3 : exercice portant sur le fonctionnement de la langue,

4 : exercice permettant le réinvestissement,

5 : exercice de production d'écrit.

Il en est de même pour les pages travaillant le code :

1 : exercice de discrimination auditive,

2 : exercice de discrimination visuelle,

3 : exercice de synthèse (attention auditive et visuelle),

4 : exercice d'écriture (tracer des lettres minuscules)

5 : dictée (à partir de la période 3).

– Les consignes des exercices sont volontairement répétitives, pour rassurer le jeune lecteur et lui permettre peu à peu de prendre un peu d'autonomie. Des logos lui permettent aussi de repérer ce qu'il a à faire : colorier avec un stylo, relier avec une flèche, etc.

– Les exercices 1,3 et 5 sont à faire en priorité. Les exercices 2 et 4 (des pages sur le sens), en supplément permettent de différencier l'enseignement.

– Toujours dans le souci de faciliter le travail de l'élève en début d'année, nous avons repris, pour la première histoire le texte de l'album sur le cahier. Dès la deuxième histoire, l'enfant est invité à retourner à son manuel chaque fois qu'il en aura besoin. La page du manuel auquel il peut se référer est clairement indiquée dans le bandeau en haut de page de son cahier.

• Dans le cahier 2 :

La même rigueur a été apportée à l'organisation du travail mais on a recherché à varier les situations pour motiver les enfants et les amener à réfléchir et à ne pas agir systématiquement. Les couvertures des albums 4 et 5 sont systématiquement étudiées.
La période 4 autour de l'histoire de *La petite sœur de Julien* suit le déroulement du manuel. On retrouve d'une part le travail sur le texte et d'autre part le travail sur le code, sur des doubles-pages.

Pour le travail sur le texte :

1 : exercice portant sur le texte,

2 : exercice portant sur la phrase,

3 : exercice portant sur le fonctionnement de la langue,

4 : exercice permettant le réinvestissement,

5 : exercice de production d'écrit,

6 : exercice complémentaire dans certains cas.

Il en est de même pour les pages travaillant le code :

1 : exercice de discrimination auditive,

2 : exercice de discrimination visuelle,

3 : exercice de synthèse (attention auditive et visuelle),

4 : exercice d'écriture (tracer des lettres minuscules)

5 : dictée.

La structure de la période 5 est assouplie pour permettre à l'enfant de se responsabiliser et de s'organiser dans son travail.

• Le choix de la calligraphie

« Dès la première année de la scolarité obligatoire, les élèves apprennent à écrire lisiblement et à respecter certaines normes », Programmes de l'école primaire).

Les pratiques de classe concernant les formes et les tailles de lettres sont variées. Nous avons été amenés à faire des choix :

– boucles montantes et descendantes qui montent de trois ou qui descendent de deux interlignages ;

– barres montantes ou descendantes de un ou un interlignage et demi ;

– simplification du geste graphique : il faut viser la justesse du tracé et sa rapidité. Il faut habituer l'élève à lier les lettres entre elles. (*« Reproduction des lettres minuscules cursives et liaison entre elles de lettres constituant un mot »*, Programmes de l'école primaire.)

Pour les majuscules :

– les enfants seront amenés à lire des majuscules cursives ;

– au niveau de l'écriture, nous optons pour le tracé d'imprimerie, toujours dans un souci de permettre à l'enfant d'utiliser dès le début de l'année la majuscule. Pour les enfants ayant déjà une motricité fine, rien n'empêche de les pousser à utiliser plus vite que les autres les lettres cursives majuscules. (*« Reproduction progressive de majuscules de l'écriture cursive »*, Programmes de l'école primaire).

• Le choix des supports d'écriture

Dans le cahier 1 :

Interlignage de 3 mm jusqu'à la page 32.

Interlignage de 2 mm à partir de la page 33 et jusqu'à la page 53.

Introduction du carreau Seyès à partir de la page 54.

Dans le cahier 2 :

Carreau Seyès dès le début du cahier.

D. Étude dirigée et travail à la maison

Dans le livre du maître, après le parcours journalier, nous indiquons le travail à faire en étude dirigée ou à la maison. Grâce à une matrice proposée dans les fiches à photocopier placées à la fin du guide et avec des consignes très simples, nous proposons de faire relire le texte étudié pendant la journée et de mémoriser certains mots (éventuellement en les recopiant). Les parents savent ainsi ce qui a été fait à l'école : cela constitue un lien entre l'école et la maison, indispensable dans l'apprentissage de la lecture.

E. Le graphisme et la production d'écrits

1. Le lien entre lecture et écriture

Comme nous l'avons vu dans la première partie (III. L'interaction entre activités de lecture et activités d'écriture), l'apprentissage de la lecture et celui de l'écriture (graphisme et production d'écrits) sont étroitement liés. *« Faire entrer les enfants dans le monde de l'écrit, c'est les initier à la fois aux pratiques de lecture et d'écriture.[…] Confrontés à la production, en même temps qu'à la réception d'écrits »*[9], les enfants changent bien souvent d'attitude par rapport à l'écrit, identifiant des marques graphiques qu'ils n'avaient pas remarquées au moment de la lecture.

Dans la méthode Grindelire, nous avons le souci constant de confronter les enfants à des tâches de production d'écrits dès le début de l'année, en mettant en place une progression dans les cahiers d'activités qui va de l'entraînement à former des lettres et à écrire des mots à l'écriture autonome. Comme les moyens d'expression écrite dont disposent les élèves, en début de CP, sont limités, la production d'écrits est préparée dans un premier temps par des tâches de récits oraux (productions d'histoires collectives ou en ateliers) puis par dictée à l'adulte. Mis en confiance, les enfants sont alors amenés à produire des phrases composées collectivement ou individuellement à partir des étiquettes-mots au début de l'année puis de mots et ou groupes de mots glanés dans les histoires. Au fur et à mesure du déroulement de l'année, les capacités d'écriture des élèves permettront des productions de plus en plus autonomes.

La production d'écrits est travaillée régulièrement dans les cahiers d'activités : l'exercice 5 de chaque page d'exploitation du texte de l'histoire a toujours pour but de produire une phrase, puis un petit texte. De plus, à la fin de chaque module, nous proposons un projet d'écriture en liaison avec l'histoire, pour que les élèves réinvestissent les connaissances qu'ils ont acquises en lecture.

Enfin – et ce choix reflète l'importance que nous accordons à la production d'écrits – nous avons choisi de concevoir un cahier d'écriture (tracer des lettres, produire des écrits) qui permet à la fois d'approfondir le travail de graphisme et de mener à bien des projets d'écriture.

2. Le cahier d'écriture : tracer des lettres, produire des écrits

Comme on l'a vu dans la première partie, les travaux les plus récents en linguistique de *L'Écrit et de l'Acquisition* (Ferreiro[10] 1998, Jaffré 1998[11], Cogis[12] 1999) montrent l'intense activité réflexive des enfants qui écrivent. Très jeunes, les enfants ont l'intuition d'un système complexe qu'ils abordent avec leurs moyens intellectuels et leur expérience progressive de l'écriture. Il n'est ainsi jamais trop

9. A.M. Chartier, C. Clesse, J. Hébrard (1998) *Lire, écrire. T2 : produire des textes*, Hatier.
10. E. Ferreiro : *L'écriture avant la lettre,* in vol. : *La production de notations chez le jeune enfant*, PUF 1998.
11. J.P. Jaffré et al., *Acquisitions de l'Orthographe et mondes cognitifs*, in Revue Française de Pédagogie, à paraître, 1999. Voir aussi J.P. Jaffré : *Compétence orthographique et acquisition*, in L'Orthographe française en trois dimensions, Nathan, 1995,
et J.P. Jaffré et M. Fayol : *Orthographes. Des systèmes aux usages,* Dominos, Flammarion, 1997.
12. *Productions graphiques et procédures dans l'acquisition des marques de genre en français par les enfants entre 8 et 11 ans.* Université Paris III, Sorbonne Nouvelle.

tôt pour leur offrir des occasions significatives d'utiliser la langue écrite. Le temps donné à l'apprentissage doit pouvoir être suffisamment long, commencé en amont du cours préparatoire, poursuivi en aval, afin que les enfants puissent accéder à la compréhension de l'ampleur des problèmes liés à l'utilisation de la langue écrite.

On a pu montrer, à l'école maternelle, la richesse et la pertinence des démarches qui mettent de jeunes enfants en situation d'écriture spontanée. Le rôle de l'enseignant est alors de permettre une expérimentation véritable de la langue écrite : il accompagne simplement ses élèves dans la recherche de régularités linguistiques, en leur demandant de formuler les questions qu'ils se posent et en organisant des échanges et des débats entre enfants sur les questions posées. Sans enseignement organisé, des réponses individuelles aux interrogations que se posent les enfants collectivement s'élaborent, dès la Grande Section. Dans un climat de grande effervescence intellectuelle suscitant l'observation, le questionnement, la réflexion et l'expérience personnelle, un apprentissage a lieu de fait, assorti du plaisir d'utiliser la langue par soi-même pour communiquer avec autrui grâce à un nouveau média.

En la matière, à l'école élémentaire, quelle est la tâche des enseignants du cours préparatoire ?

Pour qu'un enfant soit capable d'utiliser l'écriture, il faut qu'il sache, entre autres, former les tracés des lettres et, tout autant, avoir l'occasion d'écrire dans le cadre de situations dont il comprend le sens.

Ainsi, l'enseignant conduira simultanément des activités de maîtrise du geste graphique et des activités de production écrite dans le cadre de projets d'écriture qui engagent la classe tout entière. Des productions individuelles ou collectives seront attendues au cours des projets, selon une progression patiente qui donne, au fur et à mesure des expériences vécues, de nouvelles compétences aux enfants, en leur permettant de réaliser la tâche du moment.

Le cahier d'écriture comporte donc deux parties :

– une partie révision des gestes d'écriture des majuscules d'imprimerie (acquis normalement à l'école maternelle) suivie d'une révision ou d'un apprentissage des gestes de l'écriture cursive simplifiée (en partie appris en règle générale à l'école maternelle aussi) ;

Tracer les majuscules d'imprimerie	E H F L T I A K V M N J X Y Z D P B R C G O Q S U W
Tracer les minuscules cursives	i t u e l b n m p c a d o q g j r z h k f v w y s, x

– une partie consacrée à une démarche de production de textes (9 projets d'écriture) ayant des fonctions identifiées dans la communication entre humains.

Projet 1 : Préparer mon goûter d'anniversaire

Projet 2 : Correspondre avec mon maître de GS

Projet 3 : Préparer des devinettes

Projet 4 : Annoncer un événement

Projet 5 : Rapporter des nouvelles récentes

Projet 6 : Présenter notre environnement

Projet 7 : Exposer une expérience de fabrication

Projet 8 : Imaginer un dialogue pour un spectacle

Projet 9 : Inventer une petite histoire

Le travail proposé accompagne durant une année scolaire l'élève et son enseignant dans ces différentes activités d'écriture.

a. Tracer des lettres

La connaissance, puis la maîtrise progressive, des trajectoires graphiques s'avère indispensable pour toute activité d'écriture. La partie du cahier consacrée à cet apprentissage constitue l'objet d'environ une douzaine de séances de travail en début d'année. Après une courte révision des majuscules d'imprimerie qui rappelle comment tracer des lignes verticales du haut vers le bas, des horizontales de gauche à droite et des arrondies dans le sens inverse des aiguilles d'une montre, neuf séances sont prévues pour l'apprentissage des lettres cursives.

Les tracés de ces lettres sont regroupés par familles de formes de façon à faire rapidement le tour de l'ensemble des tracés conventionnels retenus pour l'écriture alphabétique. Progressivement, les enfants sont amenés à miniaturiser leur tracé : de manière globale d'abord, puis entre deux lignes avec hampes et jambes bien identifiées, enfin dans les tracés d'un format Seyes traditionnel.

L'objectif à atteindre est double : respect de la trajectoire des lettres liées et rapidité du geste.

Pourquoi ?

Là encore, les synthèses récentes sur la physiologie du mouvement indiquent que le geste graphique n'a rien d'aléatoire mais répond au contraire à des principes d'exécution parfaitement contrôlés par le cerveau. Des études menées en Israël et aux États-Unis suggèrent en effet l'existence d'un principe d'économie qui, parmi toutes les manières d'exécuter un geste, sélectionnerait celle qui minimise les variations de vitesse et de trajectoire (principe de la moindre secousse). Appliqué au cas particulier de l'écriture, le principe de la moindre secousse lié au fonctionnement du cortex moteur ferait « choisir naturellement » par le sujet qui écrit le geste minimisant au maximum les secousses, dans une recherche constante de ce qui peut être qualifié d'harmonieux. Fluidité des trajectoires, continuité sans à-coup des tracés constitueront des points essentiels recherchés, motivant tel ou tel de nos choix des formes graphiques.

Par ailleurs, la vitesse du geste d'écriture répond elle aussi à des principes d'exécution. On a montré qu'un changement de direction requiert la sélection de nouvelles populations de neurones durant un temps de réaction parfaitement calculable. Cette opération est d'autant plus longue que le virage est important ; la vitesse du geste doit décroître d'autant plus que la trace désirée est courbe. Toutes les lettres comportant des courbes ralentiraient la production et, plus elles sont longues, plus le tracé serait ralenti. La taille des hampes et jambages courbés devrait, à ce titre, être réduite pour alléger la charge motrice et accélérer la vitesse de traçage.

Cependant, un autre principe spécifiquement biologique étudié pour la première fois par le psychologue américain Freeman au début du siècle (connu sous le nom de principe d'isochronie) relativise les données précédentes. Un lien a en effet été établi entre la représentation abstraite de la forme désirée et la vitesse d'exécution. Plus le chemin à parcourir est anticipé par le scripteur, plus vite il y va ! La vitesse moyenne du traçage de la paire de lettres (par exemple, « le » en écriture cursive) identifiée comme un ensemble unifié est aussi rapide que le traçage de la lettre « l » isolée. Donc si un groupe de lettres est conçu comme une seule unité motrice, la vitesse moyenne d'exécution se rapprochera de celle constatée pour un tracé simple perçu à l'unité.

Par ailleurs, on a vérifié expérimentalement que ce découpage varie en fonction de la vitesse d'exécution et du degré d'automatisation du geste. Ainsi, les signatures, même longues et complexes, sont généralement représentées comme une seule unité. En conséquence, pour une meilleure vitesse d'exécution, le découpage en unités au niveau des représentations motrices abstraites pourrait être un préalable utile avant la réalisation du geste graphique.

Par conséquent, les choix graphiques de ce cahier d'écriture répondent à des critères liés aux constats évoqués précédemment.

Les lettres ont été rassemblées en neuf groupes, suivant des traits d'isomorphie partielle. Les choix ont été faits en fonction de contraintes objectives logiques stables les unes par rapport aux autres. Les formes sont prévisibles d'un tracé à l'autre et les lettres peuvent être assemblées et apprises par familles de formes.

Temps 1. Suivant les « familles de formes », deux ou trois lettres sont étudiées ; leur tracé est décomposé. Le traçage est à enseigner strictement au cours de séances modélisantes et rigoureusement conduites quant :

– au placement du corps face au support,

– à la tenue de l'outil scripteur,

– au traçage de la forme exacte de chaque lettre.

Temps 2. Pour atteindre une rapidité de geste, est mis en place un entraînement à percevoir et à découper mentalement des séquences de lettres en unités autonomes, par le suivi du regard ou par un essai de lecture oralisée des syllabes ou par tout autre codage. Ces séquences de lettres sont tracées ensemble en continuité, sans rupture.

Le crayon frôle la feuille quand il faut déplacer le poignet vers la droite pour laisser l'emplacement nécessaire aux courbes vers l'arrière des a, c, d, g, o, q, et x. Le léger glissé du crayon qui se déplace sur la feuille avant d'appuyer le début de la lettre suivante peut être encouragé et laissé apparent pendant l'apprentissage dans un premier temps.

Temps 3. Récréation : observation des mots du titre de la petite comptine où les séquences de lettres apprises peuvent être retrouvées, coloriage du dessin – ceci de façon à ménager des ruptures de rythme de l'attention. (Écrire avec précision demande beaucoup de concentration.)

Temps 4. Copie des mots ou des courts textes inscrits sur le cahier. On incitera les enfants à planifier au préalable leur geste graphique en découpant du regard avant d'écrire les unités complexes en unités plus petites (de l'ordre de la syllabe ou davantage comme il est indiqué au temps 2) afin qu'ils aient une représentation abstraite de la forme désirée qui va guider et accélérer la vitesse du traçage.

Temps 5. Récréation. Reprise de l'activité de traçage : les enfants continuent un modèle de frise proposé en lien avec le geste graphique étudié. Ils décorent et colorient cette frise.

Ainsi ces séances d'écriture peuvent-elles contribuer à améliorer la maîtrise graphique : l'enseignant travaille à faire émerger chez les enfants des représentations abstraites d'unités autonomes qui permettent la planification du geste d'écriture, tout en veillant à la recherche systématique du minimum de secousses dans le traçage.

Parce que le geste requis ne représente pas un coût trop lourd à consentir, l'élève va acquérir la capacité d'écrire sans hésitation. Ayant appris à tracer vite et bien, il peut s'engager plus volontiers dans des projets d'écriture et y participer activement, avec intérêt et plaisir.

b. Produire des textes

Simultanément, dès le début de l'année scolaire, neuf projets d'écriture sont proposés suivant une démarche méthodique d'observation et de production d'écrits fréquemment utilisés. Chacun de ces projets nécessite un investissement d'une durée de trois à quatre heures de classe, durée qui diminue régulièrement au cours de l'année, en fonction des habiletés que développent les enfants.

Chaque projet offre l'expérience complète d'une communication différée médiatisée par l'écriture. Il s'agit de faire vivre aux enfants des expériences concrètes de communication avec autrui par l'intermédiaire d'objets linguistiques écrits. Ces objets peuvent circuler d'un lieu à l'autre.

La communication à distance s'expérimente ainsi à travers les cheminements matériels (ou même virtuels lors de communication via Internet) des écrits entre des lieux connus par les enfants, des lieux où ils ont peut-être déjà séjourné. Ces traces signifiantes, porteuses de messages signés, relient des espaces où les enfants sont amenés à vivre. Elles transportent aussi un peu de leur auteur et aident donc la personnalité de l'enfant à se construire de manière plus unifiée, plus constante d'un lieu à un autre, grâce aux liens établis par les écrits qui matérialisent les liaisons dans l'espace. Ces échanges par missives interposées participent à la construction du concept d'espace de plus en plus élargi autour de l'enfant où celui-ci peut évoluer avec une certaine familiarité.

Par la même occasion, le concept de temps est éprouvé sous son aspect de durée, par le temps nécessaire pour que les courriers parviennent à leur destinataire et qu'une réponse revienne et soit reçue.

Temps 1. L'enseignant installe la situation de communication. À qui écrire ? Pour quoi écrire ? Il provoque l'intention de communiquer et d'agir à distance ; il fait apparaître le destinataire à cibler ; il pose l'objet de la communication à rédiger.

Les pôles de l'échange une fois identifiés, la tâche à effectuer par l'élève sera d'écrire pour être lu par le destinataire, de façon à obtenir un effet prévu sur celui-ci.

Temps 2. Les élèves et leur enseignant collectent des écrits ayant pu servir dans des situations proches de celle qui est installée, à l'instar des exemples fournis dans le cahier. Ils observent et analysent les données de la communication sous-jacentes à ces productions écrites.

Réinventeurs d'écriture à partir de leur propre expérience de scripteurs, les enfants n'ont pas pour autant à se placer en dehors des champs de la communication langagière existant entre les hommes. Les expériences qui leur feront prendre une place d'acteur dans ces réseaux de communication sont à rechercher au sein même de ces réseaux. Pour cela, les enfants devront s'imprégner des modes formels de communication et utiliser eux-mêmes les formes textuelles en cours. La recherche de textes fonctionnant dans des situations de communication proches de celle qui est déterminée par le projet d'écriture permet de prendre du recul par rapport au repérage de situations dialogiques et à leur définition.

Les enfants balayent rapidement autant de situations de communication que d'exemples de textes de référence. Ces exemples doivent être les plus nombreux possibles et donner lieu à un petit événement qui implique les familles, la classe voisine et autres témoins… L'affichage de cette collecte de textes peut utilement dépasser le cadre de la classe et intéresser les autres classes du cycle II.

L'observation de ces textes donne lieu à des comparaisons qui aboutissent à mettre en avant des critères d'identification. Un résumé final permet aux enfants de formuler un minimum de savoir, utile à des activités ultérieures de tris de textes.

Temps 3. L'enseignant rappelle aux élèves quelle est la situation d'écriture du moment. Il les aide à planifier leur texte en listant avec eux oralement le contenu indispensable du genre de texte qu'ils vont produire. Il leur fournit des réserves de mots complémentaires à celles données dans le cahier, adaptées à leur vécu en classe.

Planification des idées et inventaire des ressources disponibles sont évidemment à conduire collectivement et oralement. « De quoi parle-t-on ? Comment en parle-t-on ? » sont les questions essentielles de ce temps du projet d'écriture. Des recherches complémentaires sur ce qui doit être dit sont aussi à conduire si les enfants manquent de données sur les questions évoquées. Recherches documentaires sur la vie des animaux ou des plantes dont on va parler dans le cadre du projet 7, recherches historiques si le contenu du compte-rendu porte sur une visite au musée du jouet dans le cadre du projet 5 par exemple, etc.

L'écriture de textes ne constitue pas une activité vide de savoirs. Au contraire, elle est l'occasion pour les enfants de prendre la parole par écrit parce qu'ils ont quelque chose à dire sur une question donnée. La forme textuelle n'est qu'une coquille recevable par convention par les lecteurs contemporains et qui doit être, autant que possible, au service de la communication de connaissances personnelles. Il s'agit d'entraîner les enfants à oser avoir un point de vue sur le monde en leur donnant les aides nécessaires pour pouvoir le formuler de manière communément admise.

Temps 4. Les élèves tentent un premier jet d'écriture et, si nécessaire, s'aident d'un rapide dessin pour condenser leurs idées et dépasser la page blanche. Le dessin proposé comme point de démarrage n'est qu'un prétexte pour recentrer des idées encore disparates et n'est en aucun cas un passage obligé. Le premier jet des idées sur le papier doit être court. La matière du texte est juste assemblée.

Temps 5. Pour mettre leur premier jet à distance, les élèves, guidés par l'enseignant, confrontent leur ébauche en lisant ce premier jet, puis s'aident et se critiquent. Les quelques mots ou davantage jetés sur le papier sont à confronter avec l'éventuel récepteur absent mais dont la présence à distance doit être constamment réactualisée. Le texte se bâtit autour de ce lecteur potentiel, présent en filigrane.

Le voisin qui écoute les premiers écrits va jouer le rôle de miroir actif qui permet à l'auteur de prendre conscience de l'effet de sens produit par ses mots. Suis-je compréhensible ? Avec ces mots-là, est-ce bien ce que je veux dire ? Voilà l'orientation des questions que doivent se poser les enfants au cours de la confrontation. En retour, celui qui écoute peut chercher comment aider à améliorer le texte en construction de son voisin. Et vice versa. Une notion d'aide mutuelle est à développer.

Temps 6. Le deuxième jet propose aux élèves une réécriture à partir des interactions du temps 5 et un éventuel retour aux textes de référence. C'est un temps plus solitaire où chacun est en prise avec la langue écrite, pour la travailler, la manier, la façonner à son goût en fonction de son projet. C'est le temps de l'écriture proprement dite, de la réécriture, de la recherche du mot juste jusqu'à ce que la matière écrite prenne la forme qui convient à l'auteur au mot près et qui était anticipée globalement depuis le début du projet.

Temps 7. Le texte produit est lu par son auteur à autrui, devant un auditoire connu, ou partagé seul à seul avec l'enseignant.

L'enseignant joue un rôle de modérateur, valorisant pour ceux qui ne sont pas encore convaincus qu'ils peuvent et qu'ils savent déjà utiliser la langue écrite sans encore la maîtriser. Les enfants font exister leur texte devant eux. Le texte se détache d'eux quant à son contenu. Il est prêt à être envoyé quand il est suffisamment compréhensible par autrui. Un autre temps peut être nécessaire pour que le texte soit accessible par autrui dans sa forme orthographique.

Temps 8. Le texte est revu et mis en forme orthographique par l'adulte avec l'élève concerné afin d'être rendu lisible par son destinataire ou même parfois écrit, sous la dictée de l'élève, par l'enseignant qui prend en charge la forme finale du texte.

L'enseignant prend effectivement ce temps en charge en présence de l'enfant concerné. À partir de ses connaissances, l'enseignant fait une proposition d'écriture orthographiée, en aménageant un temps de négociation qui permet à l'enfant de consentir à ces propositions.

Temps 9. Le texte, en l'état, recopié soigneusement à la main ou saisi à la machine et imprimé, est envoyé à son destinataire ou, dans tous les cas, donné à lire à un lecteur compétent (affichage, cahier de liaison avec les familles, cahier de classe, journal d'école, recueil d'albums, etc.).

Le texte produit a atteint sa forme finale. Il est prêt pour le voyage auquel il était destiné. Il n'appartient plus à celui qui l'a réalisé. Il fait partie des objets sociaux de communication interpersonnelle et appartient maintenant à la société dans laquelle il prend sens pour véhiculer de la signification et établir des liens entre les hommes. Les enfants producteurs de textes ont ainsi pleinement participé à une expérience fondamentale qui signe la spécificité de la culture humaine.

La démarche proposée ne peut se passer, à tous les temps indiqués, des interventions régulières et discrètes de l'enseignant qui permet ainsi à ses élèves de mener à bien des activités d'écriture accompagnée qu'ils pourront reprendre, tout seuls, de manière autonome dans un cahier personnel où ils oseront utiliser la langue écrite à des fins personnelles.

Grâce à cette pédagogie, les élèves auront acquis des assurances sur leur capacité à comprendre le fonctionnement d'un système complexe, à prendre place au sein d'une société où la communication différée par l'écriture les concerne. Par ces expériences d'écriture de textes qu'ils signent, où essais et erreurs sont assumés, ils développent sans conteste une attitude positive, responsable, dynamique, curieuse vis-à-vis de la langue, viatique hautement estimable pour une scolarité où la responsabilité de l'accès au savoir reste, pour finir, l'affaire de celui qui apprend si on lui a donné la possibilité de l'exercer. Il est alors question de la responsabilité collective de tous les adultes lettrés ayant eux-mêmes bénéficié, en leur temps, de l'accès à la culture de leur époque.

Partie 3

La mise en œuvre de la méthode Grindelire

La troisième partie du guide pédagogique est composée de deux sous-parties.

Les fiches-guide

Au nombre de huit, ces fiches reprennent les différents domaines abordés dans le manuel de l'élève et dans les cahiers d'activités. Elles sont volontairement souples pour permettre à chaque enseignant de les adapter à sa pédagogie, à sa classe et au moment de l'année où il les utilisera. Dans la mise en œuvre quotidienne, les enseignants sont invités à se reporter à ces fiches.

Fiche-guide 1 : La découverte des première et quatrième pages de couverture.
Fiche-guide 2 : La découverte d'un texte.
Fiche-guide 3 : La mémorisation.
Fiche-guide 4 : Le fonctionnement de la langue.
Fiche-guide 5 : Le réinvestissement.
Fiche-guide 6 : La découverte d'un son et des graphies correspondantes.
Fiche-guide 7 : L'écriture manuscrite.
Fiche-guide 8 : La production d'écrits.

Proposition de déroulement

Après des pistes d'activités pour les premiers jours de CP, le déroulement journalier fait alterner les deux domaines que nous avons choisi de dissocier dans le manuel :
• Travail sur le sens - Découverte du texte - Fonctionnement de la langue - Production d'écrits - Réinvestissement.
• Travail sur le code : Discrimination auditive – Discrimination visuelle – Écriture manuscrite.
La structure du manuel est composée de cinq périodes, correspondant aux cinq histoires et à leur exploitation. À l'intérieur de chaque période, nous avons choisi de regrouper le travail par unité. Chaque unité est travaillée sur deux, voire trois jours. On peut considérer qu'une unité de travail correspond à l'étude d'un épisode de l'histoire (découverte de texte, fonctionnement de la langue, réinvestissement, production d'écrits) et à l'étude d'un son (discrimination orale, discrimination visuelle, combinatoire, écriture manuscrite). Ce découpage et cette organisation sont donnés à titre indicatif.
• Ce travail est complété par les activités proposées autour des textes fonctionnels et documentaires, par les projets d'écriture des cahiers d'activités et par les poésies, les révisions et les jeux. L'enseignant choisira de les proposer au moment le plus opportun pour sa classe.
Enfin, une « lecture-plaisir » est proposée, en relation avec l'histoire étudiée et destinée à être lue par l'enseignant (en début de période pour annoncer le thème, en cours de période, ou à la fin pour clore l'étude menée sur l'histoire).
• Une bibliographie complète est proposée à chaque fin de période. Elle permet de proposer aux enfants des activités de lecture en réseaux, les indications concernent en effet l'auteur, l'illustrateur et le thème de la période.

1. La découverte des première et quatrième pages de couverture d'un mini-album

Compétences à acquérir au cycle 2
L'apprentissage de la langue écrite et celui de la langue orale s'articulent étroitement. Ainsi, l'enfant doit pouvoir :
– utiliser une bibliothèque, une bibliothèque centre documentaire (BCD), repérer et identifier des ouvrages.
(Programmes 1995)

I. VISÉES PÉDAGOGIQUES

• Il est important de commencer l'année par la manipulation d'un livre (le manuel ou le premier mini-album) en tant qu'objet : les élèves doivent le prendre entre leurs mains, le soupeser, l'ouvrir, etc. et comprendre qu'un livre est porteur de contenu avant d'observer plus précisément la couverture qui donne des indices sur ce contenu. La couverture d'un livre est composée de quatre « pages » (les première, deuxième, troisième et quatrième de couverture) dont deux, au moins, sont imprimées : la première et la quatrième page de couverture.

• Le lecteur adulte, dans son choix d'un ouvrage, est souvent attiré par la première de couverture (nom d'un auteur, titre alléchant, évocation d'une ambiance par l'illustration, réputation d'un éditeur, etc.). La quatrième de couverture lui apporte des informations complémentaires qui valideront ou non son choix : extrait de l'œuvre, résumé, critiques... La troisième étape consiste à ouvrir le livre, en lire l'avant-propos, le sommaire et enfin quelques pages. Il peut être bon de faire prendre conscience aux élèves de cette démarche active du lecteur devant un livre.

• Plus précisément, **l'illustration** attrayante de la première de couverture permet d'entraîner l'élève à la lecture d'une image et à la mise en relation de ses éléments.
Avant d'entrer dans le texte, l'élève pourra imaginer le contexte de l'histoire et émettre des hypothèses sur celle-ci. Il ne s'agira pas de faire trouver des phrases de l'histoire mais de dire ce que l'on comprend. C'est un moment d'expression libre.
• **Les éléments écrits** vont être également repérés de façon plus fine. Un travail de vocabulaire est à envisager afin de fixer ces mots spécifiques : auteur, illustrateur, titre, collection, éditeur, dos d'un livre, tranche.
Un travail identique sera mené sur la quatrième page de couverture. Il sera intéressant de la comparer à la première page de couverture : éléments que l'on retrouve, éléments qui ont disparu, éléments qui apparaissent.

II. PROPOSITION DE DÉROULEMENT D'UNE SÉANCE

On veillera à alterner les phases orales et écrites, collectives, en petits groupes (même par groupes de deux) et individuelles.

A. Travail collectif/oral

1. Observation de la première de couverture

• **Les illustrations :** que remarque-t-on ?
On laissera les enfants s'exprimer. On pourra ensuite orienter leurs observations sur :
– l'histoire : émission d'hypothèses sur le thème abordé, les péripéties possibles...
– les personnages : quels sont les personnages les plus importants ? Qu'est-ce qui permet de le dire ?
– le lieu : est-ce un lieu imaginaire ou réel ? Comment le sait-on ?
– le temps : sommes-nous dans le passé, le présent, le futur ? (Justifier la réponse.)
– le destinataire : à qui s'adresse ce livre ? Comment sait-on qu'il s'adresse à des enfants ? Comparer avec d'autres livres et dégager les spécificités des livres pour enfants.

• Le texte : repérer les mots écrits. Que peut-on lire ? On observera plus particulièrement :

– la typographie utilisée et la taille des caractères : comment est-ce écrit ? On remarquera que le titre est écrit dans un caractère plus gros et est souvent mis en évidence par la couleur.

– l'emplacement des différents « blocs-texte » : où est-ce écrit ? Le titre figure souvent en haut, le nom de l'éditeur en bas, l'emplacement du nom de l'auteur et de l'illustrateur peut varier.

– les termes spécifiques : auteur, illustrateur, titre, collection, éditeur. On pourra montrer qu'à l'intérieur d'une même collection, l'emplacement et les caractéristiques du texte ne varient pratiquement pas ; c'est plutôt l'illustration ou les couleurs qui changent et permettent de distinguer les différents livres (*cf.* les mini-albums de la collection Grindelire).

• Lecture en réseaux : on pourra élargir l'étude à d'autres ouvrages du même auteur, du même illustrateur ou de la même collection.

On peut aussi mener une recherche thématique et trouver d'autres œuvres sur le même thème (par exemple, pour la première histoire : la fable de La Fontaine « Le lièvre et la tortue » ou d'autres livres — de fiction ou documentaires — sur ces animaux).

On se reportera dans le présent guide aux pages d'exploitation de textes fonctionnels et documentaires en fin de période.

• Conclusion : à quoi sert une première de couverture ?

Elle donne de nombreuses informations sur le contenu d'un livre (histoire et type d'illustrations) qui doivent susciter l'envie d'ouvrir le livre et de le lire.

Elle permet de repérer facilement un éditeur, une collection, un auteur ou un illustrateur ainsi que le type de renseignements que l'on trouvera à l'intérieur (fiction, documentaire...) qui guident le lecteur dans son choix, suivant son projet initial.

2. Observation de la quatrième de couverture

Même déroulement : observation des illustrations, du texte.

Quels renseignements nouveaux donne la quatrième de couverture ? On pourra faire une synthèse de ces éléments par petits groupes.

La quatrième de couverture apporte des informations complémentaires sur :

– L'auteur, l'illustrateur : une petite biographie peut figurer, ainsi que la mention de leurs œuvres les plus connues.

– L'histoire : un résumé ou un extrait de l'histoire vient compléter les informations données par la première de couverture.

– Le type d'illustrations et les héros de l'histoire : ils peuvent réapparaître, en situation.

B. Travail par groupes

Les élèves pourront se mettre par groupes, d'abord de deux, puis de taille plus importante au fur et à mesure que l'année s'écoule.

En fonction de l'histoire étudiée, l'enseignant choisira les renseignements qu'il juge intéressants de travailler. Les élèves pourront remplir ou cocher un tableau qui aura été préparé à partir du travail sur la première de couverture. Dès la première histoire, le tableau est élaboré avec les enfants. On y retrouvera les notions travaillées (nom de l'auteur, de l'illustrateur, titre, éditeur, quelques éléments d'illustration...). Le même tableau pourra être rempli pour chacune des histoires et faire l'objet d'une comparaison.

C. Mise en commun

La mise en commun pourra se faire, soit sur une affiche collective que les enfants viendront compléter à tour de rôle, soit par affichage et confrontation des tableaux des enfants. Il faudra dans ce cas prévoir des tableaux suffisamment grands pour être vus de tous.

D. Travail individuel

Proposition d'exercices dans les cahiers d'activités (plus particulièrement période 1, 4 et 5).

2. La découverte d'un texte

Compétences à acquérir en fin de cycle 2.
L'enfant doit pouvoir :
– donner des renseignements ponctuels sur un texte,
– résumer clairement un texte lu,
– identifier les personnages d'un récit et les retrouver sous différentes désignations,
– lire oralement en articulant correctement, avec justesse quant à l'intonation et en comprenant le sens de ce qui est lu, un texte déjà lu auparavant,
– parvenir à la reconnaissance automatique des mots déjà rencontrés,
– déchiffrer des mots inconnus.
(Programmes 1995)

I. VISÉES PÉDAGOGIQUES

• La méthode Grindelire est fondée sur la lecture de vraies histoires de littérature jeunesse. Le moment de découverte du texte (avec ou sans son illustration) est donc un moment fort de l'étude de ce texte.
• En fonction des acquis des enfants, de la période de l'année, des caractéristiques du texte travaillé et de son illustration, différentes stratégies de découverte peuvent être mises en œuvre. Chacune des approches que nous présentons ici répond à un objectif spécifique.
• Le point qui sera abordé dans la fiche fonctionnement de la langue (4) sera mis en valeur à la fin de la découverte du texte pour faciliter le travail ultérieur.

II. DIFFÉRENTES APPROCHES

Ces propositions sont classées par ordre de difficulté : au début de l'année, on pratiquera plutôt les trois premières approches, pour varier ensuite en cours d'année et parvenir à la dernière, qui représente le but poursuivi, la possibilité de découverte autonome d'un texte.

1. Découverte du texte sans illustration

Quelle que soit la stratégie de découverte de texte utilisée, le passage par cette approche est indispensable. Nous la présentons donc de façon détaillée.
• **Objectif :** mise en place des diverses stratégies de lecture (prise d'indices, formulation d'hypothèses, anticipation, utilisation de la combinatoire) pour permettre la prise de sens.
• **Présentation :** texte écrit en script, bien lisible sur une grande feuille blanche affichée au tableau.

a. Observation

• **Travail collectif** pendant lequel les enfants découvrent le texte ensemble. Ils formulent des remarques qu'il faut prendre en compte, en essayant le plus possible de les leur faire justifier.
Question du maître : « Qu'avez-vous reconnu ? »
Une telle question induit des réponses de tous ordres. Les enfants viennent au tableau montrer ce qu'ils ont reconnu.

b. Travail sur le texte

Le maître matérialise en entourant, encadrant, soulignant, les découvertes des enfants.
Apparaît ainsi tout ce qu'ils repèrent :
– petits mots appris à l'école maternelle,
– début de prénoms, de jours de la semaine,
– mots qui commencent par la même lettre,
– syllabes identiques au milieu des mots,
– signes de ponctuation, majuscules…
Il ne s'agit pas d'avancer dans le texte en commençant par le premier mot pour finir au dernier, mais de mettre à profit toutes les compétences antérieures. On évitera ainsi le découpage systématique en syllabes de chaque mot pour favoriser toutes les prises d'indices comme : « ça commence comme… » « ça pourrait être… » qu'on devra valider par le contexte ou tout autre moyen accessible à l'enfant.

Ce qui n'a pas été découvert alors, le sera grâce aux questions du maître.
Le rôle de l'enseignant est ici capital : il fait prendre conscience aux enfants du rapport qui existe entre les remarques qu'ils viennent de formuler sur le texte et leurs hypothèses précédentes.

Les questions de l'enseignant et les réponses apportées par les enfants permettent de lever les derniers obstacles à la lecture et d'avancer dans le texte.
Les mots importants du texte seront identifiés grâce à :
– leur reconnaissance s'ils ont déjà été rencontrés dans les textes précédents,
– la reconnaissance d'une partie du mot identique à celle d'un mot rencontré auparavant,
– la combinatoire,
– le contexte.
Tous ces points vont permettre à l'enfant de valider ses hypothèses. Après avoir mené ce travail, le maître demande aux enfants d'essayer de lire les phrases découvertes. Il lit ensuite le texte, écrit par groupes de souffle. Les enfants le relisent à l'imitation.

2. Découverte collective à partir de l'illustration

• **Objectif :** prise d'indices, émission d'hypothèses à partir de l'illustration ; prise de sens, validation par le texte.
• **Présentation :** l'illustration est affichée au tableau ou bien les enfants observent l'illustration du manuel en cachant le texte correspondant.
• **Travail collectif** à partir de l'illustration seule.

Observation de l'illustration, émission d'hypothèses. Sur les propositions des enfants, l'enseignant écrit les mots ou groupes de mots que l'on retrouvera ou non dans le texte.
Validation par le texte qui sera inscrit sur une affiche ou recopié par le maître au tableau : chaque groupe de mots sera identifié ou non dans le texte. Puis on procède à l'identification collective des mots inconnus (par le sens, les analogies ou les syllabes connues).
Lecture silencieuse puis à voix haute par les enfants, suivie d'une lecture par le maître.

3. Découverte collective à partir de l'illustration et du texte

• **Objectif :** prise d'indices, émission d'hypothèses simultanément sur le texte et l'illustration, correspondance texte/image, prise de sens.
• **Présentation :** le texte et l'illustration sont affichés au tableau.
• **Travail collectif.**

Les enfants prélèvent des indices sur l'un des supports et les valident sur l'autre. Puis on procède à l'identification collective des mots inconnus (par le sens, les analogies ou les syllabes connues).
Lecture silencieuse puis à voix haute par les enfants, suivie d'une lecture par le maître.

4. Découverte collective à partir du texte et de mots mémorisés

• **Objectif :** prise d'indices et de sens sur le texte, réinvestissement de mots mémorisés globalement.
• **Présentation :** le texte est affiché au tableau et les mots connus ont été soulignés.
• **Travail collectif.**

Identification des mots soulignés : les enfants vont chercher le texte où ils les ont rencontrés. Puis on procède à l'identification collective des mots inconnus (par le sens, les analogies ou les syllabes connues).
Lecture silencieuse puis à voix haute par les enfants, suivie d'une lecture par le maître.

5. Découverte collective à partir de l'illustration et du texte caché

• **Objectif :** émission d'hypothèses sur l'illustration permettant la prise de sens, anticipation.
• **Présentation :** l'illustration est affichée au tableau ainsi que le texte, masqué par des étiquettes.
• **Travail collectif.**

Observation de l'illustration puis émission d'hypothèses. Chaque fois que l'hypothèse est correcte, l'enseignant dévoile la partie du texte correspondante. Puis on procède à l'identification collective (par le sens, les analogies ou les syllabes connues) des mots qui n'ont pas été trouvés.
Lecture silencieuse puis à voix haute par les enfants, suivie d'une lecture par le maître.

6. Découverte collective du texte à partir de l'illustration, puis lecture individuelle

• **Objectif :** émission d'hypothèses sur l'illustration, permettant de prendre du sens.
• **Présentation :** l'illustration est affichée au tableau.
• **Travail collectif** d'abord pour l'émission d'hypothèses puis lecture individuelle.

Émission collective d'hypothèses à partir de l'illustration. Puis le texte est donné individuellement (pas de référent au tableau). Chaque enfant entoure les mots qu'il reconnaît. On confronte les résultats par groupes (enfant et son voisin ou groupe plus large) et on réalise la mise en commun au tableau. Puis on procède à l'identification col-

lective des mots inconnus (par le sens, les analogies ou les syllabes connues).
Lecture silencieuse puis à voix haute par les enfants, suivie d'une lecture par le maître.

7. Découverte collective à partir du contexte

• **Objectif :** émission d'hypothèses sur le sens, la suite d'un texte, anticipation.
• **Présentation :** ni le texte, ni l'illustration ne sont affichés.
• **Travail collectif.**
Après une relecture des textes précédents, on émet des hypothèses sur la suite. Le maître note les propositions qui sont ensuite validées par le texte. Puis on procède à l'identification collective des mots inconnus (par le sens, les analogies ou les syllabes connues).
Lecture silencieuse puis à voix haute par les enfants, suivie d'une lecture par le maître.

8. Découverte collective à partir d'un texte à trous

• **Objectif :** émission d'hypothèses pour construire du sens, anticipation.
• **Présentation :** le texte, dont certains mots sont masqués, est affiché au tableau.
• **Travail collectif.**

Certains mots du texte sont cachés. Les enfants cherchent à les retrouver, en s'aidant du contexte, du sens du texte, de la taille des mots masqués… Ils les écrivent sur leur ardoise ou les proposent à l'enseignant qui les note au tableau. Puis on procède à l'identification collective des mots cachés.
Lecture silencieuse puis à voix haute par les enfants, suivie d'une lecture par le maître.

9. Découverte collective à partir du texte

• **Objectif :** prise d'indices et de sens sur le texte, anticipation sur l'illustration, correspondance texte/image.
• **Présentation :** le texte est affiché au tableau, puis on observe l'illustration (au tableau ou dans le manuel).
• **Travail collectif.**

Identification des mots connus, puis des mots inconnus. On imagine quelle pourrait être l'illustration correspondant à ce texte. Validation des hypothèses en observant l'illustration.
Lecture silencieuse puis à voix haute par les enfants, suivie d'une lecture par le maître.

10. Découverte collective à partir d'un texte-puzzle

• **Objectif :** anticipation, prise d'indices pour permettre la prise de sens.
• **Présentation :** le texte est divisé en plusieurs parties et présenté dans le désordre.
• **Travail collectif.**

Avec ou sans l'aide de l'illustration, les enfants doivent identifier les différentes parties et les replacer dans l'ordre (logique, chronologique…). Puis on procède à l'identification collective des mots inconnus.
Lecture silencieuse puis à voix haute par les enfants, suivie d'une lecture par le maître.

11. Découverte individuelle à partir du texte puis questions des enfants

• **Objectif :** construction du sens.
• **Présentation :** le texte est affiché au tableau, sans l'illustration.
• **Travail individuel.**

Les enfants lisent le texte en lecture silencieuse (pas de lecture collective). Ils posent ensuite des questions sur le texte à leurs camarades, qui sont validées collectivement par le texte.
Lecture à voix haute par les enfants, suivie d'une lecture par le maître.

12. Découverte individuelle à partir du texte et réponse aux questions du maître

• **Objectif :** construction du sens.
• **Présentation :** le texte est affiché au tableau, sans l'illustration.
• **Travail individuel.**

Les enfants lisent le texte individuellement. Ils doivent répondre par oral à des questions de compréhension posées par le maître sur celui-ci. Puis phase de mise en commun et de confrontation avec l'illustration.
(Les questions sur le texte peuvent être posées par écrit : la réponse peut alors être orale ou écrite.)
Lecture à voix haute par les enfants, suivie d'une lecture par le maître.

3. Mémoriser les mots

Compétences à acquérir au cycle 2
Les élèves poursuivent la constitution, amorcée à la maternelle, d'un premier capital de mots de grande fréquence, dont la graphie est rapidement mémorisée, la lecture étant aussi, en règle générale, une séance d'écriture…
(Programmes 1995)

I. VISÉES PÉDAGOGIQUES

• La rubrique « Je mémorise » va permettre aux élèves de mémoriser des mots, rencontrés dans le texte du jour. Ils vont donc devoir lire ces mots hors contexte.
• Ces mots sont rangés par classe grammaticale. Un code couleur permet de repérer ces classes. Les noms sont présentés avec un déterminant, les verbes avec un pronom sujet ou à l'infinitif, les adjectifs qualificatifs en position d'attribut ou d'épithète, les adverbes et les mots de liaison en satellite. Le terme grammatical exact ne sera bien sûr jamais évoqué. Il s'agit de grammaire implicite.
• Les mots à mémoriser, lorsque le texte est long, ont été sélectionnés soit par leur fréquence dans la langue française (*ami*, *et*, *soleil*) ou soit par leur utilité à la prise de sens dans le texte découvert.
• Ces mots à mémoriser, à reconnaître sont généralement repris dans la troisième rubrique « Je lis de nouvelles phrases ». On est alors dans un travail de réinvestissement.

II. POURQUOI FAIRE MÉMORISER DES MOTS ?

Reconnaître les mots est une des procédures, qui, à côté de l'activité d'analyse, fait partie de l'acte de lire. De plus, mémoriser des mots peut favoriser les compétences orthographiques.
Les listes de mots sont de plus en plus longues. L'enseignant pourra en sélectionner quelques-uns, pas nécessairement tous. Le travail sera réparti sur deux ou trois jours, temps d'étude du texte travaillé.

III. COMMENT FAIRE MÉMORISER CES MOTS ?

• Faire lire dans le texte le mot à mémoriser.
• A-t-il des particularités (longueur, lettres doubles…) ?
• À quel mot fait-il penser ?
• Le faire retrouver parmi plusieurs étiquettes de mots très différents d'abord, puis proches.
• Le faire écrire sur l'ardoise avec le modèle au tableau.
• Le cacher au tableau et le réécrire sur l'ardoise sans modèle cette fois. (Le remontrer autant de fois que nécessaire pour que les élèves réussissent à le mémoriser.)

4. Le fonctionnement de la langue

Le fonctionnement de la langue devra être travaillé en relation très étroite avec la découverte du texte (fiche-guide 2). Pour chaque texte de l'histoire étudiée, un fait de langue particulier sera traité.

Compétences à acquérir au cycle 2
Il convient d'apprendre à l'élève à repérer les principes de fonctionnement de sa propre langue ; le maître utilise pour cela un vocabulaire précis.
Le maniement de la langue conduit l'élève à percevoir la signification des fonctions essentielles au sein du texte, de la phrase et à reconnaître les groupes syntaxiques.
Tout au long du cycle 2, ces éléments font l'objet d'un apprentissage **progressivement** structuré puis systématisé. *(Programmes 1995)*

I. VISÉES PÉDAGOGIQUES

Au niveau du CP, les compétences mentionnées par les programmes de cycle 2 ne sont qu'en cours d'acquisition et leur degré de maîtrise varie d'un élève à l'autre. Il s'agit donc de mettre l'enfant « en situation », de lui faire manipuler des structures, de le faire réfléchir face à celles-ci sans toutefois donner de règles explicites ni fournir une terminologie.
En effet, comme il est précisé dans *La Maîtrise de la langue à l'école*, ministère de l'Éducation Nationale (1992), il s'agit de mener une première approche réflexive de la réalité syntaxique. Ainsi, les régularités syntaxiques les plus fréquentes sont-elles signalées tout au long du manuel… Elles sont systématiquement repérées dans le cadre d'une première approche du fonctionnement de la langue. On peut :
– faire comparer des énoncés,
– faire varier certaines de leurs parties, en déplacer d'autres... Les élèves voient ainsi comment la langue écrite fonctionne et se dotent d'une sensibilité aux grandes architectures de la phrase. C'est là un indispensable support pour l'imprégnation grammaticale, en effet la grammaire sera acquise ultérieurement.

II. PROPOSITION DE DÉROULEMENT D'UNE SÉQUENCE

Durée : environ 30 minutes.
Le point à aborder aura systématiquement été mis en valeur lors de la découverte du texte. Il est donc étudié spécifiquement pendant cette séance de fonctionnement de la langue.

A. Travail collectif/oral

C'est un temps d'échange qui permet aux enfants de s'approprier la structure. Ils la manipulent oralement en faisant varier ses éléments, en les déplaçant, ou en les remplaçant par d'autres ayant la même fonction. C'est pourquoi le travail avec des étiquettes collectives affichées au tableau sera privilégié. Voici quelques exemples d'activités possibles :

• **expansion :** il s'agit de donner des précisions sur un nom (les expansions du nom) :
exemple : *tortue → la tortue Rosemonde, la tortue qui emporte sa maison...*
• **réduction :** il s'agit de supprimer un mot, un groupe de mots... pour obtenir une phrase la plus courte possible (la phrase minimale).
• **permutation :** il s'agit de déplacer des groupes de mots dans une phrase.
exemple (texte 2) :
Ce matin, Alex et Léa partent pour Londres, avec leur maman.
Alex et Léa partent pour Londres avec leur maman, ce matin.
• **substitution :** il s'agit de compléter des phrases à trous, de changer un mot ou un groupe de mots (de même fonction).
exemple : remplacer un groupe nominal par un pronom.
exemple (texte 1) :
La tortue, sur son dos, emporte sa maison.
Elle emporte sa maison.
• **transformation :** il s'agit, par exemple, de fabriquer une phrase négative ou interrogative à partir d'une phrase déclarative.
Les voitures roulent à gauche.
Les voitures ne roulent pas à gauche.

B. Travail par groupes

Le maître propose une autre phrase sur la même structure que celle du point abordé.
Par petits groupes, les élèves réinvestissent, soit avec leurs étiquettes individuelles, soit sur l'ardoise, le travail mené collectivement.

C. Travail individuel

Les enfants retrouveront dans les exercices des cahiers d'activités les structures précédemment travaillées : l'exercice 3 qui porte sur le texte est généralement consacré au fonctionnement de la langue.

5. Le réinvestissement

Compétences à acquérir au cycle 2 (*cf.* fiche n° 2)
L'enfant doit pouvoir :
– donner après lecture des renseignements ponctuels sur un texte,
– résumer clairement un texte lu,
– identifier les personnages d'un récit et les retrouver sous différentes désignations,
– lire oralement en articulant correctement, avec justesse quant à l'intonation et en comprenant le sens de ce qui est lu, un texte déjà lu auparavant,
– parvenir à la reconnaissance automatique des mots déjà rencontrés.
(Programmes 1995)

I. VISÉES PÉDAGOGIQUES

Il s'agit de faire relire, dans un contexte différent, des mots, des tournures rencontrés dans le texte étudié ou dans les textes précédents. Le réinvestissement peut prendre deux formes :
• de nouvelles phrases, puis de nouveaux textes (rubrique « Je lis de nouvelles phrases », « Je lis un nouveau texte »), qui permettent d'aboutir à un réinvestissement moins contraint à partir de la période 4.
• des jeux : la dernière rubrique (dans un encadré) de la page d'exploitation du texte permet de réinvestir les connaissances acquises de façon ludique. Plusieurs activités sont proposées : des vrai/faux, des devinettes, des charades, des jeux de logique… Outre sa forme ludique qui motive les enfants, cette dernière activité a l'avantage de nécessiter une prise de sens précise. Le maître peut ainsi déceler les enfants qui oublieraient la priorité du sens par rapport à un décodage ou la restitution par mémoire d'un mot.

II. PROPOSITION DE DÉROULEMENT D'UNE SÉQUENCE

Le réinvestissement peut être travaillé en deux temps : d'une part, à la fin du premier jour de travail sur chaque unité ; d'autre part, pour terminer de façon ludique le deuxième jour de travail sur chaque unité.

• Rubriques « Je lis de nouvelles phrases », « Je lis un nouveau texte ».
Durée : 30 minutes environ.

A. Travail collectif/oral

On fera lire les phrases (ou le texte) dans le manuel et on posera des questions sur les mots rencontrés (« quels sont les mots connus ? »…) ou sur le sens (« de quoi s'agit-il ? », « qu'y apprend-on ? »…).
En début d'année, on insistera sur les différences entre les deux écritures (script et cursive). Les enfants doivent arriver à lire les deux écritures, mais ils n'écriront qu'en cursive. Il leur faut maîtriser peu à peu la correspondance entre les deux. C'est pour les aider dans cette maîtrise que l'on a choisi d'associer longtemps les deux écritures dans cette rubrique.

B. Travail individuel/écrit

On multipliera les situations d'écriture (ardoise, cahier).
Le premier temps de réinvestissement s'achève par un travail dans les cahiers d'activités (l'exercice 4).

C. Travail collectif/oral

• Réinvestissement ludique dans la rubrique encadrée.
Durée : 10 minutes environ.

Cette rubrique du manuel sera lue et traitée collectivement par oral.

6. La découverte d'un son et des graphies correspondantes

Compétences à acquérir au cycle 2
La familiarisation avec le code conduit les élèves à saisir les relations entre l'oral et l'écrit, en identifiant de manière explicite les correspondances entre son et signe pour maîtriser la combinatoire, accéder ainsi au déchiffrement et à la reconnaissance des mots.
(Programmes 1995)

I. VISÉES PÉDAGOGIQUES

Tout au long de l'année de CP, le maître incitera donc l'élève à :
– tirer profit d'activités ludiques mettant en jeu le matériau sonore de la langue,
– segmenter les énoncés en syllabes orales,
– prendre conscience des éléments phoniques,
– acquérir de manière progressive la conscience des différents phonèmes,
– identifier de manière explicite les correspondances entre son et signe pour maîtriser la combinatoire et accéder ainsi au déchiffrement et à la reconnaissance des mots,
– saisir les relations entre l'oral et l'écrit.

II. PROPOSITION DE DÉROULEMENT D'UNE SÉQUENCE

Durée : 40 minutes environ en début d'année, entre 20 et 30 minutes à partir du deuxième trimestre.

A. Travail collectif/oral

1. Discrimination auditive

• Recherche du son commun
Les quatre dessins utilisés pour la découverte du son sont présentés successivement. L'ordre choisi pour cette présentation doit tenir compte de l'impératif suivant : les mots correspondant aux deux premiers dessins doivent avoir plusieurs sons en commun. Le troisième mot à découvrir doit permettre de lever l'ambiguïté et de trouver le son étudié. Le quatrième mot confirme l'hypothèse émise et concrétise la finesse de l'analyse auditive.
L'enseignant présente aux élèves les dessins les uns après les autres.
– Que représente le premier dessin ? Quels sons entend-on dans le mot ?
– Que représente le deuxième dessin ? Quels sons entend-on dans le mot ? Émission des premières hypothèses concernant le son recherché.
– Que représente le troisième dessin ? Quels sons entend-on dans le mot ? Conclusion : quel est le son étudié ?
– Que représente le dernier dessin ? Quels sons entend-on dans le mot ? Validation et mise en pratique des découvertes effectuées lors des phases précédentes.

• Localisation du son
Le son étant découvert, il s'agit maintenant de le localiser à l'intérieur des mots étudiés.
– Combien y a-t-il de syllabes orales dans le premier mot ?
– Dans quelle syllabe se trouve le son ?
– Pour une analyse plus fine, on pourra rechercher la position du son au sein de la syllabe.
Exemple : *escargot* pour le son [a] : trois syllabes orales, le son est placé dans la deuxième syllabe, au « milieu » de cette syllabe.
Les enfants matérialisent ensuite dans une grille, sur des corbeilles ou sur une flèche la position du son dans le mot (par un aimant, par exemple). Suivant les accents régionaux et la prononciation des syllabes orales, les grilles seront différentes (deux ou trois syllabes orales pour le mot *chemise* par exemple).

• Étude des mécanismes physiques de production du son
Les enfants se regardent deux à deux et produisent le son étudié. Ils observent la position des lèvres, de la langue, l'émission de souffle par le nez ou par la bouche, la présence ou l'absence de vibrations au niveau de la gorge, la possibilité ou l'impossibilité de prolonger ce son, de l'émettre en se bouchant le nez. Les appellations linguistiques données entre crochets sont destinées aux enseignants et ne doivent pas être utilisées avec les élèves.

• Imprégnation

Elle se fera par divers jeux qu'on choisira parmi les suivants.

Jeu de pigeon vole : Si les enfants entendent le son, ils lèvent la main ; si le son n'est pas présent dans le mot, ils se bouchent les oreilles.

Jeu de fléchettes : voir la fiche photocopiable qui fournit trois fléchettes individuelles à conserver dans l'enveloppe où les enfants rangeront leurs étiquettes cartonnées de la période 1. Les enfants choisissent l'une de leurs trois fléchettes pour montrer où ils entendent le son : au début du mot (premier phonème), dans le mot, à la fin du mot (dernier phonème).

Jeu de l'oreille fine : les enfants écrivent sur leur ardoise combien de fois ils entendent le son.

Devinettes : par des définitions, on fait deviner aux enfants des mots comportant le son étudié.

2. Découverte des graphies

– On établit la correspondance phonie-graphie : comment écrit-on le son ? Dans le tableau du manuel (« Je classe les mots »), les quatre mots étudiés précédemment sont classés suivant leur graphie. Si plusieurs mots figurent à l'intérieur d'une même colonne, ils sont classés suivant la place du son (début, milieu, fin – dans un ordre qui varie).

– On signale les exceptions (rubrique correspondant au panneau ⚠) : on observe la graphie mais on n'entend pas le son correspondant.

– On travaille la combinatoire grâce aux étiquettes puzzle collectives et à la rubrique « J'assemble ». On fait lire les étiquettes-puzzle collectives de la lettre correspondant au son étudié séparément puis en les combinant : deux élèves se déplacent au tableau et fabriquent le puzzle, un troisième sélectionne l'étiquette syllabe correspondante.

– On fait chercher oralement aux élèves des mots où l'on entend ces syllabes, ils localisent la syllabe dans le mot et frappent les syllabes (en se balançant à droite et à gauche : comme un métronome). On évitera de choisir des mots dont le découpage en syllabes écrites et orales diffèrent.

– On propose d'écrire la syllabe entendue (à partir de mots dits aux élèves).

– On fait découvrir des mots inconnus à partir de syllabes placées en désordre au tableau. De nombreuses variantes peuvent aider les enfants à trouver les mots : donner une devinette, le nombre de syllabes du mot, le mimer (dans un premier temps c'est l'enseignant qui mime, puis les élèves).

– Enfin on lit la rubrique « J'assemble » qui permet de rassembler les découvertes menées collectivement. Les mots de cette rubrique peuvent être lus car ils sont illustrés dans le tableau ou peuvent être déchiffrés à partir des acquis antérieurs (sons vus auparavant).

– Enfin, on recherche dans le corpus de textes étudiés (en particulier l'histoire lue pendant cette période) des mots comprenant ces graphies. La rubrique « Des mots de l'histoire » liste de façon non exhaustive des mots de l'histoire comportant le son étudié. Seule une partie de ces mots pourra être lue, selon l'avancement dans l'histoire lorsque le son sera étudié. Néanmoins, nous recommandons en révision de faire relire cette rubrique aux élèves ou de rechercher dans l'histoire d'autres mots non listés comportant le même son.

B. Travail individuel

Proposition d'exercices dans les cahiers d'activités (pages sur les sons) : l'exercice 1 permet d'approfondir la reconnaissance auditive ; l'exercice 2 la reconnaissance visuelle ; l'exercice 3 est mixte et permet une synthèse.

Tableau des consonnes du Français

Avant de la bouche ← Lieu d'articulation → Arrière de la bouche

		bilabiales	labio-dentales	dentales	pré-palatales	palatales	vélaires
Mode d'articulation	occlusives sourdes	p		t			k
	occlusives sonores	b		d			g
	fricatives sourdes		f	s	ʃ		
	fricatives sonores		v	z	ʒ		
	nasales			n		ŋ	
	latérale			l			
	vibrante						r

Tableau des voyelles du Français

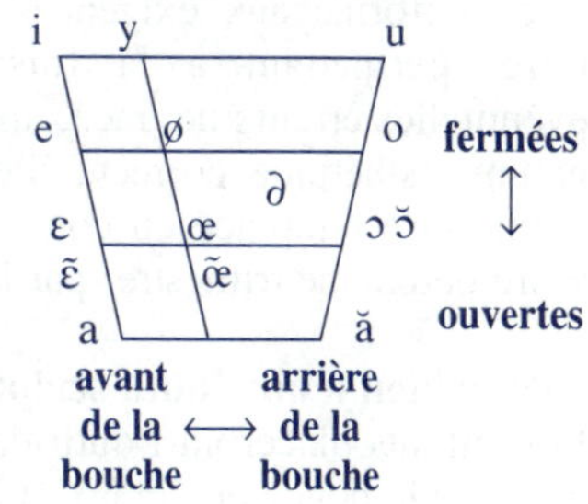

D'après Arrivé M., Gadet F., Galmiche M., *La grammaire d'aujourd'hui*, 1986, Flammarion, p. 514 et 520.

7. L'écriture manuscrite

Compétences à acquérir au cycle 2
L'enfant doit pouvoir :
– écrire lisiblement en respectant les normes d'écriture,
(Programmes 1995)

Remarque : dès le début de l'année, nous emploierons les lettres majuscules en tant qu'indices de lecture, mais nous n'envisageons pas l'apprentissage systématique de leur écriture en CP.

I. VISÉES PÉDAGOGIQUES

Pour apprendre le tracé des lettres et leur enchaînement, il est important que l'enfant ait une position du corps correcte et tienne de façon efficace son crayon à papier, son stylo à bille ou sa craie.
La reproduction de modèles est l'activité essentielle qui mènera à la maîtrise du geste graphique. L'entraînement à former des lettres occupe donc une place importante. Il est nécessaire de travailler l'écriture manuscrite tous les jours, dans un cahier à part ou dans le cahier d'écriture de la méthode Grindelire.
Enfin, la maîtrise du geste graphique constituera une aide pour la production d'écrits.

• Pour avoir une position correcte du corps
Les élèves doivent :
– poser les deux pieds par terre,
– décoller leur dos du dossier de la chaise et se tenir droit,
– dégager légèrement le coude le long du corps,
– poser à plat la main qui n'écrit pas (sur un buvard par exemple).

• Choix de l'outil scripteur
Ce choix relève de chaque enseignant. Toutefois, nous préconisons d'utiliser très vite le stylo à bille, afin d'obtenir le plus rapidement possible une écriture conforme aux exigences de l'école élémentaire, permettant à la fois la détection des éventuelles erreurs de tracé, une précision du geste et une esthétique correcte. Le stylo à bille peut même être remplacé en cours d'année (troisième, voire deuxième trimestre) par le stylo à plume.

• Pour bien tenir l'outil scripteur
Les enfants placeront l'outil dans la « pince » formée par le pouce et l'index et le laisseront reposer sur le majeur et les autres doigts, sans crispation excessive.
On laissera bien entendu l'enfant choisir la main qu'il préfère utiliser pour écrire, la droite ou la gauche. Afin de faciliter la mise en place d'une position favorable, nous recommandons de laisser les enfants pencher légèrement leur cahier vers la gauche s'ils sont droitiers et vers la droite s'ils sont gauchers – ceci afin d'éviter une tenue inadéquate de l'outil scripteur avec la main située au-dessus de l'écrit.

• Pour apprendre le tracé des lettres et leur enchaînement
Il faut se rappeler que, dans un premier temps, les lignes support d'écriture constituent une contrainte pour l'enfant, avant de devenir une aide. On guidera l'écriture sur le cahier en traçant deux lignes séparées de 5 mm, espacement que l'on réduira progressivement, suivant le rythme des enfants, à 2 mm pour arriver aux lignes Seyes normalisées. En utilisant les interlignes, les enfants peuvent placer correctement en hauteur les lettres « à boucles » qui montent jusqu'au troisième interligne et les lettres « à barre », légèrement moins hautes et en position basse les grandes lettres à deux interlignes en-dessous de la ligne principale.

II. PROPOSITION DE DÉROULEMENT D'UNE SÉQUENCE

Durée : 20 minutes environ maximum.

A. Travail collectif/oral

• Étude du tracé de la lettre au tableau
La lettre sera tracée en grand format au tableau. Le départ du tracé est matérialisé par un point et le sens du tracé peut être représenté par des flèches. Les enfants énoncent tout d'abord oralement le trajet permettant de tracer la lettre puis viennent suivre celui-ci avec le doigt.
• Exécution du geste dans l'espace
– Plan vertical : l'enseignant montre le tracé de la lettre dans l'espace, avec le doigt. Il reproduit le

geste avec un outil scripteur, toujours dans l'espace. L'enseignant se tiendra le dos tourné à la classe comme s'il était au tableau, pour écrire dans le même sens que les enfants pendant cette phase. Il se placera ensuite derrière les enfants afin de vérifier leur geste et de déceler ceux qui commettent des erreurs de tracé. Si cela est nécessaire, il pourra guider la main de ceux qui ont des difficultés.

– Plan horizontal : l'enseignant fera tracer la lettre par les élèves sur leur table, avec le doigt, en grand. Il corrigera les éventuelles erreurs de tracé.

B. Travail individuel

– Travail sur l'ardoise : les enfants écrivent plusieurs fois la lettre étudiée. Ce sera l'occasion de rappels concernant l'attitude corporelle, de vérifications du tracé (particulièrement le point de départ et le sens de rotation).

– Travail sur le cahier d'activités : dans un premier temps, les élèves écrivent la lettre étudiée, puis un mot comportant cette lettre et éventuellement des phrases simples afin de prendre conscience de la façon dont la lettre s'accroche aux autres.

– Vérification du travail : Est-ce lisible ? (on fait relire ce qui a été écrit) ? Est-ce conforme ? (on fait relire et comparer les mots écrits au modèle).

• La collection Grindelire propose aussi un cahier d'écriture spécialement pensé pour les élèves de CP. Il reprend les tracés des majuscules d'imprimerie et des minuscules cursives, par famille de gestes et développe dans une seconde partie neuf projets d'écriture. (*cf.* fiche 8 production d'écrits).

8. La production d'écrits

Compétences à acquérir au cycle 2
L'enfant doit pouvoir :
– écrire un texte bref de quelques lignes répondant à des consignes claires (court récit, résumé d'un texte, suite d'une histoire, légende d'un dessin, bulles d'une bande dessinée, lettres, textes prescriptifs : règles de jeux, règles de vie, modes d'emploi...) ;
– tenir compte des contraintes propres à chaque type d'écrit :
présentation (lisibilité, ponctuation...),
vocabulaire adéquat,
syntaxe (emploi de pronoms, de mots de liaison, usage des temps).
(Programmes 1995)

I. VISÉES PÉDAGOGIQUES

Les activités de production d'écrits se présentent sous diverses formes : elles regroupent les activités d'écriture, de copie, de copie différée, de dictée et de production d'écrits proprement dite.
Cette dernière est l'activité la plus complexe car elle demande à l'enfant de gérer une multiplicité de compétences, depuis la maîtrise de la langue (orthographe, syntaxe, vocabulaire) jusqu'à la capacité à organiser un texte dans son ensemble.
C'est à l'enseignant d'aider l'enfant à surmonter ces difficultés tant que ne sont pas acquis de nombreux automatismes tels que l'écriture des mots, les règles d'orthographe, la structure du texte.
Dans la mesure du possible, il faut donc dissocier les étapes de la production et soulager ainsi les enfants d'une partie du travail. Ainsi, en maternelle, a souvent été pratiquée la production par dictée à l'adulte. En début de CP, on privilégiera le travail avec les étiquettes que les enfants utiliseront dans toutes les situations de production d'écrits pour favoriser ainsi l'acquisition des compétences.
On pourra utiliser le rapport texte-image, cette dernière permettant aux enfants d'entrer plus facilement dans la production d'un texte.
On multipliera les aides indirectes dans le manuel, sur les panneaux d'affichage collectif, dans les livres de bibliothèque, dans les « boîtes à idées », sur les tableaux de majuscules et de ponctuation.
On proposera l'aide directe de l'enseignant.

A. Les exercices de production d'écrits dans les cahiers d'activités

Ce sont les exercices 5 des pages de travail sur le sens. Ils sont conçus pour que les enfants travaillent progressivement, de plus en plus autonomes, donc avec des aides en début d'année (étiquettes, boîte à idées), pour arriver à de véritables situations d'écrit.

B. Le travail sur les projets d'écriture

Les projets d'écriture sont au nombre de 5, un par histoire. Ce sont de véritables situations de communication où l'enfant sera aidé, guidé pour produire un vrai texte. Il aura à en vérifier la validité auprès de ses camarades par la lecture. Cette démarche est développée de façon plus approfondie encore dans les 9 projets du cahier d'écriture.

II. PROPOSITION DE DÉROULEMENT DES SÉQUENCES

Deux approches sont possibles.

De la lecture à la production

1. Travail collectif/oral

– Phase d'imprégnation par la lecture de nombreux textes ou par l'étude de corpus (cartes postales, plans, descriptions…) suivant le type de texte que les enfants vont produire.
– Émergence de critères communs à ces textes de référence, qui peuvent être regroupés dans un tableau.

2. Travail individuel/écrit

Une « boîte à idées » donne des aides à l'enfant (mots illustrés ou non) et lui permet de se lancer dans la production.
Production d'un « premier jet » qui va être confronté à celui des autres élèves et aux textes observés précé-

demment. L'enfant va ainsi construire ses compétences de production d'écrits et s'évaluer.)
L'enseignant peut se servir de ces premiers jets pour se rendre compte des acquis, des besoins et des manques de chaque élève.

3. Travail par petits groupes (de deux ou trois élèves)

Moment de confrontation. Les enfants vérifient que leurs écrits répondent aux critères mis en avant lors de la première phase de travail. Ils peuvent aussi échanger leurs écrits et noter (quand cela est possible) leurs remarques sous la forme :
– de croix dans un tableau à double entrée où les critères dégagés sont listés,
– de mots à souligner dans une liste pré-établie.
Tout dépend de l'objectif que l'enseignant se sera fixé et sur quel point il veut attirer l'attention des enfants.

4. Travail collectif/oral

Toutes les remarques faites en groupes sont synthétisées par l'enseignant. Un retour au corpus de référence peut s'avérer utile.

5. Travail individuel/écrit

Production d'un « deuxième jet », revu par l'enseignant. Il pourra constituer la production finale ou donner lieu à un troisième jet définitif.

Cette démarche est par ailleurs plus développée dans le cahier d'écriture de la méthode Grindelire qui permet d'approfondir et de systématiser ce travail de production d'écrits.

De la production à la lecture

1. Travail individuel/écrit

Les enfants sont placés face à une situation-problème : ils ont à produire un texte bien identifié (carte postale, liste de courses, narration…).

2. Travail collectif/oral

Les productions sont confrontées à des écrits réels ou à des textes d'auteurs. Ceci permet l'émergence des critères caractéristiques de ces textes.

3. Travail individuel/écrit

Les élèves réécrivent leur texte à la lumière des critères dégagés. Il peut y avoir ainsi, sous la conduite de l'enseignant, plusieurs allers-retours vers les textes de référence, afin que l'élève améliore (en deux, trois ou plusieurs jets) sa production de départ.

C. Le travail sur les projets d'écriture dans le cahier d'écriture

Il s'agit d'un véritable outil qui permet à l'enseignant d'accompagner les enfants progressivement dans leur entrée dans l'écrit (*cf.* pages 45-46-47 de la partie II).

Les premiers jours

Les premiers jours de CP demandent à l'enseignant une organisation particulière. Nous avons d'abord choisi de détailler les activités que l'on peut proposer lors du premier jour de classe.
Nous proposons ensuite dix séquences de travail que l'enseignant pourra répartir sur deux ou trois jours, ou plus si nécessaire.

A. Accueil des enfants

Il faut prévoir une feuille avec le nom des enfants : qui déjeune à la cantine ? Qui reste à l'étude ?... et les remarques particulières.
Dans un premier temps, on pourra laisser les enfants se placer comme ils le souhaitent dans la classe.
• Expression orale
Prise de contact entre le maître, les élèves et leurs camarades :
– quels sont le prénom et/ou le nom de l'enseignant ?
– quel est le prénom de chaque enfant ?
– dans quelle classe étaient-ils l'an dernier ?

B. Organisation de la classe

• Sortir le matériel des cartables
Les enfants vont énumérer le contenu de leur sac. C'est un moment important, qui va permettre à l'enseignant d'observer à travers des attitudes, les savoirs déjà en place :
– attendre son tour pour prendre la parole,
– écouter les autres,
– énumérer des objets spécifiques.
Chaque objet annoncé sera rangé dans le cartable (pour la maison) ou rangé dans le casier (pour la classe).
• Distribution du petit matériel
Proposition de rangement qui permettra à chaque enfant d'avoir tout son matériel chaque matin dans une boîte en plastique (qui restera toujours dans son casier) avec :
– un stylo,
– un crayon à papier,
– de la colle,
– des ciseaux.
Distribution de cahiers et de protège-cahiers.

C. Organisation de l'école

On fera le tour de l'école avec les enfants pour leur permettre de repérer les locaux :
– les autres classes : combien y en a-t-il ?
– le bureau de la directrice, l'infirmerie, la salle des professeurs.
– la cour de récréation : où la gymnastique aura-t-elle lieu ?
– le réfectoire de cantine, les toilettes...

D. Dix premières séquences de travail

Elles se dérouleront à différents moments de la journée, selon l'organisation de chaque enseignant.

SÉQUENCE 1

Spécificité
Reconnaissance par chaque enfant de son prénom et de celui de ses camarades.
Reconnaissance du prénom ou du nom de l'enseignant.
Présentation du lutin Grindelire.

Matériel
Étiquettes collectives avec le prénom de chaque enfant, le prénom ou le nom du maître, celui de Grindelire, écrits en script d'un côté et en cursive de l'autre préparées par le maître.
Fiches individuelles avec la liste de tous les enfants de la classe et le nom de l'enseignant.
Fiche à photocopier présentant le lutin Grindelire à colorier (p. 280 du livre du maître).

Déroulement possible

1. Collectif/oral

Les étiquettes des prénoms de tous les enfants et du nom du maître sont affichées au tableau (côté script).
Reconnaissance par chaque enfant de son prénom : il vient chercher l'étiquette de son prénom.
Reconnaissance du prénom d'un camarade : l'enfant dont on lit le prénom confirme ou infirme la lecture qui est faite.
Reconnaissance du nom de Grindelire, le lutin avec lequel on va apprendre à lire.
Reconnaissance du nom du maître : faire repérer son étiquette (celle qui reste lorsque tous les enfants ont pris la leur). On pourra organiser des jeux d'observation sur les prénoms : le plus long, le plus court, etc.
Observation de deux prénoms qui se ressemblent : « chercher ce qui est pareil et ce qui est différent. »

2. Individuel/écrit

► Cahier d'activités 1 : exercices 1 et 2 p. 3.
Fiche à photocopier p. 280 : colorier le lutin Grindelire.

SÉQUENCE 2

Spécificité
Familiarisation avec le matériel distribué. Utilisation de plusieurs outils pour écrire son prénom sur différents supports.

Matériel
Étiquettes collectives des prénoms utilisées précédemment.
Ardoise.
Cahier d'essai.

Déroulement possible

1. Collectif/oral

Mettre en évidence les deux sortes d'écritures, script et cursive (on parlera plutôt d'écriture du livre pour l'écriture script, d'écriture du cahier pour la cursive), à partir des étiquettes des prénoms. On choisira un ou

deux prénoms pour mettre en parallèle les deux écritures.
Les étiquettes sont mélangées et affichées au tableau.
Les enfants viennent les classer en deux colonnes script/cursive.
L'enseignant écrit au tableau en cursive sous l'étiquette en script.

2. Individuel/écrit

L'enseignant distribue à chaque enfant l'étiquette de son prénom.
Il vérifie qu'il l'a prise du bon côté (cursive).
Les enfants suivent le tracé avec leur doigt, puis le reproduisent sur la table (toujours avec leur doigt).
Ils écrivent enfin leur prénom sur l'ardoise, puis sur le cahier.

SÉQUENCE 3

Spécificité Mise en forme collective du texte d'introduction.
Matériel Grande feuille blanche pour écrire le texte qui pourra ainsi être conservé pour d'autres séquences et comme mémoire collective.

Déroulement possible

1. Collectif/oral

Par un jeu de questions-réponses, l'enseignant guide les enfants dans la fabrication d'un texte très court, permettant la prise de contact avec la grande école et l'introduction au travail ultérieur avec le lutin Grindelire. L'enseignant écrit au fur et à mesure le texte sur la feuille, en script, puis en cursive. On fera comparer ces deux écritures.
Aujourd'hui,
c'est la rentrée.
Je suis à la grande école.
Les enfants viennent ensuite au tableau montrer des mots ou des groupes de mots qu'ils reconnaissent (exploitation des acquis de la maternelle).
Le texte est relu par le maître qui trace sous chaque ligne des corbeilles de couleur pour mettre en valeur les groupes de souffle. L'acquisition du texte par les enfants en sera facilitée.
Le texte est relu à l'imitation par les enfants. L'enseignant veille à ce que chaque groupe de souffle soit lu d'un bloc, sans séparation. Il ne s'agit pas de lire mot à mot, ni de décomposer les mots.

SÉQUENCE 4

Déroulement possible

1. Collectif/oral

Distribution du manuel Grindelire. Il conviendra de faire une exploitation détaillée de la couverture du manuel et de sa richesse. Que remarque-t-on ? On soulignera le titre, les illustrations, la présence de personnages qu'on retrouvera dans le manuel, etc.
Exploitation de la couverture du manuel.
Navigation dans le manuel.

Observation de la double page de présentation de Grindelire à l'école (pp. 6-7).
– De quoi s'agit-il ? (On laissera les enfants commenter et poser des questions.)
– Il s'agit d'une école. Comment peut-on le savoir ? Que reconnaît-on ? Est-ce la nôtre ? Quelles sont les différences ?
– Quel est le personnage qui parle ? Comment le sait-on ? Où a-t-on vu son nom ? Le maître l'écrit au tableau.
– Jeu : on cherche Grindelire dans son école.
– Que dit Grindelire ? Faire la correspondance avec le texte fabriqué précédemment et qui est toujours sous leurs yeux.
– Le texte est relu dans le manuel. Remarquer : il est écrit en cursive.

2. Individuel/écrit

► Cahier d'activités 1 : exercices 1, 2 et 3 p. 4.

SÉQUENCE 5

Spécificité Écriture : positionner les lettres sur une ligne.
Matériel Cahier d'activités 1.

Déroulement possible

1. Collectif/oral

Fiche-guide 7 pp. 62-63.

2. Individuel/écrit

► Cahier d'activités 1 : exercice 4 p. 5.

SÉQUENCE 6

Spécificité Reconnaissance des jours de la semaine.
Matériel Étiquettes collectives des jours de la semaine, écrites en script et cursive, les deux écritures figurant l'une sous l'autre.

Déroulement possible

1. Collectif/oral

On relit le texte : « Aujourd'hui, c'est la rentrée. »
Aujourd'hui, quel jour sommes-nous ? (On pourra l'écrire au tableau.)
Tous les jours de la semaine sont affichés au tableau, dans le désordre. Les enfants doivent retrouver l'étiquette correspondant au jour cité.
Et demain ? Procéder comme précédemment et placer l'étiquette sous la précédente. Ainsi de suite jusqu'à la mise en place des jours de la semaine.
Les enfants relisent les jours (en ordre et en désordre).

2. Individuel/écrit

► Cahier d'activités 1 : exercices 5 et 6 p. 5.
On gardera au tableau la trace du travail précédent : l'ordre des jours de la semaine et l'écriture cursive de ces derniers.

SÉQUENCE 7

Spécificité Mémorisation du texte.
Matériel • Étiquettes collectives en script, reprenant les groupes du texte. **Aujourd'hui** **c'est la rentrée** **je suis** **à la grande école** • Des étiquettes individuelles identiques aux étiquettes collectives Une enveloppe individuelle pour ranger les étiquettes que les enfants conserveront toute la première période.

Déroulement possible

1. Collectif/oral

Le texte est lu par quelques enfants.
Au tableau sont affichées dans le désordre, les étiquettes collectives correspondant au texte fractionné. Les élèves les remettent dans l'ordre du texte. Ils doivent justifier leur choix et indiquer quels indices les ont aidés.

2. Individuel/écrit

Le maître distribue les étiquettes individuelles. Les élèves doivent alors reconstituer le texte sur leur table. L'enseignant passe dans les rangs pour vérifier et rectifier les erreurs.
Jeu : le maître demande à un enfant de déplacer telle ou telle étiquette. Le jeu sera repris sous la direction d'un élève, puis d'un autre.

► Cahier d'activités 1 : exercice 1 p .6.

SÉQUENCE 8

Spécificité Repérage de mots dans une ligne.
Matériel Le texte écrit sur la feuille collective.

Déroulement possible

1.Collectif/oral

Le texte est relu par les enfants.
Ils viennent montrer une ligne, puis une autre. Combien de lignes le texte compte-t-il ? Chaque ligne est détaillée et le nombre de mots, compté.
Jeu : Quel est le premier mot de la deuxième ligne ? Le dernier mot de cette même ligne ? Combien de mots y a-t-il dans la première ligne ?...

2. Individuel/écrit

► Cahier d'activités 1 : exercice 2 p. 6.

SÉQUENCE 9

Spécificité Correspondance script/cursive.
Matériel Étiquettes collectives en cursive reprenant les groupes de mots du texte.

Déroulement possible

1. Collectif/oral

Le texte en script affiché au tableau est relu par les enfants.
Les étiquettes du texte, en cursive, sont affichées au tableau dans le désordre : les enfants viennent les remettre dans l'ordre.
On compare les textes en script et en cursive. Les deux sont relus.
Par permutation des étiquettes, l'enseignant fabrique un nouveau texte qui est relu par les élèves après chaque changement. On ne mélangera pas dans un même texte les deux écritures.

2. Individuel/écrit

► Cahier d'activités 1 : exercice 3 p. 6.

SÉQUENCE 10

Spécificité Reconnaissance et écriture du prénom d'un camarade.
Matériel Manuel p. 8. Étiquettes collectives des prénoms figurant dans l'abécédaire p. 8.

Déroulement possible

1. Collectif/oral

Les étiquettes des prénoms sont affichées au tableau, côté script.
Observation du manuel p. 8 : il s'agit d'un abécédaire, composé de prénoms. Certains sont écrits en couleur (indication de la période du manuel dans laquelle on va les rencontrer). On peut les chercher dans le manuel au fil des pages. On pourra imaginer à partir des illustrations qui est Léa ? qui est Miguel ? etc.
Les autres sont des prénoms d'enfants, classés par ordre alphabétique.
Jeu : y a-t-il des prénoms d'enfants de la classe ? des prénoms de personnes que vous connaissez ? Les enfants viennent montrer au tableau les prénoms qui conviennent.

2. Individuel/écrit

L'enseignant retourne côté cursive les étiquettes affichées au tableau.

► Cahier d'activités 4 : exercice 4 p. 6.

Le lièvre et la tortue Rosemonde

Le lièvre et la tortue Rosemonde est la première histoire. Écrite et illustrée par Pef, cette histoire permet de faire le lien avec les histoires d'animaux lues en Grande Section. Elle est attrayante pour les enfants qui s'identifient aux deux personnages principaux.
Découpée en dix épisodes (= dix pages) de longueur croissante, elle met en scène deux animaux dans un **registre poétique**. Chaque page présente une relative unité et pourra être travaillée sur deux jours voire trois. Elle crée aussi une attente : l'envie de découvrir la suite de l'histoire. L'illustration enrichit le texte d'informations supplémentaires renforçant ainsi la complicité des protagonistes. De petites « histoires dans l'histoire » peuvent ainsi être découvertes par les illustrations (à travers des personnages récurrents comme la famille oiseaux par exemple). La morale de l'histoire fournira matière à discussion dans la classe.

Première et quatrième pages de couverture

Déroulement possible

Manuel de l'enfant pp. 9 et 30.
► Cahier d'activités 1 p. 7.
Fiche-guide n° 1 pp. 52-53.

1. Collectif/oral

Montrer l'album de Pef, expliquer aux enfants qu'ils vont apprendre à lire avec une véritable histoire.

Première page de couverture

Afficher un agrandissement de la première page de couverture au tableau, et faire émettre des hypothèses.
• Que voit-on sur cette page ?
– Une illustration
– Un titre : on fera un travail sur sa position dans la page
– Un nom en haut : PEF : certains enfants pourront peut-être déjà reconnaître des lettres. Émettre des hypothèses → pourquoi y a-t-il un seul nom ? → C'est la même personne qui a écrit et illustré le livre.
– Identification du logo (le même que dans le manuel et les cahiers).
– Identification de l'éditeur (idem).
– Personnages de l'illustration : on voit un lièvre, une tortue, une niche et plein de vie autour.
• Récapitulation des découvertes et des hypothèses.

2. Individuel/écrit

► Cahier d'activités 1, exercices 1 à 4 p. 7.

Quatrième page de couverture

On procèdera de la même manière pour le travail sur la quatrième de couverture.
• Mise en évidence des éléments suivants :
– Photo de l'auteur-illustrateur (on retrouve le nom).
– Reprise du titre dans la même typographie.
– Qu'est-ce qui se trouve dans l'encadré ?
– Quels personnages retrouve-t-on à la fois sur la première et quatrième page de couverture ?
– Quels autres éléments encore ?
• Récapitulation des hypothèses et conclusion : il faut lire le livre pour en savoir plus.

Période 1 : proposition
Le lièvre et

			TRAVAIL SUR LE SENS			
			Texte de l'album reproduit dans le manuel	Fonctionnement de la langue	Cahier d'activités n° 1	Livre du maître
SEMAINE 1	U 1	JOUR 1	p. 10	p. 11 : le/la/les	p. 8	pp. 72-73
		JOUR 2	p. 10			
	U 2	JOUR 1	p. 12	p. 13 : il/elle	p. 9	pp. 74-75-76
		JOUR 2	p. 12			
SEMAINE 2	U 3	JOUR 1	p. 14	p. 15 : un/une	p. 10	pp. 77-78
		JOUR 2	p. 14			
	U 4	JOUR 1	p. 16	p. 17 : un/une/des	p. 11	pp. 79-80-81
		JOUR 2	p. 16			
SEMAINE 3	U 5	JOUR 1	p. 18	p. 19 : style direct	p. 12	pp. 82-83
		JOUR 2	p. 18			
	U 6	JOUR 1	p. 20	p. 21 : chacun	p. 13	pp. 85-86
		JOUR 2	p. 20			
SEMAINE 4	U 7	JOUR 1	p. 22	p. 23 : le plus/la plus	p. 14	pp. 87-88
		JOUR 2	p. 22			
	U 8	JOUR 1	p. 24	p. 25 : et	p. 15	pp. 89-90-91
		JOUR 2	p. 24			
SEMAINE 5	U 9	JOUR 1	p. 26	p. 27 : ou	p. 16	pp. 92-93-94
		JOUR 2	p. 26			
	U 10	JOUR 1	p. 28	p. 29 : trois/deux/un	p. 17	pp. 96-97
		JOUR 2	p. 28			

SEMAINE 6 : Faire le point sur l'ensemble de la période

de progression

la tortue Rosemonde

PEF

TRAVAIL SUR LE CODE

Manuel	Cahier d'activités n° 1	Livre du maître
[a], p. 31	p. 18	pp. 73-74
[a] p. 31	p. 18	pp. 76-77
[y], p. 32	p. 19	pp. 78-79
[y], p. 32	p. 19	pp. 81-82
[i], p. 33	p. 20	pp. 83-84
[i], p. 33	p. 20	pp. 86-87
[l], p. 34	p. 21	pp. 88-89
[l], p. 34	p. 21	pp. 91-92
[m], p. 35	p. 22	pp. 94-95-96
[r], p. 36	p. 23	pp. 98-99-100

ET AUSSI...

Lire des textes documentaires ou fonctionnels

- FRANÇAIS : couverture
Manuel p. 37
Livre du maître, p. 101

- DÉCOUVERTE DU MONDE : Carte météo
Manuel, p. 38
Cahier d'activités n° 1, p. 24
Livre du maître, p. 102

- DÉCOUVERTE DU MONDE : Escargot Petit-Gris
Manuel, p. 39
Cahier d'activités n° 1, p. 25
Livre du maître, p. 103

- ARTS PLASTIQUES : sculpture Picasso
Manuel, p. 40
Livre du maître, p. 104

Comptines

- *Ho ! Hue !*, P. Coran
Manuel, p. 41 ; livre du maître, p. 106

- *Les trois classes*, C. Albaut
Manuel, p. 41 ; livre du maître, p. 106

Projet d'écriture

CRÉE TA COMPTINE
- Cahier d'activités n° 1, pp. 26-27
- Livre du maître, p. 105

Révisions/jeux

- Manuel, p. 42
- Cahier d'activités, n° 1, p. 28
- Livre du maître, p. 106

Unité 1

— premier jour —

Manuel de l'enfant p. 9 pour la mise en route, puis pp.10-11.
► Cahier d'activités pp. 7-8.

Mise en route
► Cahier d'activités 1 : exercices 1, 2, 3 et 4 p. 7.
Fiche-guide 2 (pp. 54-56).

SÉQUENCE 1 : DÉCOUVERTE ET COMPRÉHENSION DU TEXTE

Spécificité
Présentation des personnages.

Matériel
– Texte écrit en script sur une feuille collective (à conserver).
– Étiquettes individuelles reprenant le découpage du texte en groupes de souffle (ces étiquettes sont fournies dans le cahier d'activités 1) :

le lièvre et la tortue	sont de très bons amis	.

Sur ces étiquettes figure au recto le texte sans majuscule et au verso le texte avec des majuscules. Les points figurent sur des étiquettes à part.
Certaines étiquettes ne pourront être utilisées avec la majuscule, par exemple, « Sont de très bons amis ».
– Étiquettes collectives identiques aux étiquettes individuelles.

Déroulement possible

Fiche-guide 2 § 2 (p. 55).

1. Collectif/oral

• Présentation du dessin
Au premier plan se trouvent deux animaux, que l'on a déjà vus sur la première de couverture : ce sont les héros de l'histoire. On fera percevoir la complicité entre ces deux personnages : ils se regardent ; ils sont amis ; les autres animaux sont plus loin (à l'arrière-plan).
On laissera les enfants émettre toutes les hypothèses et on écrira au tableau les mots qui serviront à la découverte du texte : *la tortue, le lièvre, le lapin* (si c'est l'animal proposé, on laissera un moment l'ambiguïté qui sera levée par le texte).

• Présentation du texte au tableau
Les enfants retrouvent dans le texte les mots évoqués à l'oral et qui ont été écrits par le maître.
Ils se souviennent des mots rencontrés dans le texte précédent : *la (grande école).*
Le texte valide ou non les hypothèses formulées lors de l'observation du dessin : *lièvre* sera retenu et non *lapin* car ce mot n'est pas dans le texte. (On fera remarquer que le lièvre a de bien plus grandes oreilles.)
Le texte est lu à haute voix par quelques enfants, puis par l'enseignant. Attirer l'attention des enfants sur la majuscule. À quoi sert-elle ?
• Travail avec les étiquettes collectives
Les étiquettes sont lues par les enfants, le texte d'origine est caché. Les enfants le recomposent avec les étiquettes collectives, puis comparent leur texte avec l'original pour vérification.

2. Individuel/écrit

• Découpage des étiquettes individuelles.
• Lecture : faire lire les enfants qui n'auraient pas encore participé.
• Repérage de mots en les soulignant, en les entourant de différentes couleurs.
• Recomposition du texte avec les étiquettes.
• Rangement des étiquettes dans l'enveloppe contenant celles du texte précédent.
• Construction progressive par l'enfant de son référentiel.

► Manuel : lecture du texte p. 10 et de la rubrique « Je mémorise » p. 11.
(Les enfants liront les mots de cette rubrique, « en » et « hors » contexte voir fiche-guide 3 p. 57.)

► Cahier d'activités 1 : exercices 1 et 2 p. 8.

SÉQUENCE 2 : FONCTIONNEMENT DE LA LANGUE

Spécificité
Découverte des déterminants, *le, la, les.*

Matériel
– Texte en script sur feuille collective.
– Étiquettes collectives du texte.

Déroulement possible

Fiche-guide 4 (p. 58).

1. Collectif/oral

• Relecture du texte au tableau.
• Mise en valeur des déterminants en entourant *le* et *la* dans le texte et sur les étiquettes.
• Question du maître : « Et s'il y avait plusieurs lièvres ? plusieurs tortues ? »
Écrire : *le lièvre → les lièvres.*
la tortue → les tortues.
• Remarques des enfants sur ce qui a changé.

► Manuel : lecture de la rubrique « Je fais fonctionner la langue » p. 11.

2. Individuel/écrit

► Cahier d'activités 1 : exercice 3 p. 8.

SÉQUENCE 3 : RÉINVESTISSEMENT

Spécificité Correspondance écriture script/écriture cursive.
Réinvestissement Nom des personnages principaux (le lièvre, la tortue).

Déroulement possible

Fiche-guide 5 (p. 59).

1. Collectif/oral

► Manuel : lecture de la rubrique « Je lis de nouvelles phrases » p. 11.
L'enseignant fera remarquer les différences entre les deux écritures pour les lettres : l, a, r, v, s, n, b, m.
On fera ensuite observer les différences entre les deux phrases proposées. On attirera dans les deux cas l'attention des enfants sur la majuscule qui marque le début de la phrase.

2. Individuel/écrit

Sur l'ardoise faire écrire *le, la.* Mettre en valeur la différence de taille entre les *l* et les autres lettres.
Proposer aussi des manipulations d'étiquettes.
► Cahier d'activités 1 : exercice 4 p. 8.

SÉQUENCE 4 : PRODUCTION D'ÉCRITS

Spécificité Travail avec les étiquettes. Produire une phrase.
Matériel – Étiquettes individuelles (rassemblées dans l'enveloppe). – Étiquettes collectives existantes.

Déroulement possible

Fiche-guide 8 (p. 64).

1. Collectif/oral

Les étiquettes collectives sont affichées au tableau dans le désordre :

aujourd'hui	le lièvre et la tortue	c'est la rentrée

sont	de très bons amis	je suis	à la grande école	.

Les enfants inventent une autre phrase correcte en manipulant les étiquettes.
L'enseignant fait remarquer des impossibilités (de sens, de construction…).

2. Individuel/écrit

• Avec leurs étiquettes individuelles, les enfants fabriquent des phrases.
• Lecture de ces histoires par leurs auteurs ou par d'autres enfants.
• Rangement des étiquettes dans l'enveloppe avant de sortir le cahier d'activités.
► Cahier d'activités 1 : exercice 5 p. 8.

Indications pour l'étude dirigée ou le travail à la maison

► Livre du maître : compléter la fiche à photocopier p. 279.
• Dans le manuel, lecture du texte p. 10 et de la rubrique « Je mémorise » p. 11.
• Mémoriser ou s'entraîner à écrire : *le, la, les.*

Unité 1

— deuxième jour —

Manuel de l'enfant pp. 10-11 et 31.
► Cahier d'activités 1 p. 18.

Mise en route
Sur l'ardoise : écrire les mots revus à la maison : *le, la, les.*

SÉQUENCE 1 : DÉCOUVERTE DU SON [a]

Si vous suivez la progression du manuel : étude du son [a].
Si vous suivez une autre progression :

Étude du son	Manuel	Livre du maître
[y]	p. 32	pp. 78-79 et 81-82
[i]	p. 33	pp. 83-84 et 86-87
[l]	p. 34	pp. 88-89 et 91-92
[m]	p. 35	pp. 94-95 et 96
[r]	p. 36	pp. 98-99 et 100

Spécificité Découverte du son [a], discrimination auditive.
Matériel – 4 dessins collectifs (*assiette, escargot, gâteau, chat*). – 3 flèches individuelles (si jeu de fléchettes).

Déroulement possible

Fiche-guide 6 (pp. 60-61).

1. Collectif/oral : discrimination auditive

• Découverte du son commun aux quatre dessins (ordre de présentation préconisé : *assiette, escargot, gâteau, chat*).
• Localisation du son [a]
– Premier niveau : début, milieu, fin.
– Deuxième niveau : à l'intérieur des syllabes orales.
• Production du son
– Observer la bouche de son voisin : grande ouverte.
– Poser la main sur la gorge : les cordes vocales vibrent.
– Mettre la main devant la bouche : expulsion d'air.
C'est une voyelle ouverte.
• Imprégnation du son
► Manuel : « Je chasse le son » p. 31.
Liste des éléments de l'illustration contenant le son [a] : *un chat, un escargot, une assiette, un gâteau, un tablier, des casseroles, des tasses, un batteur, une table, une carotte, une banane, des tomates, du chocolat, des radis, une balance, un panier, une armoire, de la farine, un tableau, une nappe, des moustaches, de la salade, de la pâte, un chapeau, une salopette, des pattes...*
On poursuivra cette imprégnation par un ou deux jeux au choix (voir fiche-guide 6 pp. 60-61).

– Jeu de pigeon vole avec les mots : *armoire, nouille, canapé, choucroute, four, plaque, laitue, placard, citron,...*
– Jeu de fléchettes avec les mots du tableau suivant.

[a] dans le premier phonème	[a] dans le mot	[a] dans le dernier phonème
abeille	bateau	chat
assiette	lézard	rat
affreux	pirate	panda
armure	orage	Nicolas
ami	chapeau	drap
aspirateur	sauvage	gras
		tas

– Jeu de l'oreille fine avec les mots suivants.

[a] 3 fois	[a] 2 fois	[a] 1 fois	[a] 0 fois
ananas	animal	papier	lampe
carnaval	canard	ballon	bureau
camarade	malade	lapin	disque
Canada	parasol	orage	pendule
	lavabo	chapeau	bouteille
	pyjama	date	chaise

– Jeu de devinettes. Définitions de mots comportant le son [a] :
Je vole mais je ne suis pas un oiseau : *avion*.
Grâce à moi, tu manges du miel : *abeille*.
Il a des puces et une souris : *ordinateur*.

2. Individuel/écrit

► Cahier d'activités 1 : exercice 1 p. 18.
(Penser à faire énoncer ce que représente chaque dessin pour s'assurer que tous les enfants ont bien reconnu la même chose.)

SÉQUENCE 2 : RÉINVESTISSEMENT-JEUX

Mise en route
► Dans le manuel : relecture du texte p. 10.
Relecture de la rubrique « Je mémorise » p. 11.

Spécificité
Correspondance texte/image.
Révision du texte « la grande école » vu au tout début de l'année (pp. 6-7 du manuel).

Déroulement possible

► Manuel : rubrique « Jeux » p. 11.
Fiche-guide 5 p. 59.

Collectif/oral

Les enfants lisent les phrases et doivent dire laquelle correspond au dessin. Au fur et à mesure de l'année, les différences entre les phrases seront de plus en plus ténues et les enfants devront exercer une lecture fine pour faire leur choix. Ce type d'exercices est important car il permet de valider si chaque enfant est attentif au sens de sa lecture (compréhension de la phrase).

Indications pour l'étude dirigée ou le travail à la maison

► Livre du maître : compléter la fiche à photocopier p. 279.
• Dans le manuel, lecture du texte p. 10 et de la rubrique « Je mémorise » p. 11.
• Mémoriser ou s'entraîner à écrire : *les amis.*

Unité 2

— premier jour —

Manuel de l'enfant pp.12-13.
► Cahier d'activités 1 p. 9.

Mise en route
► Dans le manuel : relecture du texte p. 10 et de la rubrique « Je mémorise » p. 11.
Sur l'ardoise : écrire les mots revus à la maison : *les amis.*

SÉQUENCE 1 : DÉCOUVERTE ET COMPRÉHENSION DU TEXTE

Spécificité
Présentation plus détaillée de l'un des personnages, description.

Matériel
– Texte écrit en script sur une feuille collective (à conserver).
– 3 étiquettes collectives, + étiquettes ponctuation

| la tortue | | sur son dos | | emporte sa maison |

– Étiquettes individuelles identiques aux étiquettes collectives.

Déroulement possible

Fiche-guide 2 § 3 (p. 55).

1. Collectif/oral

• La présentation du nouveau texte se fera parallèlement à son illustration. Les enfants prennent des indices simultanément sur les deux supports.
Remarque : le lièvre est sur le dessin, mais n'apparaît pas dans le texte.
– Mots écrits au tableau par le maître : *maison, emporte.*
– Mots déjà rencontrés : *la tortue.*
– Mots pouvant être découverts : *son (sont* déjà vu), *dos* (*lundi, mardi, jeudi* connus), *sa* (*samedi* connu).
• Lecture du texte à haute voix par les enfants, puis par l'enseignant.
• Étiquettes collectives : lecture, recomposition du texte par les enfants, avec puis sans modèle.

2. Individuel/écrit

• Découpage des étiquettes individuelles (cahier d'activités 1).
• Lecture, repérage des mots donnés par l'enseignant : les souligner, les entourer de couleurs différentes.
• Recomposition du texte.
• Rangement des étiquettes dans l'enveloppe.

► Manuel : lecture du texte p. 12 et de la rubrique « Je mémorise » p. 13.
► Cahier d'activités 1 : exercices 1 et 2 p. 9.

SÉQUENCE 2 : FONCTIONNEMENT DE LA LANGUE

Spécificité
Substitution de *il/elle* au groupe nominal.

Matériel
– Texte écrit en script sur une feuille collective de la séance précédente.
– Étiquettes collectives de la séance précédente.
– Étiquettes | Il | | Elle |

Déroulement possible

Fiche-guide 4 (p. 58).

1. Collectif/oral

• Relecture du texte affiché au tableau.
• Mise en valeur de la substitution, à partir des étiquettes | Il |, | Elle |.
La tortue emporte sa maison.
Elle emporte sa maison.
Et si c'était un lièvre ?...
• Les enfants s'exercent oralement à d'autres substitutions sur des exemples donnés par le maître. On pourra faire cet exercice sur les prénoms. Ex : *Marine efface le tableau/Elle efface le tableau.*

► Manuel : lecture de la rubrique « Je fais fonctionner la langue » p. 13.

2. Individuel/écrit

► Cahier d'activités 1 : exercice 3 p. 9.

SÉQUENCE 3 : RÉINVESTISSEMENT

Spécificité
Correspondance écriture script/écriture cursive.
Réinvestissement : enrichissement d'une phrase par un renseignement supplémentaire.

Déroulement possible

Fiche-guide 5 (p. 59).

1. Collectif/oral

► Manuel : lecture de la rubrique « Je lis de nouvelles phrases » p. 13.
L'enseignant fera remarquer les différences entre les deux écritures pour les lettres : p, i, o, e, t, u.
On demandera aux enfants de comparer les deux phrases et de remarquer quel renseignement supplémentaire apporte la deuxième.

2. Individuel/écrit

► Cahier d'activités 1 : exercice 4 p. 9.

SÉQUENCE 4 : PRODUCTION D'ÉCRITS

Spécificité
En réinvestissant les mots du texte, composer des phrases nouvelles avec les étiquettes.

Matériel
– Étiquettes individuelles de l'enveloppe.
– Étiquettes collectives :

aujourd'hui		c'est la rentrée
le lièvre et la tortue		sont de très bons amis
je suis		à la grande école		sur son dos
la tortue		emporte sa maison

Déroulement possible

Fiche-guide 8 (pp. 64-65).

1. Collectif/oral

Après avoir mélangé toutes les étiquettes collectives, les enfants les manipulent pour créer ensemble une autre phrase. L'enseignant fait remarquer les impossibilités de construction ou de sens.

2. Individuel/écrit

• Avec toutes leurs étiquettes individuelles, les enfants fabriquent des phrases.
• Lecture de ces phrases par leurs auteurs ou par d'autres enfants.
• Rangement des étiquettes dans l'enveloppe avant de sortir le cahier d'activités.
► Cahier d'activités 1 : exercice 5 p. 9.

Indications pour l'étude dirigée ou le travail à la maison

► Livre du maître : compléter la fiche à photocopier p. 279.
• Dans le manuel, lecture du texte p. 12 et de la rubrique « Je mémorise » p. 13.
• Mémoriser ou s'entraîner à écrire : *il, elle.*

Unité 2

— deuxième jour —

Manuel de l'enfant pp.12-13 et 31.
► Cahier d'activités 1 p. 18.

Mise en route
Sur l'ardoise : écrire les mots revus à la maison : *il, elle.*

SÉQUENCE 1 : DÉCOUVERTE DES GRAPHIES DU SON [a]

Spécificité
Découverte des graphies du son [a], discrimination visuelle.

Matériel
– 4 dessins collectifs (*assiette, escargot, gâteau, chat*).

Déroulement possible

Fiche-guide 6 (pp. 60-61).

1. Collectif/oral : discrimination visuelle

Avant de passer à la discrimination visuelle, il est important de rappeler le son découvert précédemment (montrer de nouveau les dessins des mots qui ont permis son identification). On peut ensuite procéder à un jeu auditif.
Par exemple : jeu d'articulation en répétant de plus en plus vite la phrase :
« Elle lava la salade, la sala et l'avala. »
• Découverte des graphies du son : sous les quatre dessins et la localisation du phonème, on écrit le mot correspondant et on en déduit les graphies retenues : a et â. On fera dire aux enfants : « J'entends le son [a] et je peux voir la lettre a ou la lettre â ».
► Manuel : lecture du tableau « Je classe les mots » p. 31.
• On attire l'attention des enfants sur le logo ⚠, mais on fait seulement remarquer les « exceptions » dans : *un éclair au chocolat.*
• Des mots de l'histoire
Dans l'histoire étudiée, l'enfant va pouvoir trouver de nombreux mots comportant le son [a]. Suivant la progression choisie par l'enseignant pour l'étude des sons, l'enfant pourra lire plus ou moins de mots sur la liste. Ces listes pourront être relues au fur et à mesure de la progression dans l'histoire, en particulier lors de la révision des sons en fin de période. Le mot-clé favorise la mémorisation du son et de l'écriture des différentes graphies, minuscules et majuscules.
Ordre d'apparition des mots comportant le son [a] :

la tortue les amis	p. 10
sa maison	p. 12
allons	p. 14
un abri	p. 16
elle va	p. 18
le matin, chacun viendra	p. 20
hélas	p. 24
ma maison	p. 24
les escargots	p. 28

2. Individuel/écrit

► Cahier d'activités 1 : exercices 2 et 3 p. 18.

SÉQUENCE 2 : L'ÉCRITURE MANUSCRITE

Fiche-guide 7 (pp. 62-63).
Bien vérifier le point d'attaque et le sens de rotation de la lettre a.
(On pourra aussi se reporter au cahier d'écriture.)
► Cahier d'activités 1 : exercices 4 et 5 p. 18.

SÉQUENCE 3 : RÉINVESTISSEMENT-JEUX

Mise en route
► Dans le manuel : relecture du texte p. 12.
Relecture de la rubrique « Je mémorise » p. 13.

Spécificité
Correspondance texte/image.
Deux éléments seulement de la phrase varient.

Déroulement possible

► Manuel : rubrique « Jeux » p. 13.

Collectif/oral

Les enfants lisent les trois phrases et doivent dire laquelle correspond au dessin. La différence entre les phrases ne porte encore que sur deux éléments.

Indications pour l'étude dirigée ou le travail à la maison

► Livre du maître : compléter la fiche à photocopier p. 279.
• Dans le manuel, lecture du texte p. 12 et des mots du tableau p. 31.
• Mémoriser ou s'entraîner à écrire : *le chat.*

Unité 3

— **premier jour** —

Manuel de l'enfant pp. 14-15.
► Cahier d'activités 1 p. 10.

Mise en route
► Dans le manuel : relecture des mots du tableau de la fiche-son sur le [a] p. 31
Sur l'ardoise : écrire les mots revus à la maison : *le chat.*

SÉQUENCE 1 : DÉCOUVERTE ET COMPRÉHENSION DU TEXTE

Spécificité
Découverte des guillemets de dialogue : un personnage parle.

Matériel
– Texte écrit en script sur une feuille collective (à conserver).
– 7 nouvelles étiquettes collectives + étiquettes ponctuation

moi aussi	j'ai un dos	dit le lièvre	
allons	je veux une maison	«	»

– Étiquettes individuelles identiques aux étiquettes collectives.

Déroulement possible

Fiche-guide 2 § 3 (p. 55).

1. Collectif/oral

• Rappel du texte précédent et relecture du texte p. 12.
• La présentation du nouveau texte se fera parallèlement à son illustration.
– Mots pouvant être découverts par le contexte et les questions de l'enseignant :
Que fait le lièvre ? Pourquoi ? Que veut-il ?
Comment sait-on que le lièvre parle dans ce texte (les guillemets) ?
Que dit-il ? « Je veux une maison. »
L'enseignant écrit au tableau : ***un** dos*, ***une** maison* et fait repérer *un/une*.
– Mots déjà rencontrés : *dos, le lièvre, maison, je.*
– Mots pouvant être découverts : ***aussi/(aujourd'hui), dit/(dos).***
– Mot donné par l'enseignant si nécessaire : *allons.*
• Lecture du texte par les enfants, puis par l'enseignant.
• Étiquettes collectives : lecture, recomposition du texte, avec puis sans modèle.

2. Individuel/écrit

• Découpage des étiquettes individuelles cartonnées (cahier d'activités 1).
• Lecture, repérage des mots donnés par l'enseignant : les souligner, les entourer.
• Recomposition du texte.
• Rangement des étiquettes dans l'enveloppe.

► Manuel : lecture du texte p. 14 et de la rubrique « Je mémorise » p. 15.
► Cahier d'activités 1 : exercices 1 et 2 p. 10.

SÉQUENCE 2 : FONCTIONNEMENT DE LA LANGUE

Spécificité
Découverte des déterminants : *un/une.*

Matériel
– Texte écrit en script sur une feuille collective de la séance précédente.
– Étiquettes collectives de la séance précédente.

Déroulement possible

Fiche-guide 4 (p. 58).

1. Collectif/oral

• Relecture des deux groupes de mots écrits lors de la séance 1 : ***un** dos*   ***une** maison*
• Recherche d'autres mots avec les déterminants *un* et *une* : les écrire en colonne sous les deux premiers.

• Sur l'ardoise, les enfants écrivent d'un côté : *un*, de l'autre : *une*. L'enseignant propose des mots et les enfants montrent, en faisant pivoter l'ardoise, quel déterminant est employé avec ce mot.
► Manuel : lecture de la rubrique « Je fais fonctionner la langue » p. 15.

2. Individuel/écrit

► Cahier d'activités 1 : exercice 3 p. 10. On identifiera au préalable chacun des quatre dessins.

SÉQUENCE 3 : RÉINVESTISSEMENT

Spécificité
Correspondance écriture script/écriture cursive.

Déroulement possible

Fiche-guide 5 (p. 59).

1. Collectif/oral

► Manuel : lecture de la rubrique « Je lis de nouvelles phrases » p. 15.
L'enseignant fera remarquer les différences entre les deux écritures pour les lettres : j, v, x.
Trouver les éléments communs aux deux phrases. On attirera l'attention des enfants sur la majuscule.

2. Individuel/écrit

► Cahier d'activités 1 : exercice 4 p. 10.

SÉQUENCE 4 : PRODUCTION D'ÉCRITS

Spécificité
En réinvestissant les mots du texte, composer des phrases nouvelles avec les étiquettes.
Utilisation des guillemets.

Matériel
– Étiquettes individuelles de l'enveloppe.
– Étiquettes collectives + étiquettes ponctuation.

aujourd'hui	le lièvre et la tortue	c'est la rentrée
sont de très bon amis	je suis	à la grande école
sur son dos	la tortue	emporte sa maison
moi aussi	j'ai un dos	dit le lièvre	allons
je veux une maison	«	»

Déroulement possible

Fiche-guide 8 (pp. 64-65).

1. Collectif/oral

Après avoir mélangé toutes les étiquettes collectives, les enfants les manipulent pour créer ensemble d'autres phrases. L'enseignant fait remarquer les impossibilités de construction ou de sens.

2. Individuel/écrit

• Avec leurs étiquettes individuelles, les enfants fabriquent des phrases. Ils peuvent utiliser les guillemets pour faire parler un personnage.
• Lecture de ces phrases par leurs auteurs ou d'autres enfants.
• Rangement des étiquettes dans l'enveloppe avant de sortir le cahier d'activités.
► Cahier d'activités 1 : exercice 5 p. 10.

Indications pour l'étude dirigée ou le travail à la maison

► Livre du maître : compléter la fiche à photocopier p. 279.
• Dans le manuel, lecture du texte p. 14 et de la rubrique « Je mémorise » p. 15.
• Mémoriser ou s'entraîner à écrire : *un, une.*

Unité 3

— deuxième jour —

Manuel de l'enfant pp. 14-15 et 32.
► Cahier d'activités 1 p. 19.

Mise en route
Sur l'ardoise : écrire les mots revus à la maison (*un, une*).

SÉQUENCE 1 : DÉCOUVERTE DU SON [y]

Si vous suivez la progression du manuel : étude du son [y].
Si vous suivez une autre progression :

Étude du son	Manuel	Livre du maître
[a]	p. 31	pp. 73-74 et 76-77
[i]	p. 33	pp. 83-84 et 86-87
[l]	p. 34	pp. 88-89 et 91-92
[m]	p. 35	pp. 94-95 et 96
[r]	p. 36	pp. 98-99 et 100

Spécificité
Découverte du son [y].
Matériel – 4 dessins collectifs (*tortue, fusée, usine, rue*). – 3 flèches individuelles (si jeu de fléchettes).

Déroulement possible

Fiche-guide 6 (pp. 60-61).

1. Collectif/oral : discrimination auditive

• Découverte du son commun aux quatre dessins (ordre de présentation préconisé : *fusée, usine, rue, tortue*).
• Localisation de ce son
– Premier niveau : début, milieu, fin.
– Deuxième niveau : à l'intérieur des syllabes orales.
• Production de ce son
– Observer la bouche de son voisin : les lèvres s'avancent et s'arrondissent, la langue est à l'avant de la bouche (faire la différence avec le [a]).
– Poser la main sur la gorge : les cordes vocales vibrent.
– Mettre la main devant la bouche : expulsion d'air.
• Imprégnation du son
► Manuel : « Je chasse le son » p. 32.
Liste des éléments de l'illustration contenant le son [y] : *un mur, une voiture, un bus, la fumée, des lunettes, une jupe, des chaussures…*
On poursuivra cette imprégnation par un ou deux jeux au choix :
– Jeu de pigeon vole avec les mots : *lumière, lavabo, pantalon, cagoule, flûte, pantoufle, sucette, pull, piano, violon, confiture, usine, tortue, rue.*
– Jeu de fléchettes avec les mots du tableau suivant.

[y] dans le premier phonème	[y] dans le mot	[y] dans le dernier phonème
univers	allumer	jus
humide	tulipe	tortue
uniforme	nuque	menu
user	fortune	laitue
urgence	jupe	salut
unique	confiture	talus

– Jeu de l'oreille fine avec les mots suivants.

[y] 3 fois	[y] 2 fois	[y] 1 fois	[y] 0 fois
cumulus	murmure	punaise	ordinateur
hurluberlu	futur	pointu	éléphant
	rupture	punition	bouteille
	tutu	lunette	stylo
	superflu	allumette	table
		aperçu	

– Jeu de devinettes. Définitions de mots comportant le son [y] :
Avec elle, tu peux glisser sur la neige : *luge*.
C'est la maison des abeilles : *ruche*.
On en trouve dans les cheveux ou sur les cadeaux : *ruban*.

2. Individuel écrit

► Cahier d'activités 1 : exercice 1 p. 19.
Vérifier que les enfants ont bien identifié les dessins.

SÉQUENCE 2 : RÉINVESTISSEMENT-JEUX

Mise en route
► Dans le manuel : relecture du texte p. 14.
Relecture de la rubrique « Je mémorise » p. 15.

Spécificité
Parmi un ensemble de phrases à lire, l'enfant doit choisir une ou deux phrases en fonction de leur sens, afin de réinvestir les mots étudiés jusque-là et de construire du sens.

Déroulement possible

► Manuel : rubrique « Jeux » p. 15.

Collectif/oral

Il s'agit pour l'enfant de dire si une phrase correspond ou non à son vécu. Il doit ensuite justifier son choix. L'implication personnelle est un élément de motivation dans la lecture. Dans cette recherche collective, on n'hésitera pas à renvoyer les enfants à la page où ils ont découvert le mot pour la première fois. Ne pas hésiter non plus à différencier la quantité de lecture suivant les enfants.

Indications pour l'étude dirigée ou le travail à la maison

► Livre du maître : compléter la fiche à photocopier p. 279.
• Dans le manuel, lecture du texte p. 14 et de la rubrique « Je mémorise » p. 15.
• Mémoriser ou s'entraîner à écrire : *un dos.*

Unité 4

— premier jour —

Manuel de l'enfant pp.16-17.
► Cahier d'activités 1 p. 11.

Mise en route
► Dans le manuel : relecture du texte p. 14 et de la rubrique « Je mémorise » p. 15.
Sur l'ardoise : écrire les mots revus à la maison : *un dos.*

SÉQUENCE 1 : DÉCOUVERTE ET COMPRÉHENSION DU TEXTE

Spécificité
Évocation d'un nouveau personnage.
Correspondance texte/image.

Matériel
– Texte écrit en script sur une feuille collective.
– 4 étiquettes collectives

la tortue réfléchit	elle connaît	un abri
c'est la niche du chien		

– Étiquettes individuelles identiques aux étiquettes collectives.

Déroulement possible

Fiche-guide 2 § 2 (p. 55).

1. Collectif/oral

• Rappel du texte précédent : « Que voulait le lièvre ? »
• Présentation de l'illustration sans le texte. Réaction des enfants par rapport à la niche (donner le nom du chien si les enfants le remarquent).
Mots pouvant être découverts par le contexte et les questions du maître : *une niche, elle connaît, un chien, un abri.* Le maître les écrit au tableau ; il peut faire un rappel sur : *un/une.*
• Présentation du texte : repérage des mots proposés.
– Mots déjà rencontrés : *la, tortue, elle* (dans le fonctionnement de la langue), *un, c'est.*
– Mots pouvant être découverts : *du* (*dit, dos* déjà vus).
On pourra faire remarquer aux enfants que le dessin fournit un renseignement que le texte ne donne pas : le nom du chien.
• Étiquettes collectives : lecture ; recomposition du texte avec, puis sans modèle.

2. Individuel/écrit

• Découpage des étiquettes individuelles (cahier d'activités 1).
• Lecture, repérage des mots donnés par l'enseignant : les souligner, les entourer de couleurs différentes.
• Recomposition du texte.
• Rangement des étiquettes dans l'enveloppe.

► Manuel : lecture du texte p. 16 et de la rubrique « Je mémorise » p. 17.
► Cahier d'activités 1 : exercices 1 et 2 p. 11.

SÉQUENCE 2 : FONCTIONNEMENT DE LA LANGUE

Spécificité
Les déterminants *un, une* et leur pluriel *des.*

Matériel
– Texte écrit en script sur une feuille collective de la séance précédente.
– Étiquettes : | un | | une | | des |

Déroulement possible

Fiche-guide 4 (p. 58).

1. Collectif/oral

• Relecture des groupes de mots écrits au tableau lors de la découverte du texte.
• On pourra proposer un jeu avec les objets de la classe avec un, une.
• On insiste sur ***un** abri*, ***une** niche.* Et s'il y en avait plusieurs ?…
Le maître écrit : *des abris, des niches* et demande aux enfants : « Que remarquez-vous ? »
► Manuel : lecture de la rubrique « Je fais fonctionner la langue » p. 17.

2. Individuel/écrit

► Cahier d'activités 1 : exercice 3 p. 11.

SÉQUENCE 3 : RÉINVESTISSEMENT

Spécificité
Correspondance écriture script/écriture cursive.
Réinvestissement : première ébauche de courtes phrases à relire.

Déroulement possible

Fiche-guide 5 (p. 59).

1. Collectif/oral

► Manuel : lecture de la rubrique « Je lis de nouvelles phrases » p. 17.
L'enseignant fera remarquer les différences entre les deux écritures pour les lettres : f, h, c.
Ces phrases permettent de revoir la substitution de *elle* à *la tortue.*

2. Individuel/écrit

► Cahier d'activités 1 : exercice 4 p. 11.

SÉQUENCE 4 : PRODUCTION D'ÉCRITS

Spécificité
En réinvestissant les mots du texte, composer des phrases nouvelles (de plus en plus longues) avec les étiquettes.

Matériel
– Étiquettes individuelles de l'enveloppe.
– Étiquettes collectives.

Déroulement possible

Fiche-guide 8 (pp. 64-65).

1. Collectif/oral

• Parmi les étiquettes collectives, l'enseignant en choisit une quinzaine et les affiche au tableau.
• Les enfants composent collectivement d'autres phrases, voire une petite histoire, en manipulant les étiquettes. L'enseignant fait remarquer les impossibilités.

2. Individuel/écrit

• Avec toutes leurs étiquettes individuelles, les enfants fabriquent des phrases, voire une petite histoire.
• Les enfants peuvent également recomposer de mémoire les textes étudiés précédemment.
► Cahier d'activités 1 : exercice 5 p. 11.

Indications pour l'étude dirigée ou le travail à la maison

► Livre du maître : compléter la fiche à photocopier p. 279.
• Dans le manuel, lecture du texte p. 16 et de la rubrique « Je mémorise » p. 17.
• Mémoriser ou s'entraîner à écrire : *une niche.*

Unité 4

— deuxième jour —

Manuel de l'enfant pp.16-17 et 32.
► Cahier d'activités 1 p. 19.

Mise en route
Sur l'ardoise : écrire les mots revus à la maison : *une niche.*

SÉQUENCE 1 : DÉCOUVERTE DES GRAPHIES DU SON [y]

Spécificité
Découverte des graphies du son [y], discrimination visuelle.

Matériel
– 4 dessins collectifs (*tortue, fusée, usine, rue*).

Déroulement possible

Fiche-guide 6 (pp. 60-61).

1. Collectif/oral : discrimination visuelle

Avant de passer à la discrimination visuelle, il est important de rappeler le son découvert précédemment (montrer de nouveau les dessins des mots qui ont permis son identification). On peut ensuite procéder à un jeu auditif.
Les signes de l'Alphabet Phonétique International sont réservés au maître.
Par exemple : jeu d'articulation en répétant de plus en plus vite la phrase :
« L'eusses-tu cru que Lulu m'eût vu ? »
• Découverte des graphies du son : sous les quatre dessins et la localisation du phonème, on écrit le mot correspondant et on en déduit la graphie : u. On fera dire aux enfants : « J'entends le son [u] et je vois la lettre u ».
► Manuel : lecture du tableau « Je classe les mots » p. 32.
• On attire l'attention des enfants sur le logo ⚠, mais on fait seulement remarquer les « exceptions » dans : *la poule, le gâteau.* On pourra aussi rechercher d'autres mots dans le bagage linguistique de la classe.
• Des mots de l'histoire
Dans l'histoire étudiée, l'enfant va pouvoir trouver de nombreux mots comportant le son [y]. Suivant la progression choisie par l'enseignant pour l'étude des sons, l'enfant pourra lire plus ou moins de mots de la liste. Cette liste pourra être relue au fur et à mesure de la progression dans l'histoire, en particulier lors de la révision des sons en fin de période.
Ordre d'apparition des mots comportant le son [y] :

la tort**u**e	p. 10
s**u**r	p. 12
une	p. 14
d**u**	p. 16
jusq**u**'au	p. 20
le pl**u**s	p. 22
elle n'a pl**u**s	p. 28

2. Individuel/écrit

► Cahier d'activités 1 : exercices 2 et 3 p. 19.

SÉQUENCE 2 : L'ÉCRITURE MANUSCRITE

Fiche-guide 7 (pp. 62-63).
Bien vérifier le point d'attaque et la hauteur de la lettre u.
(On pourra aussi se reporter au cahier d'écriture.)
► Cahier d'activités 1 : exercices 4 et 5 p. 19.

SÉQUENCE 3 : RÉINVESTISSEMENT-JEUX

Mise en route

► Dans le manuel : relecture du texte p. 16.
Relecture de la rubrique « Je mémorise » p. 17.

> **Spécificité**
> Vrai ou faux : il faut relire le texte pour pouvoir répondre.

Déroulement possible

► Manuel : rubrique « Jeux » p. 17.

Collectif/oral

Les enfants lisent trois phrases et répondent à chaque fois à la question : vrai ou faux ? Ils doivent ensuite justifier leur réponse en allant rechercher dans le texte de l'histoire sa validation.

Indications pour l'étude dirigée ou le travail à la maison

► Livre du maître : compléter la fiche à photocopier p. 279.
• Dans le manuel, lecture du texte p. 16 et des mots du tableau p. 32.
• Mémoriser ou s'entraîner à écrire : *la tortue.*
• S'entraîner à recomposer le texte avec les étiquettes individuelles de l'enveloppe.

Unité 5

— premier jour —

Manuel de l'enfant pp.18-19
► Cahier d'activités 1 p. 12.

Mise en route

► Dans le manuel : relecture du texte p. 16 et des mots du tableau p. 32.
Sur l'ardoise : écrire le mot revu à la maison : *la tortue*

SÉQUENCE 1 : DÉCOUVERTE ET COMPRÉHENSION DU TEXTE

> **Spécificité**
> Un personnage parle.
> Signes de ponctuation : les guillemets, le point d'exclamation.

Matériel
– Texte écrit en script sur une feuille collective.
– 8 étiquettes collectives

oh !	comme elle est jolie !	comme elle te va bien !		
dit la tortue	à son ami	«	.	»

– Étiquettes individuelles identiques aux étiquettes collectives.

Déroulement possible

Fiche-guide 2 § 2 (p. 55).

1. Collectif/oral

• Rappel du texte précédent.
• Questions possibles du maître :
– Que se passe-t-il ? Pourquoi le lièvre a-t-il une niche sur le dos ?
– Un personnage parle : comment le sait-on ? (On remarque les guillemets, déjà vus p. 14.)
– Qui parle ? Les enfants peuvent lire *dit la tortue* et comparer à la p. 14 (*dit le lièvre*).
– À qui la tortue parle-t-elle ? À son ami.
– Que lui dit-elle ? Peu de mots étant connus, on imagine ce que pourrait dire la tortue.
• On fera trouver *Oh* et on théâtralisera pour montrer le rôle du point d'exclamation. On demandera aux enfants ce qu'ils remarquent : (les deux autres points d'exclamation).
• Mots déjà rencontrés : *elle, est, dit, la tortue.*
– Mots pouvant être découverts : *ami, son* (*sont*), *jolie* (à partir de *jeudi, lièvre*), *va* (à partir de *vendredi, la*).
– Mot donné par le maître : *comme.*
• Lecture à voix haute par le maître, puis par les enfants.
• Étiquettes collectives : lecture ; recomposition du texte avec, puis sans modèle. On insistera sur la place des guillemets.

2. Individuel/écrit

• Découpage des étiquettes individuelles (cahier d'activités 1).
• Lecture, repérage de mots.
• Recomposition du texte.
• Rangement des étiquettes dans l'enveloppe.

► Manuel : lecture du texte p. 18 et de la rubrique « Je mémorise » p. 19.
► Cahier d'activités 1 : exercices 1 et 2 p. 12.

SÉQUENCE 2 : FONCTIONNEMENT DE LA LANGUE

> **Spécificité**
> Le style direct (un personnage parle).

Matériel
– Étiquettes collectives du texte :

comme elle est jolie	dit	la tortue	«	»

– Étiquettes collectives des textes précédents où des personnages parlaient :

Aujourd'hui, c'est la rentrée	je suis à la grande école
Moi aussi, j'ai un dos	allons, je veux une maison

– Étiquettes de quelques prénoms d'enfants de la classe.

Déroulement possible

Fiche-guide 4 (p. 58).

1. Collectif/oral

• Lecture des étiquettes affichées au tableau.
• On fait correspondre les guillemets et le verbe *dit* : « … » *dit*… et inversement … *dit :* « … ».
Exemple : « **Comme elle est jolie !** » dit **la tortue** ou **La tortue** dit : **« Comme elle est jolie ! »**
Les enfants viennent au tableau choisir le personnage qui parle et ce qu'il dit.
Remarque : il vaut mieux que la phrase entre guillemets soit ponctuée (point d'exclamation) sinon la règle typographique veut qu'on mette une virgule entre le guillemet fermant et le verbe *dit* (« Comme elle est jolie », dit la tortue).

► Manuel : lecture de la rubrique « Je fais fonctionner la langue » p. 19.

2. Individuel/écrit

► Cahier d'activités 1 : exercice 3 p. 12.

SÉQUENCE 3 : RÉINVESTISSEMENT

Spécificité
Correspondance écriture script/écriture cursive.
Réinvestissement : un personnage parle, rôle des guillemets.

Déroulement possible

Fiche-guide 5 (p. 59).

1. Collectif/oral

► Manuel : lecture de la rubrique « Je lis de nouvelles phrases » p. 19.
L'enseignant fera remarquer les différences entre les deux écritures pour les lettres : c, d, o.

2. Individuel/écrit

► Cahier d'activités 1 : exercice 4 p. 12.

SÉQUENCE 4 : PRODUCTION D'ÉCRITS

Spécificité
Faire parler des personnages dans des bulles.

Matériel
– Illustrations des textes précédents choisies par le maître.
– Silhouettes de bulles vides suffisamment grandes pour y placer les étiquettes collectives de la séquence précédente.

Déroulement possible

Fiche-guide 8 (pp. 64-65).

1. Collectif/oral

• L'illustration est affichée au tableau.
• Qui parle ? On fait placer les silhouettes des bulles, avec la pointe dirigée vers le personnage qui parle.
• Que dit ce personnage ? On choisira parmi les étiquettes collectives et on composera une phrase qu'un enfant viendra placer dans la silhouette de la bulle correspondante affichée au tableau.

2. Individuel/écrit

► Cahier d'activités 1 : exercice 5 p. 12.

Indications pour l'étude dirigée ou le travail à la maison

► Livre du maître : compléter la fiche à photocopier p. 279.
• Dans le manuel, lecture du texte p. 18 et de la rubrique « Je mémorise » p. 19.
• Mémoriser ou s'entraîner à écrire : *elle dit : « Oh ! »*.
• S'entraîner à recomposer le texte avec des étiquettes.

Unité 5

— deuxième jour —

Manuel de l'enfant pp. 18-19 et 33.
► Cahier d'activités 1 p. 20.

Mise en route
Sur l'ardoise : écrire les mots revus : *elle dit : « Oh ! »*.

SÉQUENCE 1 : DÉCOUVERTE DU SON [i]

Si vous suivez la progression du manuel : étude du son [i]. Si vous suivez une autre progression :

Étude du son	Manuel	Livre du maître
[a]	p. 31	pp. 73-74 et 76-77
[y]	p. 32	pp. 78-79 et 81-82
[l]	p. 34	pp. 88-89 et 91-92
[m]	p. 35	pp. 94-95 et 96
[r]	p. 36	pp. 98-99 et 100

Spécificité
Découverte du son [i], discrimination auditive.

Matériel
– 4 dessins collectifs (*souris, stylo, domino, nid*).
– 3 flèches individuelles (si jeu de fléchettes).

Déroulement possible

Fiche-guide 6 (pp. 60-61).

1. Collectif/oral : discrimination auditive

• Découverte du son commun aux quatre dessins (ordre de présentation préconisé : *souris, stylo, domino, nid*).
• Localisation de ce son
– Premier niveau : début, milieu, fin.
– Deuxième niveau : à l'intérieur des syllabes orales.
• Production de ce son
– Observer la bouche de son voisin : les lèvres font un sourire.
– Poser la main sur la gorge : les cordes vocales vibrent.
– Mettre la main devant la bouche : pas d'obstruction de l'air. C'est une voyelle fermée.
• Imprégnation du son
► Manuel : « Je chasse le son » p. 33.
Liste des éléments de l'illustration contenant le son [i] : *un pyjama, le lit, une girafe, un crocodile, un stylo, un livre, un tapis, une souris, des dominos, une guitare, un nid, des tulipes, une marguerite, un tiroir, une île, des rideaux…*
On poursuivra cette imprégnation par un ou deux jeux au choix :
– Jeu de pigeon vole avec les mots : *arriver, laver, image, lilas, roi, avion, joli, haricot, homme, animal, canard, fourmi…*

– Jeu de fléchettes avec les mots du tableau suivant.

[i] dans le premier phonème	[i] dans le mot	[i] dans le dernier phonème
igloo	souriceau	joli
image	farine	rôti
idée	haricot	boucherie
hippopotame	arriver	tapis
ivoire	olive	lit
immense	cerise	radis
île	écriture	petit
histoire	abricot	confetti

– Jeu de l'oreille fine avec les mots suivants.

[i] 3 fois	[i] 2 fois	[i] 1 fois	[i] 0 fois
illisible	midi	ami	cou
riquiqui	iris	souci	patte
	pâtisserie	cerise	soupe
	tapisserie	navire	rue
	imiter	partir	manteau
	immobile	tigre	pomme
		riz	dessin

– Jeu de devinettes. Définitions de mots comportant le son [i] :
C'est un oiseau tout jaune : *canari*.
C'est la capitale de la France : *Paris*.
Ce jour-là, tu ne vas pas à l'école : *mercredi* ou *dimanche*.

2. Individuel/écrit

► Cahier d'activités 1 : exercice 1 p. 20.
Faire énoncer ce que représente chaque dessin pour s'assurer que les enfants les ont bien identifiés (*nid, chat, lit, fusée, tapis, chocolat*).

SÉQUENCE 2 : RÉINVESTISSEMENT-JEUX

Mise en route
► Dans le manuel : relecture du texte p. 18 et de la rubrique « Je mémorise » p. 19.

Spécificité
Correspondance texte/image.
Révision de « la grande école » vu au tout début de l'année (pp. 6-7 du manuel) et de différents types d'habitats (*maison, niche*).

Déroulement possible

► Manuel : rubrique « Jeux » p. 19.

Collectif/oral

Les enfants lisent quatre phrases et doivent dire laquelle correspond au dessin. La quantité à lire est plus importante que dans les rubriques jeux précédentes.

Indications pour l'étude dirigée ou le travail à la maison

► Livre du maître : compléter la fiche à photocopier p. 279.
• Dans le manuel, lecture du texte p. 18 et de la rubrique « Je mémorise » p. 19.
• Mémoriser ou s'entraîner à écrire : *elle est jolie.*
• S'entraîner à recomposer le texte avec les étiquettes.

Unité 6

— premier jour —

Manuel de l'enfant pp. 20-21.
► Cahier d'activités 1 p. 13.

Mise en route
► Dans le manuel : relecture du texte p. 18 et de la rubrique « Je mémorise » p. 19.
Sur l'ardoise : écrire ce qui a été revu à la maison : *elle est jolie.*

SÉQUENCE 1 : DÉCOUVERTE ET COMPRÉHENSION DU TEXTE

Spécificité
Un personnage parle.

Matériel
– Texte écrit en script sur une feuille collective.
– 6 étiquettes collectives

| chacun viendra te voir | du matin jusqu'au soir |
| pour te féliciter | « | » | . |

– Étiquettes individuelles identiques aux étiquettes collectives.

Déroulement possible

Fiche-guide 2 § 3 (p. 55).

1. Collectif/oral

• Rappel du texte précédent (qui parlait ?).
• On remarque les guillemets : un personnage parle. Lequel ?
• À partir de l'illustration, on peut émettre des hypothèses sur ce que viennent faire tous les animaux. Ces hypothèses sont ensuite validées par les mots du texte.
• On fait remarquer les ressemblances entre *voir* et *soir*.
On fait fonctionner la tournure *du… jusqu'au…*
On fait mimer la situation correspondant à l'utilisation du mot *chacun* par les enfants : plusieurs enfants viennent tour à tour en féliciter un autre.
• Mots déjà rencontrés : *te, du.*
– Mots pouvant être découverts : *soir, voir* (à partir de *moi*), *chacun* (à partir de *chien*, *un*).
– Mots donnés par le maître : *pour, féliciter, viendra.*
• Lecture à voix haute par le maître, puis par les enfants.

2. Individuel/écrit

► Manuel : lecture du texte p. 20 et de la rubrique « Je mémorise » p. 21.
► Cahier d'activités 1 : exercices 1 et 2 p. 13.

SÉQUENCE 2 : FONCTIONNEMENT DE LA LANGUE

Spécificité
Remplacer *chacun* par d'autres groupes de mots.

Matériel
– Étiquettes collectives : quelques prénoms de la classe.
+ | chacun viendra te voir |

Déroulement possible

Fiche-guide 4 (p. 58).

1. Collectif/oral

• Lecture de l'étiquette affichée au tableau.
• Remplacement du mot *chacun* par un prénom de la classe ou le nom d'un personnage proposé par les enfants. On répète plusieurs fois la substitution pour bien justifier l'emploi du mot *chacun*.

► Manuel : lecture de la rubrique « Je fais fonctionner la langue » p. 21.

2. Individuel/écrit

► Cahier d'activités 1 : exercice 3 p. 13.

SÉQUENCE 3 : RÉINVESTISSEMENT

Spécificité
Correspondance écriture script/écriture cursive.
Réinvestissement : lecture d'une ébauche de petit texte, révision de la substitution *la tortue*/*elle*.

Déroulement possible

Fiche-guide 5 (p. 59).

1. Collectif/oral

► Manuel : lecture de la rubrique « Je lis de nouvelles phrases » p. 21.

2. Individuel/écrit

► Cahier d'activités 1 : exercice 4 p. 13.
Comme il s'agit de nouvelles tournures de phrases, il est préférable de les faire relire avant que les enfants ne fassent l'exercice. En cas d'hésitation, on reviendra aux textes précédents pour rechercher le ou les mots qui posent problème.

SÉQUENCE 4 : PRODUCTION D'ÉCRITS

Spécificité
Segmenter une phrase en unités-mots.

Matériel
– Étiquettes collectives et individuelles du texte.

Déroulement possible

Fiche-guide 8 (pp. 64-65).

1. Collectif/oral

• Relecture du texte.
• Recomposition du texte avec les étiquettes individuelles (il faut effectuer un tri parmi toutes les étiquettes de l'enveloppe pour les retrouver).
• Vérification avec les étiquettes collectives affichées au tableau.
• On compte le nombre de lignes du texte (et non le nombre de phrases). On sélectionne une ligne et on compte son nombre de mots.
On localise des mots : mot numéro …, premier mot, dernier mot : on met alors en évidence le rôle des espaces.
• On propose au tableau : *pourteféliciter.* On fait retrouver la ligne où l'expression apparaît puis on sépare les mots.

2. Individuel/écrit

► Cahier d'activités 1 : exercice 5 p. 13.

Indications pour l'étude dirigée ou le travail à la maison

► Livre du maître : compléter la fiche à photocopier p. 279.
• Dans le manuel, lecture du texte p. 20 et de la rubrique « Je mémorise » p. 21.
• Mémoriser ou s'entraîner à écrire : *féliciter.*
• S'entraîner à recomposer le texte avec des étiquettes.

Unité 6

— deuxième jour —

Manuel de l'enfant pp. 20-21 et 33.
► Cahier d'activités 1 p. 20.

Mise en route
Sur l'ardoise : écrire le mot revu à la maison : *féliciter.*

SÉQUENCE 1 : DÉCOUVERTE DU SON [i]

Spécificité Découverte des graphies du son [i], discrimination visuelle.
Matériel – 4 dessins collectifs (*domino, nid, stylo, souris*).

Déroulement possible

Fiche-guide 6 (pp. 60-61).

1. Collectif/oral : discrimination visuelle

Avant de passer à la discrimination visuelle, il est important de rappeler le son découvert précédemment (montrer de nouveau les dessins des mots qui ont permis son identification). On peut ensuite procéder à un jeu auditif.
Par exemple :
– Jeu d'articulation en répétant de plus en plus vite la phrase :
« Un petit wapiti tapi sous le tipi. »
– Jeu des familles
Trouver des noms de fleurs avec le son [i] : *marguerite, tulipe, iris, capucine, souci, lilas, narcisse, jonquille…*
Trouver des noms d'animaux avec le son [i] : *crocodile, canari, hirondelle, girafe, tigre, ouistiti, wapiti, alligator, cygne…*
• Découverte des graphies du son : sous les quatre dessins et la localisation du phonème, on écrit le mot correspondant et on en déduit les graphies retenues : i et y.
On fera dire aux enfants : « J'entends le son i et je peux voir la lettre i ou la lettre y ».
► Manuel : lecture du tableau « Je classe les mots » p. 33.
• On attire l'attention des enfants sur le logo ⚠, mais on fait seulement remarquer « l'exception » dans : *la maison.*
• Des mots de l'histoire
Dans l'histoire étudiée, l'enfant va pouvoir trouver de nombreux mots comportant le son [i]. Suivant la progression choisie par l'enseignant pour l'étude des sons, l'enfant pourra lire plus ou moins de mots de la liste. Ces listes pourront être relues au fur et à mesure de la progression dans l'histoire, en particulier lors de la révision des sons en fin de période.

Ordre d'apparition des mots comportant le son [i] :

amis	p. 10
aussi dit	p. 14
réfléchit abri niche	p. 16
jolie	p. 18
féliciter	p. 20
il	p. 22
il crie il griffe	p. 24
petits	p. 28

2. Individuel/écrit

► Cahier d'activités 1 : exercices 2 et 3 p. 20.

SÉQUENCE 2 : L'ÉCRITURE MANUSCRITE

Fiche-guide 7 (pp. 62-63).
Bien vérifier le point d'attaque et la hauteur de la lettre i.
► Cahier d'activités 1 : exercice 4 p. 20.

SÉQUENCE 3 : RÉINVESTISSEMENT-JEUX

Mise en route
► Dans le manuel : relecture du texte p. 20 et de la rubrique « Je mémorise » p. 21.

Spécificité
Correspondance texte-image.
Seule la fin de la phrase varie.

Déroulement possible

► Manuel : rubrique « Jeux » p. 21.

Collectif/oral

Les enfants lisent trois phrases et découvrent celle qui correspond au dessin.

Indications pour l'étude dirigée ou le travail à la maison

► Livre du maître : compléter la fiche à photocopier p. 279.
• Dans le manuel, lecture du texte p. 20 et des mots du tableau p. 33.
• Mémoriser ou s'entraîner à écrire : *le nid.*
• S'entraîner à recomposer le texte avec les étiquettes individuelles de l'enveloppe.

Unité 7

— premier jour —

Manuel de l'enfant pp. 22-23.
► Cahier d'activités 1 p. 14.

Mise en route
► Dans le manuel : relecture du texte p. 20 et des mots du tableau p. 33.
Sur l'ardoise : écrire ce qui a été revu : *le nid.*

SÉQUENCE 1 : DÉCOUVERTE ET COMPRÉHENSION DU TEXTE

Spécificité
Le même personnage poursuit son discours.

Matériel
– Texte écrit en script sur une feuille collective.
– 11 étiquettes collectives [,] [,] [,] [,] [.]
[il peut neiger] [pleuvoir] [faire jour] [faire noir]
[c'est] [le plus bel abri du monde]
– Étiquettes individuelles identiques aux étiquettes collectives.

Déroulement possible

Fiche-guide 2 § 2 (p. 55).

1. Collectif/oral

• Rappel du texte précédent.
• Formulation d'hypothèses à partir de l'illustration : le maître note au tableau les mots qui pourront servir à la lecture du texte.
• Formulation d'hypothèses à partir du texte. Quel personnage parlait ? Parle-t-il encore ? Comment le sait-on ?
• Les enfants peuvent reconnaître le mot *abri* (vu p. 16). À quoi sert un abri ? Dans quelles situations ?
• Mots déjà rencontrés : *il, c'est, le, du, abri.*
– Mots pouvant être découverts : *noir, pleuvoir* (à partir de *voir, soir*), *jour* (à partir de *aujourd'hui*), *bel* (à partir de *bon, elle*), *peut* (à partir de *pour, veux, jeudi*).
– Mots donnés par le maître : *faire, plus.*
• Lecture à voix haute par le maître, puis par les enfants.
• On recompose le texte avec les étiquettes collectives.

2. Individuel/écrit

• Recomposition du texte avec les étiquettes individuelles.
► Manuel : lecture du texte p. 22 et de la rubrique « Je mémorise » p. 23.
► Cahier d'activités 1 : exercices 1 et 2 p. 14.

SÉQUENCE 2 : FONCTIONNEMENT DE LA LANGUE

Spécificité
Travail sur *le plus…, la plus…*

Matériel
– Étiquettes collectives des prénoms des enfants.

Déroulement possible

Fiche-guide 4 (p. 58).

1. Collectif/oral

• Relecture de la phrase : *C'est le plus bel abri du monde*. Mise en évidence de « *c'est le plus...* »
• On propose au tableau l'expression : « *C'est la plus grande.* »
On choisit deux filles dans la classe et on mime la situation. « *Qui est la plus grande ?* » On écrit au tableau : « *C'est ... la plus grande.* », phrase qu'on peut compléter avec d'autres prénoms de filles.
Même activité avec deux garçons. *Qui est le plus grand ? C'est ... le plus grand.*
On peut ensuite généraliser à l'ensemble de la classe. *Qui est la plus grande* (de la classe) ? *Qui est le plus grand* (de la classe) ?

► Manuel : lecture de la rubrique « Je fais fonctionner la langue » p. 23.

2. Individuel/écrit

► Cahier d'activités 1 : exercice 3 p. 14.

SÉQUENCE 3 : RÉINVESTISSEMENT

Spécificité Réinvestissement de la tournure étudiée en fonctionnement de la langue.

Déroulement possible

Fiche-guide 5 (p. 59).

1. Collectif/oral

► Manuel : lecture de la rubrique « Je lis de nouvelles phrases » p. 23.

2. Individuel/écrit

► Cahier d'activités 1 : exercice 4 p. 14.
Faire lire les phrases par plusieurs enfants pour s'assurer de leur compréhension.

SÉQUENCE 4 : PRODUCTION D'ÉCRITS

Spécificité Créer de nouvelles phrases avec les étiquettes.
Matériel – Étiquettes individuelles de l'enveloppe.

Déroulement possible

Fiche-guide 8 (pp. 64-65).

1. Collectif/oral

Recomposer le texte du jour avec les étiquettes individuelles et les mettre de côté. En choisissant parmi les étiquettes qui restent dans l'enveloppe, les enfants peuvent fabriquer une ou plusieurs phrases. Ceci permet de faire diminuer le nombre d'étiquettes devenu trop important. Les enfants lisent leurs productions.

2. Individuel/écrit

► Cahier d'activités 1 : exercice 5 p. 14.
Différenciation : on peut faire fabriquer un autre texte avec ou sans les étiquettes.

Indications pour l'étude dirigée ou le travail à la maison

► Livre du maître : compléter la fiche à photocopier p. 279.
• Dans le manuel, lecture du texte p. 22 et de la rubrique « Je mémorise » p. 23.
• Mémoriser ou s'entraîner à écrire : *le plus grand.*
• S'entraîner à recomposer le texte avec les étiquettes.

Unité 7

— deuxième jour —

Manuel de l'enfant pp. 22-23 et 34.
► Cahier d'activités 1 p. 21.

Mise en route
Sur l'ardoise : écrire les mots revus à la maison : *le plus grand*

SÉQUENCE 1 : DÉCOUVERTE DU SON [l]

Si vous suivez la progression du manuel : étude du son [l].
Si vous suivez une autre progression :

Étude du son	Manuel	Livre du maître
[a]	p. 31	pp. 73-74 et 76-77
[y]	p. 32	pp. 78-79 et 81-82
[i]	p. 33	pp. 83-84 et 86-87
[m]	p. 35	pp. 94-95 et 96
[r]	p. 36	pp. 98-99 et 100

Spécificité Découverte du son [l], discrimination auditive.
Matériel – 4 dessins collectifs (*valise, cheval, livre, collier*). – 3 flèches individuelles (si jeu de fléchettes).

Déroulement possible

Fiche-guide 6 (pp. 60-61).

1. Collectif/oral : discrimination auditive

• Découverte du son commun aux quatre dessins (ordre de présentation préconisé : *valise, cheval, livre, collier*).
• Localisation de ce son
– Premier niveau : début, milieu, fin.
– Deuxième niveau : à l'intérieur des syllabes orales.
• Production de ce son
– Observer la bouche de son voisin : la bouche est légèrement ouverte, la langue se positionne derrière les dents, l'air passe de chaque côté de la langue. Mettre la main devant la bouche : obstruction de l'air : c'est une consonne latérale : c'est un son prolongeable.
• Imprégnation du son
► Manuel : « Je chasse le son » p. 34.
Liste des éléments de l'illustration contenant le son [l] : *valise, cheval, livre, collier, lièvre, loup, chocolat, lait, patins à roulettes, ballon, lunettes, loupe, salade, pantalon, salopette, lune, étoiles...*

On poursuivra cette imprégnation par un ou deux jeux au choix :
– Jeu de pigeon vole avec les mots : *lavabo, café, parapluie, ficelle, feuille, lumière, libellule, chien, lion, dalmatien, arbre, caillou...*
– Jeu de fléchettes avec les mots du tableau suivant.

[l] dans le premier phonème	[l] dans le mot	[l] dans le dernier phonème
léopard	couleur	caramel
lapin	aliment	chacal
loup	valise	vol
lampe	mallette	mal
laitue	olive	bol
livre	matelas	pull
lac	éléphant	animal
loto	talon	fil

– Jeu de l'oreille fine avec les mots suivants.

[l] 3 fois	[l] 2 fois	[l] 1 fois	[l] 0 fois
libellule	lamelle	baleine	cou
	local	loto	patte
	lilas	malade	soupe
	luciole	toile	rue
	méli-mélo	olive	chaise
		livre	pie
			voiture

– Jeu de devinettes. Définitions de mots comportant le son [l] :
Elles coulent quand on pleure : *larmes*.
C'est comme un escargot sans coquille : *limace*.
Elle(s) brille(nt) la nuit dans le ciel : *étoiles et lune*.

2. Individuel/écrit

► Cahier d'activités 1 : exercice 1 p. 21.
Vérifier que les mots sont identifiés (*aile, livre, singe, lion, arbre, éléphant*).

SÉQUENCE 2 : RÉINVESTISSEMENT-JEUX

Mise en route
► Dans le manuel : relecture du texte p. 22 et de la rubrique « Je mémorise » p. 23.

> **Spécificité**
> Il s'agit de dire si les affirmations sont possibles ou impossibles, dans l'absolu.

Déroulement possible

► Manuel : rubrique « Jeux » p. 23.

Collectif/oral

Faire lire à voix haute chacune des trois phrases. Réfléchir sur chaque situation et justifier la réponse.

Indications pour l'étude dirigée ou le travail à la maison

► Livre du maître : compléter la fiche à photocopier p. 279.
• Dans le manuel, lecture du texte p. 22 et de la rubrique « Je mémorise » p. 23.
• Mémoriser ou s'entraîner à écrire : *la plus grande*

Unité 8

— premier jour —

Manuel de l'enfant pp. 24-25.
► Cahier d'activités 1 p. 15.

Mise en route
► Dans le manuel : relecture du texte p. 22 et de la rubrique « Je mémorise » p. 23.
Sur l'ardoise : écrire les mots revus à la maison : *la plus grande*.

SÉQUENCE 1 : DÉCOUVERTE ET COMPRÉHENSION DU TEXTE

Spécificité
Apparition d'un nouveau personnage.

Matériel
– Texte écrit en script sur une feuille collective.
– 15 étiquettes collectives

hélas	le chien revient	il crie	:	ma maison	et

il griffe	et	il gronde	!	.	,	!	«	»

– Étiquettes individuelles identiques aux étiquettes collectives.

Déroulement possible

Fiche-guide 2 § 2 (p. 55).

1. Collectif/oral

• Rappel du texte précédent.
• Formulation d'hypothèses à partir de l'illustration : Que se passe-t-il ? Quel nouveau personnage apparaît ? Que fait-il ?
• Formulation d'hypothèses à partir du texte. Quel personnage parle ? À quel endroit du texte parle-t-il ? Comment le sait-on (les guillemets) ? Comment parle-t-il (le point d'exclamation) ?
• Mots déjà rencontrés : *le, chien, maison, il, et.*
– Mots pouvant être découverts : *ma* (à partir de *maman*), *revient* (à partir de *viendra*).
– Mot donné par le maître : *hélas.*
• Lecture à voix haute par le maître, puis par les enfants.
• On recompose le texte avec les étiquettes collectives, en insistant sur la place des guillemets.

2. Individuel/écrit

• Recomposition du texte avec les étiquettes individuelles.
► Manuel : lecture du texte p. 24 et de la rubrique « Je mémorise » p. 25.
► Cahier d'activités 1 : exercices 1 et 2 p. 15.

SÉQUENCE 2 : FONCTIONNEMENT DE LA LANGUE

Spécificité
Travail sur *et* reliant deux verbes.

Matériel
– Étiquettes collectives et individuelles.

Déroulement possible

Fiche-guide 4 (p. 58).

1. Collectif/oral

• Parmi leurs étiquettes collectives, les enfants découpent deux verbes désignant des actions de la tortue. On vérifie avec les étiquettes collectives.
• On propose au tableau la trame : *elle ... et elle ...* .
On complète cette trame avec les verbes choisis.
• Même activité s'il s'agit du chien : *il ... et il ...* .

► Manuel : lecture de la rubrique « Je fais fonctionner la langue » p. 25.

2. Individuel/écrit

► Cahier d'activités 1 : exercice 3 p. 15.

SÉQUENCE 3 : RÉINVESTISSEMENT

Spécificité
Réinvestissement de la tournure étudiée en fonctionnement de la langue.

Déroulement possible

Fiche-guide 5 (p. 59).

1. Collectif/oral

► Manuel : lecture de la rubrique « Je lis de nouvelles phrases » p. 25.
Si les phrases posent un problème de lecture ou de compréhension, on se reportera au texte.

2. Individuel/écrit

► Cahier d'activités 1 : exercice 4 p. 15.
Faire lire les phrases par plusieurs enfants pour s'assurer de leur compréhension.

SÉQUENCE 4 : PRODUCTION D'ÉCRITS

Spécificité
Faire parler des personnages dans les bulles.

Matériel
– Illustrations des textes précédents choisies par le maître.
– Silhouettes de bulles vides suffisamment grandes pour y placer les étiquettes collectives de la séquence précédente.

Déroulement possible

Fiche-guide 8 (pp. 64-65).

1. Collectif/oral

• L'illustration est affichée au tableau.
• Qui parle ? On fait placer les silhouettes des bulles, avec la pointe dirigée vers le personnage qui parle.

• Que dit ce personnage ? On choisira parmi les étiquettes collectives et on composera une phrase qu'un enfant viendra placer dans la silhouette de la bulle correspondante affichée au tableau.
• Le dialogue est lu et la situation mimée par plusieurs enfants.

2. Individuel/écrit

► Cahier d'activités 1 : exercice 5 p. 15.

Indications pour l'étude dirigée ou le travail à la maison

► Livre du maître : compléter la fiche à photocopier p. 279.
• Dans le manuel, lecture du texte p. 24 et de la rubrique « Je mémorise » p. 25.
• Mémoriser ou s'entraîner à écrire : *le, la, et, il, elle.*

Unité 8

— deuxième jour —

Manuel de l'enfant pp. 24-25 et 34.
► Cahier d'activités 1 p. 21.

Mise en route
Sur l'ardoise : écrire les mots revus à la maison : *le, la, et, il, elle.*

SÉQUENCE 1 : DÉCOUVERTE DES GRAPHIES DU SON [l]

Spécificité Découverte des graphies du son [l], discrimination visuelle.
Matériel – 4 dessins collectifs (*valise, cheval, livre, collier*). – Pièces-puzzle (fiche à photocopier).

Déroulement possible

Fiche-guide 6 (pp. 60-61).

1. Collectif/oral : discrimination visuelle

Avant de passer à la discrimination visuelle, il est important de rappeler le son découvert précédemment (montrer de nouveau les dessins des mots qui ont permis son identification). On peut ensuite procéder à un jeu auditif.

Par exemple :
– Jeu d'articulation en répétant de plus en plus vite la phrase :
« Nulle libellule ne luit sous la lune. »
• Découverte des graphies du son : sous les quatre dessins et la localisation du phonème, on écrit le mot correspondant et on en déduit les graphies retenues : l et ll.
On fera dire aux enfants : « J'entends le son [l] et je peux voir la lettre l ou les lettres ll ».
► Manuel : lecture du tableau « Je classe les mots » p. 34.
• On attire l'attention des enfants sur le logo ⚠, mais on fait seulement remarquer « l'exception » dans : *un œil, une fille.*
• Travail de la combinatoire des sons-voyelles déjà étudiés avec le nouveau son-consonne.
Pour matérialiser les combinaisons, l'enseignant peut fabriquer des pièces de puzzle collectives qu'il assemblera au tableau.
– Le maître présente une pièce de puzzle portant la lettre l et les enfants doivent donner le nom de la lettre (lettre « elle »), puis dire le son qu'elle produit (son « lllllll »).
– Deux enfants viennent au tableau : l'un prend une consonne (l), l'autre une voyelle (parmi a, u, i) et ils assemblent le puzzle (combinent). Un troisième enfant vient chercher l'étiquette de la syllabe correspondante. Les enfants lisent les lettres séparément, puis en les combinant.
(Il ne faut pas prononcer le nom de la lettre mais celui du son quand on est à l'écoute. Le maître précisera cependant que, pour **écrire** la syllabe lue, on prend la **lettre** l et la **lettre** u.)
– On fait ensuite chercher oralement par les enfants des mots où l'on entend une de ces syllabes, puis une autre… On fait localiser la syllabe dans le mot. L'enfant frappe les syllabes, en se balançant comme un métronome à droite, à gauche, sur ses battements.
(On évitera de faire frapper des mots dont le découpage en syllabes écrites et syllabes orales diffère. On choisira des mots sans ambiguïté comme cho-co-lat : 3 syllabes écrites, 3 syllabes orales.)
– L'enseignant peut aussi proposer un mot et les enfants écrivent sur leur ardoise la syllabe entendue (*la, lu* ou *li*).
Mots avec *la* : *lapin, lapereau, lavabo.*
Mots avec *lu* : *lumière, lutin, lune.*
Mots avec *li* : *livre, licorne, tirelire, jolie.*
Si le nombre de syllabes connues est suffisant, on peut proposer de découvrir un mot inconnu en plaçant au tableau les syllabes en désordre. Pour faire trouver ce mot, les procédés sont nombreux : devinette, mot représenté sur le dessin, glisser des « syllabes pirates », donner le nombre de syllabes du mot…
► Manuel : rubrique « J'assemble » p. 34.

• Des mots de l'histoire
Dans l'histoire étudiée, l'enfant va pouvoir trouver de nombreux mots comportant le son [l]. Suivant la

progression choisie par l'enseignant pour l'étude des sons, l'enfant pourra lire plus ou moins de mots sur la liste. Ces listes pourront être relues au fur et à mesure de la progression dans l'histoire, en particulier lors de la révision des sons en fin de période.
Ordre d'apparition des mots comportant le son [l] :

le lièvre la	p. 10
allons	p. 14
elle	p. 16
jolie	p. 18
féliciter	p. 20
il pleuvoir le plus bel	p. 22
hélas	p. 24
le soleil la pluie	p. 26
elle n'a plus sanglots	p. 28

2. Individuel/écrit

► Cahier d'activités 1 : exercices 2 et 3 p. 21.
Différenciation : rechercher dans les écrits de la classe des mots comportant la lettre l.

SÉQUENCE 2 : L'ÉCRITURE MANUSCRITE

Fiche-guide 7 (pp. 62-63).
Bien vérifier le point d'attaque, le sens de rotation et la hauteur de la boucle.
► Cahier d'activités 1 : exercice 4 p. 21.

SÉQUENCE 3 : RÉINVESTISSEMENT-JEUX

Mise en route
► Dans le manuel : relecture du texte p. 24 et de la rubrique « Je mémorise » p. 25.

Spécificité
Lire chaque phrase et dire si elle est vraie ou fausse, en se reportant à l'histoire.

Déroulement possible

► Manuel : rubrique « Jeux » p. 25.

Collectif/oral

Les enfants lisent quatre phrases et se reportent à l'histoire pour répondre.

Indications pour l'étude dirigée ou le travail à la maison

► Livre du maître : compléter la fiche à photocopier p. 279.
• Dans le manuel, lecture du texte p. 24, des mots du tableau et de la rubrique « J'assemble » p. 34.
• Mémoriser ou s'entraîner à écrire : *le livre.*

Unité 9

— premier jour —

Manuel de l'enfant pp. 26-27.
► Cahier d'activités 1 p. 16.

Mise en route
► Dans le manuel : relecture du texte p. 24, des mots du tableau et de la rubrique « J'assemble » p. 34.
Sur l'ardoise : écrire ce qui a été revu à la maison : *le livre.*

SÉQUENCE 1 : DÉCOUVERTE ET COMPRÉHENSION DU TEXTE

Spécificité
Fuite du lièvre.
L'illustration apporte des renseignements complémentaires au texte.

Matériel
– Texte écrit en script sur une feuille collective.
– 10 étiquettes collectives.

,	depuis	.	s'est enfui	le lièvre
ou	sous le soleil	il court le monde	.	
sous la pluie				

– Étiquettes individuelles identiques aux étiquettes collectives.

Déroulement possible

Fiche-guide 2 § 2 (p. 55).

1. Collectif/oral

• Rappel du texte précédent.
• Émission d'hypothèses sur la suite du texte : que va faire le lièvre ?
• Présentation de l'illustration qui valide ou non les hypothèses émises. Quels renseignements apporte-t-elle ? Comment vérifier ces informations ?
• Présentation du texte et validation des hypothèses.
• Mot pouvant être découvert par le contexte : *enfui*.
– Mots déjà rencontrés : *le, lièvre, il, monde, et, la*.
– Mots pouvant être découverts : *court* (à partir de *pour*), *sous* (à partir de *pour et sur*), *ou* (à partir de *pour*), *s'est* (à partir de *c'est*).
– Mots à comparer : *pluie, depuis, enfui*.
– Mot donné par le maître : *soleil*.
• Lecture à voix haute par le maître, puis par les enfants.
• On recompose le texte avec les étiquettes collectives puis il est relu par les enfants.

2. Individuel/écrit

• Recomposition du texte avec les étiquettes individuelles.
► Manuel : lecture du texte p. 26 et de la rubrique « Je mémorise » p. 27.
► Cahier d'activités 1 : exercices 1 et 2 p. 16.

SÉQUENCE 2 : FONCTIONNEMENT DE LA LANGUE

Spécificité
Travail sur *ou* reliant deux noms.

Matériel
– Étiquettes collectives et individuelles.

Déroulement possible

Fiche-guide 4 (p. 58).

1. Collectif/oral

• On propose au tableau la trame : *je veux ... ou je veux ...* .
• On cherche oralement à compléter cette trame. Pour cela, on peut découper les mots des étiquettes individuelles qui conviennent.
• Mise en commun et vérification sur les étiquettes collectives. On complète la trame du tableau.

► Manuel : lecture de la rubrique « Je fais fonctionner la langue » p. 27.

2. Individuel/écrit

► Cahier d'activités 1 : exercice 3 p. 16.

SÉQUENCE 3 : RÉINVESTISSEMENT

Spécificité
Réinvestissement de la tournure étudiée dans la rubrique « fonctionnement de la langue ». Mise en évidence de groupes que l'on peut déplacer dans la phrase.

Déroulement possible

Fiche-guide 5 (p. 59).

1. Collectif/oral

► Manuel : lecture de la rubrique « Je lis de nouvelles phrases » p. 27.
On comparera chacune des phrases au texte original et on remarquera les changements.

2. Individuel/écrit

► Cahier d'activités 1 : exercice 4 p. 16.
Faire lire les phrases par plusieurs enfants pour s'assurer de leur compréhension.

SÉQUENCE 4 : PRODUCTION D'ÉCRITS

Spécificité
Fabriquer une phrase dont les mots sont imposés.

Matériel
– Étiquettes collectives existantes.

Déroulement possible

Fiche-guide 8 (pp. 64-65).

1. Collectif/oral

• L'enseignant affiche au tableau une dizaine d'étiquettes qu'il aura sélectionnées.
• À partir de ces étiquettes, les enfants fabriquent collectivement une phrase en faisant varier le nombre de mots (avec le moins de mots possible, le plus de mots possible, un nombre de mots imposé...).

2. Individuel/écrit

► Cahier d'activités 1 : exercice 5 p. 16.
Différenciation : faire créer un autre texte.

Indications pour l'étude dirigée ou le travail à la maison

► Livre du maître : compléter la fiche à photocopier p. 279.
• Dans le manuel, lecture du texte p. 26 et de la rubrique « Je mémorise » p. 27.
• Mémoriser ou s'entraîner à écrire : *il court.*
• Recomposer le texte avec les étiquettes individuelles de l'enveloppe.

Unité 9

— deuxième jour —

Manuel de l'enfant pp. 26-27 et 35.
► Cahier d'activités 1 p. 22.

Mise en route
Sur l'ardoise : écrire les mots revus à la maison : *il court.*

SÉQUENCE 1 : DÉCOUVERTE DU SON [m]

À partir du son [m], nous regroupons en une journée le travail de discrimination auditive et celui de discrimination visuelle. Mais l'étude d'un son (en particulier pour la période 1) peut donner lieu à deux jours de travail.

Si vous suivez la progression du manuel : étude du son [m].
Si vous suivez une autre progression :

Étude du son	Manuel	Livre du maître
[a]	p. 31	pp. 73-74 et 76-77
[y]	p. 32	pp. 78-79 et 81-82
[i]	p. 33	pp. 83-84 et 86-87
[l]	p. 34	pp. 88-89 et 91-92
[r]	p. 36	pp. 98-99 et 100

Spécificité Découverte du son [m], discrimination auditive.
Matériel – 4 dessins collectifs (*pomme, plume, maison, tomate*). – 3 flèches individuelles (si jeu de fléchettes)

Déroulement possible

Fiche-guide 6 (pp. 60-61).

1. Collectif/oral : discrimination auditive

• Découverte du son commun aux quatre dessins (ordre de présentation indifférent).
• Localisation de ce son
– Premier niveau : début, milieu, fin.
– Deuxième niveau : à l'intérieur des syllabes orales.
• Production de ce son
– Observer la bouche de son voisin : les lèvres sont serrées et légèrement retournées puis s'ouvrent pour faire entendre le son. Une partie de l'air passe par le nez.
– Poser la main sur la gorge : les cordes vocales vibrent.
– Mettre la main devant la bouche : pas d'air. C'est une consonne occlusive nasale.
• Imprégnation du son
► Manuel : « Je chasse le son » p. 35.
Liste des éléments de l'illustration contenant le son [m] : *tomates, pommes, marchand, marchande, manteau, plume, muguet, fumée, maison, chameau, fourmi, fromages, moustache, marguerites, immeuble, cheminée, mur, mouchoir, main, melons, marché…*
On poursuivra cette imprégnation par un ou deux jeux au choix :
– Jeu de pigeon vole avec les mots : *ami, maison, lune, malade, panier, gomme, nez, pommier, nager, canne, mariée, pommade, camembert, ciment, moins…*
– Jeu de fléchettes avec les mots du tableau suivant.

[m] dans le premier phonème	[m] dans le mot	[m] dans le dernier phonème
melon	fromage	pomme
maison	limace	gomme
maquette	vitamine	légume
montagne	image	homme
miel	lumière	femme
moto	aimer	calme
mulot	immobile	dame
moustache	pansement	arme
mer	limonade	film

– Jeu de l'oreille fine avec les mots suivants.

[m] 2 fois	[m] 1 fois	[m] 0 fois
madame	larme	chat
mammouth	marché	poule
maman	mettre	renard
momie	mer	nuit
marmotte	micro	chien
marmite	ramasser	canard
mimosa	manège	carotte

– Jeu de devinettes. Définitions de mots comportant le son [m].
Elle est verte et pousse au pied des arbres : *la mousse*.
C'est une grande étendue d'eau : *la mer*.
C'est un animal qui dort tout l'hiver : *la marmotte*.
– Jeu d'articulation en répétant de plus en plus vite la phrase :
« Ma mamie m'a mimé la momie. »
– Comptine.
Am stram gram,
Pic et pic et colégram,
Bour et bour et ratatam,
Am stram gram,
Nostram !

2. Individuel/écrit

► Cahier d'activités 1 : exercice 1 p. 22.
Dessins : mouton, maison, pomme, serpent, fromage, canard.

SÉQUENCE 2 : DÉCOUVERTE DES GRAPHIES DU SON [m]

Spécificité
Découverte des graphies du son [m], discrimination visuelle.

Matériel
– 4 dessins collectifs *(pomme, plume, maison, tomate)*.
– Pièces-puzzle (fiche à photocopier).

Déroulement possible

Fiche-guide 6 (pp. 60-61).

1. Collectif/oral : discrimination visuelle

• Découverte des graphies du son : sous les quatre dessins et la localisation du phonème, on écrit le mot correspondant et on en déduit les graphies retenues : m et mm.
On fera dire aux enfants : « J'entends le son [m] et je peux voir la lettre m ou les lettres mm ».
► Manuel : lecture du tableau « Je classe les mots » p. 35.
On attire l'attention des enfants sur le logo ⚠, mais on fait seulement remarquer « l'exception » dans : une jambe.
• Travail de la combinatoire des sons-voyelles déjà étudiés avec le nouveau son-consonne.
– Le maître présente une pièce de puzzle portant la lettre m et les enfants doivent donner le nom de la lettre (lettre « emme »), puis dire le son qu'elle produit (son « mmmmm »).
– Deux enfants viennent au tableau : l'un prend une consonne (m), l'autre une voyelle (parmi a, u, i) et ils assemblent le puzzle (combinent). Un troisième enfant vient chercher l'étiquette de la syllabe correspondante. Les enfants lisent les lettres séparément, puis en les combinant. Il ne faut pas prononcer le nom de la lettre mais celui du son quand on est à l'écoute. Le maître précisera cependant que, pour **écrire** la syllabe *mu*, on prend la **lettre** m et la **lettre** u.
– On fait ensuite chercher oralement par les enfants des mots où l'on entend une de ces syllabes, puis une autre… On fait localiser la syllabe dans le mot. L'enfant frappe les syllabes, en se balançant comme un métronome à droite, à gauche, sur ses battements. (On évitera de faire frapper des mots dont le découpage en syllabes écrites et syllabes orales diffère. On choisira des mots sans ambiguïté comme mu/si/cien : 3 syllabes écrites, 3 syllabes orales.)
– L'enseignant peut aussi proposer un mot et les enfants écrivent sur leur ardoise la syllabe entendue (*ma*, *mu* ou *mi*).
Mots avec ma : *matin, ramasser, manège.*
Mots avec mu : *musicien, muguet, mule.*
Mots avec mi : *marmite, miroir, imiter, ami.*
Si le nombre de syllabes connues est suffisant, on peut proposer de découvrir un mot inconnu en plaçant au tableau les syllabes en désordre. Pour faire trouver ce mot, les procédés sont nombreux : devinette, mot représenté sur le dessin, glisser des « syllabes pirates », donner le nombre de syllabes du mot…
► Manuel : rubrique « J'assemble » p. 35.

• Des mots de l'histoire
Dans l'histoire étudiée, l'enfant va pouvoir trouver de nombreux mots comportant le son [m]. Suivant la progression choisie par l'enseignant pour l'étude des sons, l'enfant pourra lire plus ou moins de mots sur la liste. Ces listes pourront être relues au fur et à mesure de la progression dans l'histoire, en particulier lors de la révision des sons en fin de période.

Ordre d'apparition des mots comportant le son [m] :

amis	p. 10
maison	p. 12
moi	p. 14
comme	p. 18
matin	p. 20
monde	p. 22
ma maison	p. 24
Rosemonde	p. 28

2. Individuel/écrit

► Cahier d'activités 1 : exercices 2 et 3 p. 22.
Différenciation : faire chercher des prénoms que les enfants connaissent et où ils voient la lettre m.

SÉQUENCE 3 : L'ÉCRITURE MANUSCRITE

Fiche-guide 7 (pp. 62-63).
Bien vérifier le point d'attaque, le sens de rotation et la hauteur des trois ponts.
► Cahier d'activités 1 : exercice 4 p. 22.

SÉQUENCE 4 : RÉINVESTISSEMENT-JEUX

Mise en route
► Dans le manuel : relecture du texte p. 26 et de la rubrique « Je mémorise » p. 27.

Spécificité
Une devinette lue par les enfants permet de réinvestir les mots du texte.

Déroulement possible

► Manuel : rubrique « Jeux » p. 27.

Collectif/oral

Le dessin est uniquement ludique ; il n'apporte pas d'indications…
On peut faire créer par les enfants d'autres devinettes.

Indications pour l'étude dirigée ou le travail à la maison

► Livre du maître : compléter la fiche à photocopier p. 279.
• Dans le manuel, lecture du texte p. 26, des mots du tableau et de la rubrique « J'assemble » p. 35.
• Mémoriser ou s'entraîner à écrire : *la maison.*

Unité 10

—— premier jour ——

Manuel de l'enfant pp. 28-29.
► Cahier d'activités 1 p. 17.

Mise en route
► Dans le manuel : relecture du texte p. 26 et des mots du tableau et de la rubrique « J'assemble » p. 35.
Sur l'ardoise : écrire ce qui a été revu à la maison : *la maison.*

SÉQUENCE 1 : DÉCOUVERTE ET COMPRÉHENSION DU TEXTE

Spécificité
Épilogue.
L'illustration apporte des renseignements sur le texte : trois petits cœurs symbolisent l'amitié des escargots.

Matériel
– Texte écrit en script sur une feuille collective.
– 4 étiquettes individuelles et 4 collectives du texte (ce seront les dernières).

Elle n'a plus de sanglots,	la torture Rosemonde.
Trois petits escargots	sont ses nouveaux amis.

Déroulement possible

Fiche-guide 2 § 3 (p. 55).

1. Collectif/oral

• Rappel du texte précédent.
• Émission d'hypothèses sur la suite du texte : que va faire la tortue ?
• Présentation de l'illustration qui valide ou non les hypothèses émises. Quels renseignements spécifiques apporte l'illustration ? Comment vérifier ces informations ?
• Présentation du texte et validation des hypothèses. De qui parle-t-on ?
On parle de la tortue : repérer le mot tortue dans le texte, mise en valeur de la majuscule. Pourquoi ? (ce n'est pas le début d'une phrase) : mettre en relation avec leur prénom : arriver à la déduction qu'il s'agit du prénom de la tortue, confirmée par le titre de l'album.
– Mots déjà rencontrés : *elle, de, la, tortue, sont, amis, Rosemonde* (dans le titre)
– Mots pouvant être découverts par le contexte : *nouveaux, petits.*

– Mots pouvant être découverts par la combinatoire : *Rosemonde* (à partir de *monde*), *n'a plus* (à partir de *le plus*), *ses* (à partir de *son*, *les*).
– Mots pouvant être découverts par l'illustration et les questions du maître : *escargots, sanglots, trois*.
• Comparaison avec le texte précédent (p. 26), travail sur l'implicite de l'illustration :
– Que faisait la tortue dans l'illustration p. 26 ? Et maintenant que fait-elle ? : elle ne pleure plus. Comment le sait-on ? Elle n'a plus de *larmes*, écrire le mot au tableau (on fait localiser dans le texte *n'a plus* et chercher le mot larme. Montrer qu'il ne figure pas dans le texte. Laisser les enfants formuler des hypothèses et faire des propositions pour finalement arriver au mot *sanglots*.
– Quels sont les nouveaux personnages dont on parle ? Les *escargots*. Trouver des renseignements sur eux : ils sont *trois* et ils sont *petits*.
• Lecture à voix haute par le maître, puis par les enfants.
• On recompose le texte avec les étiquettes collectives puis il est relu par les enfants.

2. Individuel/écrit

• Découpage des étiquettes individuelles et recomposition du texte.
► Manuel : lecture du texte p. 28 et de la rubrique « Je mémorise » p. 29.
► Cahier d'activités 1 : exercices 1 et 2 p. 17.

SÉQUENCE 2 : FONCTIONNEMENT DE LA LANGUE

Spécificité
Travail sur *trois, deux* ou *un* : la marque du pluriel

Matériel
– 3 dessins : une maison, deux maisons, trois maisons
– 3 dessins : un escargot, deux escargots, trois escargots

Déroulement possible

Fiche-guide 4 (p. 58).

1. Collectif/oral

• On propose au tableau les dessins de la première série : on écrit sous chacun la légende (*une maison, deux maisons, trois maisons*).
• On observe les différences et on met en évidence la marque du pluriel.
• On confirme les hypothèses avec la deuxième série de dessins.
• On fait verbaliser les conclusions par plusieurs enfants.

► Manuel : lecture de la rubrique « Je fais fonctionner la langue » p. 29.

2. Individuel/écrit

► Cahier d'activités 1 : exercice 3 p. 17.

SÉQUENCE 3 : RÉINVESTISSEMENT

Spécificité
Réinvestissement de la tournure étudiée en fonctionnement de la langue. Mise en évidence du pluriel, en utilisant les mots déjà rencontrés.

Déroulement possible

Fiche-guide 5 (p. 59).

1. Collectif/oral

► Manuel : lecture de la rubrique « Je lis de nouvelles phrases » p. 29.
On comparera chacune des phrases au texte original et on remarquera les changements tant au niveau du sens qu'au niveau de l'orthographe.

2. Individuel/écrit

► Cahier d'activités 1 : exercice 4 p. 17.
Il s'agit ici d'un exercice de révision sur l'ensemble de l'histoire. Faire collectivement le premier exemple et laisser ensuite les enfants chercher dans le manuel.

SÉQUENCE 4 : PRODUCTION D'ÉCRITS

Spécificité
Résumer une histoire.

Matériel
– Étiquettes collectives existantes.

Déroulement possible

Fiche-guide 8 (pp. 64-65).

1. Collectif/oral

• Effectuer un tri parmi les étiquettes, pour choisir celles qui pourraient résumer l'histoire.
• Les enfants peuvent faire le même travail avec leurs étiquettes individuelles.

2. Individuel/écrit

► Cahier d'activités 1 : exercice 5 p. 17.
Différenciation : faire créer un autre texte.

Indications pour l'étude dirigée ou le travail à la maison

► Livre du maître : compléter la fiche à photocopier p. 279.
• Dans le manuel, lecture du texte p. 28 et de la rubrique « Je mémorise » p. 29.
• Mémoriser ou s'entraîner à écrire : *trois escargots.*
• Recomposer le texte avec les étiquettes individuelles de l'enveloppe.

Unité 10

— deuxième jour —

Manuel de l'enfant pp. 28-29 et 36.
► Cahier d'activités 1 p. 23.

Mise en route
Sur l'ardoise : écrire les mots revus à la maison : *trois escargots.*

SÉQUENCE 1 : DÉCOUVERTE DU SON [r]

Pour ce son, nous regroupons en une journée le travail de discrimination auditive et celui de discrimination visuelle. Mais l'étude du son peut donner lieu à deux jours de travail.

Si vous suivez la progression du manuel : étude du son [r].
Si vous suivez une autre progression :

Étude du son	Manuel	Livre du maître
[a]	p. 31	pp. 73-74 et 76-77
[y]	p. 32	pp. 78-79 et 81-82
[i]	p. 33	pp. 83-84 et 86-87
[l]	p. 34	pp. 88-89 et 91-92
[m]	p. 35	pp. 94-95 et 96

Spécificité
Découverte du son [r], discrimination auditive.

Matériel
– 4 dessins collectifs (*orage, carré, noir, rose*).
– 3 flèches individuelles (si jeu de fléchettes).

Déroulement possible

Fiche-guide 6 (pp. 60-61).

1. Collectif/oral : discrimination auditive

• Découverte du son commun aux quatre dessins (ordre de présentation indifférent).
• Localisation de ce son
– Premier niveau : début, milieu, fin.
– Deuxième niveau : à l'intérieur des syllabes orales.
• Production de ce son
– Poser la main sur la gorge : on sent un roulement : c'est une vibrante, une consonne prolongeable.
• Imprégnation du son
► Manuel : « Je chasse le son » p. 36.
Liste des éléments de l'illustration contenant le son [r] : *triangle, carré, souris, araignée, radiateur, arbre, escargot, citrouille, rideaux, fenêtre, mur, orage, livre, bureau, Grindelire, fleur, rose, crayon, règle, peinture, cartable, cornes, éclair...*
On poursuivra cette imprégnation du son par un ou deux jeux que l'enseignant pourra choisi parmi ceux-ci :
– Jeu de pigeon vole avec les mots : *tortue, grenouille, cahier, ami, éclair, tomate, radis, abri, matin, ordinateur, marché, chien, lumière, miel.*

– Jeu de fléchettes avec les mots du tableau suivant :

[r] dans le premier phonème	[r] dans le mot	[r] dans le dernier phonème
radis	cerise	terre
rouge	ours	verre
ruche	farine	mer
recette	souris	clair
riz	tourner	mare
ranger	marin	soupir
ramasser	marmotte	amarre
raisin	marché	canard
ruban	larme	finir
raconter	micro	boire

– Jeu de l'oreille fine avec les mots suivants :

[r] 3 fois	[r] 2 fois	[r] 1 fois	[r] 0 fois
retardataire	renard	char	momie
	retard	serpent	poule
	croisière	crapaud	nuit
	barrière	marteau	maquette
	retarder	rien	montagne
	radar		moto

– Jeu de devinettes. Définitions de mots comportant le son [r].
Elle vole sur un balai : *la sorcière.*
Les canards y barbottent : *la mare.*
Les trains y arrivent et en repartent : *la gare.*

– Jeu d'articulation en répétant de plus en plus vite la phrase :
« L'ara rit et le rat rata l'otarie. »

2. Individuel/écrit

► Cahier d'activités 1 : exercice 1 p. 23.
On vérifiera que les dessins sont bien identifiés : (*robe, bouteille, train, rose, table, lavabo*).

SÉQUENCE 2 : DÉCOUVERTE DES GRAPHIES DU SON [r]

Spécificité
Découverte des graphies du son [r], discrimination visuelle.

Matériel
– 4 dessins collectifs (*orage, carré, noir, rose*).
– Pièces-puzzle (fiche à photocopier).

Déroulement possible

Fiche-guide 6 (pp. 60-61).

1. Collectif/oral : discrimination visuelle

• Découverte des graphies du son : sous les quatre dessins et la localisation du phonème, on écrit le mot correspondant et on en déduit les graphies retenues : r et rr.
On fera dire aux enfants : « J'entends le son [r] et je peux voir la lettre r ou les lettres rr ».
► Manuel : lecture du tableau « Je classe les mots » p. 36.
• On attire l'attention des enfants sur le logo ⚠, mais on fait seulement remarquer « l'exception » dans : un *panier.*
• Travail de la combinatoire des sons-voyelles déjà étudiés avec le nouveau son-consonne.
– Le maître présente une pièce de puzzle portant la lettre r et les enfants doivent donner le nom de la lettre (lettre « erre »), puis dire le son qu'elle produit (son « rrrrrr »).
– Deux enfants viennent au tableau : l'un prend une consonne (r), l'autre une voyelle (parmi a, u, i) et ils assemblent le puzzle (combinent). Un troisième enfant vient chercher l'étiquette de la syllabe correspondante. Les enfants lisent les lettres séparément, puis en les combinant.
(Il ne faut pas prononcer le nom de la lettre mais celui du son quand on est à l'écoute. Le maître précisera cependant que, pour **écrire** la syllabe *ru*, on prend la **lettre** r et la **lettre** u.)

– On fait ensuite chercher oralement par les enfants des mots où l'on entend une de ces syllabes, puis une autre… On fait localiser la syllabe dans le mot. L'enfant frappe les syllabes, en se balançant comme un métronome à droite, à gauche, sur ses battements. (On évitera de faire frapper des mots dont le découpage en syllabes écrites et syllabes orales diffère. On choisira des mots sans ambiguïté comme *ra-teau* : 2 syllabes écrites, 2 syllabes orales.)
– L'enseignant peut aussi proposer un mot et les enfants écrivent sur leur ardoise la syllabe entendue (*ra, ru* ou *ri*).
Mots avec *ra* : *radis, caramel, caméra.*
Mots avec *ru* : *rugir, ruminant, ruban.*
Mots avec *ri* : *souris, cerise, rive.*
Si le nombre de syllabes connues est suffisant, on peut proposer de découvrir un mot inconnu en plaçant au tableau les syllabes en désordre. Pour faire trouver ce mot, les procédés sont nombreux : devinette, mot représenté sur le dessin, glisser des « syllabes pirates », donner le nombre de syllabes du mot…
► Manuel : rubrique « J'assemble » p. 36.

• Des mots de l'histoire
Dans l'histoire étudiée, l'enfant va pouvoir trouver de nombreux mots comportant le son [r]. Suivant la progression choisie par l'enseignant pour l'étude des sons, l'enfant pourra lire plus ou moins de mots sur la liste. Ces listes pourront être relues au fur et à mesure de la progression dans l'histoire, en particulier lors de la révision des sons en fin de période.
Ordre d'apparition des mots comportant le son [r] :

le liè**v**re, la to**r**tue, t**r**ès	p. 10
su**r**, empo**r**te	p. 12
réfléchit, ab**r**i	p. 16
viend**r**a, voi**r**, soi**r**	p. 20
pleuvoi**r**, fai**r**e jou**r**, fai**r**e noi**r**	p. 22
revient, c**r**ie, g**r**iffe, g**r**onde	p. 24
cou**r**t,	p. 26
Rosemonde, t**r**ois, esca**r**gots	p. 28

2. Individuel/écrit

► Cahier d'activités 1 : exercices 2 et 3 p. 23.
Différenciation : faire chercher des prénoms que les enfants connaissent et où ils voient la lettre r.

SÉQUENCE 3 : L'ÉCRITURE MANUSCRITE

Fiche-guide 7 (pp. 62-63).
Préciser aux enfants que l'on va laisser un espace entre chaque lettre ou mot copiés.
► Cahier d'activités 1 : exercice 4 p. 23.

SÉQUENCE 4 : RÉINVESTISSEMENT-JEUX

Spécificité
Une devinette lue par les enfants permet de réinvestir des mots du texte.

Mise en route

► Dans le manuel : relecture du texte p. 28 et de la rubrique « Je mémorise » p. 29.

Déroulement possible

► Manuel : rubrique jeux p. 29.

Collectif/oral

Le dessin est uniquement ludique ; il n'apporte pas d'indications. Il n'y a qu'un personnage à découvrir mais les deux phrases sont nécessaires pour trouver la réponse.
On peut faire créer par les enfants d'autres devinettes (voir cahier d'écriture p. 37).

Indications pour l'étude dirigée ou le travail à la maison

► Livre du maître : compléter la fiche à photocopier p. 279.
• Dans le manuel, lecture de l'histoire entière pp. 10 à 28 et des mots p. 36.
• Mémoriser ou s'entraîner à écrire : *la rose.*

Le lièvre et la tortue

• Discipline du programme

– Français : lecture d'un texte informatif.

• Type de document

Première page de couverture d'un livre.

• Durée

Plusieurs séances à répartir en fonction des pistes de recherche choisies.

Déroulement

• Collectif/oral

► Manuel page 37.

La première phase est une observation détaillée du document qui permettra à l'enfant de prendre du sens, de chercher des indices de lecture. Ce travail aura été préparé par l'exploitation qui aura été faite de la première page de couverture de l'histoire 1.

Question 1 : a pour but de faire trouver à l'enfant la nature du document en lui faisant formuler des hypothèses qu'il devra vérifier.

Un texte informatif :

1. sert à donner de nombreuses informations → titre, nom d'auteur, d'illustrateur, d'éditeur.
2. se reconnaît à une organisation qui lui est propre
   → des lignes séparées par des blancs pour mieux lire,
   → des caractères de différentes tailles (le titre...),
   → une photo, gravure, tapisserie... pour illustrer et compléter le texte.

Question 2 : oriente l'enfant dans sa découverte du document.

Quels sont les renseignements que nous donne cette couverture ? Fiche-guide 1 (pp. 52-53).

• Le nom de l'auteur, de l'illustrateur, le titre, l'éditeur.

Question 3 : donne des pistes à l'enfant pour élargir sa recherche, l'enrichir. Cette partie va permettre d'organiser un travail par groupe.

• par groupes

– Repérer les renseignements découverts précédemment sur d'autres couvertures de livres, comparer, observer s'il y a d'autres renseignements.

Autres pistes possibles :
– Trouver d'autres fables avec des animaux.
– Repérer les auteurs (Ésope, La Fontaine...).
– Proposer la même fable mais sous une autre présentation : (en bande dessinée).
– Organiser la visite de la BCD pour apprendre aux enfants à se repérer, et à repérer les ouvrages dans cet espace.

Propositions de prolongements

• Désignation des différents **types d'ouvrages** pouvant être rencontrés : le manuel, l'album, l'encyclopédie, le journal, le magazine... Demander aux enfants d'en apporter.
• Sur le thème de l'**imprimerie** : son histoire, son évolution, ses techniques : reconnaissance des caractères, les encres, la mise en page, les titres, les photos...
• Le **papier** : sa fabrication, les différentes sortes de papier, les usages que l'on peut en faire.
• Les **ateliers** pouvant être installés en classe : imprimerie, reliure, constitution d'album.
• **Visites** possibles : la Bibliothèque de la ville (à comparer avec la BCD) ; une imprimerie.
• Lecture du texte de « lecture plaisir » page 107.

BIBLIOGRAPHIE en liaison thématique avec le document

L'histoire de la feuille de papier, Découvertes benjamin – Gallimard Jeunesse.
L'écriture et le livre, Les yeux de la découverte – Gallimard.
Fables de La Fontaine en Bandes dessinées par Anouk, Calmann Lévy-Édition de Blonay.

Voir aussi bibliographie générale fin de période p. 108.

La carte météorologique

• Disciplines du programme

– Découverte du monde : espace.
– Français : lecture d'un texte informatif.

• Type de document

Carte météorologique extraite d'un quotidien.

• Durée

Plusieurs séances à répartir en fonction des pistes de recherche choisies.

Déroulement

• 1. Collectif/oral

► Manuel page 38.
La lecture d'une carte météorologique fait partie du quotidien des enfants. Les exploitations possibles seront multiples et riches.

Question 1 : a pour but de faire trouver à l'enfant la nature du document en lui faisant formuler des hypothèses qu'il devra vérifier.
Un texte informatif :
1. sert à donner de nombreuses informations → nom des villes, le temps qu'il fait dans une ville donnée, les températures (*maxima et minima*).
2. se reconnaît à une organisation qui lui est propre
   → une carte,
   → une légende,
   → des symboles,
   → un titre.

Penser à comparer avec le bulletin-météo de la télévision : le document que nous proposons vient d'un journal (un quotidien), trouver son nom et le jour de sa parution. (Faire repérer le mot *aujourd'hui* que les enfants savent lire.)

Question 2 : oriente l'enfant dans sa découverte du document. Quels sont les renseignements que nous donne cette carte ?
• Le nom des villes → repérer une ville connue.
• Les symboles → (les dessins à lister au tableau. Les enfants pourront lire : *soleil, pluie*).
• Les nombres → Que représentent-ils ?

Question 3 : donne des pistes à l'enfant pour élargir sa recherche, l'enrichir. Cette partie va permettre d'organiser un travail par groupes.

• par groupes

À partir d'autres cartes météorologiques :
– Repérer les renseignements découverts précédemment dans la légende.
– Rechercher s'il y en a de nouveaux : verglas, brouillard, vent.
Autres pistes possibles :
– Trouver d'autres dessins pour remplacer les symboles rencontrés.
– Pour une même situation (ex : soleil), trouver dans différents journaux les symboles utilisés pour le représenter.
– Faire classer toute une série de symboles en fonction de ce qu'ils représentent. Justifier le classement : pourquoi les avoir mis ensemble ? Quels sont leurs points communs ?

• 2. Individuel/écrit

► Cahier d'activités 1 : page 24.
exercice 1 : vérifier que tous les mots sont reconnus sur la carte. Faire situer les trois villes proposées. Vérifier que le mot légende est bien compris.
exercice 2 : lire collectivement ce qui est demandé.

Propositions de prolongements

• Sur le thème de la météo : on pourra travailler la présentation d'un journal météo (comme à la télévision). Les enfants pourront être enregistrés ou filmés si l'école est équipée d'un caméscope. (Insister sur l'utilisation du vocabulaire juste et sur la clarté de l'expression orale.)
• Fabrication d'un « laboratoire météo » : lister les instruments nécessaires, leur rôle, ceux que l'on peut fabriquer (pluviomètre).
• Observation de graduations pour lire un thermomètre. (Différents types de thermomètres.)
• Mise au point d'une fiche collective. Les enfants viendront noter les températures de chaque jour en mettant un point sur une graduation symbolisant le thermomètre. En fin de mois relier tous les points → une courbe des températures.
• Mise au point d'une autre fiche collective regroupant les logos symbolisant les conditions météorologiques de chaque jour du mois, que l'enfant viendra dessiner (ou coller). À la fin du mois, regrouper les renseignements dans un tableau récapitulatif.
• Découverte possible du cycle de l'eau.

BIBLIOGRAPHIE en liaison thématique avec le document

sur la météorologie :
Poésie → « *Dans la nuit de l'hiver….* » de J. Prévert et J. Kosma « *Vingt et une chansons* », Gallimard.
Sciences → *L'eau, l'air, le temps qu'il fait* R. Tavernier, Bordas.
Météo, Temps/Espace de M. Brossier et J.-C. Olivier, Vivre à la maternelle – Nathan.
La Météo, TDC (Textes et documents pour la classe) n° 351, juin 1984.

L'escargot petit-gris

• Disciplines du programme

– Découverte du monde : le monde du vivant.
– Français : lecture d'un texte informatif.

• Type de document

Fiche signalétique.

• Durée

Plusieurs séances à répartir en fonction des pistes de recherche choisies.

Déroulement

• 1. Collectif/oral

► Manuel page 39.

Question 1 : a pour but de faire trouver à l'enfant la nature du document en lui faisant formuler des hypothèses qu'il devra vérifier. Elle lui permet de prendre du sens sur le document.

Un texte informatif :
1. sert à donner de nombreuses informations → taille, nourriture, habitat.
2. se reconnaît à une organisation qui lui est propre :
 → des lignes séparées par des blancs pour mieux lire,
 → des puces pour organiser les informations,
 → des caractères de différentes tailles (titre, renseignements),
 → une photographie pour illustrer le texte ; des traits servant d'échelle pour visualiser la taille.

Question 2 : oriente l'enfant dans sa découverte du document. Quels sont les renseignements que nous donne cette fiche ?
– Le nom de l'animal → Escargot petit-gris.
– La taille de l'animal → Hauteur / Longueur (remarquer les traits qui montrent la taille réelle : voir aussi propositions de prolongements).
– Habitat → les faire énumérer, les écrire au tableau, cocher ceux qui correspondent à la fiche : voir aussi propositions de prolongements).
– Nourriture → écrire les aliments sous la dictée des enfants ; « radis » pourra être lu ; « feuille » pourra être trouvé grâce à la photo ; « salade » sera certainement trouvé spontanément.

Question 3 : donne des pistes à l'enfant pour élargir sa recherche, l'enrichir. Cette partie va permettre d'organiser un travail par groupes.

• par groupes

À partir d'autres fiches sur d'autres animaux :
– Repérer les renseignements découverts précédemment.
– Rechercher s'il y en a de nouveaux : mode de déplacement, mode de reproduction, famille, domestique/ sauvage.

Autres pistes possibles :
– Trouver d'autres animaux avec des coquilles.
– Trouver les moyens de protection propres à certains animaux.
– Repartir du texte : « c'est le plus bel abri du monde » : trouver d'autres abris d'animaux.
– Favoriser, quelle que soit la piste retenue, les activités de classement et leur mise en place dans un tableau à colonnes. Ex : Animaux domestiques/animaux sauvages et leur abri.

• 2. Individuel/écrit

► Cahier d'activités 1 page 25.

exercice 1 : vérifier que tous les animaux sont reconnus :
un poisson – un ours – un hérisson – une limace – un mulot.

exercice 2 : vérifier que tous les aliments sont reconnus :
une côte (viande) – une salade – des feuilles – un poisson – des pommes.

exercice 3 : vérifier que tous les animaux sont reconnus :
un escargot – une tortue – un lièvre – une fourmi.
(La tortue est plus rapide que l'escargot.)

Propositions de prolongements

• Sur le thème de la spirale : on pourra travailler le geste sur différents supports (papier, carte à gratter, métal à repousser), avec différents outils.
• Modelage (pâte à modeler, pâte à sel) : réaliser un escargot en respectant l'échelle proposée dans le manuel.
• Organiser un élevage pour la classe. Observer les différentes espèces d'escargots, repérer celle qui est la plus courante dans la région où l'on se trouve.
• Mise au point d'une sortie en vue d'observer les escargots dans leur milieu naturel.

BIBLIOGRAPHIE en liaison thématique avec le document

Poésie → « *L'escargot* » de R. Desnos.
« J'ai rencontré trois escargots » de M. Carême, Pigeon Vole – Bourrelier Édition.
Élevage → Carnet de nature « *Élever des petites bêtes* » Milan.
Les animaux et les élevages, R. Tavernier – Bordas.

Voir aussi bibliographie générale fin de période p. 108.

La tête de taureau

• Disciplines du programme

– Arts plastiques : les formes.
– Découverte du monde : les objets.
– Français : lecture d'un texte informatif.

• Type de document

Photographie d'une sculpture.

• Durée

Plusieurs séances à répartir sur plusieurs jours en fonction des pistes de recherche choisies.

Déroulement

• Collectif/oral

► Manuel page 40.

Question 1 : a pour but de faire trouver à l'enfant la nature du document (sculpture d'une tête de taureau) et de formuler des hypothèses qu'il devra vérifier.
Un texte informatif :

1. sert à donner de nombreuses informations → titre de l'œuvre, nom de l'artiste, lieu où l'on peut la voir.
2. se reconnaît à une organisation qui lui est propre
   → des informations synthétiques,
   → des polices de caractères différentes.

Question 2 : oriente l'enfant dans sa découverte du document.
Quels sont les renseignements que nous donne ce document ? Le nom de l'artiste et les objets qu'il a utilisés pour la réalisation de l'œuvre.

Question 3 : donne des pistes à l'enfant pour élargir sa recherche, l'enrichir. Cette partie va permettre d'organiser un travail par groupes.

• par groupes

À partir d'autres œuvres :
– Repérer les objets utilisés et essayer de comprendre pourquoi ils ont été sélectionnés par l'artiste.
Autres pistes possibles :
– Trouver d'autres œuvres représentant des animaux.
– Trouver d'autres œuvres utilisant la même technique et identifier les auteurs.
– Rechercher le même objet dans d'autres œuvres.
– Favoriser, quelle que soit la piste retenue, les activités de classement et leur mise en place dans un tableau à colonnes.
– Réalisation par les enfants d'un « chef-d'œuvre » à l'aide de différents objets. Chercher l'analogie de forme et oublier l'objet lui-même.
– Fabriquer un collage à partir de formes ou d'objets découpés dans des magazines. Ce collage devra représenter quelque chose de différent de l'illustration initiale.

Propositions de prolongements

• Visite dans un atelier d'artiste.
• Visite dans certains musées qui organisent des ateliers pour les enfants.
• Projet de sculpture collective, chaque enfant apportera un ou plusieurs objets de la vie courante, la sculpture prendra forme au fil des jours.

Crée ta comptine

Fiche-guide 8 (pp. 64-65).

• 1. Collectif/oral

► Cahiers d'activités 1 pp. 26-27.
L'exploitation peut se faire en plusieurs temps si nécessaire.
Dans un premier temps, le maître installe la situation. La comptine fera d'abord l'objet d'une découverte auditive. On expliquera ensuite le projet : chaque enfant va écrire une comptine sur le modèle de « Les trois classes » de Corinne Albaut. Le maître précisera ensuite le contexte de cette production d'écrits. Il pourra par exemple :
– faire éditer par les enfants un recueil de poésie à l'attention des classes maternelles ou à des correspondants si la classe en a,
– publier des comptines dans le journal de l'école,
– participer à la semaine de la poésie.

1. Observe

On relit la poésie vue dans le manuel (c'est l'occasion de continuer à la mémoriser). Plusieurs enfants pourront la réciter.

2. Réfléchis

Cette partie va permettre aux enfants de comprendre le fonctionnement de cette poésie par un travail oral. Elle prépare la suite du travail. On retravaillera à partir de la silhouette de la comptine pour mettre en avant :
– sa structure en quatre strophes avec une formule répétitive (sauf dans la quatrième strophe où l'accroche se transforme « Dans la classe » devient « Dans son bureau »,
– les rimes et les sonorités répétitives.

D'autres animaux seront proposés : peut-on les mettre dans la poésie ? Pourquoi ? Écrire les mots au tableau.
Faire le travail inverse : demander aux enfants de choisir le nom d'un animal puis de trouver celui d'un enseignant qui rime avec lui.

3. La boîte à idées

Elle va aider les enfants dans l'écriture de leur comptine. Les mots proposés sont donc écrits en cursive. Pour compléter leur texte les enfants pourront choisir parmi les noms d'animaux évoqués et écrits au tableau lors de l'activité précédente. Cette boîte à idées n'est pas exhaustive, elle a pour but de donner des idées mais elle est ouverte aux suggestions des enfants.

• 2. Individuel/écrit

Surtout si ce travail intervient « décalé » dans le temps, le maître rappellera aux enfants la situation d'écriture, son contexte. Il met à leur disposition les mots complémentaires écrits au tableau lors de la recherche collective. Les enfants pourront, si nécessaire, passer par un premier jet sur leur cahier d'essai avant de se lancer dans l'écriture sur le cahier d'activités.

4. Écris ta comptine

Les enfants vont produire un texte, qu'ils liront à leurs camarades. Cette lecture à haute voix permettra d'être dans la véritable situation de communication. L'enfant écrit pour être compris. Le choix des animaux sera vérifié par les rimes qui devront être correctes (la vérification se fera donc collectivement).
Les enfants vont ensuite l'illustrer (vérification pour l'enseignant de la compréhension des mots choisis par l'enfant).

Comptines

• Discipline du programme

– Français : Lecture d'un texte poétique.

• Type de document

Deux comptines.

Durée

Plusieurs séances à répartir sur plusieurs jours.

Déroulement

• 1. Collectif/oral

► Manuel page 41.
L'enseignant lit les deux comptines.
Les remarques des enfants vont permettre de mettre en évidence une des caractéristiques des comptines : le poète joue avec les mots et leur musique (répétition des même sons).
Ho ! Hue ! de Pierre Coran
Dévoiler ce qui a été écrit au tableau.
Demander aux enfants : « Laquelle des deux poésies ai-je écrite au tableau ? »
Mettre en évidence au tableau :
– le retour à la ligne,
– les mots ou signes qui se répètent (le mot refrain sera peut-être introduit),
– les anomalies dans les répétitions.
On pourra mettre en évidence la structure de la comptine et la musique des mots. Éventuellement on pourra faire retrouver les mots en *o* ou en *u* pour trouver d'autres rimes. On s'attardera sur le deuxième refrain en jouant avec les mots comme le fait souvent la poésie.
Les trois classes : cette comptine fait l'objet d'une exploitation particulière et détaillée dans le projet d'écriture de la période 1 (voir livre du maître page 105).
On pourra :
– Mettre en évidence les sons qui se répètent. La mémorisation des textes en sera facilitée.
– Retrouver dans la première poésie les mots connus : *la tortue, escargot, elle a sur le dos*. Cette reconnaissance va, elle aussi, aider à la mémorisation du texte.
– La poésie sera ensuite apprise collectivement. On observera à ce moment-là seulement l'illustration du manuel qui permettra de valider la compréhension.
– On pourra aussi la faire mimer pour faciliter la mémorisation.

Propositions de prolongements

• Début de fabrication d'une anthologie de poésies que l'enfant se construira tout au long de sa scolarité (on pourrait imaginer que les enfants la conservent et l'enrichissent d'une année à l'autre).

• Atelier de théâtre, d'expression corporelle.

• Jeux poétiques : calligrammes.

RÉVISIONS-JEUX RÉVISIONS-JEUX RÉVISIONS-JEUX

► Manuel, p. 42.
Arrivé à la fin de chaque période, l'enseignant pourra travailler sur la page de révision de sons. On peut repréciser que, quel que soit l'ordre de présentation qu'il aura choisi, il doit néanmoins avoir présenté tous les sons de la période.
Cette page de récapitulation va donc lui permettre de faire le point sur les acquisitions des enfants dans ce domaine.
On retrouvera le dessin du mot-clé servant de référent au son étudié, ainsi que les mots reprenant les différentes graphies du son.

L'enseignant pourra également faire relire dans les pages sons les mots de la rubrique « Des mots de l'histoire ».
En effet, il est possible que certains mots n'aient pu être lus lors de la découverte du son, à cause de l'ordre de présentation choisi par le maître, et de l'avancée dans l'histoire.

Il a aussi à sa disposition les fiches photocopiables de bilans.

► Cahier d'activités 1, p. 28.
Des jeux sont proposés pour clore la période.

Ils sont en rapport plus ou moins direct avec l'histoire. L'enfant pourra les faire seul et retrouvera les personnages de ses textes.
On vérifiera que les consignes de jeux sont comprises par tous.

Pour la période 1 sont proposés :
• un labyrinthe.
• une grille avec des mots à retrouver (ce sont les mots de l'histoire) : les mots sont à lire horizontalement (de gauche à droite afin de conserver le sens de la lecture) ou verticalement (de haut en bas). Une même case pourra être coloriée plusieurs fois.
• un jeu des sept erreurs : à partir d'une illustration de l'album, et d'une version modifiée, retrouver les erreurs qui se sont glissées dans le deuxième dessin.
• un coloriage magique reprenant les graphies des voyelles de la période 1.

Cette histoire, texte-plaisir, est proposée ici comme à chaque fin de période, à lire à haute voix aux enfants, pour le simple plaisir d'écouter de beaux textes.

La tortue qui voulait apprendre à voler

Un matin où le soleil était très chaud, une tortue avançait lentement, lourdement, quand elle vit un aigle voler dans le ciel. Cet aigle planait, voltigeait, plongeait, s'élevait, si léger, si libre, que la tortue pensa : « Tiens, et si j'apprenais à voler ! Ça à l'air amusant, surtout quand il fait trop chaud ! »

Le lendemain matin, la tortue grimpa péniblement au sommet du rocher où logeait l'aigle, et elle lui dit :

« Aigle, s'il te plaît, veux-tu m'apprendre à voler ?

– Voler ? Tu crois que tu peux voler, répondit l'aigle en riant. Mais tu n'as pas de plumes !

– Des plumes ! Je n'avais pas pensé aux plumes, dit la tortue. Il faut que j'arrange ça. » Et elle redescendit à petits pas.

Elle trouva d'abord de la résine qui coulait d'un tronc d'arbre : elle en badigeonna sa carapace. Puis elle appela tous ses amis à plumes : le pivert, le martin-pêcheur, la pie et la colombe, le merle, la fauvette, le rouge-gorge et le roitelet, et tous les autres oiseaux, et elle dit à chacun :

« Si tu es mon ami, donne-moi une de tes plumes. »

Et chaque oiseau donna une plume à la tortue ; elle les colla sur sa carapace. On aurait dit une grosse boule de plumes !

Elle remonta alors, lentement, lourdement, vers le rocher ou logeait l'aigle.

« Voila ! j'ai les plumes, dit la tortue. Tu peux m'apprendre à voler, maintenant.

– Tortue, dit l'aigle, les plumes ne suffisent pas ! Tu n'as pas la forme qu'il faut pour voler. Tu es trop lourde… Mais, si tu veux, je t'emmène faire un tour. »

Et il se pencha de côté pour que la tortue monte sur son dos. Quand elle fut confortablement installée, il cria :

« La leçon de vol va commencer ! »

Puis, il écarta les ailes et s'élança, et monta, monta. Quand il arriva à la hauteur des nuages, il plana, voltigea, plongea, s'éleva. Il tourna et tournoya en rond.

« Youpi ! s'écria la tortue. Comme c'est amusant ! »

L'aigle promena la tortue un bon moment avant de redescendre.

« Merci, dit la tortue en se laissant glisser à terre. Quand me donneras-tu la prochaine leçon ?

– Demain, dit l'aigle. Même heure. Même endroit. »

Le lendemain, la tortue fit un nouveau tour ; et tous les jours, elle demandait à l'aigle s'il voulait l'emmener, et il ne disait jamais non. Au bout d'une semaine, la tortue dit : « Aigle, je pense que je suis prête à voler toute seule.

– Et comment feras-tu pour décoller ? demanda l'aigle.

– Décoller, c'est le plus difficile, dit la tortue. Il va falloir que tu m'aides un peu, je crois. »

Une fois encore, la tortue grimpa sur le dos de l'aigle, et ils s'élevèrent dans le ciel, et montèrent, montèrent. Ils étaient aussi haut que les nuages, quand l'aigle dit : « Es-tu vraiment sûre de vouloir voler ?

– Et comment ! dit la tortue. Je suis impatiente, même ! »

Alors l'aigle se pencha sur le côté… et la tortue glissa… et tomba… tomba… tomba…

Et pendant qu'elle tombait, le vent lui arrachait les plumes. Elle battit des pattes, secoua la tête et sa petite queue. Mais elle continua de tomber. Et quand elle toucha le sol, elle atterrit BANG ! sur sa carapace, à l'envers. Elle n'avait plus de plumes, et, sans son épaisse carapace, son corps aurait été réduit en bouillie. Elle restait immobile là où elle était tombée et reprenait sa respiration difficilement, quand l'aigle se posa près d'elle et l'aida à se remettre sur ses pattes. « Ça va ? demanda-t-il.

– Je me sens un peu secouée, dit la tortue.

– Je t'avais prévenue, dit l'aigle. Je savais bien que tu n'étais pas faite pour voler !

– Comment cela ? N'ai-je pas volé ? J'ai volé un bon moment. Voler, c'est aussi simple que de tomber ! Le plus difficile, c'est d'atterrir. Et l'ennuyeux, mon ami l'aigle, c'est que tu avais oublié de m'apprendre à atterrir ! »

L'aigle éclata de rire. Et il rit si longtemps qu'il ne put dire un mot. Mais la tortue s'en moquait bien. Dressant avec fierté sa petite tête aussi droite que possible, elle rentra chez elle, lentement, lourdement. Et ce fut la dernière fois que l'on vit une tortue tenter d'apprendre à voler.

Extrait de : *Le singe très malin et autres histoires d'animaux*
Fables, Ésope,
trad. Margarete Mayo/Emily Bolam

Bibliographie de PEF

La Belle lisse poire de France. Gallimard, 1999 (Folio cadet)
Motordu et la botte d'Azur. Gallimard, 1999
Dictionnaire des mots tordus. Gallimard, 1998
Zappe la guerre. Rue du monde, 1998
(En collaboration avec les auteurs suivants)
Bichonnier (Henriette), Pef (ill.). *Le Retour du monstre poilu*, Gallimard jeunesse, 1998 (Folio benjamin)
Gutman (Claude), Pef (ill.). *Danger gros mots*. Gallimard jeunesse, 1998 (Folio cadet)
Le Livre des nattes. Gallimard jeunesse, 1998 (Folio cadet)
Encyclopefdie. Gallimard jeunesse, 1997
L'Écho des colos : chansons collectées par Yves Prual, ill. par Pef, Didier, 1997
Härtling (Peter), Pef (ill.). *Sophie fait des histoires*. Pocket (Kid Pocket), 1997
Malineau (Jean-Hughes), Pef (ill). *Dix dodus dindons*. Albin Michel, 1997
Aux fous les pompiers ! Gallimard, 1996 (Album)
Huit ans de violon. Gallimard, 1990
Réponses bêtes à des questions idiotes. Gallimard jeunesse, 1995
Moi, ma grand-mère, Gallimard jeunesse, 1995 (Folio benjamin)
Serres (Alain), Pef (ill.). *École de nuit*. Gallimard jeunesse, 1993
Serres (Alain), Pef (ill.). *Tempête sur la piscine*. Gallimard jeunesse, 1993
Leçons de géoravie. Gallimard jeunesse, 1993 (Folio cadet)

Bibliographie thématique

Animaux familiers

Bröger (Achim). *Bon voyage, Flocki !* Casterman. (Flocki)
Heitz (Bruno). *Le Hérisson garagiste ou 13 histoires pour petits animaux*. Hachette Barber. Chaton, Gründ, 1995
Dahl (Roald). *Sales bêtes*. Gallimard
Donner (Chris). *Le Cheval qui sourit*. École des loisirs, 1993
Erlbruch (Wolf). *Remue-ménage chez madame K*. Milan, 1995 (Oiseau)
Erlbruch (Wolf), Holzwart. *De la petite taupe qui voulait savoir qui lui avait fait sur la tête*, Milan 1993
Hathorn. *L'Enfant et le chat*, Mijade
Heidenreich (Elke). *Nero Corleone : l'histoire d'un chat qui savait ce qu'il voulait*. Actes Sud junior, 1996
Heine (Helme). *Fier de l'aile*, Gallimard, 1997 (Folio benjamin)
Hellmann-Hurpoil. *Le Lapin valentin*. Grasset, 1997
Hodeir (André). *Cléopâtre*. Casterman
Jarrell. *Le Lapin de pain d'épice*. Pocket, 1995 (Kid pocket)
Joubert (Jean). *Le Chien qui savait lire*. École des loisirs, 1996 (Mouche)
King-Smith. *Beau comme un cochon*. Circonflexe, 1997 (Aux couleurs du monde)
Kipling (Rudyard). *Rikki-Tikki-Tavi, la mangouste*. Calligram, 1992
Kitamura (Satoshi). *La Promenade de Julie*. Gallimard, 1990 (Folio benjamin)
Korschunow (Irina). *Renardeau : un renard retrouve sa maman*. École des loisirs, 1984 (Adoption)
Lobel (Arnold). *Hulul*. École des loisirs, 1981 (Hibou)
Lobel (Arnold). *Cinq nouvelles histoires de Ranelot et Bufolet*. École des loisirs, 1985 (Lutin poche)
McNaughton (Colin). *Gros cochon*, Gallimard, 1982 (Folio Benjamin)
Magne (Williams). *Périlleuse aventure d'une chatte tigrée*. Gallimard,
Marshall (William). *Un amour de chien*, Bayard, 1990 (J'aime lire)
Mauffret (Yvon). *Le Cheval dans la maison*. Casterman, 1998
Oram. *La Fête de Benjamin Blaireau*. Gallimard jeunesse, 1996 (Folio benjamin)
Perrault (Charles). *Le Chat botté*. Nord-Sud, 1996
Rettich (Margret et Rolf). *40 petits contes*. Centurion jeunesse-Bayard, 1984
Tomlison (Jill). *La Chouette qui avait peur du noir*. Gallimard, 1993
Prévert (Jacques). *Contes pour enfants pas sages*. Gallimard, 1990 (Folio cadet)
Roubaud (Jacques). *M. Goodman rêve de chat*. Gallimard, 1994 (Folio cadet) (Poésie)
Sabard (Marie-Hélène). *L'Année du cochon d'Inde*. École des loisirs, 1996 (Mouche)
Schami (Rafik). *C'est même pas un perroquet*. Actes Sud junior, 1996 (Les Histoires sages)
Sendak. *Un si joli petit chien*. École des loisirs
Serres (Alain). *Du commerce de la souris*. Gallimard
Smadja (Brigitte). *Drôles de zèbres*. École des loisirs, 1993 (Mouche)
Steig. *L'Os prodigieux*. Flammarion-Kaléidoscope, 1990
Tashlin. *L'Opposum qui avait l'air triste*, École des loisirs, 1991 (Mouche)
Ungerer. *Les Chats ne font pas des chiens*. École des loisirs
Van allsburg. *Deux fourmis*. École des loisirs, 1990
Varlet. *Au revoir Blaireau*. Gallimard (Mort)
Yeoman (John). *Les Poules*. Gallimard, 1998 (Folio cadet)
Yeoman (John). *Le Chat ne sachant pas chasser*. Gallimard, 1998 (Folio benjamin)
Yurdin. *Un Tigre dans la théière*. Flammarion-Père Castor, 1990

Documentaires

Beaumont (Émilie). *Les Chats : pour les faire connaître aux enfants de 5 à 8 ans*. Fleurus, 1995 (*Les chiens*, 1992)
Detay-Lansmann (Françoise). *Les Animaux familiers*. Mango jeunesse, 1993 (Premiers regards)
Duquet (Marc). *Les Animaux d'ici*. De La Martinière (Mon livre d'animaux), 1997
Moignot (Daniel). *La Grenouille*. Gallimard, 1994 (Mes premières découvertes)

Petit voyage à Londres

Petit voyage à Londres est **une histoire ancrée dans la réalité**, se déroulant dans un pays européen à la fois tout proche et, par certains aspects, si lointain par son caractère insulaire, sa culture, sa langue et ses coutumes. Les héros sont des personnages réels : deux enfants frère et sœur d'un âge voisin des élèves de cours préparatoire. Ils résident en France et partent en week-end avec leur maman. L'histoire se déroule de nos jours, les élèves peuvent donc facilement s'identifier aux personnages.

Première et quatrième pages de couverture

Manuel de l'enfant pp. 43 et 64.

Déroulement possible Première de couverture

Collectif/oral

Montrer le nouvel album, nous allons lire ensemble ce nouveau livre.

Comparaison des premières pages de couverture des deux albums.

• Afficher les deux agrandissements des premières de couverture, quels sont ces documents ?
• Quels sont leurs points communs ?
– Position du titre,
– Présence du logo,
– Nom de l'auteur : il n'y a plus un seul nom mais deux noms.
Chercher à trouver pourquoi. Émission d'hypothèses. Si les élèves ne trouvent pas, feuilleter l'histoire de Pef et demander ce qu'il avait fait dans cet album : le texte et les dessins. En conclure que dans le deuxième ouvrage ce n'est pas la même personne qui a réalisé le texte et les illustrations. Donner les noms de l'auteur et de l'illustrateur.
– Éditeur identique.
– Personnages de l'illustration : dans le premier cas, le lièvre et la tortue qui sont les héros du livre sont présents sur la couverture. On sait aussi que la niche sera un élément important de l'histoire. Dans le deuxième cas qui peuvent être les héros ? → une fille et un garçon dont on ne connaît pas le nom.
• Retirer la première de couverture du premier album et ne laisser que celle du second.

Observation détaillée de la première page de couverture de *Petit voyage à Londres*.

– Renseignements fournis par l'illustration : • Où sont les enfants ? • Que vont-ils faire ? • Où vont-ils ? (indice constitué par la présence de l'Eurostar en arrière-plan, que certains élèves reconnaîtront peut-être).
– Renseignements fournis par le titre : On reconnaît le mot **petit** (au singulier ici) et le mot **à**. Il y a un mot qui n'est pas au début du titre et qui pourtant porte une majuscule (possibilité d'aider la découverte grâce à l'analogie avec Al**lons** et vien**dr**a), le dernier mot pourra être découvert par émission d'hypothèses.

– Récapituler les découvertes et les incertitudes (par exemple, on peut ne pas savoir si les enfants partent en voyage ou s'ils en reviennent).
Comment en savoir plus ? → lecture de l'album.

Déroulement possible Quatrième de couverture

Collectif/oral

Montrer l'album, puis l'agrandissement permettant de travailler plus facilement en collectif.

Observation détaillée de la quatrième page de couverture de *Petit voyage à Londres*.
• Quels renseignements trouve-t-on sur cette page ?
  – Titre de l'album.
  – Âge des lecteurs potentiels.
  – Autres titres de la collection.
  – Logo de la collection.

• Comparer avec les renseignements que l'on trouve sur la première de couverture.
• À quoi correspond le petit texte dans le cadre ?
Formulation d'hypothèses.
Le maître pourra lire le résumé.
Ce texte raconte-t-il la totalité de l'histoire ? → Il ne dévoile pas ce qui pourrait ôter l'envie de lire l'histoire.
– Mise en commun.
– Conclusion : on pourra revenir sur la quatrième de couverture après l'exploitation de l'histoire en fin de période 2.

Période 2 : proposition

Petit voyage

ELSA DEVERNOIS

			TRAVAIL SUR LE SENS			
			Texte de l'album reproduit dans le manuel	Fonctionnement de la langue	Cahier d'activités n° 1	Livre du maître
SEMAINE 1	U 1	JOUR 1	p. 44	p. 45 : l'adjectif attribut	p. 29	pp. 112-113
		JOUR 2	p. 44			
	U 2	JOUR 1	p. 46	p. 47 : nom propre	p. 30	pp. 115-116
		JOUR 2	p. 46			
SEMAINE 2	U 3	JOUR 1	p. 48	p. 49 : l'adjectif épithète	p. 31	pp. 118-119-120
		JOUR 2	p. 48			
	U 4	JOUR 1	p. 50	p. 51 vers (la direction)	p. 32	pp. 122-123
		JOUR 2	p. 50			
SEMAINE 3	U 5	JOUR 1	p. 52	p. 53 : mon/ma	p. 33	pp. 125-126-127
		JOUR 2	p. 52			
	U 6	JOUR 1	p. 54	p. 55 : ne… pas	p. 34	pp. 128-129-130
		JOUR 2	p. 54			
SEMAINE 4	U 7	JOUR 1	p. 56	p. 57 : ils/elles	p. 35	pp. 132-133
		JOUR 2	p. 56			
	U 8	JOUR 1	p. 58	p. 59 : son/sa	p. 36	pp. 135-136
		JOUR 2	p. 58			
SEMAINE 5	U 9	JOUR 1	p. 60	p. 61 : le/la/les (pro. complém.)	p. 37	pp. 138-139-140
		JOUR 2	p. 60			
	U 10	JOUR 1	p.62	p. 63 : leur (pro. complém.)	p. 38	pp. 142-143
		JOUR 2	p. 62			

SEMAINE 6 : Faire le point sur l'ensemble de la période

de progression à Londres

JEAN-FRANÇOIS DUMONT

TRAVAIL SUR LE CODE

Manuel	Cahier d'activités n° 1	Livre du maître
[n], p. 65	p. 39	pp. 113-114-115
[ə] p. 66	p. 40	pp. 116-117-118
[o], [ɔ], p. 67	p. 41	pp. 120-121-122
[ʃ], p. 68	p. 42	pp. 123-124-125
[t], p. 69	p. 43	pp 127-128
[e], p. 70	p. 44	pp. 130-131
[ɔ̃], p. 71	p. 45	pp. 133-134-135
[v], p. 72	p. 46	pp. 137-138
[ɑ̃], p. 73	p. 47	pp. 140-141-142
[d], p. 74	p. 48	pp. 143-144-145

ET AUSSI...

Lire des textes documentaires ou fonctionnels

• DÉCOUVERTE DU MONDE : billet de train
Manuel, p. 75
Cahier d'activités n° 1, p. 49
Livre du maître, p. 146

• MATHÉMATIQUES : l'euro
Manuel, p. 76
Cahier d'activités n° 1, p. 50
Livre du maître p. 147

• ÉDUCATION CIVIQUE : affiche UNESCO
Manuel, p. 77
Livre du maître p. 148

• DÉCOUVERTE DU MONDE : papillotes-surprise
Manuel p. 78
Livre du maître, p. 149

Poésies

• *Dans le train*, G. JEAN
Manuel, p. 79 ; livre du maître, p. 150

• *Le matin des étrennes*, A. RIMBAUD
Manuel, p. 79 ; livre du maître, p. 150

Projet d'écriture

ÉCRIS UNE CARTE POSTALE
• Cahier d'activités n° 1, pp. 52-53
• Livre du maître, p. 151

Révisions/jeux

• Manuel p. 80
• Cahier d'activités n° 1, p. 51
• Livre du maître, p. 150

Unité 1

— premier jour —

Manuel de l'enfant pp. 44-45.
► Cahier d'activités 1 p. 29.

Mise en route
► Manuel : relecture du titre et des différents renseignements fournis par la première de couverture p. 43. Sur l'ardoise : écriture du titre en cursive, détail des mots.

SÉQUENCE 1 : DÉCOUVERTE ET COMPRÉHENSION DU TEXTE

Spécificité Introduction du nouveau texte, présentation des personnages.
Matériel – Agrandissement de l'illustration ou poster. – Texte écrit en script sur feuille collective.

Déroulement possible

Fiche-guide 2 § 3 (p. 55).

1. Collectif/oral

• La présentation du nouveau texte se fera parallèlement à son illustration.
• Travail sur l'illustration
Nombre de personnages : trois : la maman et deux enfants : une fille et un garçon.
Que font-ils ?
Ils sortent d'une maison (la leur sans doute), ils emportent des bagages, ils partent en voyage.
Comment peuvent-ils partir en voyage ? en voiture, en avion, en train, en bateau…
Quelle est leur attitude ? Celle des enfants, celle de la maman ?
Noter au tableau en script les propositions des enfants : ils partent en avion ; ils partent en voiture ; ils partent en train ; ils partent avec leur maman, etc.
• Vérification sur le texte
Recherche dans le texte des propositions formulées à partir de l'illustration.
– Mots déjà rencontrés (grisé) : *et, sont, ce matin, ils, pour Londres, maman.*
– Mots pouvant être découverts [1] (soulignés) : *Léa, Alex, ravis.*

Léa **et** Alex **sont** ravis :
ce matin,
ils partent en train **pour Londres**
avec leur **maman**.

1. La liste de mots pouvants être découverts sera donnée de façon exhaustive, cependant il conviendra de privilégier une démarche reposant sur le sens du texte et non sur la rigidité des apprentissages trop mécaniques.

– Mots pouvant être utilisés pour la découverte de mots nouveaux :
Léa / le, a / **é** de r**é**fl**é**chit, de f**é**liciter, de h**é**las
Alex / **al**lons
ravis / syllabe **ra** / **va** et le son [i] déjà étudié.
– Mots pouvant être découverts dans le contexte :
Léa et Alex sont …. Que peuvent-ils être : contents, heureux ? (cette phrase est importante car elle sera reprise dans la partie fonctionnement de la langue). Les différentes hypothèses sont collectivement exploitées en utilisant tous les indices (le mot commence par la syllabe **ra** les deux propositions ne sont donc pas correctes).
• Lecture à haute voix par les enfants volontaires et par l'enseignant.

2. Individuel/écrit

► Manuel : lecture du texte page 44 et de la rubrique « Je mémorise » page 45.
► Cahier d'activités 1 : exercices 1 et 2 p. 29.
Exercice 2 : lecture des mots et des parties de phrases à compléter dans le cahier d'activités.

SÉQUENCE 2 : FONCTIONNEMENT DE LA LANGUE

Spécificité Substitution de l'adjectif qualificatif (pour les élèves utiliser le terme de renseignement).
Matériel – Étiquettes collectives [Léa et Alex] [sont] [ravis] [.] [petits] [grands] [bons] [Ils]

Déroulement possible

Fiche-guide 4 (p. 58).

1. Collectif/oral

• Lecture du texte.
• Reconstituer au tableau la phrase du texte avec les étiquettes collectives.
• Phase orale collective permettant d'utiliser d'autres renseignements sur les deux enfants, emploi des mots déjà découverts dans les textes précédents.

[Léa et Alex] [sont] [petits] [.]

Par opposition : [Léa et Alex] [sont] [grands] [.]

Par extension : [Ils] [sont] [petits], [ils] [sont] [grands],

[Ils] [sont] [bons].

► Manuel : lecture de la rubrique « Je fais fonctionner la langue » p. 45.

2. Individuel/écrit

► Cahier d'activités 1 : exercice 3 p. 29.
• Lecture par quelques enfants de *Ils sont* et des mots que les enfants doivent écrire (*ravis, petits* et *bons*).

SÉQUENCE 3 : RÉINVESTISSEMENT

Spécificité Remplacement du nom des personnages par **ils** (et inversement), au sein d'une structure proche de celle du texte, correspondance script/cursive.

Déroulement possible

Fiche-guide 5 (p. 59).

1. Collectif/oral

• Composer des phrases utilisant des mots déjà étudiés, les écrire au tableau et les lire. En cas d'hésitation rechercher les mots dans les textes précédents.
Exemples de phrases :
Les trois escargots partent en train pour Londres. Ils partent en train pour Londres.
Léa et Alex sont de très bons amis. Ils sont de très bons amis.
► Manuel : lecture de la rubrique « Je lis de nouvelles phrases » p 45.
• Travail sur la compréhension du texte : l'enseignant pose des questions sur le texte, les enfants doivent répondre par *vrai* ou par *faux* en écrivant sur leur ardoise. Même démarche avec des enfants volontaires qui posent les questions.

2. Individuel/écrit

► Cahier d'activités 1 : exercice 4 p. 29.

SÉQUENCE 4 : PRODUCTION D'ÉCRITS

Spécificité Segmentation d'une phrase en unités mots.
Matériel – Étiquette collective AlexetLéa partententrainpourLondres

Déroulement possible

Fiche-guide 8 (pp. 64-65).

1. Collectif/oral

• Afficher l'étiquette collective sans séparation entre les mots.
• Chercher dans le texte à reconnaître des mots de l'étiquette. Les faire souligner par les enfants dans le texte et dans l'étiquette collective.
• Faire séparer les mots par des traits. Découper l'étiquette à l'emplacement des traits.
• Écrire en cursive la phrase avec espace entre les mots.

2. Individuel/écrit

► Cahier d'activités 1 : exercice 5 p. 29.

Indications pour l'étude dirigée ou le travail à la maison

► Livre du maître : compléter la fiche à photocopier p. 279.
• Dans le manuel lecture du texte page 44 et de la rubrique « Je mémorise » page 45.
• Mémoriser ou s'entraîner à écrire : *avec leur maman.*

Unité 1

— deuxième jour —

Manuel de l'enfant pp. 44-45 et 65.
► Cahier d'activités 1 p. 39.

Mise en route
Sur l'ardoise : écrire des mots revus à la maison : *avec leur maman.*

SÉQUENCE 1 : DÉCOUVERTE DU SON [n]

Si vous suivez la progression du livre : étude du son [n]. Si vous suivez une autre progression : voir tableau pp. 110-111.

Spécificité Découverte du son : [n], discrimination auditive.
Matériel – 4 dessins collectifs : *ordinateur, baleine, nez et bonnet.* – 3 flèches individuelles (si jeu de fléchettes).

Déroulement possible

Fiche-guide 6 (pp. 60-61).

1. Collectif/oral : discrimination auditive

• Découverte du son commun à partir des quatre dessins ;
ordre de présentation : *bonnet, baleine, ordinateur, nez.*
• Localisation du son [n]
– Premier niveau : début ; milieu ; fin.
– Deuxième niveau : à l'intérieur des syllabes orales.

• Production du son [n]
Lèvres entrouvertes, la pointe de la langue vient buter contre les dents du haut et le palais, on souffle par le nez (faire remarquer que le son devient inaudible si l'on se bouche le nez), peu de vibrations au niveau de la gorge. C'est une consonne nasale. Le son est prolongeable.
• Imprégnation du son
► Manuel : « Je chasse le son » page 65.
Liste des éléments de l'illustration contenant le son [n] : *canard, bonhomme, rhinocéros, fenêtre, nuage, âne, tableau noir, nœud (dans les cheveux), ordinateur, lunettes, nattes, bonhomme de neige, bonnet, tourne-vis, ordinateur en panne, baleine, nez, ananas…* .

On poursuivra cette imprégnation du son par un ou deux jeux au choix :
– Jeu de pigeon vole : avec les mots : *nez, niche, radis, panne, valise, maison, renard, pomme, grenouille, amis, tomate, canard, Rosemonde, épine, chameau, fine, farine.*

– Jeu de fléchettes avec les mots du tableau suivant :

[n] dans le premier phonème	[n] dans le mot	[n] dans le dernier phonème
natte	chenille	farine
neige	caneton	canne
navigateur	canapé	téléphone
nombre	patinoire	cabine
nuage	cinéma	reine
noir	anneau	cuisine
note	canari	antenne
numéro	dessinateur	bassine
navire	dictionnaire	clémentine
	tournesol	caravane

– Jeu de l'oreille fine avec les mots suivants : *âne, âme, nénuphar, tortue, capitaine, panier, anémone, numéro, camion, laine, ananas, éléphant, domino, narine, pomme, mine, devinette, ami, renard, banane.*

– Jeu de devinettes. Les enfants doivent trouver un mot contenant le son [n].
Je suis au milieu du visage : *le nez.*
Je suis un fruit et les singes m'adorent : *la banane.*
Je suis le nom du jeu auquel nous jouons en ce moment : *les devinettes.*
Je suis sur la table pour décorer et protéger : *la nappe.*
Grâce à moi, on peut parler à quelqu'un qui est loin : *le téléphone.*

– Jeu d'articulation. Les enfants doivent répéter la phrase de plus en plus vite.
« L'âne noir d'Annie est né la nuit ».

2. Individuel/écrit

► Cahier d'activités 1 : exercice 1 page 39.

SÉQUENCE 2 : DÉCOUVERTE DES GRAPHIES DU SON [n]

Spécificité
Découverte du son [n], discrimination visuelle.

Matériel
– 4 dessins collectifs : *ordinateur, baleine, nez, bonnet.*
– Étiquettes-puzzle collectives.

Déroulement possible

Fiche-guide 6 (pp. 60-61).

1. Collectif/oral : discrimination visuelle

• Découverte des différentes graphies : sous les quatre dessins et la localisation du phonème, écrire les mots correspondants et en déduire les graphies retenues : n ou nn.
• Attirer l'attention des enfants sur : « j'entends le son [n] et je peux voir les lettres : n ou nn. »
► Manuel : lecture du tableau « Je classe les mots » page 65.
Attirer l'attention des enfants sur ⚠ : je vois n, mais je n'entends pas [n] dans les mots : *garçon* et *enfant.*
Faire seulement remarquer les exceptions.
• Le travail de la combinatoire :
Les enfants vont combiner des sons voyelles déjà étudiés avec le son consonne.
– Le maître présente une étiquette-puzzle, il faut : donner le nom de la lettre : lettre « enne », dire le son qu'elle produit : son « nnnn ».
Faire lire les lettres séparément puis en les combinant : deux enfants, au début, pourront venir au tableau ; l'un prend une consonne, l'autre une voyelle, ils fabriquent le puzzle (combinent) et un troisième vient chercher l'étiquette syllabe correspondante.
n – u → nu n – a → na n – i → ni
Attention à ne pas prononcer le nom de la lettre mais celui du son quand on est à l'écoute, mais préciser que pour écrire la syllabe : nu, j'utilise la lettre n et la lettre u.
– Faire chercher oralement aux enfants des mots où l'on entend une de ces syllabes, puis une autre…
– Faire localiser la syllabe dans le mot. L'enfant frappe les syllabes (en se balançant à droite, à gauche : comme un métronome) on évitera de faire frapper des mots dont le découpage en syllabes écrites et syllabes orales diffère ; choisir des mots sans ambiguïté. Ex : *ci-né-ma* (3 syllabes écrites ; 3 syllabes orales)
– Proposer un mot et l'enfant écrira sur l'ardoise la syllabe entendue (*na – nu – ni*)
Exemples de mots :
na : *navet – ananas – nager,*

nu : menu – numéro – nuage,
ni : Annie – tourniquet – Nicole.

– Proposer de découvrir un mot inconnu en plaçant au tableau les syllabes en désordre (on pourra même y glisser des syllabes pirates). Les variantes sont nombreuses pour faire trouver le mot : donner une devinette ; prendre un mot du dessin ; donner le nombre de syllabes du mot ; mimer le mot (dans un premier temps c'est l'enseignant qui mime, puis un enfant).

► Manuel : rubrique « J'assemble » p. 65.

• Des mots de l'histoire [I] avec le son [n] :
une, elle connaît, la niche, neiger, noir, ses nouveaux amis.

2. Individuel/écrit

► Cahier d'activités 1 : exercices 2 et 3 p. 39.

SÉQUENCE 3 : ÉCRITURE MANUSCRITE

Spécificité
Fiche-guide 7 (pp. 62-63), écriture manuscrite du *n*.

1. Collectif/oral

Tracer les modèles en grand au tableau, les faire reproduire sur un plan vertical (dans l'espace), puis sur un plan horizontal (sur la table avec le doigt).

2. Individuel/écrit

► Cahier d'activités 1 : exercice 4 p. 39.

Insister sur la difficulté représentée par le tracé en cursive de la lettre z du mot nez.

Indications pour l'étude dirigée ou le travail à la maison

► Livre du maître : compléter la fiche à photocopier p. 279.

• Dans le manuel, lecture du texte page 44 et des mots du tableau de la rubrique « J'assemble » p. 65.

• Mémoriser ou s'entraîner à écrire : *n, un nez.*

► Dans le manuel, relecture du texte page 44 et de la rubrique « Je mémorise » page 45.

Sur l'ardoise : écrire ce qui a été revu à la maison : *n, un nez.*

Unité 2

— premier jour —

Manuel de l'enfant pp. 46-47.

► Cahier d'activités 1 p. 30.

Mise en route

Faire précéder la lecture d'un bref travail de mémoire : quels étaient les héros de notre nouvelle histoire ? Que faisaient-ils ?

SÉQUENCE 1 : DÉCOUVERTE ET COMPRÉHENSION DU TEXTE

Spécificité
Un personnage parle, l'autre écoute.
Matériel
– Agrandissement de l'illustration. – Texte écrit en script sur feuille collective.

Déroulement possible

Fiche-guide 2 § 3 (p. 55).

1. Collectif/oral

• Rappel du texte précédent.

• Mise en parallèle du texte et de l'illustration.

Indices recueillis en observant le texte :

Est-ce que quelqu'un parle ? Comment le sait-on ? Qui parle ?

• Présentation du texte et validation des hypothèses.

• Mots déjà rencontrés (grisés) :

Léa dit d' **un** *air savant* :
« **Londres est la** *capitale* **de** *l'Angleterre.*
Pour y aller,
on va *passer* **sous la** *mer.* »

• Mots pouvant être découverts (soulignés) :

all er / allons + félicite**r** et neige**r**

on : on retrouve ce petit mot dans s**on**, mais**on**, s**on**t, m**on**de, gr**on**de, Rosem**on**de, L**on**dres.

• Mots donnés par l'enseignant si nécessaire (italique).

• Indices fournis par l'illustration :

Quelle est l'attitude de Léa ? Celle d'Alex ?

• Proposition de moyens supplémentaires de découverte :

Travail sur une carte de l'Europe. Faire reconnaître l'Angleterre, la France. Trouver le parcours que les enfants vont suivre, faire remarquer que le train passe sous la mer.

Où vont les enfants et leur maman ?

Qu'est-ce que Londres ? De quel pays est-ce la capitale ?

Comment peut-on se rendre à Londres ?

• Lecture du texte par les enfants, puis par l'enseignant.

2. Individuel/écrit

• Bien faire repérer les mots et particulièrement les mots *Angleterre* et *mer* qui seront utilisés dans l'exercice 1 du cahier d'activités 1.

► Manuel : lecture du texte p. 46 et de la rubrique « Je mémorise » page 47.

► Cahier d'activités 1 : exercices 1 et 2 page 30.

SÉQUENCE 2 : FONCTIONNEMENT DE LA LANGUE

Spécificité
Déplacement de groupes de mots, majuscules au début des noms propres.

Matériel
– Étiquettes

Londres	est	la capitale de l'Angleterre	.

Déroulement possible

Fiche-guide 4 (p. 58).

1. Collectif/oral

• Lecture du texte.
• Reconstruction de la phrase du texte avec les étiquettes au tableau. Lecture de la phrase.
Reconnaissance des étiquettes. Déplacement de celles-ci. Lecture. Pourquoi y a-t-il une majuscule à Londres ?

La capitale de l'Angleterre	est	Londres	.

Quelle est la capitale de la France ? Connaissez-vous des capitales d'autres pays ?
Quels sont les autres mots du texte qui ont toujours une majuscule ? Même question pour les mots de l'histoire précédente.
► Manuel : lecture de la rubrique « Je fais fonctionner la langue » p. 47.

2. Individuel/écrit

► Cahier d'activités 1 : exercice 3 page 30.

SÉQUENCE 3 : RÉINVESTISSEMENT

Spécificité
Composition de nouvelles phrases avec des groupes de mots situant l'action.

Déroulement possible

1. Collectif/oral

Composer des phrases utilisant des mots déjà étudiés, les écrire en script au tableau et les lire.
Autres exemples de phrases à proposer :
Ce matin, Léa et Alex partent en train pour Londres.
Le lièvre et la tortue partent en train pour la capitale de l'Angleterre.
Maman va passer sous la mer.
► Manuel : lecture de la rubrique « Je lis de nouvelles phrases » p. 47.

2. Individuel/écrit

Lecture de la phrase de l'exercice par quelques enfants. Questions sur le sens de la phrase.
► Cahier d'activités 1 : exercice 4 page 30.

SÉQUENCE 4 : PRODUCTION D'ÉCRITS

Spécificité
Présentation de deux modes de transcription écrite du discours oral.

Déroulement possible

1. Collectif/oral

• Choisir un enfant pour jouer le rôle de Léa : que dit-elle dans le texte ? → « Londres est la capitale de l'Angleterre. » « Pour y aller on va passer sous la mer. »
Présenter une bande dessinée et faire définir le rôle des bulles. Dessiner au tableau une figurine avec une bulle que l'on présente comme Léa : Que va-t-on écrire dans la bulle ?
Comparer le discours oral et sa transcription dans le texte. On pourra de la même manière faire jouer à un enfant le rôle du lièvre ou de la tortue.

2. Individuel/écrit

Lecture de la phrase de l'exercice. Que va t-on écrire dans la bulle ?
Préciser que les enfants doivent écrire en écriture cursive.
► Cahier d'activités 1 : exercice 5 page 30.

Indications pour l'étude dirigée ou le travail à la maison

► Livre du maître : compléter la fiche à photocopier p. 279.
• Dans le manuel, lecture du texte page 46 et de la rubrique « Je mémorise » page 47.
• Mémoriser ou s'entraîner à écrire : *pour, sous, de.*

Unité 2

— deuxième jour —

Manuel de l'enfant pp. 46-47 et 66.
► Cahier d'activités 1 p. 40.

Mise en route
► Dans le manuel : relecture du texte page 46 et de la rubrique « Je mémorise » page 47.
Sur l'ardoise : écrire ce qui a été revu à la maison : *pour, sous, de.*

SÉQUENCE 1 : DÉCOUVERTE DU SON [ə]

Si vous suivez la progression du livre : Étude du son [ə].
Si vous suivez une autre progression : voir tableau pp. 110-111.

Spécificité Découverte du son : [ə], discrimination auditive.
Matériel – 4 dessins collectifs : *tournevis, renard, cheminée, matelas.* – 3 flèches individuelles (si jeu de fléchettes).

Déroulement possible

Fiche-guide 6 (pp. 60-61).

1. Collectif/oral : discrimination auditive

• Découverte du son commun dans les quatre dessins ordre de présentation : *tournevis, matelas, renard, cheminée.*
• Localisation de ce son
– Premier niveau : début ; milieu ; fin.
– Deuxième niveau : à l'intérieur des syllabes orales.
• Production de ce son
Lèvres en avant formant un petit rond, la langue est en bas en retrait, on souffle par la bouche, vibrations au niveau de la gorge. Le son est prolongeable. C'est une voyelle centrale.
• Imprégnation du son
► Manuel « Je chasse le son » page 66.
Liste des éléments de l'illustration contenant le son [ə] : *sur le calendrier le jour de la semaine est un samedi, cheminée, chenets, requin, fenêtre, tournevis, matelas, renard, pelote, chemin, tenailles, Grindelire, cheval, cheveux, genoux, chemise.*
Remarque : le son [ə] présente la particularité de pouvoir être élidé, il s'agit d'ailleurs d'un moyen simple pour le reconnaître. Par exemple, on peut prononcer le mot petit : « p'tit ». Dans les exercices oraux on veillera à bien prononcer le son, mais on pourra signaler aux enfants qu'il peut aussi être « mangé » quand on parle vite.
On poursuivra cette imprégnation du son par un ou deux jeux au choix.
– Jeu de pigeon vole avec les mots suivants : *chenille, chapeau, bébé, pelote, petit, éléphant, vélo, biberon, demi, souvenirs, casserole, bateau, Rosemonde, tournevis, vœux, retour, nœud, Grindelire.*

– Jeu de l'oreille fine avec les mots suivants : *fenêtre, devenir, chaud, cheval, tenailles, marteau, requin*[2]*, melon, mallette, chemise, radeau, râteau, rideau, redemander, levure.*

– Jeu de devinettes. Les enfants doivent trouver un mot contenant le son [ə].
On en a sur la tête : *les cheveux.*
Je sers à faire la cuisine : *la casserole.*
Les policiers s'en servent pour attacher les poignets : *les menottes.*
Un jour, je deviendrai un papillon aujourd'hui je suis : *la chenille.*
Je suis le premier jour du week-end : *le samedi.*

– Jeu d'articulation. Les enfants doivent répéter la phrase de plus en plus vite.
« Je te le redis ce que le cheval redemande. »

2. Individuel/écrit

► Cahier d'activités 1 : exercice 1 page 40.

SÉQUENCE 2 : DÉCOUVERTE DES GRAPHIES DU SON [ə]

Spécificité Découverte des différentes graphies du son [ə] ; discrimination visuelle.
Matériel – 4 dessins collectifs : *tournevis, renard, cheminée, matelas.* – Étiquettes-puzzle collectives.

Déroulement possible

Fiche-guide 6 (pp. 60-61).

1. Collectif/oral

• Découverte des graphies du son [ə] ; sous les quatre dessins et la localisation du phonème, on écrit le mot correspondant et on en déduit les graphies.
Faire dire aux enfants : « J'entends le son [ə] et je peux voir la lettre : e ».
► Manuel : lecture du tableau « Je classe les mots » page 66.
Attirer l'attention des enfants sur ⚠ : je vois la lettre e, mais je n'entends pas [ə] le son dans le mot : *escargot.*
• Travail de la combinatoire.
Les enfants vont combiner des sons déjà étudiés.
– Le maître présente une étiquette, il faut :
donner le nom de la lettre : lettre « e », dire le son qu'elle produit : son « e ». Faire lire les lettres séparément puis en les combinant.
n – e → ne r – e → re m – e → me l – e → le
Attention à ne pas prononcer le nom de la lettre mais celui du son quand on est à l'écoute. Mais préciser que pour écrire la syllabe : *le,* je prends la lettre l et la lettre e.
– Faire chercher par les enfants, oralement, des mots où l'on entend une de ces syllabes, puis une autre…
– Proposer des mots et les enfants écrivent sur l'ardoise la syllabe entendue (*ne – re – me – le*).

2. À noter pour ce mot que beaucoup d'enfants prononcent « roquin », bien travailler sur la différenciation de ces deux sons.

Exemples de mots avec :
ne : *neveu – Nevers – caneton – tournevis* ;
re : *retour – remède – rareté* ;
me : *melon – ramener – menotte*.

– Si le nombre de syllabes connues est suffisant, proposer de découvrir un mot inconnu en plaçant au tableau les syllabes en désordre (on pourra même y glisser des « syllabes pirates »). Les variantes sont nombreuses pour faire trouver le mot : donner une devinette ; prendre un mot du dessin ; donner le nombre de syllabes du mot ; mimer le mot (dans un premier temps c'est l'enseignant qui mime, puis un enfant).

► Manuel : rubrique : « J'assemble », p. 66.

• Des mots de l'histoire [II] avec le son [ə] :
petit, ce, Angleterre, souvenirs, demande, regarde, acheter, le, ne, de.

2. Individuel/écrit

► Cahier d'activités 1 : exercices 2 et 3 p. 40.

SÉQUENCE 3 : ÉCRITURE MANUSCRITE

Fiche-guide 7 (pp. 62-63).

1. Collectif/oral

Bien vérifier le point d'attaque de la lettre.
Préciser aux enfants que l'on va laisser un espace entre chaque lettre ou mot copié. L'enseignant pourra même préparer directement sur le cahier d'activités de l'enfant les points de repère. Il choisira ainsi combien de fois l'enfant devra reproduire le modèle.
Il pourra même, en fonction des difficultés rencontrées, faire varier ce nombre.

2. Individuel/écrit

► Cahier d'activités 1 : exercice 4 p. 40.

SÉQUENCE 4 : RÉINVESTISSEMENT – JEUX

Mise en route

► Dans le manuel : relecture du texte page 46.

Spécificité
Correspondance texte-image. Une devinette lue par les enfants permet de réinvestir un mot du texte.

Déroulement possible

Collectif/oral

► Manuel : lecture de la rubrique « Jeux » p. 47.
Observation de l'illustration, lecture de la phrase. Recherche sur l'ardoise ou sur le cahier de la réponse (Londres ou C'est Londres).

Indications pour l'étude dirigée ou le travail à la maison

► Livre du maître : compléter la fiche à photocopier p. 279.
• Dans le manuel : lecture du texte page 46 et de la rubrique « J'assemble » p. 66.
• Mémoriser ou s'entraîner à écrire : *le, ne, de, Angleterre.*

Unité 3

— premier jour —

Manuel de l'enfant pp. 48-49.
► Cahier d'activités 1 p. 31.

Mise en route

► Dans le manuel : relecture du texte page 46 et de la rubrique « Je mémorise » page 47.
Sur l'ardoise : écrire ce qui a été revu à la maison : *le, ne, de, Angleterre.*

SÉQUENCE 1 : DÉCOUVERTE ET COMPRÉHENSION DU TEXTE

Spécificité
Dialogue entre deux personnages, qui voyagent dans le train.
Matériel
– Texte en script sur feuille collective.

Déroulement possible

Fiche-guide 2 § 7 (p. 56).

1. Collectif/oral

• Relecture du titre et du texte précédent.

• Émission d'hypothèses sur la suite :
Ils vont prendre le train pour aller à quel endroit ? → À Londres en Angleterre.
Comment le train fait-il pour se rendre à Londres ? → Il passe sous la mer.
Comment s'appelle cette mer ? → La Manche.
Noter les propositions au tableau.
Faire un croquis au tableau. Le tunnel est creusé sous le fond de la Mer. Possibilité de comparer avec les métros des grandes villes qui passent sous des rivières ou des fleuves.

• Présentation du texte et validation des hypothèses.
– Mots déjà rencontrés (grisés)

– Mots pouvant être découverts (soulignés)
Alex ouvre ses grands yeux bleus :
« Chouette ! On va voir des poissons ! »
Léa hausse les épaules :
« Mais non ! Tu n'as pas entendu parler
du tunnel sous la Manche ? »
Alex tire la langue à sa sœur.
Il est vexé.
grands / grande (texte de rentrée)
ouvre / ou, sous
non / n + on
mais / maison
• Travailler en collectif à l'oral et écrire au tableau les propositions les plus intéressantes. Lecture à voix haute par le maître, puis par les enfants.

2. Individuel/écrit

► Manuel : lecture du texte p. 48 et de la rubrique « Je mémorise » page 49.
► Cahier d'activités 1 : exercices 1 et 2 p. 31.

SÉQUENCE 2 : FONCTIONNEMENT DE LA LANGUE

Spécificité
Place de l'adjectif par rapport au nom dans la phrase.

Matériel
– Étiquettes de la phrase :
| Alex | ouvre | ses | grands | yeux | bleus | . |

– Étiquettes complémentaires :
| petits | noirs |

Déroulement possible

Fiche-guide 4 (p. 58).

1. Collectif/oral

► Manuel : relecture du texte p. 48.
• Affichage de la phrase au tableau avec les étiquettes :
| Alex | ouvre | ses | grands | yeux | bleus | . |

• Lecture de la phrase
Reconnaissance des mots en soulignant ou en entourant ceux-ci, chacun d'une couleur différente.
• Composition d'autres phrases en retirant successivement les étiquettes | grands | et | bleus |.
Possibilité de les remplacer par d'autres : | petits | et | noirs |. Lecture des nouvelles phrases.

Remarque : L'objectif est de faire comprendre aux enfants que les adjectifs que l'on déplace ici (ne pas donner ce terme aux enfants), sont des mots qui donnent un renseignement sur les yeux. De plus, ils ne peuvent être placés n'importe où dans la phrase : on ne peut pas dire, par exemple, Alex ouvre ses bleus yeux grands.

2. Individuel/écrit

Lecture des mots du cahier d'activités et préparation orale sur les phrases à reconstituer.
► Cahier d'activités 1 : exercice 3 p. 31.

SÉQUENCE 3 : RÉINVESTISSEMENT

Spécificité
Reprise de la forme négative avec des mots déjà étudiés.

Déroulement possible

Fiche-guide 5 (p. 59).

1. Collectif/oral

► Manuel : lecture de la rubrique « Je lis de nouvelles phrases » p. 49.
Lecture des nouvelles phrases en parallèle avec celles du texte dont elles sont issues.

2. Individuel/écrit

► Cahier d'activités 1 : exercice 4 p. 31.
Lecture par quelques enfants de la phrase de l'exercice. S'assurer que la phrase est bien comprise, donner la consigne.

SÉQUENCE 4 : PRODUCTION D'ÉCRITS

Spécificité
Recherche des énoncés oraux d'un locuteur.

Matériel
– Texte collectif.

Déroulement possible

1. Collectif/oral

Recherche des éléments écrits traduisant le discours oral. Souligner ces passages, observer par quels éléments ils sont délimités (guillemets). Qui parle ? Détermination des locuteurs par la recherche des prénoms des deux enfants. Que dit Alex ? Que dit Léa ? Détermination du récepteur : À qui parle Léa ? À qui parle Alex ?

2. Individuel/écrit

► Cahier d'activités 1 : exercice 5 p. 31.

Indications pour l'étude dirigée ou le travail à la maison

► Livre du maître : compléter la fiche à photocopier p. 279.
• Dans le manuel, lecture du texte page 48 et de la rubrique « Je mémorise » page 49.
• Mémoriser ou s'entraîner à écrire : *ses grands yeux bleus.*

Unité 3

— deuxième jour —

Manuel de l'enfant pp. 48-49 et 67.
► Cahier d'activités 1 p. 41.

Mise en route
► Dans le manuel : relecture du texte page 48 et de la rubrique « Je mémorise » page 49.
Sur l'ardoise, écrire ce qui a été revu à la maison : *ses grands yeux bleus.*

SÉQUENCE 1 : DÉCOUVERTE DES SONS [o] ET [ɔ]

Si vous suivez la progression du livre : Étude des sons [o] et [ɔ].
Si vous suivez une autre progression voir tableau pp. 110-111.

Spécificité
Découverte des sons : [o] et [ɔ], discrimination auditive.
Nous avons choisi de présenter ces deux sons sur une même fiche puisqu'ils ont les mêmes graphies principales. Ainsi les enseignants ont toute latitude de prendre en compte les spécificités des prononciations régionales.

Matériel
– 4 dessins collectifs : *stylo, jaune, pomme, château.*
– 3 flèches individuelles (si jeu de fléchettes).

Déroulement possible

Fiche-guide 6 (pp. 60-61).

1. Collectif/oral

• Découverte du son commun à partir des quatre dessins ordre de présentation : *stylo, château, jaune, pomme.*
• Localisation des sons [o] et [ɔ]
– Premier niveau : début ; milieu ; fin.
– Deuxième niveau : dans les syllabes orales.
• Production des sons [o] et [ɔ] : ce sont des voyelles (d'arrière) très proches : [ɔ] est légèrement plus ouverte que [o]. Selon les régions, on observe de nombreuses variations pour ces sons.
Les lèvres sont arrondies, la langue est en bas en retrait, ou souffle par la bouche, il y a des vibrations au niveau de la gorge. Ces sons sont prolongeables.
• Imprégnation du son
► Manuel « Je chasse le son » page 67.
Liste des éléments de l'illustration contenant le son [o] : *escargot, tableau, géographie, gâteau, château, pots, rideau, chauffage, bureau, stylo, chaussettes, chaussures, jaune.*
Liste des éléments de l'illustration contenant le son [ɔ] : *école, Europe, porte, novembre, maisonnette, soleil, ordinateur, orange, robe, col, pomme, bonnet, gomme.*

On poursuivra cette imprégnation du son par un ou deux jeux au choix.

– Jeu de pigeon vole avec les mots suivants :
(ajouter aussi des mots sans les sons [ɔ] et [o] dans le jeu).
[o] *bateau, beau, vélo, radeau, cadeau, râteau, seau, veau, chapeau, manteau, tôle, épaule, gâteau, ciseaux, odeur, numéro, autruche, kimono.*
[ɔ] *note, botte, folle, sol, vol, volant, or, Paul, bord, orage, volume, potage, corsage, olive, objet, océan, ogre, omelette, opéra, oreille, orphelin, os, otarie, ovale, téléphone, sortie.*

– Jeu de fléchettes avec les mots suivants :
[o] *berceau, autruche, gaufre, préau, blaireau, aussi, gauche, drapeau, auteur, bureau, crapaud, chose, bateau, fauteuil, autrefois, faute, râteau, zéro, moineau, paupière.*
[ɔ][3] *ordinateur, oreille, carrosse, orangeade, école, otarie, coffre, phoque, orphelin, il frotte, col, orgue, coq, sonnette, accordéon, ovale, gommette, rougeole, orchestre, colle, poissonnier, ordure.*

– Jeu de l'oreille fine avec les mots suivants :
[o] *dos, grosso modo, piano, vélo, Quasimodo, automobile, poteau, les chevaux, les chameaux, kimono.*
[ɔ] *octobre, bol, dictionnaire, sacoche, horloge, menotte, Charlotte, rossignol, colonne, lionne, polisson, cornichon,*

– Jeu de devinettes :
Les enfants doivent trouver un mot contenant le son [o]
À Noël, le père Noël les apporte : *les cadeaux.*
Je suis la monnaie de l'Europe : *l'euro.*
Je sers à écrire : *le stylo.*
Je suis une boisson vitale : *l'eau.*
Je suis un outil pour taper : *le marteau.*
Les enfants doivent trouver un mot contenant le son [ɔ].
Je suis un fruit et une couleur : *une orange.*

3. On a toujours [o] en fin de mot. Par exemple, l'abréviation *info* se termine par [o], alors que le o d'information est prononcé [ɔ].

Je suis un animal qui se déplace lentement : *la tortue*. (et pas *escargot…*)
Je suis un légume orange : *une carotte*.
Grâce à lui, Grindelire n'a pas froid aux oreilles : *le bonnet*.
C'est un livre où l'on peut trouver ce que veut dire un mot ou comment il s'écrit : *le dictionnaire*.

– Jeu d'articulation. Les enfants doivent répéter la phrase de plus en plus vite.
[o] « *Un trop beau veau vaut un taureau* ».
[ɔ] « *Encore un porc à bord qu'a tort* ».

2. Individuel/écrit

► Cahier d'activités 1 : exercice 1 p. 41.

SÉQUENCE 2 : DÉCOUVERTE DES GRAPHIES DES SONS [o] ET [ɔ]

Spécificité
Découverte des graphies des sons [o] et [ɔ].

Matériel
– 4 dessins collectifs : *stylo, pomme, jaune, château.*
– Étiquettes-puzzle collectives.

Déroulement possible

Fiche-guide 6 (pp. 60-61).

1. Collectif/oral

• Découverte des différentes graphies
Sous les quatre dessins et la localisation du phonème, on écrit le mot correspondant et on en déduit les graphies retenues : *o*, *au* ou *eau*
Faire dire aux enfants : « J'entends le son [o] ou [ɔ] et je peux voir la lettre ou le groupe de lettres : o, au, eau. »
► Manuel : lecture du tableau « Je classe les mots » p. 67.
À noter que si la graphie « o » se prononce indifféremment [o] ou [ɔ], la graphie « au » donne rarement le son [ɔ] (Paul).
Attirer l'attention des enfants sur ⚠ : « Je vois la lettre o, mais je n'entends pas le son [o] ou [ɔ] » dans les mots : *maison* et *noir*. Faire seulement la remarque.
• Travail de la combinatoire.
Les enfants vont combiner des sons déjà étudiés.
Utiliser des étiquettes-puzzle collectives.
Faire lire les étiquettes-puzzle collectives séparément puis en les combinant : deux enfants au début, peuvent venir au tableau ; l'un prend une étiquette consonne, l'autre une étiquette voyelle, ils fabriquent le puzzle (combinent) et un troisième vient chercher l'étiquette syllabe correspondante.
l – o → lo   n – au → nau   m – eau → meau
r – o → ro

• Faire chercher par les enfants, oralement, des mots où l'on entend une de ces syllabes.
• Faire localiser la syllabe dans le mot. L'enfant frappe les syllabes, on évitera de faire frapper des mots dont le découpage en syllabes écrites et syllabes orales diffère ; choisir des mots sans ambiguïté. Ex : *cha-pi-teau* (3 syllabes écrites ; 3 syllabes orales).
• L'enseignant pourra aussi prononcer une syllabe (*no – ro – mo – lo*) et les enfants l'écriront sur l'ardoise. Dans ce cas demander d'écrire de toutes les façons possibles la syllabe donnée à l'oral.
• Proposer de découvrir un mot inconnu en plaçant au tableau les syllabes en désordre (on pourra même y glisser des syllabes pirates). Pour les aider, se reporter à la fiche-guide 6 pp. 60-61.
► Manuel : rubrique « J'assemble » p. 67.

• Des mots des histoires [I] et [II] avec le son [o] : *dos, aussi, sanglot, Rosemonde, escargot* [I], *hausse, épaule, cadeau, beau, photo, jusqu'au, chaussée, gauche, faut, autres* [II],
• Des mots des histoires avec le son [ɔ].
tortue, emporte, comme, jolie, soleil [I], *offre, volant, observe, Écossais* [II].

2. Individuel/écrit

► Cahier d'activités 1 : exercices 2 et 3 p. 41.

SÉQUENCE 3 : ÉCRITURE MANUSCRITE

Fiche-guide 7 (pp. 62-63).

1. Collectif/oral

Bien vérifier le point d'attaque de la lettre.
Préciser aux enfants que l'on va laisser un espace entre chaque lettre ou mot copié. L'enseignant pourra même préparer directement sur le cahier d'activités de l'enfant les points de repère. Il choisira ainsi combien de fois l'enfant devra reproduire le modèle.
Il pourra même, en fonction des difficultés rencontrées, faire varier ce nombre.

2. Individuel/écrit

► Cahier d'activités 1 : exercice 4 p. 41.

SÉQUENCE 4 : RÉINVESTISSEMENT

Spécificité
Correspondance texte-image.

Déroulement possible

Fiche-guide 5 (p. 59).

Collectif/oral

► Manuel : lecture de la rubrique « Jeux » p. 49.
Observation de l'illustration, lecture des phrases. Recherche de la réponse sur l'ardoise ou sur le cahier. Les enfants recopient la phrase correspondant au dessin ou écrivent le numéro d'ordre de cette phrase (2).

Indications pour l'étude dirigée ou le travail à la maison

► Livre du maître : compléter la fiche à photocopier p. 279.
• Dans le manuel, lecture du texte p. 48 et de la fiche son p. 67.
• Mémoriser ou s'entraîner à écrire : *o, un stylo.*

Unité 4

— premier jour —

Manuel de l'enfant pp. 50-51.
► Cahier d'activités 1 p. 32.

Mise en route
► Dans le manuel : relecture du texte page 48, et de la rubrique « Je mémorise » page 49.
Sur l'ardoise : écrire ce qui a été revu à la maison : *o, un stylo.*

SÉQUENCE 1 : DÉCOUVERTE ET COMPRÉHENSION DU TEXTE

Spécificité Succession d'actions sans dialogue. Arrivée à Londres.
Matériel – Texte en script sur feuille collective, agrandissement de l'illustration.

Déroulement possible

Fiche-guide 2 § 2 (p. 55).

1. Collectif/oral

• Affichage de l'illustration au tableau.
• Émission d'hypothèses sur le texte.
Où sont les personnages ? → Dans une gare. Comment le sait-on ?
Quelle gare ? → La gare de Londres (indice drapeau anglais).
À quel endroit se trouvent-ils dans la gare ? → Une boutique de souvenirs.
Qu'est-ce que les enfants regardent ? → Des cartes postales. Pourquoi ?

Écrire en script les propositions au tableau.
Affichage du texte. On essaye de retrouver les propositions écrites au tableau dans le texte (par exemple : gare de Londres, boutique de souvenirs, cartes postales, Maman achète, etc.)
La découverte du texte est complétée par la recherche des mots connus :
– Mots déjà rencontrés : (grisés).
– Mots pouvant être découverts : (soulignés).
Le train arrive **en** gare **de Londres**.
Les enfants courent
vers **une** boutique **de** souvenirs.
Maman offre **un petit** guide **sur Londres à Léa**
et une montre verte **à Alex**.
Elle achète des cartes postales.
• Lecture du texte à haute voix par le maître, puis par les enfants.

– Mise en évidence du mot « vers » à l'oral, collectivement, avec écriture par l'enseignant des phrases les plus intéressantes au tableau.
Les enfants courent vers une boutique de souvenirs.
Les enfants courent vers le train.
Les enfants courent vers la mer.
Les enfants courent vers la niche du chien.

► Manuel : lecture du texte page 50 et de la rubrique « Je mémorise » p. 51.

2. Individuel/écrit

Pour préparer les enfants aux exercices, leur faire énoncer les actions représentées dans les dessins de l'exercice 1 et faire lire les débuts de phrases de l'exercice 2. Expliquer les consignes.
► Cahier d'activités 1 : exercices 1 et 2 p. 32.

SÉQUENCE 2 : FONCTIONNEMENT DE LA LANGUE

Spécificité Remplacer des mots ou des groupes de mots dans des phrases.
Matériel – Étiquettes collectives.

Déroulement possible

Fiche-guide 4 (p. 58).

1. Collectif/oral

► Manuel : relecture du texte p. 50.
• Affichage de la phrase : [Les enfants] [courent] [vers] [une boutique de souvenirs] [.]
• Composition et lecture de nouvelles phrases en remplaçant [une boutique de souvenirs] par d'autres mots ou groupes de mots connus.
► Manuel : lecture de la rubrique : « Je fais fonctionner la langue » p. 51.

2. Individuel/écrit

► Cahier d'activités 1 : exercice 3 p. 32.
Rappeler aux enfants l'utilisation des majuscules et des points.

SÉQUENCE 3 : RÉINVESTISSEMENT

Spécificité Travail sur le groupe complément de lieu.
Matériel – Étiquettes collectives.

Déroulement possible

Fiche-guide 5 (p. 59).

1. Collectif/oral

Composer des phrases au tableau avec les étiquettes collectives et les faire lire.
► Manuel : lecture de la rubrique « Je lis de nouvelles phrases » p. 51.

2. Individuel/écrit

Travail sur ardoise, les enfants doivent répondre par vrai ou par faux à des phrases données à l'oral par l'enseignant, puis par des enfants. Ensuite, écrire des phrases simples au tableau et faire répondre par vrai ou par faux sur l'ardoise.
Exemples de phrases :
Le train arrive dans une boutique de souvenirs.
Le train passe sur la mer.
Londres est en Angleterre.
► Cahier d'activités 1 : exercice 4 p. 32.
Selon le niveau des enfants, lecture par quelques enfants des phrases de l'exercice ou entrée directe par l'écrit. Donner la consigne.

SÉQUENCE 4 : PRODUCTION D'ÉCRITS

Spécificité Composer des phrases ayant un sens à partir des mots proposés.

Déroulement possible

1. Collectif/oral

• Écrire au tableau des mots permettant de reconstituer plusieurs phrases.
Par exemple :

Maman		
Léa		dans
Alex	offre	et
une montre	gronde	sur
un guide	est	à
une boutique		

Reconnaissance des mots, composition de phrases à l'oral.
Demander aux enfants d'écrire une phrase de leur choix sur l'ardoise.
Mise en commun. Écrire les propositions intéressantes au tableau en cursive.

2. Individuel/écrit

► Cahier d'activités 1 : exercice 5 p. 32.
Lire la consigne et vérifier que la maman est identifiée sur le dessin.

Indications pour l'étude dirigée ou le travail à la maison

► Livre du maître : compléter la fiche à photocopier p. 279.
• Dans le manuel, lecture du texte p. 50 et de la rubrique « Je mémorise » p. 51.
• Mémoriser ou s'entraîner à écrire : *maman, et, dans.*

Unité 4

— deuxième jour —

Manuel de l'enfant pp. 50, 51 et 68.
► Cahier d'activités 1 p. 42.

Mise en route
► Dans le manuel : relecture du texte page : 50 et de la rubrique « Je mémorise » p. 51.
Sur l'ardoise : écrire ce qui a été revu à la maison : *maman, et, dans.*

SÉQUENCE 1 : DÉCOUVERTE DU SON [ʃ]

Si vous suivez la progression du livre : Étude du son [ʃ].
Si vous suivez une autre progression, voir tableau pp. 110-111.

Spécificité Découverte du son : [ʃ], discrimination auditive.
Matériel – 4 dessins collectifs : *chien, capuche, écharpe, chapeau.* – 3 flèches individuelles (si jeu de fléchettes).

Déroulement possible

Fiche-guide 6 (pp. 60-61).

1. Collectif/oral : discrimination auditive

• Découverte du son commun dans les quatre dessins ; ordre de présentation : *chapeau, capuche, écharpe, chien.*
• Localisation de ce son
– Premier niveau : début ; milieu ; fin.
– Deuxième niveau : dans les syllabes orales.
• Production du son [ʃ] :
Faire jouer les enfants à prononcer une série de [ʃ], pour sentir le niveau de la bouche où se situe l'articulation : contact entre le dos de la langue et le palais. Mettre la main devant la bouche : on sent l'air qui passe → c'est un son prolongeable. Au niveau de la gorge, pas de vibrations des cordes vocales. C'est une consonne (fricative) sourde.

• Imprégnation du son
► Manuel « Je chasse le son » p. 68.
Liste des éléments de l'illustration contenant le son [ʃ] :
chapeau, écharpe, cheval, porcherie, cochon, château, vache, champ, capuche, niche, chien, chou, chat, chemise, une chaussette et un torchon qui sèchent, des bûches, une hache… .
On poursuivra cette imprégnation du son par un ou deux jeux au choix.

– Jeu de pigeon vole avec la liste de mots suivants : *chapeau, fauteuil, sac, piscine, chameau, scie, chaussure, seau, chiffre, fille, photo, échelle, mouchoir.*

– Jeu de fléchettes avec les mots suivants : *cheval, capuche, mouchoir, chaîne, échelle, bouche, niche, parachute, séchoir, chaussure, chasseur, biche, il est fâché, chaussette, socquettes, chimpanzé, chose.*

– Jeu de l'oreille fine avec les mots suivants : *chien, ascenseur, caniche, chouchou, Chine, niche, chanson, chercher, saucisse, chaise, louche, fiche, singe, ruche, chichi, chaloupe, pichet, pois chiche.*

– Jeu de devinettes. Les enfants doivent trouver un mot contenant le son [ʃ].
J'ai deux bosses et je vis dans le désert : *le chameau.*
Je suis un oiseau de la forêt et je veille la nuit : *la chouette.*
Je suis un grand pays très loin de la France avec plus d'un milliard d'habitants : *la Chine.*
Je suis la maison des abeilles : *la ruche.*
Je suis un insecte volant : *la mouche.*
Je peux être à vapeur ou à coudre : *la machine.*

– Jeu d'articulation. Les enfants doivent répéter la phrase de plus en plus vite.
« Un chasseur sachant chasser doit savoir chasser sans son chien. »

2. Individuel/écrit

► Cahier d'activités 1 : exercice 1 p. 42.

Vérifier que les dessins sont bien identifiés : *chien, cage, branche, niche, serpent.*

SÉQUENCE 2 : DÉCOUVERTE DES GRAPHIES DU SON [ʃ]

Spécificité Découverte des graphies du son [ʃ], discrimination visuelle.
Matériel – 4 dessins collectifs : *chien, capuche, écharpe, chapeau* + étiquettes-puzzle collectives.

Déroulement possible

Fiche-guide 6 (pp. 60-61).

1. Collectif oral : discrimination visuelle

• Découverte des différentes graphies : sous les quatre dessins et la localisation du phonème, faire apparaître l'écriture et en déduire la graphie : ch.
Faire dire aux enfants : « J'entends le son [ʃ] et je vois les lettres : ch. »
► Manuel : lecture du tableau « Je classe les mots » p. 68.
Attirer l'attention des enfants sur ⚠ : « Je vois les lettres ch, mais je n'entends pas le son [ʃ] » dans le mot : *chronomètre.*
Faire seulement remarquer l'exception.
• Travail de la combinatoire.
Les enfants vont combiner des sons déjà étudiés.
Utiliser des étiquettes puzzle collectives.
– Faire lire les étiquettes séparément puis en les combinant : deux enfants, au début, pourront venir au tableau ; l'un prend une étiquette consonne, l'autre une étiquette voyelle, ils fabriquent le puzzle (combinent) et un troisième vient chercher l'étiquette syllabe correspondante.
ch – a → cha ch – i → chi ch – u → chu
ch – e → che ch – au → chau
– Faire chercher par les enfants, oralement, des mots où l'on entend une de ces syllabes, puis une autre…
– Faire localiser la syllabe dans le mot. L'enfant frappe les syllabes (en se balançant à droite, à gauche : comme un métronome) on évitera de faire frapper des mots dont le découpage en syllabes écrites et syllabes orales diffère ; choisir des mots sans ambiguïté. Ex : *cham-pi-gnon* (3 syllabes écrites ; 3 syllabes orales).
On pourra aussi prononcer une syllabe (*cha – chu – che – cho*). Dans ce dernier cas, on pourra demander d'écrire toutes les façons possibles d'écrire la syllabe donnée à l'oral.
– Découvrir un mot inconnu en plaçant au tableau les syllabes en désordre (on pourra même y glisser des syllabes pirates). Pour les aides à fournir, voir fiche-guide 6 pp. 60-61.
► Manuel : rubrique « J'assemble » p. 68.

• Des mots des histoires avec le son [ʃ] :
le chien [I], *chouette, la Manche, elle achète, la chaussée, la manche, la gauche, acheter, il est fâché, je vous cherchais* [II].

2. Individuel/écrit

► Cahier d'activités 1 : exercices 2 et 3 p. 42.
Pour l'exercice 3 faire identifier les dessins. Donner les consignes.

SÉQUENCE 3 : ÉCRITURE MANUSCRITE

Déroulement possible

Fiche-guide 7 (pp. 62-63).

1. Collectif/oral

Bien insister sur le fait que la lettre *c* et la lettre *h* doivent reposer sur la ligne, les enfants ayant parfois tendance à débuter le *c* plus haut, ce qui le rend difficilement identifiable et induit une confusion entre *ch* et *h*.
L'enseignant pourra préparer directement sur le cahier d'activités de l'enfant les points de repère. Il choisira ainsi combien de fois l'enfant devra reproduire le modèle.
Il pourra, en fonction des difficultés rencontrées, faire varier ce nombre.

2. Individuel/écrit

► Cahier d'activités 1 : exercice 4 p. 42.

SÉQUENCE 4 : RÉINVESTISSEMENT – JEUX

Spécificité Construire une phrase amusante.

Déroulement possible

Collectif/oral

► Manuel : lecture de la rubrique « Jeux » p. 51.
Lecture des mots de chaque colonne.
Préciser que l'on doit prendre un mot dans chaque colonne pour composer une phrase.
Travail à l'oral, avec copie des phrases les plus intéressantes au tableau.
Recherche sur d'autres phrases.
Mise en commun.

Indications pour l'étude dirigée ou le travail à la maison

► Livre du maître : compléter la fiche à photocopier p. 279.

• Dans le manuel, lecture du texte p. 50 et fiche son page 68.
• Mémoriser ou s'entraîner à écrire : *ch, le chien chasse.*

Unité 5

— premier jour —

Manuel de l'enfant pp. 52-53.
► Cahier d'activités 1 p. 33.

Mise en route

► Manuel : relecture du texte p. 50 et de la rubrique « Je mémorise » p. 51.
Sur l'ardoise : écrire ce qui a été revu à la maison : *ch, le chien chasse*.

SÉQUENCE 1 : DÉCOUVERTE ET COMPRÉHENSION DU TEXTE

Spécificité Dialogue avec utilisation de guillemets et de tirets.
Matériel – Texte en script sur feuille collective. – Étiquettes collectives.

Déroulement possible

Fiche-guide 2 § 2 (p. 55).

1. Collectif/oral

• Observation de l'illustration : formulation d'hypothèses. Que fait Alex ? → Il boude.
Pourquoi ? Que peut faire maman ? Que fait Léa ?
Noter les propositions qui aideront à la découverte du texte et à la prise de sens sur ce dernier.
• Observation du texte, recherche des mots connus, découverte des autres :

– Mots connus : (grisés).
– Mots pouvant être découverts : (soulignés).

« Mon cadeau **est plus** beau,
fait remarquer **la** fillette.
– Ne commencez **pas** ! **dit Maman**.
Maintenant,
on va visiter **la** Tour **de Londres**.
– Génial, **dit Léa**,
j'ai vu des photos dans mon **guide**…
On fait **la** course **jusqu'au** taxi, **Alex** ? »
Elle s'élance **sur la** chaussée.

mon / m + on
ne / n + e

Tour / pour
commencez / comme
course / il court

– Le reste du texte pourra être découvert par une série de questions-réponses pour identifier à partir du contexte les derniers mots nouveaux :
Que voit-on dans un guide ?
Que vont-ils faire à la Tour de Londres ?
Comment vont-ils s'y rendre ?

• Lecture du texte à haute voix par les enfants et par le maître.

2. Individuel/écrit

► Manuel : lecture du texte p. 52 et de la rubrique « Je mémorise » p. 53.

► Cahier d'activités 1 : exercices 1 et 2 p. 33.
Faire lire le contenu des bulles pour l'exercice 1 et faire lire les morceaux de phrases et les mots permettant de les compléter pour l'exercice 2. Donner les consignes.

SÉQUENCE 2 : FONCTIONNEMENT DE LA LANGUE

Spécificité
Variation du déterminant possessif selon le genre.

Matériel
– Étiquettes

C'est	mon cadeau	ma maison	mon chien
C'est	ma niche	ma montre	.

Déroulement possible

Fiche-guide 4 (p. 58).

1. Collectif/oral

• Relecture du texte, relecture de la première phrase : « Mon cadeau est plus beau », fait remarquer la fillette.
Affichage et lecture des étiquettes de la phrase :

C'est	mon	cadeau	.

• Travail à l'oral pour composer d'autres phrases sur le même modèle. Ce travail pourra s'effectuer avec des situations réelles où les enfants montrent des objets leur appartenant. Par exemple : *C'est ma trousse, C'est mon cartable, C'est ma règle*, etc.
Faire remarquer que « ma » s'emploie avec certains mots et « mon » avec d'autres (masculin et féminin).
• Écriture et lecture de phrases composées au tableau sur le même modèle mais avec les autres étiquettes.

► Manuel : lecture de la rubrique « Je fais fonctionner la langue » p. 53.

2. Individuel/écrit

► Cahier d'activités 1 : exercice 3 p. 33.
Faire lire les mots de l'exercice et donner la consigne.

SÉQUENCE 3 : RÉINVESTISSEMENT

Spécificité
Composer de nouvelles phrases en utilisant des structures du texte avec d'autres mots. Correspondance écriture script/écriture cursive.

Déroulement possible

Fiche-guide 5 (p. 59).

1. Collectif/oral

► Manuel : lecture de la rubrique « Je lis de nouvelles phrases » p. 53.

Rechercher les mots désignant des couleurs dans les textes précédents : *noir* (*faire jour, faire noir* p. 22), *bleu* (*Alex ouvre ses grands yeux bleus* p. 48), *vert* (*Maman offre un petit guide sur Londres à Léa et une montre verte à Alex* p. 50).

2. Individuel/écrit

► Cahier d'activités 1 : exercice 4 p. 33.
Selon le niveau des enfants, lecture par quelques enfants des légendes des dessins qu'ils doivent effectuer. Donner la consigne.

SÉQUENCE 4 : PRODUCTION D'ÉCRITS

Spécificité
Composer des phrases ayant un sens à partir des groupes de mots classés en colonne.

Déroulement possible

1. Collectif/oral

Relecture des phrases de la rubrique « Je lis de nouvelles phrases » manuel p. 53.

2. Individuel/écrit

► Cahier d'activités 1 : exercice 5 p. 33.
Lecture des groupes de mots proposés, composition de quelques phrases à l'oral. Donner la consigne.

Indications pour l'étude dirigée et le travail à la maison

► Livre du maître : compléter la fiche à photocopier p. 279.

• Dans le manuel, lecture du texte p. 52 et de la rubrique « Je mémorise » p. 53.
• Mémoriser ou s'entraîner à écrire : *mon cadeau, ma montre.*

Unité 5

— deuxième jour —

Manuel de l'enfant pp. 52-53 et 69.
► Cahier d'activités 1 p. 43.

Mise en route
► Manuel : relecture du texte p. 52 et de la rubrique « Je mémorise » p. 53.
Sur l'ardoise : écrire ce qui a été revu à la maison : *mon cadeau, ma montre.*

SÉQUENCE 1 : DÉCOUVERTE DU SON [t]

Si vous suivez la progression du livre : Étude du son [t].
Si vous suivez une autre progression, voir tableau pp. 110-111.

Spécificité Découverte du son : [t], discrimination auditive.
Matériel – 4 dessins collectifs : *parachute, natte, taxi, photo.* – 3 flèches individuelles (si jeu de fléchettes).

Déroulement possible

Fiche-guide 6 (pp. 60-61).

1. Collectif/oral : discrimination auditive

• Découverte du son commun dans les quatre dessins : ordre de présentation : natte, taxi, parachute, photo.
• Localisation de ce son
– Premier niveau : début ; milieu ; fin.
– Deuxième niveau : dans les syllabes orales.
• Production de ce son
Lèvres entrouvertes, la langue vient buter d'un coup sec contre les dents et se retire, le son est projeté en avant, on souffle par la bouche. Le son n'est pas prolongeable. C'est une consonne occlusive sourde.
• Imprégnation du son
► Manuel « Je chasse le son » p. 69.
Liste des éléments de l'illustration contenant le son [t] :
taxi, fenêtre, parachute, tour de contrôle, antenne, piste, boutique, bouteille, téléphone, touristes, lunettes, cravate, short, tresses, tapis, toilettes, casquette, appareil photo, photo, bretelles, carte, étiquettes, natte, montre… .
On poursuivra cette imprégnation du son par un ou deux jeux au choix.

– Jeu de pigeon vole avec les mots suivants : *tortue, dodue, taxi, carte, lièvre, ballon, bateau, pirate, capitale, fille, fillette, photo, matin, Londres, ils partent, lunettes, dindon, bidon, trottinette.*

– Jeu de fléchettes avec les mots suivants : *étiquette, triangle, trou, but, peinture, lunettes, pétale, tapis, chouette, bateau, moto, capitaine, pirouette, mainate, taupe, kilt.*

– Jeu de l'oreille fine avec les mots suivants : *doute, tonton, bateau, debout, tatou, tracteur, touriste, ordinateur, termite, guitare, débat, tortue, pâté, tête, anticonstitutionnellement, tartiflette.*

– Jeu de devinettes. Définition de mots contenant le son [t].
Il est dans la classe et on écrit dessus : *le tableau.*
On m'ouvre et on me ferme : *la porte.*
Il passe sous la mer : *le train.*
Il vogue sur la mer : *le bateau.*
On me cuit au four et je peux être au chocolat : *le gâteau.*

– Jeu d'articulation. Les enfants doivent répéter la phrase de plus en plus vite.
« Tas de riz tenta tas de rats tentés. »

2. Individuel/écrit

► Cahier d'activités 1 : exercice 1 p. 43.
Liste des dessins : *gâteau, dauphin, taxi, porte, fenêtre.*

SÉQUENCE 2 : DÉCOUVERTE DES GRAPHIES DU SON [t]

Spécificité Découverte des graphies du son [t].
Matériel – 4 dessins collectifs : *parachute, natte, taxi, photo.* – Étiquettes-puzzle.

1. Collectif/oral

Les graphies du son [t]
• Découverte des différentes graphies
Sous les quatre dessins et la localisation du phonème, on écrit le mot correspondant et on en déduit la graphie :
Faire dire aux enfants : « J'entends le son [t] et je vois la ou les lettres : t ou tt ».

► Manuel, lecture du tableau « Je classe les mots » p. 69.
Attirer l'attention des enfants sur ⚠ : je vois la lettre t, mais je n'entends pas le son [t] dans les mots : *jouet* et *addition* ; faire seulement remarquer les exceptions.
• Travail de la combinatoire.
Les enfants vont combiner des sons déjà étudiés.
– Utiliser des étiquettes-puzzle collectives.
• Après le travail de la combinatoire habituel, faire chercher par les enfants oralement des mots où l'on entend une de ces syllabes, puis une autre…
• Faire localiser la syllabe dans le mot et frapper les syllabes (rythme du métronome) on évitera les mots dont le découpage en syllabes écrites et syllabes orales diffère ; choisir des mots sans ambiguïté. Ex : *ba-teau* (2 syllabes écrites ; 2 syllabes orales).
• On pourra aussi prononcer une syllabe (*ta – tu – te – to*) et demander de l'écrire.
• Découvrir un mot inconnu en plaçant au tableau les syllabes en désordre (on pourra même y glisser des syllabes pirates). Les variantes sont nombreuses pour faire trouver le mot : voir fiche-guide 6 pp. 60-61.
► Manuel : lecture de la rubrique « J'assemble » p. 69.

• Des mots des histoires avec le son [t] :
tortue, très, elle emporte, tout, féliciter, trois, petit [I], *matin, ils partent, train, capitale, Angleterre, chouette, tu n'as pas entendu, tunnel, il tire, boutique, une montre verte, elle achète, des cartes postales, la fillette, visiter, la Tour de Londres, des photos, le taxi, Maman la rattrape, de justesse, il était temps, une voiture, à toute vitesse, ils montent, tiens, la droite, acheter, les autres visiteurs, ils éclatent, il tombe, il tend, ta, vous étiez, un kilt* [II].

2. Individuel/écrit

► Cahier d'activités 1 : exercices 2 et 3 p. 43.
Pour l'exercice 3 faire identifier les dessins. Donner les consignes.

SÉQUENCE 3 : ÉCRITURE MANUSCRITE

Fiche-guide 7 (pp. 62-63).

1. Collectif/oral

Préciser la hauteur de la lettre *t* (deux interlignes).
L'enseignant pourra préparer directement sur le cahier les points de repère. Il choisira ainsi combien de fois l'enfant devra reproduire le modèle.
Il pourra, en fonction des difficultés rencontrées, faire varier ce nombre.

2. Individuel/écrit

► Cahier d'activités 1 : exercice 4 p. 43.

SÉQUENCE 4 : RÉINVESTISSEMENT – JEUX

Spécificité
Correspondance texte-image. Retrouver les étiquettes qui correspondent à l'image.

Déroulement possible

Collectif/oral

► Manuel : lecture de la rubrique « Jeux » p. 53.
Observation de l'illustration, lecture des mots se trouvant dans les étiquettes. Recherche sur l'ardoise ou sur le cahier des réponses.

Indications pour l'étude dirigée ou le travail à la maison

► Livre du maître : compléter la fiche à photocopier p. 279.
• Dans le manuel, lecture du texte p. 52 et de la fiche son p. 69.
• Mémoriser ou s'entraîner à écrire : *t, le taxi, la moto.*

Unité 6

— premier jour —

Manuel de l'enfant pp. 54-55.
► Cahier d'activités 1 p. 34.

Mise en route
► Manuel : relecture du texte p. 52 et relecture des mots du tableau p. 69.
Sur l'ardoise : écrire ce qui a été revu à la maison : *t, le taxi, la moto.*

SÉQUENCE 1 : DÉCOUVERTE ET COMPRÉHENSION DU TEXTE

Spécificité
Découverte de la tournure négative : ne… pas

Matériel
Texte en script sur une grande feuille, agrandissement de l'illustration, dessin d'une voiture vue du dessus (on dessinera le volant à gauche ou à droite à la craie ou au crayon au cours de la leçon).

Déroulement possible

Fiche-guide 2 § 1 (p. 54).

1. Collectif/oral

Observation de l'illustration : formulation d'hypothèses : Que se passe t-il ?
Une voiture allait écraser Léa. → Maman rattrape Léa par la manche.
Pourquoi Léa n'avait-elle pas vu la voiture arriver ?
→ Elle roule à gauche. Faire remarquer qu'Alex intervient alors qu'on ne le voit pas dans l'illustration, il est en retrait.
Travail d'explication au tableau : faire le dessin d'une route vue du dessus. Expliquer la différence entre une voiture anglaise et une voiture française, l'endroit où elles roulent sur la chaussée et la place du volant et donc du conducteur. Vérification de la maîtrise de la latéralisation.
Pour chaque situation, l'enseignant écrira les conclusions : « Les voitures roulent à gauche » et « Les voitures roulent à droite » .

• Découverte du texte :
– mots déjà rencontrés : (grisés).
– mots pouvant être découverts : (soulignés).
Maman **la** rattrape **de** justesse par **la** **manche**.
Il était temps car **une** voiture <u>passe</u> **à** <u>toute</u> vitesse devant **elles**.
Maman explique **d'un** **air** sérieux :
« Ici, **les** voitures roulent **à** gauche.
– **Tu** **ne** savais **pas** ça, **Léa** ? »
demande **Alex**, **avec** **un** <u>sourire</u> moqueur.

• Lecture du texte par les enfants puis par l'enseignant.
Travail à l'oral en faisant mimer les scènes par des enfants. Par exemple : *tu marches – tu ne marches pas ; tu parles – tu ne parles pas ; il court – il ne court pas ; il griffe – il ne griffe pas ;*
Introduction de la négation.

2. Individuel/écrit

► Manuel : lecture du texte p. 54 et de la rubrique « Je mémorise » p. 55.

► Cahier d'activités 1 : exercices 1 et 2 p. 34.
Faire lire les phrases des exercices. Donner les consignes.

SÉQUENCE 2 : FONCTIONNEMENT DE LA LANGUE

Spécificité
Ajout ou suppression de la négation dans des phrases du texte.

Matériel
– Étiquettes

| Tu | savais | Les | voitures | roulent | à | gauche |

| Une | voiture | passe | ne | pas | . |

Dessin de deux voitures vues du dessus.

Déroulement possible

Fiche-guide 4 (p. 58).

1. Collectif/oral

• Demander à un enfant de venir placer les deux voitures comme on pourrait les voir d'un pont en Angleterre.
De quel côté les voitures roulent-elles en Angleterre ?
→ Les voitures roulent à gauche.
• Afficher toutes les étiquettes au tableau. Un enfant viendra construire cette phrase en choisissant les bonnes étiquettes au tableau.
De quel côté les voitures roulent-elles en France ?
Qui peut venir faire une phrase qui corresponde au dessin ? → Les voitures ne roulent pas à gauche. (Au départ les enfants proposent souvent « les voitures roulent à droite », faire alors remarquer que l'on ne dispose pas de ce mot).
Faire constituer ensuite la phrase : | Une | voiture | passe | . |
Qui peut venir écrire une phrase qui dit le contraire ?
Même travail avec les étiquettes | Tu | savais | . |

2. Individuel/écrit

► Cahier d'activités 1 : exercice 3 p. 34.

SÉQUENCE 3 : RÉINVESTISSEMENT

Spécificité
Lecture de phrases, en écriture script ou cursive, constituées à partir des mots et des structures déjà rencontrés.

Déroulement possible

Fiche-guide 5 (p. 59).

1. Collectif/oral

► Manuel : lecture de la rubrique « Je lis de nouvelles phrases » p. 55.

2. Individuel/écrit

► Cahier d'activités 1 : exercice 4 p. 34.

SÉQUENCE 4 : PRODUCTION D'ÉCRITS

Spécificité
Compléter des phrases avec les mots proposés.

Matériel
– Étiquettes en cursive

| *un taxi* | *la chaussée* | *Léa et Alex* | *la Tour de Londres* |

Déroulement possible

1. Collectif/oral

• Écrire l'un en dessous de l'autre au centre du tableau : *courent vers* et *passe sur.* Afficher les autres étiquettes en désordre.
• Faire lire les étiquettes et les groupes de mots écrits au tableau.
• Demander aux enfants quelle étiquette on pourrait placer au début.
• Faire lire les nouvelles phrases constituées.
• Faire remarquer que certaines solutions ne sont pas possibles.

2. Individuel/écrit

► Cahier d'activités 1 : exercice 5 p. 34.

Indications pour l'étude dirigée ou le travail à la maison

► Livre du maître : compléter la fiche à photocopier p. 279.
• Dans le manuel, lecture du texte p. 54 et de la rubrique « Je mémorise » p. 55.
• Mémoriser ou s'entraîner à écrire : *tu savais, tu ne savais pas.*

Unité 6

— deuxième jour —

Manuel de l'enfant pp 54-55 et 70.
► Cahier d'activités 1 : p. 44.

Mise en route
Sur l'ardoise : écrire ce qui a été revu à la maison : *tu savais, tu ne savais pas.*

SÉQUENCE 1 : DÉCOUVERTE DU SON [e]

Si vous suivez la progression du livre : Étude du son [e].
Si vous suivez une autre progression, voir tableau pp. 110-111.

Spécificité Découverte du son : [e]. Discrimination auditive du son [e].
Matériel – 4 dessins collectifs : *bébé, nez, boulanger, épaule.* – 3 flèches individuelles (si jeu de fléchettes).

Déroulement possible

Fiche-guide 6 (pp. 60-61).

1. Collectif/oral : discrimination auditive

• Découverte du son commun dans les quatre dessins ; ordre de présentation : *bébé, boulanger, épaule, nez.*
• Localisation de ce son
– Premier niveau : début ; milieu ; fin.
– Deuxième niveau : dans les syllabes orales.
• Production de ce son
Lèvres écartées comme pour un sourire, la pointe de la langue vient contre les dents du bas, on souffle par la bouche, vibrations au niveau de la gorge. Le son est prolongeable. C'est une voyelle (d'avant) moyenne.

• Imprégnation du son
► Manuel : « Je chasse le son » p. 70.
Liste des éléments de l'illustration contenant le son [e] :
thé, théière, café, éclair, bébé, boulanger, pièce montée, pied, panier, poupée, écharpe, vélo, publicité, Méditerranée, rocher, nez...
On poursuivra cette imprégnation du son par un ou deux jeux au choix.

– Jeu de pigeon vole avec les mots suivants : *nez, nœud, bébé, théâtre, panier, pâté, décembre, sirop, chaise, escalier, rideau, vélo, cinéma, séchoir, bête.*

– Jeu de fléchettes avec les mots suivants : *énorme, pétale, araignée, acheter, étiquette, égouttoir, café, dîner, prénom, comprimé, accordéon, février, étamine.*

– Jeu de l'oreille fine avec les mots suivants : *bébé, élever, éléphant, légume, téléphoner, chaise, canapé, télévision, ranger, déménager, santé, braise, deviner.*

– Jeu de devinettes. Définitions de mots contenant le son [e].
Il a deux roues : *le vélo.*
Il éteint les incendies : *le pompier.*
Elles sont dans la mer ou dans le ciel : *les étoiles.*
La marraine de Cendrillon en est une : *une fée.*
Je le vois chez le pâtissier ou dans le ciel : *un éclair.*

– Jeu d'articulation. Les enfants doivent répéter la phrase de plus en plus vite.
« La mémé des bébés a aimé les BD ».

2. Individuel/écrit

► Cahier d'activités 1 : exercice 1 p. 44.
Exemple de liste de mots à dire :
bébé, café, beurre, mémé, mamie, règle, vert, vélo, fée, chaise.

SÉQUENCE 2 : DÉCOUVERTE DES GRAPHIES DU SON [e]

Spécificité Découverte des graphies du son [e].
Matériel – 4 dessins collectifs : *bébé, nez, boulanger, épaule.*

Déroulement possible

Fiche-guide 6 (pp. 60-61).

1. Collectif/oral : discrimination visuelle

• Découverte des différentes graphies
Sous les quatre dessins et la localisation du phonème, on écrit le mot correspondant et on en déduit les graphies.
Faire dire aux enfants : « J'entends le son [e] et je peux voir les lettres : é, er, es ou ez », puis faire classer les mots.
► Manuel : lecture du tableau « Je classe les mots » p. 70.
Attirer l'attention des enfants sur ⚠ : je vois er, mais je n'entends pas [e] dans le mot : *mer* ; remarquer simplement l'exception.
• Travail de la combinatoire.
Les enfants vont combiner des sons déjà étudiés.
Utiliser des étiquettes puzzle collectives.
• Après le travail de combinatoire habituel, (voir fiche-guide 6 pp. 60-61), faire chercher par les enfants, oralement, des mots où l'on entend une de ces syllabes, puis une autre…
• Faire localiser la syllabe dans le mot et frapper les syllabes (rythme du métronome). On évitera de faire frapper des mots dont le découpage en syllabes écrites et syllabes orales diffère ; choisir des mots sans ambiguïté. Ex : *bou-cher* (2 syllabes écrites ; 2 syllabes orales).
• On pourra aussi prononcer une syllabe (*ré – té – mé – né – ché - lé*) et demander aux enfants de l'écrire.
Différenciation : On pourra aussi demander toutes les façons possibles d'écrire la syllabe donnée à l'oral.
• Découvrir un mot inconnu en plaçant au tableau les syllabes en désordre (on pourra même y glisser des syllabes pirates).
► Manuel : lecture de la rubrique « J'assemble » p. 70.

• Des mots des histoires avec le son [e] :
et, féliciter, hélas, ses [I], Léa, aller, passer, des, épaule, parler, il est vexé, remarquer, commencez, visiter, génial, elle s'élance, chaussée, sérieux, acheter, les, ils éclatent, il est fâché, ils s'éloignent, effrayés, elle était tombée, vous étiez [II].

2. Individuel/écrit

► Cahier d'activités 1 : exercices 2 et 3 p. 44.

SÉQUENCE 3 : ÉCRITURE MANUSCRITE

Déroulement possible

Fiche-guide 7 (pp. 62-63).

1. Collectif/oral

Préciser la hauteur de la lettre *e* et la position de l'accent.
L'enseignant pourra préparer directement sur le cahier d'activités de l'enfant les points de repère. Il choisira ainsi combien de fois l'enfant devra reproduire le modèle.
Il pourra, en fonction des difficultés rencontrées, faire varier ce nombre.

2. Individuel/écrit

► Cahier d'activités 1 : exercice 4 p. 44.

SÉQUENCE 4 : RÉINVESTISSEMENT – JEUX

Mise en route
► Dans le manuel : relecture du texte p. 54 et de la rubrique « Je mémorise » p. 55.

Spécificité Devinettes permettant de réinvestir des mots du texte.

Déroulement possible

Collectif/oral

► Manuel : lecture de la rubrique « Jeux » p. 55.
Lecture d'une ou plusieurs des phrases. Recherche sur l'ardoise des réponses. (1 – la voiture, 2 – le train, 3 – les photos, 4 – la Tour de Londres).

Indications pour l'étude dirigée ou le travail à la maison

► Livre du maître : compléter la fiche à photocopier p. 279.
• Dans le manuel, lecture du texte p. 54 et de la fiche son page 70.
• Mémoriser ou s'entraîner à écrire : *é, le beau bébé.*

Unité 7

— premier jour —

Manuel de l'enfant pp. 56-57
► Cahier d'activités 1 p. 35.

Mise en route
► Dans le manuel : relecture du texte p. 54 et des mots du tableau p. 70.
Sur l'ardoise : écrire ce qui a été revu à la maison : *é, le beau bébé.*

SÉQUENCE 1 : DÉCOUVERTE ET COMPRÉHENSION DU TEXTE

Spécificité
Les personnages visitent Londres en taxi.

Matériel
– Texte en script sur feuille collective, agrandissement de l'illustration.

Déroulement possible

Fiche-guide 2 § 3 (p. 55).

1. Collectif/oral

• Découverte simultanée à partir du texte et de l'illustration permettant la prise de sens.
• Questions sur l'illustration :

Combien sont-ils ?
Que font Léa, Alex et leur maman ?
Comment est le taxi ?
– Mots connus : (grisés).
– Mots pouvant être découverts : (soulignés).
Les trois Français montent
dans un taxi noir.
Alex a l'impression de rouler en carrosse ;
Léa regarde le volant :
« Tiens il est à droite ! »
Devant la Tour de Londres,
il faut faire la queue
pour acheter les billets.
Les enfants ont déjà vu la plupart des mots et peuvent facilement en découvrir d'autres.
rouler / **roul**ent / parl**er** / all**er** / pass**er**
acheter / **ach**ète / félici**ter**
montent / mon + **tent** de par**tent**
carrosse / car + syllabes
regarde / **re**marquer / **gar**e / **de**
Les derniers mots se découvrent à partir du sens du texte. Là encore, la prise d'indices est capitale.
Pour faciliter la compréhension, possibilité de reprendre le dessin de la voiture vue du dessus ou de faire jouer une saynète avec quatre chaises : un enfant tient le rôle du chauffeur de taxi, un autre celui de la maman, et deux autres les rôles de Léa et d'Alex. Faire remarquer où se trouve le chauffeur, où est Maman. Si la même scène se déroulait en France quelles seraient les différences (faire jouer la scène). En profiter pour faire travailler le point de grammaire : Que font Léa, et Maman ? Elles montent dans le taxi ; Que font les voitures en Angleterre ? Elles roulent à gauche. La découverte reste implicite : ne pas systématiser le fait que le masculin l'emporte.
• Lecture du texte par les enfants puis par l'enseignant.

2. Individuel/écrit

► Cahier d'activités 1 : exercices 1 et 2 p. 35.

SÉQUENCE 2 : FONCTIONNEMENT DE LA LANGUE

Spécificité
Substitution : pronoms personnels *ils* ou *elles* → noms des personnages.

Matériel
– Étiquettes

[Les trois Français] [montent dans un taxi noir.] [Ils]

[Elles] [Léa et Maman] [Alex et Papa] [.]

Déroulement possible

Fiche-guide 4 (p. 58).

1. Collectif/oral

• Composer au tableau la phrase du texte avec les étiquettes :

[Les trois Français] [montent dans un taxi noir.]

La faire lire.
Quel petit mot pourrait-on trouver pour mettre à la place de la première étiquette ?
Si les enfants ne trouvent pas, leur faire relire le texte page 44 → Ils.
Faire placer l'étiquette [Ils] à la place de l'étiquette [Les trois Français].

Faire lire ensuite l'étiquette : [Alex et Papa].
Constituer une phrase avec l'étiquette et la lire. Faire remplacer celle-ci par [Ils].

Faire lire l'étiquette : [Léa et Maman].
Constituer une phrase avec l'étiquette et la lire.
Par quoi pourrait-on la remplacer ? [Elles]

► Manuel : lecture de la rubrique « Je fais fonctionner la langue » p. 57.

2. Individuel/écrit

► Cahier d'activités 1 : exercice 3 p. 35.

SÉQUENCE 3 : RÉINVESTISSEMENT

Spécificité Lecture de phrases, en script ou en cursive, constituées à partir de mots et de structures déjà rencontrés.

Déroulement possible

Fiche-guide 5 (p. 59).

1. Collectif/oral

► Manuel : lecture de la rubrique « Je lis de nouvelles phrases » p. 57.
Si la lecture des phrases pose problème, se référer aux textes dont sont issus les mots.
Écrire d'autres phrases au tableau et faire répondre par vrai ou par faux sur l'ardoise.
Par exemple :
Léa et Alex montent dans un carrosse.
Le taxi a le volant à droite.
La maison de Léa et d'Alex est sous la mer.
Léa et Alex partent pour visiter la Tour de Londres.

2. Individuel/écrit

► Cahier d'activités 1 : exercice 4 p. 35.

SÉQUENCE 4 : PRODUCTION D'ÉCRITS

Spécificité Composer des phrases avec les mots proposés.

Déroulement possible :

Fiche-guide 8 (pp. 64-65).

1. Collectif/oral

Écrire au tableau en cursive des mots permettant de composer une phrase. Par exemple :

Le lièvre et la tortue	*montent*	*dans le train.*
Léa et Alex	*partent*	*dans un taxi.*
Alex et son chien	*sont*	*sous la mer.*

Les enfants doivent composer des phrases à l'oral, puis à l'écrit sur leur ardoise.
Mise en commun.

2. Individuel/écrit

► Cahier d'activités 1 : exercice 5, p. 35.

Indications pour l'étude dirigée ou le travail à la maison

► Livre du maître : compléter la fiche à photocopier p. 279.

• Dans le manuel, lecture du texte p. 56 et de la rubrique « Je mémorise » p. 57.
• Mémoriser ou s'entraîner à écrire : *Ils montent dans un taxi.*

Unité 7

— deuxième jour —

Manuel de l'enfant pp. 56-57 et 71.
► Cahier d'activités 1 p. 45.

Mise en route
Sur l'ardoise : écrire ce qui a été revu à la maison : *Ils montent dans un taxi.*

SÉQUENCE 1 : DÉCOUVERTE DU SON [ɔ̃]

Si vous suivez la progression du livre : Étude du son [ɔ̃]. Si vous suivez une autre progression, voir tableau pp. 110-111.

Spécificité Découverte du son : [ɔ̃]. Discrimination auditive.
Matériel – 4 dessins collectifs : *trompette, savon, éponge, ongle.* – 3 flèches individuelles (si jeu de fléchettes).

Déroulement possible

Fiche-guide 6 (pp. 60-61).

1. Collectif/oral : discrimination auditive

• Découverte du son commun dans les quatre dessins ; ordre de présentation : *éponge, trompette, ongle, savon.*
• Localisation de ce son
– Premier niveau : début ; milieu ; fin.
– Deuxième niveau : à l'intérieur les syllabes orales.
• Production de ce son dont la prononciation est proche de [ɔ] : (lèvres arrondies, langue en arrière, vibrations au niveau de la gorge) mais une partie de l'air passe par le nez : on modifie le son en se bouchant le nez. Le son est prolongeable : c'est une voyelle nasale.
• Imprégnation du son
► Manuel : « Je chasse le son » p. 71.
Liste des éléments de l'illustration contenant le son [ɔ̃] :
trompette, piton, citron, savon, éponge, siphon, poisson, coton, comprimé, bouchon, pantalon, montre, flacon, front, menton, ourson, talon, bonbon, blouson, bouton, pompon... .

On poursuivra cette imprégnation du son par un ou deux jeux au choix.

– Jeu de pigeon vole avec les mots suivants : *ombre, chambre, chaise, son, sang, pompe, dinde, dindon, banc, compote, montagne, campagne, nombre, pompier, Inde, onze, chapeau, vallon, avion, devant, camion, ballon, don, dans, fond, faon, canon, câlin, Lapon, lapin, mon, ton.*

– Jeu de fléchettes avec les mots suivants : *accordéon, prénom, ongle, énoncé, démon, monde, renoncer, onde, champignon, pantalon, retomber, ombre, chaton.*

– Jeu de l'oreille fine avec les mots suivants : *bidon, éléphant, pantalon, pompon, maison, maman, démon, demain, mouton, bonbon, chignon, saucisson, jambon, tonton, Tintin.*

– Jeu de devinettes. Les enfants doivent trouver un mot contenant le son [ɔ̃].
Il crache du feu : *le dragon.*
Ils vivent dans l'eau : *les poissons.*
C'est une forme géométrique : *le rond.*
J'en ai vingt en tout et je les coupe régulièrement : *les ongles.*
Il y en a quatre dans une année : *les saisons.*
C'est un fruit d'automne et une couleur : *marron.*

– Jeu d'articulation. Les enfants doivent répéter la phrase de plus en plus vite.
« Où met-on les moutons qu'on tond, Tonton ? »

2. Individuel/écrit

► Cahier d'activités 1 : exercice 1 p. 45.
Exemple de liste de mots à dire :
champignon, Ontario, retomber, pantalon, annoncer.

SÉQUENCE 2 : DÉCOUVERTE DES GRAPHIES DU SON [ɔ̃]

Spécificité Découverte des graphies du son [ɔ̃]. Discrimination visuelle.
Matériel – 4 dessins collectifs : *trompette, savon, éponge, ongle* + étiquettes-puzzle collectives.

Déroulement possible

Fiche-guide 6 (pp. 60-61).

1. Collectif/oral

• Découverte des différentes graphies
Sous les quatre dessins et la localisation du phonème, écrire le mot correspondant et en déduire la graphie.
Faire dire aux enfants : « J'entends le son [ɔ̃] et je peux voir les lettres : *on* ou *om* », puis faire classer les mots.
► Manuel : lecture du tableau « Je classe les mots » p. 71.
Attirer l'attention des enfants sur ⚠ : je vois *on*, mais je n'entends pas le son [ɔ̃] dans les mots : *bonnet, monsieur.* Pour la graphie om, on peut aussi citer *pomme* et *gomme.*
Faire seulement la remarque, ne pas insister sur les exceptions.
• Travail de la combinatoire.
Les enfants vont combiner des sons déjà étudiés.
Faire lire les étiquettes-puzzle séparément puis en les combinant : deux enfants, au début, pourront venir au tableau ; l'un prend une étiquette consonne, l'autre une étiquette voyelle, ils fabriquent le puzzle (combinent) et un troisième vient chercher l'étiquette syllabe correspondante.
l – on → lon   m – on → mon   r – on → ron
n – on → non   ch – on → chon
Possibilité de faire constater que la graphie « om » du son [ɔ̃] est utilisée quand celle-ci est suivie de la lettre « b » ou « p » (sauf dans le mot *bonbon*).
– Faire chercher par les enfants, oralement, des mots où l'on entend une de ces syllabes, puis une autre…
– Faire localiser la syllabe dans le mot et frapper les syllabes (rythme du métronome) on évitera les mots dont le découpage syllabes écrites et syllabes orales diffère ; choisir des mots sans ambiguïté. Ex : *bi-don* (2 syllabes écrites ; 2 syllabes orales).
– On pourra aussi prononcer une syllabe (*ron – ton – mon – non – chon – lon*) et demander aux enfants de l'écrire.
– Découvrir un mot inconnu en plaçant au tableau les syllabes en désordre, on pourra même y glisser des « syllabes pirates ». (Variantes pour faire trouver le mot : donner une devinette ; prendre un mot du dessin ; donner le nombre de syllabes du mot ; mimer le mot : dans un premier temps c'est l'enseignant qui mime, puis un enfant.)
► Manuel : rubrique « J'assemble » p. 71.

• Des mots des histoires avec le son [ɔ̃].
ils sont, bons, son, maison, Allons, monde, il gronde, Rosemonde [I], *Londres, on, poisson, montre, mon, ils montent, impression, ils comprennent, il tombe, elle était tombée, confus* [II].

2. Individuel/écrit

► Cahier d'activités 1 : exercices 2 et 3 p. 45.
Faire lire les mots si nécessaire.

SÉQUENCE 3 : ÉCRITURE MANUSCRITE

Déroulement possible

Fiche-guide 7 (pp. 62-63).

1. Collectif/oral

L'enseignant pourra préparer directement sur le cahier d'activités de l'enfant les points de repère. Il choisira ainsi combien de fois l'enfant devra reproduire le modèle.
Il pourra même, en fonction des difficultés rencontrées, faire varier ce nombre.

2. Individuel/écrit

► Cahier d'activités 1 : exercice 4 p. 45.

SÉQUENCE 4 : RÉINVESTISSEMENT – JEUX

Spécificité
Répondre par vrai ou par faux à des affirmations en fonction du texte.

Mise en route
Dans le manuel, relecture du texte p. 56 et de la rubrique « Je mémorise » p. 57.

Déroulement possible

Collectif/oral

► Manuel : lecture de la rubrique « Jeux » p. 57.
Lire les phrases et répondre par vrai ou par faux à l'oral ou sur l'ardoise.
Différenciation : le travail pourra être effectué en totalité collectivement à l'oral, en partie collectivement ou en totalité individuellement à l'écrit (chaque enfant répondant par écrit *vrai* ou *faux* à chacune des propositions).

Indications pour l'étude dirigée ou le travail à la maison

► Livre du maître : compléter la fiche à photocopier p. 279.
• Dans le manuel, lecture du texte p. 56 et de la fiche son p. 71.
• Mémoriser ou s'entraîner à écrire : *on, le savon.*

Unité 8

— premier jour —

Manuel de l'enfant pp. 58-59.
► Cahier d'activités 1 p. 36.

Mise en route
► Dans le manuel : relecture du texte p. 56 et des mots du tableau p. 71.
Sur l'ardoise : écrire ce qui a été revu à la maison : *on, le savon.*

SÉQUENCE 1 : DÉCOUVERTE ET COMPRÉHENSION DU TEXTE

Spécificité
Découverte d'un particularisme vestimentaire : le kilt.

Matériel
– Texte en script sur une grande feuille, agrandissement de l'illustration.

Déroulement possible

Fiche-guide 2 § 7 (pp. 55-56).

1. Collectif/oral

• Relecture du texte précédent et émission d'hypothèses : *Où sont les enfants maintenant ? Devant la Tour de Londres, ils font la queue.*
En se servant du vécu des enfants : *Qui a déjà fait la queue ? À quelle occasion ? Est-ce amusant ?*
Que peut-on faire si l'on s'ennuie ?
Noter les propositions au tableau.
• Vérification par l'illustration :
Que font les enfants ? Pourquoi ?
Comment est habillé le monsieur ?
A-t-il l'air content ?
Noter les propositions au tableau.

• Vérification sur le texte :
– Mots déjà rencontrés : (grisés).
– Mots pouvant être découverts : (soulignés).

Alex s'ennuie.
Il observe **les** autres <u>visiteurs</u>.
<u>Soudain</u>, **il** <u>donne</u> **un** <u>coup</u> **de** <u>coude</u> **à** **sa** **sœur** :
« **Regarde**, **un** monsieur **en** jupe ! »
Léa **et** **son** frère éclatent **de** <u>rire</u>.
Le monsieur semble fâché ;
il <u>s'avance</u> **vers** eux.

visiteurs / visiter / féliciter
soudain / sous / train
donne / du / dos + ne (syllabe)
coup / court
coude / court **/ de**
s'avance / savant / s'élance

Possibilité de faire jouer la scène de façon humoristique en choisissant bien les personnages selon la personnalité des enfants.
Faire commenter la scène : Que fait Alex ? → Il donne un coup de coude à sa sœur.
À qui donne-t-il un coup de coude ? → Il donne un coup de coude à Léa.
Que font les enfants ? → Ils éclatent de rire.
Que fait le monsieur ? → Il a l'air fâché, il s'avance vers les enfants.
Lecture du texte par les enfants puis par l'enseignant.

2. Individuel/écrit

► Cahier d'activités 1 : exercices 1 et 2 p. 36.

SÉQUENCE 2 : FONCTIONNEMENT DE LA LANGUE

Spécificité
Utilisation de *son* et *sa* (déterminant possessif).

Matériel
– Étiquettes

Il donne un coup de coude à	sa	sœur	.	son

frère	papa	maman

Déroulement possible

Fiche-guide 4 (p. 58).

1. Collectif/oral

Composer au tableau la phrase du texte avec les étiquettes :

Il donne un coup de coude à	sa	sœur	.

La faire lire.
Et si Alex avait un frère, que dirait-on ?
Introduire les étiquettes [son] et [frère]. Faire composer la phrase avec les étiquettes.
Introduire les étiquettes [papa] et [maman]. Quelles autres phrases pourrait-on faire ?

► Manuel : lecture de la rubrique « Je fais fonctionner la langue » p. 59.

2. Individuel/écrit

► Cahier d'activités 1 : exercice 3 p. 36.
Possibilité de faire venir un enfant au tableau et de faire citer des parties de son corps, ou des objets lui appartenant en utilisant *sa* ou *son*. Exemples : *sa tête, son menton, son coude, son épaule* [4], *sa montre, son cartable, sa jupe, etc.*

SÉQUENCE 3 : RÉINVESTISSEMENT

Spécificité
Reformulation d'un résumé du texte avec modification d'une des actions (ce n'est plus Alex qui donne un coup de coude à sa sœur).

4. Ne pas associer l'utilisation de *son* ou de *sa* au genre du mot : les mots féminins commençant par un son voyelle induisant l'utilisation de son. Exemple : *son île, son heure, son ombre.*

Déroulement possible

Fiche-guide 5 (p. 59).

1. Collectif/oral

► Manuel, lecture de la rubrique « Je lis un nouveau texte » p. 59.
Si la lecture des phrases pose problème se référer au texte.

2. Individuel/écrit

► Cahier d'activités 1 : exercice 4 p. 36.

SÉQUENCE 4 : PRODUCTION D'ÉCRITS

Spécificité
Écrire la légende d'un dessin ou d'une partie d'un dessin.

Matériel
– Agrandissement de l'illustration du texte du jour.

Déroulement possible

1. Collectif/oral

Afficher l'illustration.
Faire relire le texte du manuel p. 58.
Tracer une flèche vers l'Écossais.
Qui peut, en s'aidant du texte ou des autres textes, trouver une phrase qui corresponde à cette partie du dessin ? → Le monsieur semble fâché. Le monsieur a l'air fâché.
Tracer une flèche vers Alex et Léa → Ils éclatent de rire. Et si c'était les visiteurs ? Même question.
Différenciation : demander aux enfants, après un exemple à l'oral, d'écrire les phrases légendant les parties du dessin (sur le cahier ou sur l'ardoise). Mise en commun.

2. Individuel/écrit

► Cahier d'activités 1 : exercice 5 p. 36.

Indications pour l'étude dirigée ou le travail à la maison

► Livre du maître : compléter la fiche à photocopier p. 279.
• Dans le manuel, lecture du texte p. 58 et de la rubrique « Je mémorise » p. 59.
• Mémoriser ou s'entraîner à écrire : *Il s'avance vers eux.*

Unité 8

— deuxième jour —

Manuel de l'enfant pp. 58-59 et 72.
► Cahier d'activités 1 p. 46.

Mise en route
Sur l'ardoise : écrire ce qui a été revu à la maison : *Il s'avance vers eux.*

SÉQUENCE 1 : DÉCOUVERTE DU SON [v]

Si vous suivez la progression du livre : Étude du son [v]. Si vous suivez une autre progression : voir tableau pp. 110-111.

Spécificité
Découverte du son : [v]. Discrimination auditive.

Matériel
– 4 dessins collectifs : *locomotive, wagon, avion, voiture.*
– 3 flèches individuelles (si jeu de fléchettes).

Déroulement possible

Fiche-guide 6 (pp. 60-61).

1. Collectif/oral : discrimination auditive

• Découverte du son commun dans les quatre dessins ; ordre de présentation : *locomotive, voiture, avion, wagon.*
• Localisation de ce son
– Premier niveau : début ; milieu ; fin.
– Deuxième niveau : dans les syllabes orales.
• Production de ce son
Les dents supérieures et la lèvre inférieure entrent en contact ne laissant qu'un tout petit passage pour l'air, la langue se repose. Le son est prolongeable : c'est une consonne (fricative) sonore.

• Imprégnation du son
► Manuel : « Je chasse le son » p. 72.
Liste des éléments de l'illustration contenant le son [v] : *vitrine, vitre, verre, avion, cheval, voiture, volant, locomotive, wagon, valise, maison ouverte, télévision, livre, violon, cheveux, visage, devant.*
On poursuivra cette imprégnation du son par un ou deux jeux au choix.

– Jeu de pigeon vole avec les mots suivants : *vent, ville, fil, cil, vélo, vache, cafard, caviar, il arrive, devinette, poivre, cave, louve, couverture, crevette, chef, chèvre, vous, fou, vingtaine, fontaine.*

– Jeu de fléchettes avec les mots suivants : *varicelle, rétroviseur, bave, vautour, il trouve, victoire, novembre, salive, enveloppe, vétérinaire, navire, locomotive, vampire, lave, louve.*

– Jeu de l'oreille fine avec les mots suivants : *vis, vivant, carnaval, carafe, caravane, valve, famille, convive, vanille, folle, vol, foire, voir, vive, vif, laver, avaler, lavoir, raviver, conserve.*

– Jeu de devinettes. Définitions de mots contenant le son [v].
Elle tire les wagons : *la locomotive.*
C'est une couleur, un animal et un récipient : *vert, ver, verre.*
Elle est sous le sol des maisons ou des immeubles : *la cave.*
Vous cherchez à trouver ma réponse : *la devinette.*
On les ferme le soir : *les volets.*
C'est un animal : *la vache, la vipère, la couleuvre, la chauve-souris, le vautour.*

– Jeu d'articulation. Les enfants doivent répéter la phrase de plus en plus vite.
« Ève a vu le vélo vert ».

2. Individuel/écrit

► Cahier d'activités 1 : exercice 1 p. 46.
Exemple de liste de mots à dire :
farine, vache, carnaval, fil, cil, ville, vivant, lavande, levure, vive.

SÉQUENCE 2 : DÉCOUVERTE DES GRAPHIES DU SON [v]

Spécificité
Découverte des graphies du son [v], discrimination visuelle.

Matériel
– 4 dessins collectifs : *locomotive, wagon, avion, voiture.*
– Étiquettes-puzzle collectives.

Déroulement possible

Fiche-guide 6 (pp. 60-61).

1. Collectif/oral

• Découverte des différentes graphies du son.
Sous les quatre dessins et la localisation du phonème, écrire le mot correspondant et en déduire la graphie :
Faire dire aux enfants : « J'entends le son [v] et je peux voir la lettre : v ou la lettre w[5] »
► Manuel : lecture du tableau : « Je classe les mots » p. 72.

• Travail de la combinatoire.
Les enfants vont combiner des sons déjà étudiés.
Utiliser des étiquettes-puzzle collectives.

5. Faire remarquer le caractère exceptionnel de cette graphie.

• Après le travail de combinatoire habituel, faire chercher par les enfants, oralement, des mots où l'on entend une de ces syllabes, puis une autre…
• Faire localiser la syllabe dans le mot et frapper les syllabes (rythme du métronome) on évitera de faire frapper des mots dont le découpage en syllabes écrites et syllabes orales diffère ; choisir des mots sans ambiguïté. Ex : *volant* (2 syllabes écrites ; 2 syllabes orales)
• On pourra aussi prononcer une syllabe et demander aux enfants de l'écrire.
Différenciation : demander aux enfants de trouver toutes les graphies d'une même syllabe orale.
• Découvrir un mot inconnu en plaçant au tableau les syllabes en désordre (on pourra même y glisser des « syllabes pirates »). Faire trouver le mot sous forme de jeu.

► Manuel : lecture de la rubrique « J'assemble » p. 72.

• Des mots des histoires avec le son [v] :
lièvre, je veux, elle va, il viendra, voir, pleuvoir, il revient, ses nouveaux [I], ils sont ravis, un air savant, on va, il ouvre, il est vexé, il arrive, vers, souvenir, une montre verte, visiter, j'ai vu, voiture, vitesse, devant, avec, volant, il observe, visiteur, il s'avance [II].

2. Individuel/écrit

► Cahier d'activités 1 : exercices 2 et 3 p. 46.
Proposition de mots pour l'exercice 3 :
navigateur, devenir, bravo, imprévu, vivarium.

SÉQUENCE 3 : ÉCRITURE MANUSCRITE

Déroulement possible

Fiche-guide 7 (pp. 62-63).

1. Collectif/oral

L'enseignant pourra préparer directement sur le cahier d'activités de l'enfant les points de repère. Il choisira ainsi combien de fois l'enfant devra reproduire le modèle.
Il pourra même, en fonction des difficultés rencontrées, faire varier ce nombre.

2. Individuel/écrit

► Cahier d'activités 1 : exercice 4 p. 46.

SÉQUENCE 4 : RÉINVESTISSEMENT – JEUX

Spécificité Le jeu du détective permet de vérifier les acquis de vocabulaire de façon ludique.

Déroulement possible

Collectif/oral

► Manuel, lecture de la rubrique « Jeux » p. 59.
Faire un exemple du jeu du détective au tableau.
Exemple : *C'est une maison bleue avec une niche verte.*
Demander à un enfant de choisir le bon dessin ou de venir dessiner le dessin correspondant à la phrase.

Indications pour l'étude dirigée ou le travail à la maison

► Livre du maître : compléter la fiche à photocopier p. 279.
• Dans le manuel, lecture du texte p. 58 et de la fiche son p. 72.
• Mémoriser ou s'entraîner à écrire : *v, w, la voiture roule vite.*

Unité 9

— premier jour —

Manuel de l'enfant pp. 60-61.
► Cahier d'activités 1 p. 37.

Mise en route
► Dans le manuel : relecture du texte p. 58 et des mots du tableau p. 72.
Sur l'ardoise : écrire ce qui a été revu à la maison : *v, w, la voiture roule vite.*

SÉQUENCE 1 : DÉCOUVERTE ET COMPRÉHENSION DU TEXTE

Spécificité Suite de l'histoire, peur de l'inconnu.
Matériel – Texte en script sur une grande feuille.

Déroulement possible

Fiche-guide 2 § 4 (p. 55).

1. Collectif/oral

Découverte en partant du texte sans montrer l'illustration.
– Mots déjà rencontrés : (grisés).
– Mots pouvant être découverts : (soulignés).
Ne pas s'attacher à découvrir chacun des mots ci-dessous de façon systématique. Il est préférable de ne découvrir que les mots qui apparaissent indispensables en fonction de la façon dont se déroule la

leçon : une grande partie des mots se découvrant facilement par le sens au cours de l'avancée du travail. L'activité de recherche des enfants est ici capitale.

Alex et Léa s'éloignent
mais le monsieur les suit.
Il crie en les regardant.
Les enfants ne comprennent rien :
ils ne parlent **pas** anglais.
Effrayés, **ils se** mettent **à** courir
mais Alex tombe.
Le monsieur les rejoint.
Léa est verte de peur.

s'éloignent / s'élance / **moi** / **noir** / **voir** / **poi**ssons
suit / sa / son / sur / enf**ui** / pl**uie**
regardant / regarde
rien / **bien** / **chien** / rev**ien**t / **tiens**
parlent / partent / par / le
anglais / Angleterre / Franç**ais**
courir / **cour**t / **rire** / souven**irs**

– Les mots inconnus sont découverts à partir du sens ou en réinvestissant les connaissances précédentes (mots ou syllabes étudiés).
Quand le texte est entièrement découvert, lecture de celui-ci.
• Ensuite, formulation d'hypothèses sur l'illustration : Si j'étais Jean-François Dumont, qu'est-ce que j'aurais dessiné pour illustrer le texte d'Elsa Devernois ? Confirmation (ou infirmation) des hypothèses par l'observation du dessin.
• Lecture du texte dans le manuel p. 60.

2. Individuel/écrit

► Cahier d'activités 1 : exercices 1 et 2 p. 37.

SÉQUENCE 2 : FONCTIONNEMENT DE LA LANGUE

Spécificité
Utilisation des pronoms *le, la, les*.

Matériel
– Étiquettes

| Le monsieur | rejoint | Alex | . | Léa | Alex et Léa |

| le | la | les |

Déroulement possible

Fiche-guide 4 (p. 58).

1. Collectif/oral

• Composer au tableau la phrase du texte avec les étiquettes :

| Le monsieur | les | rejoint | . |

La faire lire.
Qui le monsieur rejoint-il ? → Alex et Léa.
Comment pourrait-on refaire la phrase en utilisant le prénom des deux enfants ?
Affichage des autres étiquettes.
Reconstitution de la nouvelle phrase avec les étiquettes :

| Le monsieur | rejoint | Léa et Alex | . |

Et si Alex était tout seul ? → Le monsieur rejoint Alex. Le monsieur le rejoint.
Et si Léa était toute seule ? → Le monsieur rejoint Léa. Le monsieur la rejoint.
Différenciation : prolonger le travail avec les structures similaires se trouvant dans le texte : Le monsieur les suit. Il crie en les regardant.
► Manuel, lecture de la rubrique « Je fais fonctionner la langue » p. 61.

2. Individuel/écrit

► Cahier d'activités 1 : exercice 3 p. 37.

SÉQUENCE 3 : RÉINVESTISSEMENT

Spécificité
Texte avec illustrations séquentielles.

Le réinvestissement proposé dans la rubrique 3 du manuel porte à la fois sur le texte et l'utilisation des pronoms. Dans le cahier d'activités, on propose ici une activité plus ludique de devinettes faisant appel à la compréhension du début de l'histoire.

Déroulement possible

Fiche-guide 5 (p. 59).

1. Collectif/oral

► Manuel : lecture de la rubrique « Je lis un nouveau texte » p. 61.
Le petit texte est lu à l'aide des illustrations en référence au texte de la p. 60.

2. Individuel/écrit

► Cahier d'activités 1 : exercice 4 p. 37.
Faire quelques exemples de devinettes à l'oral collectivement, puis à l'écrit au tableau. Penser à faire mettre le déterminant.

SÉQUENCE 4 : PRODUCTION D'ÉCRITS

Spécificité
Composer des phrases avec les mots proposés.

Déroulement possible

1. Collectif/oral

Écrire des mots permettant de constituer plusieurs phrases simples au tableau en cursive.
Exemple : *Léa, Alex, Papa, Maman, le, lièvre, la, voiture, et, rejoint.*
Composer une ou deux phrases à l'oral, faire remarquer que l'on ne peut pas utiliser le nom de plusieurs personnages pour débuter la phrase, puis demander de chercher d'autres phrases à l'écrit. Attention à la majuscule et au point.
Mise en commun.

2. Individuel/écrit

► Cahier d'activités 1 : exercice 5 p. 37.

Indications pour l'étude dirigée ou le travail à la maison

► Livre du maître : compléter la fiche à photocopier p. 279.
• Dans le manuel, lecture du texte p. 60 et de la rubrique « Je mémorise » p. 61.
• Mémoriser ou s'entraîner à écrire : *Le monsieur les rejoint.*

Unité 9

— deuxième jour —

Manuel de l'enfant pp. 60-61 et 73.
► Cahier d'activités 1 p. 47.

Mise en route
Sur l'ardoise : écrire ce qui a été revu à la maison : *Le monsieur les rejoint.*

SÉQUENCE 1 : DÉCOUVERTE DU SON [ɑ̃]

Si vous suivez la progression du livre : Étude du son [ɑ̃].
Si vous suivez une autre progression, voir tableau pp. 110-111.

Spécificité Découverte du son [ɑ̃], discrimination auditive.
Matériel – 4 dessins collectifs : *champignon, tente, volant, camembert.* – 3 flèches individuelles (si jeu de fléchettes).

Déroulement possible

Fiche-guide 6 (pp. 60-61).

1. Collectif/oral : discrimination auditive

• Découverte du son commun dans les quatre dessins (ordre de présentation indifférent).

• Localisation de ce son
– Premier niveau : début ; milieu ; fin.
– Deuxième niveau : dans les syllabes orales.

• Production de ce son
Lèvres en avant formant un assez large rond, peu de souffle, la langue est abaissée, vibrations au niveau de la gorge mais une partie de l'air passe par le nez. Le son est prolongeable : c'est une voyelle nasale.

• Imprégnation du son
► Manuel : « Je chasse le son » p. 73.
Liste des éléments de l'illustration contenant le son [ɑ̃] : *camembert, toboggan, pente, descendre, enfants, balançoire, se balancer, banc, maman, manteau, campe, tente, champignon, volant… .*
On poursuivra cette imprégnation du son par un ou deux jeux au choix.

– Jeu de pigeon vole avec les mots suivants : *enfant, maman, ballon, peinture, banc, bon, savant, savon, lapin, lapon, cantine, comptine, pendule, montagne, campagne, bonbon.*

– Jeu de fléchettes avec les mots suivants : *entrée, parapente, éléphant, dent, antenne, Français, décembre, étang, Angleterre, novembre, enveloppe, marchand, température, serpent.*

– Jeu de l'oreille fine avec les mots suivants : *pamplemousse, campagne, enfant, vivant, montagne, entendant, embarquement, encombrement, son, bilan, pilon, encre, engin, enfoncer, entendre, maman, entièrement, devant, entraînement, pont, ambulance, peinture, amusant, antilope.*

– Jeu de devinettes. Définitions de mots contenant le son [ɑ̃].
Je suis un jour de la semaine : *dimanche ou vendredi.*
Elles permettent de marcher : *les jambes.*
Quand je serai grand, j'en aurai trente-deux : *les dents.*
Je suis une maison en toile : *la tente.*
Je suis le nom d'une mer sous laquelle passe un train : *la Manche.*

– Jeu d'articulation. Les enfants doivent répéter la phrase de plus en plus vite.
« Enfant d'un an n'entend pas tant ».

2. Individuel/écrit

► Cahier d'activités 1 : exercice 1 p. 47.

Dessins : *accordéon, banc, bonbon, orange, kangourou.*

SÉQUENCE 2 : DÉCOUVERTE DES GRAPHIES DU SON [ɑ̃]

Spécificité
Découverte des graphies du son [ɑ̃], discrimination visuelle.

Matériel
– 4 dessins collectifs : *champignon, tente, volant, camembert.*
– Étiquettes-puzzle collectives.

Déroulement possible

Fiche-guide 6 (pp. 60-61).

1. Collectif/oral

• Découverte des différentes graphies du son [ɑ̃]
Sous les quatre dessins et la localisation du phonème, écrire les mots correspondants et en déduire la graphie. Faire dire aux enfants : « J'entends le son [ɑ̃] et je peux voir les lettres : an, am, en, ou am », leur faire classer les mots.
► Manuel : lecture de la rubrique « Je classe les mots » p. 73.

• Travail de la combinatoire.
Les enfants vont combiner des sons déjà étudiés.

Faire lire les étiquettes-puzzle collectives séparément puis en les combinant : deux enfants, au début, pourront venir au tableau ; l'un prend une étiquette consonne, l'autre une étiquette voyelle, ils fabriquent le puzzle (combinent) et un troisième vient chercher l'étiquette syllabe correspondante.
l – an → lan   m – an → man   r – en → ren
n – en → nen   ch – an → chan
Possibilité de faire constater que les graphies *am* et *em* sont utilisées quand celles-ci sont suivies de la lettre b ou p (comme dans le cas du *om*).

• Faire chercher par les enfants, oralement, des mots où l'on entend une de ces syllabes, puis une autre…
• Faire localiser la syllabe dans le mot. L'enfant frappe les syllabes (rythme du métronome) on évitera de faire frapper des mots dont le découpage en syllabes écrites et syllabes orales diffère ; choisir des mots sans ambiguïté. Ex : *volant* (2 syllabes écrites ; 2 syllabes orales)
• On pourra aussi prononcer une syllabe et demander aux enfants de l'écrire.
Différenciation : demander aux enfants de trouver toutes les graphies d'une même syllabe orale.
• Découvrir un mot inconnu en plaçant au tableau les syllabes en désordre (on pourra même y glisser des « syllabes pirates »). Variantes pour faire trouver le mot : donner une devinette ; prendre un mot du dessin ; donner le nombre de syllabes du mot ; mimer le mot.

► Manuel, lecture de la rubrique « J'assemble » p. 73.

• Des mots des histoires avec le son [ɑ̃] :
elle emporte [I], maman, savant, Angleterre, grand, tu as entendu, la Manche, langue, en, commencez, maintenant, dans, elle s'élance, manche, il était temps, devant, il demande, Français, volant, il s'ennuie, il semble, il s'avance, enfant, en regardant, anglais, il tend, en riant [II].

2. Individuel/écrit

► Cahier d'activités 1 : exercices 2 et 3 p. 47.
Pour l'exercice 3, bien dire aux enfants qu'il faut dire les mots pour savoir si l'on entend le son.

SÉQUENCE 3 : ÉCRITURE MANUSCRITE

Fiche-guide 7 (pp. 62-63).

Déroulement possible

1. Collectif/oral

L'enseignant pourra préparer directement sur le cahier d'activités de l'enfant les points de repère. Il choisira ainsi combien de fois l'enfant devra reproduire le modèle.
Il pourra même, en fonction des difficultés rencontrées, faire varier ce nombre.

2. Individuel/écrit

► Cahier d'activités 1 : exercice 4 p. 47.

SÉQUENCE 4 : RÉINVESTISSEMENT – JEUX

Spécificité
Faire deviner un mot à partir de définitions. Réinvestir de façon ludique un mot rencontré.

Déroulement possible

Collectif/oral

Faire quelques exemples de devinettes à l'oral, puis à l'écrit au tableau.
Exemples :
Elle est une fillette.
Elle est la sœur d'Alex. → Léa
Elle se trouve dans la gare.
On y achète des souvenirs. → une boutique

► Manuel : lecture de la rubrique « Jeux » p. 61.

Indications pour l'étude dirigée ou le travail à la maison

► Livre du maître : compléter la fiche à photocopier p. 279.
• Dans le manuel, lecture du texte p. 60 et de la fiche son p. 73.
• Mémoriser ou s'entraîner à écrire : *an, en, maman et ses enfants.*

Unité 10

—— premier jour ——

Manuel de l'enfant pp. 62-63.
► Cahier d'activités 1 p. 38.

Mise en route
► Dans le manuel : relecture du texte p. 60 et des mots du tableau p. 73.
Sur l'ardoise : écrire ce qui a été revu : *an, en, maman et ses enfants.*

SÉQUENCE 1 : DÉCOUVERTE ET COMPRÉHENSION DU TEXTE

Spécificité
Épilogue.

Matériel
– Texte en script sur une grande feuille.

Déroulement possible

Fiche-guide 2 § 4 (p. 55).

1. Collectif/oral

• Découverte en partant du texte sans montrer l'illustration.

– Mots déjà rencontrés : (grisés).
– Mots pouvant être découverts : (soulignés).

Le monsieur sourit
et tend **à Alex une montre verte**.
« **C'est ta montre** ! s'exclame **Léa**,
Elle était tombée **par** terre.
– Merci **monsieur** », murmure **Alex**, confus.
Maman les appelle :
« Où étiez-vous ? **Je** vous cherchais ! »
Elle leur **donne les billets**.
« Vous avez **vu** l'Écossais **en** kilt ? »
Alex et Léa se regardent **en** riant.
Quel **souvenir pour un petit voyage !**

Ne pas s'attacher à découvrir chacun des mots ci-dessous de façon systématique. Il est préférable de ne découvrir que les mots qui apparaissent indispensables en fonction de la façon dont se déroule la leçon : une grande partie des mots se découvrant facilement par le sens au cours de l'avancée du travail. Les mots inconnus seront donc découverts à partir du sens ou en réinvestissant les connaissances précédentes (mots ou syllabes étudiés).
sourit / sourire
tend / enten**d**u
tombée / tombe / chauss**ée**
merci / mer / féli**ci**ter
murmure / découverte syllabique
où / ou
vous / v + **ou**
avez / découverte syllabique
regardent / regarde
riant / découverte syllabique

Quand le texte est entièrement découvert, lecture de celui-ci.
Ensuite, formulation d'hypothèses sur l'illustration : Si j'étais Jean-François Dumont, qu'est-ce que j'aurais dessiné pour illustrer le texte d'Elsa Devernois ?
Noter au tableau les propositions.
Confirmation (ou infirmation) des hypothèses par l'observation de l'illustration page 62.

• Travail à l'oral sur le point de grammaire découvert de façon implicite.
Que fait Maman ? Elle donne les billets à Léa et à Alex : Elle leur donne les billets.
► Manuel : lecture du texte p. 62.

2. Individuel/écrit

► Cahier d'activités 1 : exercices 1 et 2 p. 38.

SÉQUENCE 2 : FONCTIONNEMENT DE LA LANGUE

Spécificité
Utilisation du pronom *leur.*

Matériel
– Étiquettes

Elle	donne les billets	à Alex et Léa	.	leur
à des visiteurs	à des Écossais			

Déroulement possible

Fiche-guide 4 (p. 58).

1. Collectif/oral

Composer au tableau la phrase du texte avec les étiquettes :

Elle	leur	donne les billets	.

Faire retrouver la phrase dans le texte et la faire lire.
À qui Maman donne-t-elle les billets ? → à Alex et Léa.
Demander de refaire la phrase en utilisant le prénom des deux enfants.
Affichage de l'étiquette [à Alex et Léa].
Demander à un enfant de venir placer les étiquettes pour constituer la phrase qui vient d'être trouvée à l'oral. [Elle] [donne les billets] [à Alex et Léa] [.]
Placer les autres étiquettes au tableau, les faire lire.
Constituer de nouvelles phrases selon la même démarche que précédemment.

► Manuel, lecture de la rubrique « Je fais fonctionner la langue », p. 63.

2. Individuel/écrit

► Cahier d'activités 1 : exercice 3 p. 38.

SÉQUENCE 3 : RÉINVESTISSEMENT

Spécificité
Vérification des compétences acquises par la lecture d'un nouveau texte.

Déroulement possible

Fiche-guide 5 (p. 59).

1. Collectif/oral

► Manuel, lecture de la rubrique « Je lis un nouveau texte » p. 63.
Le texte est lu en se référant, si besoin est, aux différents textes étudiés.

2. Individuel/écrit

► Cahier d'activités 1 : exercice 4 p. 38.
Faire précéder la réalisation de l'exercice d'un travail de recherche des pages où certains mots ont été rencontrés.
Différenciation : on choisira, selon le niveau des enfants, des mots n'ayant été utilisés qu'une seule fois ou plusieurs fois (dans ce cas les réponses seront multiples).

SÉQUENCE 4 : PRODUCTION D'ÉCRITS

Spécificité
Trouver les légendes correspondant aux dessins.

Matériel
– Quelques agrandissements des illustrations ainsi que les résumés correspondants sur étiquettes collectives (en script).

Déroulement possible :

1. Collectif/oral

Choisir quelques illustrations des textes étudiés, les placer dans le désordre au tableau.
Faire décrire les étiquettes et demander aux enfants ce que l'on pourrait faire : → les ranger dans l'ordre chronologique.
Afficher (toujours dans le désordre) les étiquettes comportant les résumés.
Faire lire les différentes étiquettes.
Les ranger.
Demander aux enfants de venir placer chaque étiquette sous la bonne illustration.
Exemple de choix possibles :
Illustration page 44. Résumé : *Alex, Léa et Maman partent en train pour Londres.*
Illustration page 50. Résumé : *Maman offre un guide à Léa et une montre à Alex.*
Illustration page 56. Résumé : *Ils montent dans un taxi pour aller visiter la Tour de Londres.*
Illustration page 60. Résumé : *Un monsieur fâché suit les enfants.*
Illustration page 62. Résumé : *L'Écossais donne la montre verte à Alex.*

2. Individuel/écrit

► Cahier d'activités 1 : exercice 5 p. 38.

Indications pour l'étude dirigée ou le travail à la maison

► Livre du maître : compléter la fiche à photocopier p. 279.
• Dans le manuel, lecture du texte p. 62 et de la rubrique « Je mémorise » p. 63.
• Mémoriser ou s'entraîner à écrire : *Merci monsieur !*

Unité 10

—— deuxième jour ——

Manuel de l'enfant pp. 62-63 et 74.
► Cahier d'activités 1 p. 48.

Mise en route
Sur l'ardoise : écrire ce qui a été revu à la maison : *Merci monsieur !*

SÉQUENCE 1 : DÉCOUVERTE DU SON [d]

Si vous suivez la progression du livre : Étude du son [d]. Si vous suivez une autre progression, voir tableau pp. 110-111 :

Spécificité Découverte du son [d], discrimination auditive.
Matériel – 4 dessins collectifs : *deux, cadeau, guide, addition.* – 3 flèches individuelles (si jeu de fléchettes).

Déroulement possible

Fiche-guide 6 (pp. 60-61).

Collectif/oral : discrimination auditive

• Découverte du son commun dans les quatre dessins ; ordre de présentation : *addition, cadeau, guide, deux.*
• Localisation de ce son
– Premier niveau : début ; milieu ; fin.
– Deuxième niveau : dans les syllabes orales.
• Production de ce son
L'articulation est la même que pour le [t] mais c'est un son plus « faible », la langue vient buter d'un coup sec contre les dents du haut et le palais puis elle se retire, des vibrations des cordes vocales différencient la production du son [d] de celle du son [t], mais il est impossible de le constater, le son est projeté en avant, on souffle par la bouche. Le son n'est pas prolongeable : c'est une consonne (occlusive) sonore.
• Imprégnation du son
► Manuel : « Je chasse le son » p. 74.
Liste d'éléments de l'illustration contenant le son [d] :
guirlande, dauphin, calendrier, décembre, dinosaure, cadeau, drapeau, pédale, pédaler, guidon, panda, domino, diable, mappemonde, Grindelire, addition, deux, guide, ardoise… .
On poursuivra cette imprégnation du son par un ou deux jeux au choix.

– Jeu de pigeon vole avec les mots suivants : *dent, temps, banc, paon, douche, bouche, touche, pain, teint, daim, bain, coude, coupe, coûte, foudre, poutre, grande, coudre, courte, poudre, jambe.*

– Jeu de fléchettes avec les mots suivants : *début, pommade, addition, garde, médicament, domino, dame, cadeau, aide, guidon, dimanche, samedi, fraude, lundi, doute, code, date.*

– Jeu de l'oreille fine avec les mots suivants : *tablier, déborder, cadeau, décodage, dedans, tapis, défendre, code, bâton, dégourdi, patte, carte, bon, don, ton, demande, temps, dent, démodé, descendre, détective, diable, bague, digue, dindon, tordu, dodu.*

– Jeu de devinettes. Définitions des mots contenant le son [d].
Je suis un mois de l'année où il fait souvent froid : *décembre.*
Je suis un jour de la semaine qui commence par le son [d] : *dimanche.*
Je suis une opération mathématique : *une addition.*
J'ai une souris et des puces, mais je ne suis pas un animal : *l'ordinateur.*
Je suis le volant du vélo : *le guidon.*

– Jeu d'articulation. Les enfants doivent répéter la phrase de plus en plus vite.
« Dînons, dit-il, d'un dindon dodu. »

► Cahier d'activités 1 : exercice 1 p. 48.
Faire identifier correctement les différents dessins. Insister sur le son approprié : *coude, tube, doigt, toit, train, tondeuse.*

SÉQUENCE 2 : DÉCOUVERTE DES GRAPHIES DU SON [d]

Spécificité Découverte des graphies du son [d], discrimination visuelle.
Matériel – 4 dessins collectifs : *deux, cadeau, guide, addition.* – Étiquettes-puzzle collectives.

Déroulement possible

1. Collectif/oral

• Découverte des différentes graphies
Sous les quatre dessins et la localisation du phonème, écrire les mots correspondants et en déduire la graphie :
Faire dire aux enfants : « j'entends le son [d] et je peux voir les lettres : d ou dd »
► Manuel, lecture de la rubrique « Je classe les mots » p. 74.
• Travail de la combinatoire.
Après le travail de la combinatoire habituel, faire chercher par les enfants, oralement, des mots où l'on entend une de ces syllabes, puis une autre…
• Faire localiser la syllabe dans le mot. L'enfant frappe les syllabes (rythme du métronome) on évitera de faire frapper des mots dont le découpage en syllabes écrites et syllabes orales diffère ; choisir des mots sans ambiguïté. Ex : *ca-deau* (2 syllabes écrites ; 2 syllabes orales)
• On pourra aussi prononcer une syllabe et demander aux enfants de l'écrire.
Différenciation : demander aux enfants de trouver toutes les graphies d'une même syllabe orale.
• Découvrir un mot inconnu en plaçant au tableau les syllabes en désordre (on pourra même y glisser des « syllabes pirates »). Les variantes sont nombreuses.

► Manuel : lecture de la rubrique « J'assemble » p. 74.

• Des mots des histoires avec le son [d] :
de, dos, il dit, du, il viendra, monde, il gronde, depuis, Rosemonde [I], Londres, des, tu as entendu,

du, de, guide, cadeau, devant, il demande, dans, elle regarde, droite, soudain, il donne, coude, en regardant, elle donne, ils se regardent [II].

2. Individuel/écrit

► Cahier d'activités 1 : exercices 2 et 3 p. 48.
Pour l'exercice 3, faire un ou deux exemples au tableau.

SÉQUENCE 3 : ÉCRITURE MANUSCRITE

Fiche-guide 7 (pp. 62-63).

Déroulement possible

1. Collectif/oral

L'enseignant pourra préparer directement sur le cahier d'activités de l'enfant les points de repère. Il choisira ainsi combien de fois l'enfant devra reproduire le modèle.
Il pourra même, en fonction des difficultés rencontrées, faire varier ce nombre.

2. Individuel/écrit

► Cahier d'activités 1 : exercice 4 p. 48.

SÉQUENCE 4 : RÉINVESTISSEMENT – JEUX

Spécificité
Trouver un intrus dans une liste (permet de vérifier les acquisitions de vocabulaire).

Déroulement possible

Collectif/oral

► Manuel, lecture de la rubrique « Jeux » p. 63.
La première ou les deux premières recherches pourront être effectuées collectivement, ensuite recherche individuelle avec écriture des résultats sur l'ardoise ou sur le cahier.

Indications pour l'étude dirigée ou le travail à la maison

► Livre du maître : compléter la fiche à photocopier p. 279.
• Dans le manuel, lecture du texte p. 62 et de la fiche son p. 74.
• Mémoriser ou s'entraîner à écrire : *d, deux coups de coude*.

Tableau d'affichage et billet de train

Disciplines du programme

• Découverte du monde : espace.
• Français : lecture de textes informatifs.

Types de documents

• Photographie du panneau d'affichage des départs de l'Eurostar de la gare du nord à Paris.
• Pochette et billet Eurostar Paris → Londres.

Durée

• Plusieurs séances à répartir sur plusieurs jours en fonction des pistes de recherches choisies.

Déroulement

1. Collectif/oral

► Manuel page 75.

Question 1 : Elle a pour but de faire trouver à l'enfant la nature du document 1 et de définir le rôle et l'utilité de ce panneau d'affichage.
• Il sert à informer les personnes.
Quelles sont les informations que donne ce panneau d'affichage ?
Les horaires, les destinations, les possibilités d'embarquement dans tel ou tel train.
Dans quelles langues sont données les informations ? → Pourquoi ?
Faire quelques correspondances entre les deux langues : London → Londres, Departure → Départ faire remarquer les différences et les similitudes.
• Où peut-on trouver des panneaux ressemblant à celui-ci ?
→ Dans les gares, les aéroports,...

Question 2 : Que voit-on sur ce document ? Quelle est son utilité ?
• Chercher tous les renseignements que l'on peut trouver. Les enfants peuvent retrouver un certain nombre de mots qu'ils ont déjà rencontrés. Par exemple :
train, enfant, billet, départ, Paris, London, etc.
Possibilité de travailler sur les abréviations (non fum, 20 min, Dép, etc.) ou les sigles (SNCF).

Question 3 : Elle permet de confronter les renseignements fournis par les deux supports (tableau d'affichage et billet).
Quel est le train que va prendre le passager qui a acheté le billet ?
Où va-t-il ? Quand arrivera t-il ?

• par groupes

Demander aux enfants d'apporter d'autres titres de transport : train, bus, autocar, métro, avion, bateau, etc.
Repérer les renseignements découverts précédemment.
Voir s'il existe d'autres abréviations, d'autres sigles, comparer les prix des billets, étudier sur une carte les points de départ et les points d'arrivée (quand ceux-ci sont précisés), etc.

2. Individuel/écrit

► Cahier d'activités page 49.
exercice 1 : observer les renseignements donnés par le billet de train de Grindelire.
Faire lire collectivement les questions.
exercice 2 : observer le tableau d'affichage, faire lire les horaires et l'intitulé des trajets.
Faire lire collectivement les questions.

Propositions de prolongements

• Historique et aspects techniques (simplifiés) de la construction du tunnel sous la Manche. Les enfants pensent souvent, par exemple, que le tunnel est une sorte de gros tuyau qui repose au fond de l'eau (*cf.* la réflexion d'Alex : « Chouette ! On va voir des poissons ! »).
• Recherche du nom d'autres trains connus et des documents les concernant. (Orient Express, TGV, Thalys…)
• Fabrication de billets en classe en reprenant les caractéristiques des billets étudiés.
• Étudier l'historique des moyens de transport, parler des perspectives que les progrès techniques nous offrent (par exemple : *fusée Ariane, navette spatiale*).
• Comparer les différents moyens de transport actuels.
• Citer les différents moyens de transport permettant de s'y rendre (par exemple : Londres au départ de Paris → train, avion, ferry, aéroglisseur).
• Parler du franchissement de la Manche et des nombreux records qu'il a suscités (Louis Blériot, traversées à la nage et autres moyens plus ou moins surprenants).

BIBLIOGRAPHIE

• Articles Encyclopédie Encarta sur CD Rom :
  – Manche (tunnel sous la) ;
  – Chemin de fer ;
  – Train à grande vitesse.

Je vais faire mes courses en euros

Disciplines du programme

• Mathématiques.
• Français : lecture de textes informatifs.

Type de document

• Document comportant le prix approximatif de quatre aliments courants ainsi que la reproduction de billets et de pièces en euros.

Durée

• Plusieurs séances à répartir sur plusieurs jours en fonction des pistes de recherches choisies.

Déroulement

1. Collectif/oral

► Manuel page 76.

Question 1 : Observation des reproductions de pièces et de billets, si possible les comparer avec les billets et les pièces réelles afin de montrer les différences de taille et observer le verso des pièces et des billets. Les classer selon leur valeur.
Quelle est la valeur (en euros), des pièces et des billets reproduits dans le manuel ?
En existe-t-il d'autres ?
À quoi cela sert-il ou servira-t-il ?
Quels pays utilisent (ou vont utiliser) cette monnaie ? Quand ou depuis quand ?
Connaissez-vous d'autres monnaies ? Demander aux enfants d'en apporter quelques billets ou quelques pièces en classe.
Dans quels pays sont-elles utilisées ?
Connaissez-vous d'autres moyens de paiement ? Montrer un chéquier, une carte de crédit.

Questions 2 et 3 :

• Organiser un « jeu de la marchande » en binôme avec des objets de la vie courante étiquetés en euros, un enfant tient le rôle du commerçant et un autre celui de l'acheteur. L'acheteur fait l'acquisition d'un objet en faisant l'appoint dans un premier temps et, dans un second temps, le commerçant lui rend la monnaie (procéder avec des nombres entiers simples. Par exemple : achat d'un ballon coûtant 5 euros, d'une petite voiture coûtant 3 euros).
• Observation du document du manuel : Si je veux acheter un kilo de pommes de terre, quelle pièce vais-je donner au commerçant ?
Et si j'achète un kilo de clémentines ?
Et si j'achète un kilo de faux-filet ?
Avec un euro, aurais-je assez pour acheter une baguette ? Me rendra-t-on quelque chose ?
Ne pas tenter de faire de conversions entre monnaies, il est préférable que les enfants donnent directement un sens et une valeur à la nouvelle monnaie.

2. Individuel/écrit

► Cahier d'activités 1 p. 50.
exercice 1 : faire donner la valeur des différentes pièces et billets représentés dans l'exercice (en cette période de l'année, beaucoup d'enfants ne connaissent pas encore le nombre cent, le fait que celui-ci comporte en revanche trois chiffres alors que les autres nombres n'en comportent qu'un ou deux les oriente dans leur choix).
exercice 2 : lecture collective des étiquettes et du nom des marchandises, lecture et explication de la consigne.

Propositions de prolongements

• L'Europe géographique, les pays qui utilisent ou utiliseront l'euro. Colorier ces pays sur une carte.
• Travailler sur les autres monnaies, les relier aux pays qui les utilisent.
• Histoire de la monnaie ; quels étaient les moyens de paiement utilisés jadis ?
• Utiliser la transdisciplinarité pour travailler en mathématiques sur le thème de l'euro, résoudre des problèmes simples.

BIBLIOGRAPHIE

• Brochures du ministère de l'Éducation Nationale sur l'euro.
• Articles Encyclopédie Encarta sur CD Rom :
  – Euro ;
  – Monnaie ;
  – Europe (géographique).

Affiche de l'UNESCO

Disciplines du programme

• Éducation civique.
• Français : lecture de texte prescriptif.

Type de document

• Affiche de l'UNESCO appelant à la tolérance. Cette affiche schématise les cinq continents et les peuples qui y vivent, les cinq masques figurant des personnages reprennent la disposition des anneaux olympiques.

Durée

• Plusieurs séances à répartir sur plusieurs jours en fonction des pistes de recherches choisies.

Déroulement

Collectif/oral

► Manuel page 77.

Question 1 : Si les enfants ne trouvent pas directement qu'il s'agit de la reproduction d'une affiche, faire observer la légende « Affiche de l'UNESCO » se trouvant en bas à droite. En profiter pour expliquer qu'une légende précise l'origine du document et l'accompagne à chaque fois.
• Demander de bien observer l'affiche.
Faire discuter les enfants sur les significations possibles du document.
• Que représentent les formes géométriques ? Quelle est leur attitude ? Pourquoi les a-t-on représentées ensemble ?
• Quelle est l'intention des auteurs de cette affiche ?

Question 2 : Reconnaissez-vous des mots sur cette affiche ?
Le mot **tolérance** peut être découvert par analogie :
Tolérance / tortue / **Lé**a / s'él**ance** / s'av**ance**
respectez les autres à l'aide des mots déjà rencontrés et de l'interprétation du dessin faite précédemment.
• Que remarquez-vous à propos des autres écrits ? → Ils sont rédigés dans les principales langues utilisées dans le monde. Faire remarquer que certaines langues utilisent le même alphabet, d'autres non. Utiliser les compétences d'enfants de la classe issus d'autres régions du monde ou ayant connu d'autres pays et d'autres cultures. Parler du sens de l'écriture (de gauche à droite, de droite à gauche, de haut en bas,...).
• Que peuvent vouloir dire ces différents écrits ?
Les enfants peuvent découvrir qu'il s'agit du même message en observant que certains sont très proches de celui écrit en français (Tolerancia ; Respetar a los otros ; Tolerance ; Respect others), d'autres utilisent un alphabet ayant des lettres communes avec le nôtre et d'autres enfin nous sont totalement étrangers, aussi étrangers que le message en français peut l'apparaître à des personnes ne connaissant pas notre langue.

• Quel organisme a réalisé cette affiche ?
Si les enfants ne connaissent pas l'UNESCO faire observer le sigle rappelant la façade de l'Assemblée nationale et montrant l'aspect officiel de l'organisation. Parler en termes simples de cette organisation et de son rôle.
À titre informatif :
« **Organisation des Nations unies pour l'éducation, la science et la culture (Unesco)**, agence des Nations unies (ONU), créée en 1946 pour promouvoir la paix dans le monde par la promotion de la culture et de la communication, de l'éducation, des sciences naturelles et des sciences sociales et humaines. (...)
Les principales priorités des programmes de l'Unesco sont l'éducation pour tous, le développement d'une culture de la paix à travers l'éducation, la libre circulation de l'information entre les pays ainsi que la liberté de la presse, la protection de l'héritage naturel et culturel, la défense de l'expression des identités culturelles. Les questions prioritaires sont l'éducation, le développement, l'urbanisation, la population, la jeunesse, les droits de l'Homme et l'égalité des femmes, la démocratie et la paix. » [1]

Question 3 : La réponse à cette question est déjà en partie trouvée grâce à la lecture de l'image faite au départ, on pourra cependant détailler ici chaque forme et trouver en fonction des détails et des couleurs utilisées, ce que représente chacune d'entre-elles.

• Discuter avec les enfants sur le message délivré par cette affiche. Au besoin, faire référence à l'histoire « Petit voyage à Londres » : Léa et Alex se moquaient de l'Écossais parce que celui-ci était différent et leur paraissait ridicule, ensuite ils en avaient peur quand la situation changeait et enfin ils étaient confus en constatant qu'ils s'étaient fait de fausses idées sur le personnage.

Propositions de prolongements

• Les principales écritures utilisées dans le monde.
• Évocation des jeux olympiques dont l'affiche reprend la disposition des anneaux.
• Travail sur les affiches en général.

BIBLIOGRAPHIE

• Publications de l'UNESCO destinées aux enfants.
• Articles Encyclopédie Encarta sur CD Rom : UNESCO, Écriture.

1. « Organisation des Nations Unies pour l'éducation, la science et la culture (Unesco) », *Encyclopédie*.

Papillotes-surprise

Disciplines du programme

• Découverte du monde : matière.
• Français : lecture d'un texte prescriptif.

Type de document

Fiche technique permettant de réaliser des papillotes qui éclatent quand on tire d'un coup sec sur les extrémités.
Cette fiche permet de relier le thème de l'Angleterre et le thème de Noël.

Durée

• Une ou plusieurs séances.

Déroulement

Collectif/oral

► Manuel page 78.

Question 1 : Observation globale du document.
Quelle est son utilité ? Comment le sait-on ? → observation de la liste des fournitures, des nombres indiquant les étapes de la fabrication.
Que permet-il de fabriquer ?
Quelles sont les fournitures nécessaires à la réalisation (en observant les dessins) ?
Quelles sont les étapes de la fabrication (en observant les dessins) ?

Question 2 : Observation plus fine du document.
Reconnaissez-vous des mots sur ce document ?
→ Angleterre, Noël, etc.
Travail plus ou moins approfondi de lecture du texte, ne pas faire une découverte systématique : l'activité doit conserver le caractère ludique lié aux fêtes de fin d'année.
Le texte sera lu par des enfants déjà à même de lire. Il sera ensuite relu et commenté par l'enseignant.

Question 3 : Une fois le document commenté et expliqué, les enfants pourront procéder à la réalisation de l'objet technique. Bien faire remarquer que sur ce type de fiche technique, le dessin est aussi important que l'écrit et que l'on peut parvenir au résultat sans avoir lu forcément tout ce qui était écrit.

Propositions de prolongements

• Travail sur d'autres fiches techniques, montrer les points communs de ces différents écrits.
• Autres activités autour du thème de Noël (confection de guirlandes, de cartes de Noël).
• Les différentes façons de fêter Noël dans le monde.

Poésies

Discipline du programme

• Français : lecture de textes poétiques.

Type de document

• Deux extraits de poésies.

Durée

• Plusieurs séances à répartir sur plusieurs jours.

Déroulement :

Collectif/oral

► Manuel page 79.
La première poésie reprend le thème du voyage en train et la seconde le thème des étrennes en cette période de fin d'année.

Séquence 1 : Lecture magistrale du premier texte.
Quelle est la musique du texte ? Entend-on plusieurs fois le même son en fin de vers ? (*temps – dedans, paupières – rivières*)
Que voit-on en écoutant ce texte ?
Interprétation collective de quelques images : Des paysages qui s'ouvrent quand on veut mordre dedans. Des maisons comme des yeux avec de fausses paupières.
Recherche des mots connus afin de faciliter la mémorisation.
Faire dire le texte vers par vers (dire un vers puis la faire répéter par les enfants).

Séquence 2 : Lecture magistrale du second texte.
Quelle est la musique du texte ?
Entend-on plusieurs fois le même son en fin de vers ?
Ici la musique de fin de vers est très facilement perceptible :
étrennes – siennes
joujoux – bijoux
sonore – encore
Que voit-on en écoutant ce texte ?
Explication collective de quelques images : matin des étrennes, bonbons habillés d'or, tourbillonner dans une danse sonore.
Recherche des mots connus afin de faciliter la mémorisation.
Faire dire le texte vers par vers (dire un vers puis la faire répéter par les enfants).

Propositions de prolongements

• Lecture magistrale des textes en intégralité afin que les enfants puissent situer l'extrait qu'ils apprennent.
• Recherche et étude d'autres poésies sur les mêmes thèmes.

RÉVISIONS-JEUX RÉVISIONS-JEUX RÉVISIONS-JEUX

► Manuel, p. 80.
Arrivé à la fin de chaque période, l'enseignant pourra travailler sur la page de révisions de sons. On peut repréciser que, quel que soit l'ordre de présentation qu'il aura choisi, il doit néanmoins avoir présenté tous les sons de la période.
Cette page de récapitulation va donc lui permettre de faire le point sur les acquisitions des enfants dans ce domaine.
On retrouvera le dessin du mot-clé servant de référent au son étudié, ainsi que les mots reprenant les différentes graphies du son.

L'enseignant pourra également faire relire dans les pages sons les mots de la rubrique « Des mots de l'histoire ».
En effet, il est possible que certains mots n'aient pu être lus lors de la découverte du son, à cause de l'ordre de présentation choisi par le maître, et de l'avancée dans l'histoire.
Il a aussi à sa disposition les fiches photocopiables.
► Cahier d'activités 1, p. 51.
Des jeux sont proposés pour clore la période.

Ils sont en rapport plus ou moins direct avec l'histoire. L'enfant pourra les faire seul et retrouvera les personnages de ses textes.
On vérifiera que les consignes de jeux sont comprises par tous.

Pour la période 2 sont proposés :
• un jeu de mots croisés.
• une grille à compléter (pour cet exercice, on pourra faire un exemple au tableau : que représente ce dessin ? et écrire la première lettre du mot dans la case. Préciser que, comme dans les mots croisés, on utilise la majuscule script.
• un coloriage magique : expliquer qu'à chaque fois que l'on voit par exemple une graphie du son [ɔ̃], on colorie en rouge, etc.

Écris une carte postale

Fiche-guide 8 (pp. 64-65)
► Cahier d'activités 1 : pp. 52-53.

Discipline du programme

• Français : Analyser un type d'écrit : la carte postale.

Type de document

• Trois reproductions de cartes postales.

Durée

• Plusieurs séances à répartir sur plusieurs jours.

Déroulement

• 1. Collectif/oral

Observation de cartes postales
Demander aux enfants d'apporter des cartes postales qu'ils ont reçues à leur adresse.
Faire un agrandissement du verso de quelques cartes.
Les observations des enfants devraient les conduire à trouver sur chaque reproduction de carte postale, les renseignements suivants :
• Légende de la carte.
• Formule de politesse saluant la personne et indication de l'identité de cette personne (Bonjour Léa, Salut Alex, Cher Papa, etc.). Faire remarquer que l'on choisit la façon de saluer la personne en fonction des liens que l'on a avec elle.
• Signature de la personne qui a envoyé la carte. Introduire le terme d'**expéditeur**.
• Adresse de la personne à qui l'on envoie la carte. Introduire le mot **destinataire**.
• Cachet de la poste indiquant où et quand la carte a été expédiée.
Chercher les mêmes renseignements sur les autres cartes que les enfants ont apportées (possibilité de travail en groupe).
Mise en commun : quels sont les différents renseignements que l'on trouve sur une carte postale ?

► Cahier d'activités 1 pp. 52-53.
• Observation de la première carte postale.
Répondre collectivement aux questions posées dans la rubrique « **Observe** ».
• Répondre collectivement aux questions posées dans la rubrique « **Réfléchis** ».

Le projet : écrire une carte postale
Boîte à idées au tableau construite en dictée à l'adulte :
Que peut-on écrire au début ?
Si on écrit à son papa ou à sa maman → Cher Papa, Chère Maman.
Si on écrit à un ami → Cher x, Salut x.
Si on écrit à son maître ou à sa maîtresse → Cher maître, Chère maîtresse, Bonjour monsieur, etc.
Si on écrit à plusieurs personnes → Chers amis, Chers tous, Bonjour à tous, etc.
Que pourra-t-on écrire ensuite ?
Écrire les propositions des enfants. Par exemple : Nous avons visité Marseille, il fait très beau, etc.
Que faudra-t-il écrire à la fin ? la signature et la formule de fin → Grosses bises, À bientôt, Salut, etc.
Comment va-t-on écrire l'adresse → Monsieur, Madame, Mademoiselle (parler des abréviations), nom de la personne, numéro et nom de la voie, code postal, ville et éventuellement pays.
Réalisation collective ou en groupes d'une carte postale à partir de la boîte à idées.
Échange des cartes postales rédigées (si travail en groupe), mise en commun, relecture des réalisations. Améliorations.
• Lecture collective de la boîte à idées p. 53.

• 2. Individuel/écrit

Rappel des règles propres à ce type d'écrit.
Réalisation individuelle d'une carte postale sur le cahier d'activités à partir de la boîte à idées ou en enrichissant celle-ci. Le texte doit être en relation avec la légende de la carte, (il est difficile de dire : « Je passe de très bonnes vacances à l'Île Maurice » sur une carte montrant un Écossais en kilt).
Relecture de la carte par un ou plusieurs camarades.
Mise en commun.
Illustration du recto de la carte dans le cahier d'activités (l'illustration doit correspondre à la légende portée sur la carte au verso : Un Écossais en kilt).

Propositions de prolongements

• Demander à chaque enfant d'apporter une carte postale et un timbre, la faire rédiger, l'affranchir et la faire expédier par chaque enfant à son domicile (c'est l'occasion de réaliser tout un travail sur le courrier, la poste, de visiter celle-ci, de se faire expliquer par le facteur comment est acheminé le courrier, comment il effectue sa tournée, etc.).
• Travailler sur la lettre, la rédaction de celle-ci et la rédaction de l'enveloppe.
• Travailler sur les timbres et les cachets de la poste français ou étrangers. Situer les pays ou les régions.

Père Noël que fais-tu ?

C'était un peu avant Noël. Cette nuit-là, on ne dormait guère dans la Grande-Remise-aux-Jouets. Une rumeur courait le long des étagères et l'on entendait des oh !... et des ah !... de surprise, ou d'indignation.
Un ours énorme bougonna :
– Eh non ! le Père Noël ne passera pas cette année... Et c'est bien fait pour les petits enfants, qui sont vraiment de plus en plus insupportables.
Tout ce bruit troublait le sommeil de Macha. Elle n'ouvrit pas les yeux, car les poupées de chiffon dorment les yeux ouverts. Mais elle se réveilla tout à fait. On protestait de tous côtés. Sur l'étagère du dessus, piaffant de colère, un cheval hennissait. Son cavalier essayait de se faire entendre.
– Allons, calmez-vous ! disait-il. Si le Père Noël ne passait pas cette année, on nous le dirait. Nous saurions pourquoi.
– Moi, dit l'Homme Volant, je pense qu'il s'ennuie. Ne descendre sur terre qu'une fois par an, ce n'est pas une vie !
– Peut-être se sent-il seul, suggéra Macha.
– Naturellement ! fit la poupée Starlette. Il lui faudrait une compagne : une femme comme moi, aussi belle que moi !
– Quelle idiote, celle-là ! s'écria Arlequin. Longues jambes, intelligence courte !...
Cela amusa Macha qui se trouvait un peu boulotte, et que l'élégance de Starlette impressionnait.
Un cosmonaute s'agitait dans la cabine de son vaisseau. Il saisit son micro :
– Il lui faut un moyen de transport moderne, dit-il. C'est fini l'âge du traîneau tiré par des rennes !
– C'est au Père Noël qu'il faut demander ce qu'il souhaite, dit un ânon à bascule.
– Excellente idée ! Envoyons-lui une de nos plus belles poupées, une qui parle, naturellement !
– Elles parlent, mais malheureusement elles ne pensent pas, répliqua l'ânon.
– Et on dit qu'elles mouillent leur culotte !... ajouta un petit chien pris d'un fou rire qui fit pouffer tous les jouets.
Les poupées qui coûtent cher, furieuses, déclarèrent que, de toute façon, il faisait trop froid et qu'elles n'iraient pas gâcher leurs jolies toilettes dans la neige.
Qu'on envoie plutôt une souillon comme Macha, qui n'avait rien à perdre.
– Mais, répondit gentiment Macha, je veux bien y aller, si vous le voulez.
Ce n'était pas une petite affaire pour Macha que de traverser la cour enneigée qui sépare la Grande-Remise-aux-Jouets de la maison du Père Noël. La neige était profonde et Macha y enfonçait jusqu'à la taille. Cette expédition lui prit le reste de la nuit. À l'aube, elle atteignit la maison. Il lui fallait encore grimper sur l'appui de la fenêtre. Quelle escalade !...
Enfin, Macha put frapper au carreau. Mais une petite main de chiffon ne fait guère de bruit sur une vitre. Et Macha ne pouvait appeler, car les jouets ne parlent qu'entre eux. Personne n'entend leur voix.
Que faisait donc le Père Noël pendant ce temps-là ?... Eh bien, il dormait encore ! Il aurait dû inspecter ses réserves dans la Grande-Remise-aux-Jouets. Mais quand on dort des mois entiers, un retard de quelques heures, c'est peu de chose.
Le petit bruit de souris que faisait la main de Macha sur la vitre givrée finit tout de même par le réveiller. Il courut à la fenêtre. Et, voyant la pauvre poupée transie, il comprit pourquoi elle était là.
Vite, il l'emmena près du feu et la rassura. Bien sûr, il passerait cette année encore, comme d'habitude, et comme il le ferait toujours, tant qu'il y aurait des enfants. Chaque jouet trouverait le petit soulier de celui ou celle qui l'attendait.
Mais Macha, qui avait eu tant de courage, aurait le privilège de choisir elle-même la petite fille qui l'adopterait. Ce qui fut dit fut fait. Et c'est ainsi que Macha devint l'enfant chérie de sa maman Marie.

Père Noël, que fais-tu ? texte de Yvette Toubeau
Hachette Livre

Bibliographie d'Elsa Devernois

Le Zoo de Zoé. Épigones, 1998 (Myriade)
avec Meyer (Camille).
Droit au but. Flammarion-Père Castor, 1998
avec Barborini (Robert). *Un Amour de maîtresse*. Nathan (Demi lune), 1997
Le Club des secrets. Nathan (Pleine lune), 1996 (Bons lecteurs 8-9)
avec Bouillé (Pierre). *Qu'est-ce que tu me donnes en échange ?* Nathan, 1996 (Première lune)

Bibliographie de Jean-François Dumont

en collaboration avec les auteurs suivants :
Gudule. *L'Abominable petite fille des neiges*. Hachette Jeunesse, 1999 (Bibliothèque rose. *Les frousses de Zoé*)
Gudule. *Le Dentiste est un vampire*. Hachette Jeunesse, 1999 (Bibliothèque rose. *Les frousses de Zoé*)
Gudule. *La Sorcière est dans l'école*. Hachette, 1996 (Bibliothèque rose)
Gudule. *Le Père Noël est un extra-terrestre*. Hachette jeunesse, 1998 (Bibliothèque rose)
Hoestlandt (Jo). *Maman ne sait pas me dire non*. Flammarion-Père Castor, 1998,
Ubac (Claire). *Hugo n'aime pas les filles*. Nathan (Première lune)
Ben Kemoun (Hubert). *Imagine*. Flammarion-Père Castor, 1997
Fossette (Danielle). *Je me marierai avec la maîtresse*. Nathan, 1996 (Première lune)
Vandeville (Agnès). *Les Bords de mer*. Nathan, 1993 (Questions-réponses 3-6 ans)

Bibliographie thématique : Voyage

Band (Ruskia). *Sita et la rivière*. Rageot, 1991
Bernard F. *Le Secret des nuages*, Albin Michel, 1997
Bourgeat (Pierre). *Le Long voyage*. Syros, 1992 (Exil)
Burningham (John). *La Voiture de M. Gumpy*. Flammarion-Père Castor, 1994
Cahour (Chantal). *Les Quatre font la paire*. Rageot (Cascade), 1998
Danziger (Paula). *Les Vacances de Lily Graffiti*. Gallimard (Folio cadet), 1998
Foreman (Michael). *Le Merveilleux voyage de Jack*. Kaléidoscope, 1992
Guilloré (Jean). *Le Voyage de Nicolas*. Flammarion, 1985 (Castor-poche junior)
Halley (Achmy). *L'Oasis d'Aïcha*, Syros, 1998 (Mini souris sentiments)
Höglund (Anna). *Lola s'en va*. Seuil jeunesse, 1998
Houston (James). *Akavak*. Flammarion, 1991 (Castor-poche)
Janosch. *À Panama tout est plus beau !* Casterman, 1984 (Janosch)
Mathis J.M. *Le Chien qui souriait à l'envers*. Pocket, 1998
Mitchell (Adrian adapt.). *Les Aventures du baron de Münchhausen*. Albin Michel. (bibliothèque)
Levinson (Riki). *Le Regard dans les étoiles*. Gallimard, 1993
Pommaux. *Le Voyage de Corbelle et Corbillo*. École des loisirs, 1982
Sis (Peter). *Christophe Colomb*. Grasset, 1996
Steig. *Irène la courageuse*. Flammarion, 1998.
Stevens (Carla). *Anna, Grandpa et la tempête*. Gallimard, 1990 (Bons lecteurs)
Swift Jonathan. *Les Aventures de Gulliver chez les Lilliputiens*. Hachette jeunesse, 1994
Tasma (Sophie). *Je viens avec toi*. École des loisirs, 1996
Tomlison T. *Petit clandestin*. Kaléidoscope, 1997
Waddell (Martin). *Vers l'Ouest*. Gallimard, 1984

Documentaires

Girardet (Sylvie). *Voyages aux pôles*. Bayard Éditions, 1993 (grands reportages)
Parker (Steve). *Voler : de la mongolfière à la navette spatiale*. Hachette jeunesse, 1990 (Bibliothèque)
Prunier (James). *Le Livre des trains*. Gallimard, 1995 (Bibliothèque)
Scarry (Huck). *Ces drôles de machines qui naviguent*. Nathan, 1985 (Bibliothèque)
Les Vaisseaux célèbres ; ill. par Thomas Bayley. Bayard, 1997

(Bibliothèque) : indique des ouvrages qui sont disponibles en bibliothèque seulement.
(Bons lecteurs) : indique des ouvrages s'adressant à des enfants à partir de 8 ans environ.

Va, petit mousse, où le vent te pousse...

Va, petit mousse, où le vent te pousse... est la troisième histoire. Comme les deux précédentes elle est découpée en dix épisodes que nous proposons de travailler chacun sur deux voire trois jours.
Après un passage dans le réel avec Alex et Léa à Londres, les enfants vont à nouveau être plongés dans l'imaginaire. Ils vont aborder le monde de l'**aventure et des voyages**, propre aux histoires de pirates.
Le jeune héros de cette histoire, auquel ils pourront facilement s'identifier, leur fera connaître la dure vie sur un navire de pirates et les fera trembler devant l'affreux capitaine Jambe-de-Bois.
L'humour des situations et le côté caricatural des illustrations sauront captiver l'attention des enfants qui attendront avec impatience la suite des aventures.
La rubrique « Je lis un nouveau texte » est un vrai réinvestissement de l'histoire, directement issu de son exploitation.

Première et quatrième pages de couverture

Manuel de l'enfant pp. 81 et 102.

Déroulement possible
Collectif/oral

Montrer l'album de *Va, petit mousse, où le vent te pousse...* On pourra comparer aux autres premières pages de couverture déjà étudiées.

Première page de couverture

Afficher un agrandissement de la première page de couverture et faire émettre des hypothèses. Il est important, comme tout au long de l'année de bien faire manipuler l'album, et le manuel, pour faire prendre conscience aux enfants qu'il s'agit d'une vraie histoire.
• Que voit-on sur cette page ?
– Le titre
– Le nom de l'auteur, de l'illustrateur
– Le logo
– L'éditeur
– L'illustration
Un personnage, visiblement dans un port, un bateau de pirates (on le voit au drapeau), d'autres bateaux à l'horizon, un univers vivant au premier plan. On pourra utiliser cette couverture pour faire prendre conscience aux enfants des différents plans de l'illustration :
– Que voit-on au premier plan ?
– Que voit-on en arrière-plan ?

Quatrième page de couverture

Quels renseignements trouve-t-on ?
– Les illustrations : un pirate, le personnage (mousse) dans un tonneau, les requins.
Que peut-on en déduire sur l'histoire ? Il y a du danger dans l'air.
– L'encadré présente les auteurs et illustrateurs
– Le logo
– L'âge des lecteurs
– La rubrique « Dans la même collection »
• On pourra là encore comparer avec les autres quatrièmes pages de couverture étudiées.
• Récapitulation des découvertes et des incertitudes.
• On va pouvoir entrer dans la lecture du texte.

Période 3 : proposition
Va, petit mousse où

MICHEL AMELIN

			TRAVAIL SUR LE SENS			
			Texte de l'album reproduit dans le manuel	Fonctionnement de la langue	Cahier d'activités n° 1	Livre du maître
SEMAINE 1	U 1	JOUR 1	p. 82	p. 83 : c'est/c'était	p. 54	pp. 158-159
		JOUR 2	p. 82			
	U 2	JOUR 1	p. 84	p. 85 : Que fait… ?	p. 55	pp. 161-162
		JOUR 2	p. 84			
SEMAINE 2	U 3	JOUR 1	p. 86	p. 87 : l'énumération	p. 56	pp. 164-165
		JOUR 2	p. 86			
	U 4	JOUR 1	p. 88	p. 89 : l'ordre	p. 57	pp. 167-168
		JOUR 2	p. 88			
SEMAINE 3	U 5	JOUR 1	p. 90	p. 91 : était/étaient	p. 58	pp. 170-171
		JOUR 2	p. 90			
	U 6	JOUR 1	p. 92	p. 93 : tu veux + infinitif	p. 59	pp. 173-174-175
		JOUR 2	p. 92			
SEMAINE 4	U 7	JOUR 1	p. 94	p. 95 : moi, je/toi, tu	p. 60	pp. 176-177
		JOUR 2	p. 94			
	U 8	JOUR 1	p. 96	p. 97 : … car …	p. 61	pp. 179-180-181
		JOUR 2	p. 96			
SEMAINE 5	U 9	JOUR 1	p. 98	p. 99 : un panneau/ des panneaux	p. 62	pp. 182-183-184
		JOUR 2	p. 98			
	U 10	JOUR 1	p. 100	p. 101 : mon/notre	p. 63	pp. 186-187
		JOUR 2	p. 100			

SEMAINE 6 : Faire le point sur l'ensemble de la période

de progression

le vent te pousse...

Jérôme Ruillier

TRAVAIL SUR LE CODE

Manuel	Cahier d'activités n° 1	Livre du maître
[p], p. 103	p. 64	pp. 159-160-161
[f] p. 104	p. 65	pp. 162-163-164
[s], p. 105	p. 66	pp. 166-167
[ɛ], p. 106	p. 67	pp. 169-170
[k], p. 107	p. 68	pp. 172-173
[ɛ̃], p. 108	p. 69	pp. 175-176
[u], p. 109	p. 70	pp. 178-179
[ʒ], p. 110	p. 71	pp. 181-182
[b], p. 111	p. 72	pp. 184-185
[wa], p. 112	p. 73	pp. 187-188

ET AUSSI...

Lire des textes documentaires ou fonctionnels

• DÉCOUVERTE DU MONDE : recette
Manuel, p. 113
Cahier d'activités n° 1, p. 74
Livre du maître, p. 189

• FRANÇAIS : La Une d'un quotidien
Manuel, p. 114
Cahier d'activités n° 1, p. 75
Livre du maître p. 190

• ARTS PLASTIQUES : les bateaux
Manuel, p. 115
Livre du maître p. 191

• DÉCOUVERTE DU MONDE : un poisson, écran d'ordinateur
Manuel p. 116
Livre du maître p. 192

Poésies

• *Dans le silence*, J. Richepin
Manuel, p. 117 ; livre du maître, p. 193

• *L'averse*, F. Carco
Manuel, p. 117 ; livre du maître, p. 193

Projet d'écriture

ÉCRIS UN MESSAGE
• Cahier d'activités n° 1, pp. 76-77
• Livre du maître, p. 194

Révisions/jeux

• Manuel p. 118
• Cahier d'activités n° 1, p. 78
• Livre du maître, p. 193

Unité 1

— premier jour —

Manuel de l'enfant pp. 82-83.
► Cahiers d'activités 1 p. 54.

Mise en route
Fiche-guide 1 pp. 52-53.
Faire découvrir le héros (un enfant) le lieu (la mer), l'époque (éloignée dans le temps, celle des pirates), le sourire de l'enfant regardant les bateaux. Cette découverte s'effectue à partir de la première page de couverture. Elle a pu faire l'objet d'une séquence à part où il sera intéressant pour les enfants de comparer les trois premières couvertures qu'ils ont déjà rencontrées (cf. p. 155).
Faire émettre des hypothèses sur l'histoire. Éventuellement, noter quelques mots au tableau qui faciliteront la prise de sens ultérieure sur le texte.
Découvrir le titre.
Mots du titre :
Va (I-5), petit (II-titre) MOUSSE, où (II-10) le VENT te (I-5) POUSSE…
On notera la différence entre le mousse (sur un bateau) et la mousse (du savon).
► Dans le manuel : lecture de la p. 81.
Faire un travail similaire sur la quatrième de couverture.
► Dans le manuel, lecture de la p. 102.

SÉQUENCE 1 : DÉCOUVERTE ET COMPRÉHENSION DU TEXTE

Spécificité
Présentation des personnages, de l'histoire et du décor.

Matériel
– Texte en script sur feuille collective.

Mots connus (grisé), mots nouveaux (soulignés).
Je ne savais pas que c'était un bateau de pirates. Il avait accosté dans le port de Tobago. Il venait faire ses provisions. Je me glissai dans un tonneau de viande salée mais je fus vite découvert par le capitaine Jambe-de-Bois.
que/bout**ique**, expli**que**
c'était/**c'**est, il **était**
fus/con**fus**
vite/**vite**sse

Déroulement possible

Fiche-guide 2 § 2 (p. 55).

1. Collectif/oral

• Étude de l'illustration
Où sommes-nous ? Que voit-on ? Que se passe-t-il ? Faire énoncer certains mots par les enfants et les écrire au tableau : *un bateau, un tonneau, des provisions, un port.*

• Présentation du texte
Repérage et mise en valeur des mots connus ainsi que les quatre précédemment écrits au tableau.
• Repérer le mot présent trois fois dans le texte « je » : Un personnage raconte son histoire, (le mousse ?), c'est le narrateur.
« un bateau de » étant connu, découvrir le mot pirates grâce à l'illustration de la première de couverture.
« c'était » peut être découvert en confrontant « c'est » et « il était » déjà rencontrés.
On notera au tableau les deux verbes pour mémoire. Ce point sera repris dans la rubrique « Je fais fonctionner la langue ».
Faire remarquer la présence d'une majuscule à « Tobago » qui indique que c'est un nom propre, le nom de l'île.
Laisser les enfants émettre des hypothèses sur « me glissai » (*me cachai, rentrai, me mis, me faufilai…*) et *viande salée* (que pouvait-on mettre dans ces tonneaux ? eau, poisson, fruits…) qui seront validées ou non par des repères de sons ou de syllabes dans ces mots. Le mot « mais » permet de mettre un peu de suspense, que peut-il arriver ? (donner « le capitaine Jambe-de-Bois » après avoir fait remarquer la présence des majuscules)
• Lecture du texte par les enfants, puis par le maître. Ménager le suspense en faisant émettre des hypothèses sur la suite de l'histoire.

2. Individuel/écrit

► Manuel : lecture du texte p. 82 et de la rubrique « Je mémorise » p. 83.
► Cahier d'activités 1 : exercices 1 et 2 p. 54.

SÉQUENCE 2 : FONCTIONNEMENT DE LA LANGUE

Spécificité
C'est, c'était. Introduction de la notion de présent et de passé.

Matériel
– Le texte écrit sur la feuille collective (de la séance précédente).
– Étiquettes collectives de « c'est » et « c'était ».

Déroulement possible

Fiche-guide 4 (p. 58).

1. Collectif/oral

• Relecture du texte au tableau.
Mise en valeur de « Je ne savais pas que c'était un bateau de pirates. »
• Faire effectuer des substitutions à l'oral avec d'autres exemples donnés par le maître.
Proposer des phrases avec un premier verbe au passé et donc « c'était » ensuite, puis commencer la même phrase avec le verbe au présent et laisser les enfants compléter.

Il faisait beau, c'était l'été → Il fait beau...
puis l'inverse :
Il est gentil, c'est mon copain. → Il était gentil...
(Prendre des exemples proches de la vie de la classe.)
► Manuel : lecture de la rubrique « Je fais fonctionner la langue » p. 83.

2. Individuel/écrit

► Cahier d'activités 1 : exercice 3 p. 54.

SÉQUENCE 3 : RÉINVESTISSEMENT

Spécificité
Lire un nouveau texte dont tous les mots et les structures grammaticales sont connus mais dont le sens est différent du texte référence.

Déroulement possible

Fiche-guide 5 (p. 59).

1. Collectif/oral

► Manuel : lecture de la rubrique « Je lis un nouveau texte » p. 83. Pour cette rubrique, qui évolue « Je lis de nouvelles phrases » en « Je lis un nouveau texte », nous avons choisi de nous appuyer fortement sur le texte de la page 82. Certains mots implicites deviennent explicites. ex : Jambe-de-Bois est nommé. Le nouveau texte reprend essentiellement les mots de la rubrique « Je mémorise ».
Lire ce texte et mettre en évidence les différences de sens avec le texte p. 82 (s'y reporter si nécessaire).

2. Individuel/écrit

► Cahier d'activités 1 : exercice 4 p. 54.
Bien préciser que l'enfant doit dire si c'est conforme au texte ou non.

SÉQUENCE 4 : PRODUCTION D'ÉCRITS

Spécificité
Création de phrases en s'aidant d'une boîte à idées.
Matériel – Ardoise.

Déroulement possible

Fiche-guide 8 (pp. 64-65).

1. Collectif/oral

Lecture des groupes de mots proposés dans l'exercice 5 du cahier. Introduction d'autres mots, écrits au tableau, sur proposition des enfants. Faire écrire sur l'ardoise des phrases qui seront lues par leurs auteurs aux autres enfants. Insister sur la présence et la place des majuscules et des points.

2. Individuel/écrit

► Cahier d'activités 1 : exercice 5 p. 54.

Indications pour l'étude dirigée ou le travail à la maison

► Livre du maître : compléter la fiche à photocopier p. 279.
• Dans le manuel, lecture du texte p. 82 et de la rubrique « Je mémorise » p. 83
• Mémoriser ou s'entraîner à écrire : *c'est, c'était.*

Unité 1

— deuxième jour —

Manuel de l'enfant pp. 82-83 et 103.
► Cahier d'activités 1 p. 64.

Mise en route
Sur l'ardoise : écrire ce qui a été revu à la maison : *c'est, c'était.*

SÉQUENCE 1 : DÉCOUVERTE DU SON [p]

Si vous suivez la progression du livre : étude du son [p]. Si vous suivez une autre progression, voir tableau pp. 156-157.

Spécificité
Découverte du son : [p]. Penser aux associations : pr et pl.
Matériel – 4 dessins collectifs : *une cape, un pirate, un champignon, une nappe.* – 3 flèches individuelles (si jeu de fléchettes). – étiquettes collectives.

Déroulement possible

Fiche-guide 6 (pp. 60-61).

1. Collectif/oral : discrimination auditive

• Découverte du son commun dans les quatre dessins ; ordre de présentation : *un champignon, une cape, un pirate, une nappe.*
Laisser les enfants émettre des hypothèses sur le son qui va être étudié en regardant le premier mot. Valider en regardant le deuxième.
• Localisation de ce son
– Premier niveau : début ; milieu ; fin.
– Deuxième niveau : dans les syllabes orales.
• Production du son [p] :
Faire jouer les enfants à prononcer une série de [p]. Observer la bouche du voisin : les lèvres fermées

s'ouvrent brusquement, l'air est expulsé (main devant la bouche). Il n'y a pas de vibrations des cordes vocales. Le son n'est pas prolongeable. C'est une consonne (occlusive) sourde.

• Imprégnation du son

► Manuel : « Je chasse le son » p. 103.

Liste des éléments de l'illustration contenant le son [p] : *un placard, un lampion, une lampe, un peigne, des patins à roulettes, un pirate, un chapeau, un pistolet, un appareil-photo, une porte, la poignée, papa, un pantalon, un portrait, un palmier, un perroquet, une poupée, des pièces, une plante, un pot de fleur, une ampoule, une cape, un tapis, une nappe, une poire, une pomme, un poisson, un champignon, un plat, un poulet, un pied, une jupe, un pilon (de poulet)...* .

On poursuivra cette imprégnation du son par un ou deux jeux au choix.

– Jeu de pigeon vole avec les mots suivants : *fraise, punaise, stop, arbre, sapin, bassin, prise, brise, banc, il pend, crapaud, crabe, attraper, septembre...*

– Jeu de fléchettes avec les mots suivants : *pissenlit, pistache, pantalon, promesse, plantation, privation, cloporte, espion, empêcher, compote, comprendre, expression, escalope, écharpe, grappe, enveloppe, tulipe, caméscope.*

– Jeu de l'oreille fine avec les mots suivants : *saperlipopette !, perlimpinpin, pompier, poupée, ping-pong, principe, parapet, passeport, perdre, sportif, imperméable, surprise, planche, complète, anniversaire, barbu, brioche, encombrer, blanche, absente.*

– Jeu de devinettes. Définitions de mots contenant le son [p] :

Elle peut être en or ou être une partie de la maison : *une pièce.*

C'est un animal qui sent très mauvais : *putois.*

Il passe au-dessus de la rivière et relie les rives : *pont.*

Certains sont comestibles, d'autres vénéneux, voire mortels : *champignons.*

– Jeu d'articulation :

« Pas de pin-pon, pas de pompier ; pas de pompier sans pin-pon. »

2. Individuel/écrit

► Cahier d'activités 1 : exercice 1 p. 64.

SÉQUENCE 2 : DÉCOUVERTE DES GRAPHIES DU SON [p]

Déroulement possible

1. Collectif/oral

• Découverte des graphies du son

Sous les quatre dessins et la localisation du phonème, on écrit le mot correspondant et on en déduit les graphies retenues : p et pp.

Faire dire aux enfants : « J'entends le son [p] et je peux voir les lettres : p ou pp. »

► Manuel : lecture de la rubrique « Je classe les mots » p. 103.

Attirer l'attention des enfants sur ⚠ : « Je vois la lettre p, mais je n'entends pas le son [p] ».

Faire remarquer : *une photo.*

• Travail de la combinatoire à partir des étiquettes-puzzle collectives :

Nom de la lettre (graphie principale du son étudié) : « pé ».

Son produit : [p].

À combiner avec les sons voyelles déjà étudiés.

Prendre l'étiquette : p l'associer à une des étiquettes des sons voyelles.

On pourra :

– Faire trouver oralement des mots contenant cette syllabe.

– Faire localiser la syllabe étudiée dans un mot (travail sur ardoise).

– Faire une dictée de syllabes.

– Faire chercher une syllabe manquant dans un mot.

– Mettre des syllabes en trop dans un mot.

– Mettre des syllabes « déformées » dans un mot...

► Manuel : lecture de la rubrique « J'assemble » p. 103.

• Des mots des histoires avec le son [p] :

pas, pirates, port, provisions, capitaine [III], *emporte, peut, pleuvoir, depuis, pluie, petits* [I], *partent, capitale, passer, poissons, épaules, parler, postales, plus, pour, jupe, parlent, appelle, par* [II].

2. Individuel/écrit

► Cahier d'activités 1 : exercices 2 et 3 p. 64.

SÉQUENCE 3 : ÉCRITURE MANUSCRITE

Déroulement possible

Fiche-guide 7 (pp. 62-63).

1. Collectif/oral

Étude du modèle au tableau : *p, le pirate.*

Insister sur le fait que la lettre descend jusqu'au 2e interligne. On pourra pour le geste graphique se reporter au cahier d'écriture qui accompagne la méthode.

2. Individuel/écrit

► Cahier d'activités 1 : exercice 4 p. 64.

Dictée : exercice 5 p. 64. Faire réécrire les mots appris à la maison et revus le matin sur l'ardoise.

SÉQUENCE 4 : RÉINVESTISSEMENT – JEUX

Spécificité
Charade : réinvestissement ludique.

Déroulement possible

Fiche-guide 5 (p. 59).

Collectif/oral

Faire d'abord lire le titre : charade. Faire définir ce que c'est qu'une charade et à partir d'exemples donnés spontanément par les enfants. Écrire les formules types de la charade au tableau :
– Mon premier… .
– Mon second… .
– Mon tout… .
Faire lire ces formules. Les retrouver ensuite dans le texte de la charade proposée. Lire collectivement la charade en s'appuyant sur les différents acquis des enfants. Faire découvrir les mots d'après la définition, les associer pour n'en faire qu'un.
► Manuel : lecture de la rubrique « Jeux » p. 83.

Indications pour l'étude dirigée ou le travail à la maison

► Livre du maître : compléter la fiche à photocopier p. 279.
• Dans le manuel, lecture du texte p. 82 et de mots de la fiche son p. 103.
• Mémoriser ou s'entraîner à écrire : *le pirate, une nappe, une cape.*

Unité 2

— premier jour —

Manuel de l'enfant pp. 84-85.
► Cahier d'activités 1 p. 55.

Mise en route

► Dans le manuel : relecture du texte p. 82 et des mots du tableau p. 103.
Sur l'ardoise, écrire ce qui a été revu à la maison : *le pirate, une nappe, une cape.*
On pourra afin de prendre du sens, rappeler le suspense et l'intrigue de l'épisode précédent.

SÉQUENCE 1 : DÉCOUVERTE ET COMPRÉHENSION DU TEXTE

Spécificité
Dialogue entre les deux protagonistes.
Matériel
– Texte en script sur feuille collective.

Il hurla en me sortant par la peau du cou : « Que fait ce passager clandestin dans mes côtes de porc ? – Je m' appelle Miguel. J'ai faim et je suis orphelin. Je cherche du travail. »
Peau/combinatoire
cou/il **cou**rt, la **cou**rse, un **cou**p de **cou**de, dé**cou**vert
mes/les, **des**, **ses**
cherche/je vous **cherch**ais
travail/très, **tr**ois, **tr**ain, mon**tr**e

Déroulement possible

Fiche-guide 2 (p. 54).

1. Collectif/oral

• Affichage du texte au tableau.
Que remarque-t-on ?
• Présence de guillemets : quelqu'un parle.
• Le tiret : deux personnes parlent, restauration du dialogue.
• Point d'interrogation : on pose une question. Mettre ces signes en valeur.
• Le texte (les différentes étapes ne sont pas dans un ordre préétabli, laisser les enfants découvrir le texte avec leurs hypothèses).
• Le texte commence par « Il ». Qui est ce « il » ? Si nécessaire, relire la fin du texte précédent : c'est le capitaine. Si c'était le garçon, qu'aurait-on ? On aurait « je ».
• « peau » découvert par combinatoire, permettra de trouver les autres mots du groupe par le sens. (Faire mimer la scène.)
• Donner le mot « hurla ». Pourquoi hurle-t-il ? Parce qu'il a trouvé quelqu'un qui ne doit pas être à bord. Comment s'appelle une telle personne ? un passager clandestin. Ces mots sont-ils écrits dans le texte ? (Les trouver en prenant des repères de syllabes ou de sons.)
• Faire émettre des hypothèses sur « côtes de porc ». Privilégier l'observation de la phrase : « Que fait ce passager clandestin dans mes côtes de porc ? » qui fera l'objet de l'étude en séquence 2. – « Je m'appelle » est suivi d'un mot commençant par une majuscule : ce doit être son nom. Le lire.
• Les deux dernières phrases vont donner les trois raisons pour lesquelles Miguel est monté sur le bateau. « Orphelin », devra être donné et expliqué, « faim » et « travail » pourront être trouvés par le contexte.
– Lecture par équipe de trois enfants, en dialogue (Miguel narrateur, Miguel acteur et Jambe-de-Bois) on veillera à l'intonation : Jambe-de-Bois hurle, Miguel a peur et il est étranglé car Jambe-de-Bois le tient par la peau du cou.

2. Individuel/écrit

► Manuel : lecture du texte p. 84 et de la rubrique « Je mémorise » p. 85.
► Cahier d'activités 1 : exercices 1 et 2 p. 55.

SÉQUENCE 2 : FONCTIONNEMENT DE LA LANGUE

Spécificité
Poser des questions commençant par *Que*...

Matériel
– Le texte en script sur la feuille collective.

Déroulement possible

Fiche-guide 4 (p. 58).

1. Collectif/oral

• Relecture du texte au tableau.
• Mise en valeur de la phrase « Que fait ce passager clandestin dans mes côtes de porc ? ». C'est une question car il y a un point d'interrogation. Y a-t-il un autre indice qui nous indique que c'est une question ? Le mot Que.
Entourer « Que » et « ? ».
• Faire permuter le verbe : Que fait Miguel ? Que dit Miguel ? Que cherche Miguel ? Répondre aux questions.
• Faire produire librement des phrases interrogatives introduites par « que » et y répondre. On pourra aussi proposer soit l'action (*manger*), soit l'objet sur lequel porte l'action, (*un bonbon*), soit la réponse (*Jean mange un bonbon*) et demander de formuler la question qui correspond (*Que mange Jean ?*).
Il est important que les exemples choisis soient le plus proche possible de la vie de la classe ou des centres d'intérêt des enfants.

► Manuel : lecture de la rubrique « Je fais fonctionner la langue » p. 85.

2. Individuel/écrit

► Cahier d'activités 1 : exercice 3 p. 55.

SÉQUENCE 3 : RÉINVESTISSEMENT

Spécificité
Reprise du texte de base sous une autre forme.

Déroulement possible

Fiche-guide 5 (p. 59).

1. Collectif/oral

► Manuel : lecture de la rubrique « Je lis un nouveau texte » p. 85.
Faire remarquer que le sens est le même mais que, ici, ce n'est plus Miguel qui raconte mais un autre narrateur. Le nouveau texte reformule ce que l'on a découvert en lisant le texte p. 84.

2. Individuel/écrit

► Cahier d'activités 1 : exercice 4 p. 55.
Avant de faire l'exercice, faire relire les mots « sur » « sous » et « dans » et au besoin faire réexpliquer ce qu'ils signifient.

SÉQUENCE 4 : PRODUCTION D'ÉCRITS

Spécificité
Création de phrases à partir de groupes fonctionnels.

Matériel
– Étiquettes collectives des mots proposés dans le cahier d'activités.

Déroulement possible

Fiche-guide 8 (pp. 64-65).

1. Collectif/oral

Présenter les étiquettes (même présentation que dans le cahier p. 55), les faire relire.
Préciser que l'on prend un groupe de chaque colonne pour faire une phrase.
Des enfants proposent des phrases qui sont lues et commentées par leurs camarades : elles sont toutes grammaticalement possibles mais certaines n'ont pas de sens.

2. Individuel/écrit

► Cahier d'activités 1 : exercice 5 p. 55.
Les enfants écrivent une ou deux phrases.

Indications pour l'étude dirigée ou le travail à la maison

► Livre du maître : compléter la fiche à photocopier p. 279.
• Dans le manuel, lecture du texte p. 84 et de la rubrique « Je mémorise » p. 85.
• Mémoriser ou s'entraîner à écrire : *Que fait Miguel ?*

Unité 2

— deuxième jour —

Manuel de l'enfant pp. 84, 85 et 104.
► Cahier d'activités 1 p. 65.

Mise en route
Sur l'ardoise : écrire ce qui a été revu à la maison : *Que fait Miguel ?*

SÉQUENCE 1 : DÉCOUVERTE DU SON [f]

Si vous suivez la progression du livre : étude du son [f].
Si vous suivez une autre progression, voir tableau pp. 156-157.

Spécificité
Découverte du son : [f].
Penser aux associations : fr et fl.

Matériel
– 4 dessins collectifs : *le feu, un éléphant, une girafe, un sifflet.*
– 3 flèches individuelles (si jeu de fléchettes).
– Étiquettes-puzzle collectives.

Déroulement possible

Fiche-guide 6 (pp. 60-61).

1. Collectif/oral : discrimination auditive

• Découverte du son commun dans les quatre dessins ; ordre de présentation : *un éléphant, un sifflet, une girafe, le feu.*
• Localisation de ce son
– Premier niveau : début ; milieu ; fin.
– Deuxième niveau : dans les syllabes orales.

• Production du son [f] :
Faire jouer les enfants à prononcer une série de [f], pour sentir le niveau de la bouche où se situe l'articulation ; c'est la même que pour le [v] : les dents supérieures et la lèvre inférieure entrent en contact. La langue se repose, tout petit passage pour l'air → c'est un son prolongeable. Au niveau de la gorge pas de vibrations des cordes vocales (c'est la différence avec [v]). C'est une consonne (fricative) sourde.
• Imprégnation du son
► Manuel : lecture de la rubrique « Je chasse le son » p. 104.
Liste des éléments de l'illustration contenant le son [f] : *un éléphant, une girafe, un funambule, un fil, un filet, du feu, un sifflet, une fleur, un fakir, un appareil-photo, un fouet, il est frisé, la foule.*
On poursuivra cette imprégnation du son par un ou deux jeux au choix :

– Jeu de pigeon vole avec les mots suivants : *fête, couverture, fontaine, trompette, coffre, machine, François, verre, fer, il souffre, il s'ouvre, ouvert, offert, carafe, caravane, souffle,...*

– Jeu de fléchettes avec les mots suivants : *fève, fièvre, frotter, Philippe, froid, pharmacie, bifteck, vérifier, réfrigérateur, confortable, essoufflé, rosbif, shérif, chef, canif, dix-neuf.*

– Jeu de l'oreille fine avec les mots suivants : *farfelu, fortification, inoffensif, fanfare, se faufiler, coffre-fort, feuille, réfléchir, affiche, fleuve, vérification, avenue, cerf-volant, vermicelle, serveur, vaisselle.*

– Jeu de devinettes. Les enfants doivent trouver un mot contenant le son [f] :
Il ressemble au requin mais il n'attaque pas l'homme : *le dauphin.*
C'est le vêtement des soldats : *un uniforme.*
C'est le dernier match d'un tournoi : *la finale.*
Il se jette dans la mer : *le fleuve.*
Les pirates y cachent des trésors : *le coffre.*

– Jeu d'articulation :
« Ses fils et ses filles font des fils et des ficelles. »

2. Individuel/écrit

► Cahier d'activités 1 : exercice 1 p. 65.

SÉQUENCE 2 : DÉCOUVERTE DES GRAPHIES DU SON [f]

Déroulement possible

1. Collectif/oral

• Découverte des graphies du son
Sous les quatre dessins et la localisation du phonème, on écrit le mot et on en déduit les graphies retenues : f, ff et ph.
Faire dire aux enfants : « J'entends le son [f] et je peux voir les lettres : f, ff ou ph. »
► Manuel : lecture de la rubrique « Je classe les mots » p. 104.
• Travail de la combinatoire à partir des étiquettes-puzzle collectives.
Nom de la lettre (graphie principale du son [f]) : èf.
Son produit : [f].
À combiner avec les sons voyelles déjà étudiés.
Prendre l'étiquette : f et l'associer à une des étiquettes des sons voyelles.
On pourra :
– Faire trouver oralement des mots contenant cette syllabe.
– Faire localiser la syllabe étudiée dans un mot (travail sur ardoise).
– Faire une dictée de syllabes.
– Faire chercher une syllabe manquant dans un mot.
– Mettre des syllabes en trop dans un mot.

► Manuel, lecture de la rubrique « J'assemble » p. 104.

• Des mots des histoires avec le son [f].
féliciter, faire, griffe, enfui [I], *fait, fillette, photographie, Français, il faut, frère, fâché, effrayé* [II], *faim, orphelin, nous fûmes, il fallait, fuyait, flancs, feu, uniforme, ils furent, fracassèrent* [III].

2. Individuel/écrit

► Cahier d'activités 1 : exercices 2 et 3 p. 65.

SÉQUENCE 3 : ÉCRITURE MANUSCRITE

Fiche-guide 7 (pp. 62-63).

1. Collectif/oral

Faire remarquer que la boucle du haut monte au 3e interligne, que celle du bas descend au 2e et que les deux boucles sont dirigées vers la droite.
Pour les gestes graphiques, on pourra se reporter au cahier d'écriture.

2. Individuel/écrit

► Cahier d'activités 1 : exercice 4 p. 65.
Dictée : exercice 5 p. 65. Faire réécrire les mots appris à la maison et revus le matin sur l'ardoise.

SÉQUENCE 4 : RÉINVESTISSEMENT – JEUX

Spécificité
Vrai-faux : permet de vérifier les acquisitions de vocabulaire de façon ludique.

Déroulement possible

Collectif/oral

► Manuel : rubrique « Jeux » p. 85.
Lire chacune des phrases (mélange de mots des histoires 1 et 3) et dire si elles correspondent au sens du texte.
Ce *vrai/faux* permet de vérifier les acquis de façon ludique.

Indications pour l'étude dirigée ou le travail à la maison

► Livre du maître : compléter la fiche à photocopier p. 279.
• Dans le manuel, lecture du texte p. 84 et des mots de la fiche son p. 104.
• Mémoriser ou s'entraîner à écrire : *le feu, un éléphant, un sifflet.*

Unité 3

— premier jour —

Manuel de l'enfant pp. 86-87.
► Cahier d'activités 1 p. 56.

Mise en route
► Dans le manuel : relecture du texte p. 84 et des mots du tableau p. 104.
Sur l'ardoise : écrire ce qui a été revu à la maison : *le feu, un éléphant, un sifflet.*
On résumera l'épisode précédent avant de commencer le travail sur le nouveau texte.

SÉQUENCE 1 : DÉCOUVERTE ET COMPRÉHENSION DU TEXTE

Spécificité
Portrait de Jambe-de-Bois. Il donne ses ordres.

Matériel
– Texte en script sur feuille collective.

Jambe-de-Bois était un pirate des Caraïbes. Il lui manquait une jambe, un œil, une oreille et une main ! Il était terrible. « Tu seras mousse ! Et tu seras payé à coups de trique ! Larguez les amarres ! »

lui/pluie
manquait/ma**man**
main/**main**tenant
terrible/par **terre**
payé/effr**ayé**s
trique/**tr**ois, **tr**ain, mon**tre**
amarres/combinatoire

Déroulement possible

Fiche-guide 2 § 2 (p. 55).

1. Collectif/oral

Construire le texte.
• Présenter l'illustration : sens général : Jambe-de-Bois crie, menace (le doigt tendu vers Miguel).
• Écrire en script « Jambe-de-Bois était… » sur la feuille collective attendre les propositions, faire rejeter par les enfants celles qui sont fausses. Valider « un pirate » en l'écrivant.
• Écrire « des Caraïbes ». Signaler la majuscule (nom propre, c'est un nom de lieu. Décrire et situer les Caraïbes).
• Écrire « Il lui manquait… ». Laisser venir les propositions et comparer ensuite avec le texte.
• Écrire « Tu seras… », attendre les propositions, valider « mousse ».
Commentaire : Miguel a trouvé du travail (ce qu'il voulait).
• Écrire : « Et tu seras payé… », attendre des propositions : en dollars, en francs, en euros…
• Écrire « à coups de… ». Faire trouver puis expliquer le sens du mot.
• Commentaires sur la vie difficile de jeune mousse à bord d'un bateau.
• Écrire « Larguez les amarres ! ». Amarres pourra être déchiffré. Vérifier que l'expression est bien comprise – sinon l'expliquer.
On attirera l'attention des enfants sur le « et » de l'énumération qui sera travaillé dans la séquence 2.

Lecture du texte par les enfants puis par le maître.
La lecture peut être faite à deux (narrateur et Jambe-de-Bois).

2. Individuel/écrit

► Manuel, lecture du texte p. 86 comparaison avec le texte produit collectivement et de la rubrique « Je mémorise » p. 87.
► Cahier d'activités 1 : exercices 1 et 2 p. 56.
Exercice 1 : éliminer les dessins où le pirate a ses deux oreilles ou ses deux jambes.

SÉQUENCE 2 : FONCTIONNEMENT DE LA LANGUE

Spécificité
Énumération, place des virgules et de « et ».

Matériel
– Texte en script sur feuille collective.
– Étiquettes collectives :

Il lui manquait	une jambe	,	un œil	,	une oreille	,	et	une main	.

Déroulement possible

Fiche-guide 4 (p. 58).

1. Collectif/oral

• Relecture du texte au tableau.
• Mise en valeur de l'énumération sur l'affiche et reconstitution avec les étiquettes.
• Faire permuter les différents éléments (on pourra comparer l'ordre dans le texte du manuel à celui du texte réécrit en collectif).
• Trouver différents ordres possibles et noter la place fixe des virgules, de « et » et du point final.
• Susciter d'autres énumérations (matériel sur la table, enfants dans la cour, meubles dans la classe…). Sans rien écrire au tableau, l'enfant en l'énonçant pourra afficher, au bon moment, sur le tableau, les étiquettes des virgules, de « et » et du point.

► Manuel : lecture de la rubrique « Je fais fonctionner la langue » p. 87.

2. Individuel/écrit

► Cahier d'activités 1 : exercice 3 p. 56.
Vérifier que la phrase commence par « Il lui manque… », s'assurer de la présence de la majuscule, des virgules, du « et » et du point final.

SÉQUENCE 3 : RÉINVESTISSEMENT

Spécificité
Nouveau portrait du pirate auquel on a donné différentes désignations.

Déroulement possible

Fiche-guide 5 (p. 59).

1. Collectif/oral

► Manuel, lecture de la rubrique « Je lis un nouveau texte » p. 87.
Montrer qu'un même personnage peut être qualifié de différentes façons. Il s'agit d'une description de Jambe-de-Bois avec d'autres formules.

2. Individuel/écrit

► Cahier d'activités 1 : exercice 4 p. 56.
Ce sont des devinettes.

SÉQUENCE 4 : PRODUCTION D'ÉCRITS

Spécificité
Création de phrases par ajout de mots au sein d'une structure préétablie. Mettre en liaison une profession et son activité caractéristique grâce à des dessins.

Matériel
– Ardoise des enfants.

Déroulement possible

Fiche-guide 8 (pp. 64-65).

1. Collectif/oral

Repartir de la phrase du texte : *Tu seras mousse ! Et tu seras payé à coups de trique !* Faire relire et effacer certains mots pour ne garder que la trame : « Tu seras ________ et tu feras _______ ». Poser la question aux enfants : « Et toi ? Que feras-tu plus tard ? » Faire reprendre la réponse par les autres et la compléter pour obtenir une phrase sur la trame : « Tu seras marin et tu feras des voyages. Tu seras pâtissier et tu feras des gâteaux… ». Écrire les mots au tableau.
Faire un essai sur l'ardoise.

2. Individuel/écrit

► Cahier d'activités 1 : exercice 5 p. 56.

Indications pour l'étude dirigée ou le travail à la maison

► Livre du maître : fiche photocopiable à compléter p. 279.
• Dans le manuel, lecture du texte p. 86 et de la rubrique « Je mémorise » p. 87.
• Mémoriser ou s'entraîner à écrire : *Il lui manquait une main.*

Unité 3

— deuxième jour —

Manuel de l'enfant pp. 86-87 et 105.
► Cahier d'activités 1 p. 66.

Mise en route
Sur l'ardoise : écrire ce qui a été revu à la maison : *Il lui manquait une main.*

SÉQUENCE 1 : DÉCOUVERTE DU SON [S]

Si vous suivez la progression du livre : étude du son [s]. Si vous suivez une autre progression, voir tableau pp. 156-157.

Spécificité Découverte du son : [s].
Matériel – 4 dessins collectifs : *un sifflet, une caisse, la ceinture, un garçon.* – Étiquettes-puzzle collectives.

Déroulement possible

Fiche-guide 6 (pp. 60-61).

1. Collectif/oral : discrimination auditive

• Découverte du son commun dans les quatre dessins.
Ordre de présentation : *la ceinture, un garçon, un sifflet, une caisse.*
• Localisation de ce son
– Premier niveau : début ; milieu ; fin.
– Deuxième niveau : dans les syllabes orales.
• Production du son [s] :
Faire jouer les enfants à prononcer une série de [s], pour sentir le niveau de la bouche où se situe l'articulation : contact entre la pointe de la langue et le palais, juste derrière les dents.
Mettre la main devant la bouche : on sent l'air qui passe → c'est un son prolongeable. Au niveau de la gorge pas de vibrations des cordes vocales. C'est une consonne fricative sourde.
► Manuel : « Je chasse le son » p. 105.
Liste des éléments de l'illustration contenant le son [s] : *un sifflet, une caisse, la ceinture, un garçon, une scie, une addition, dix, une salopette, un sapin, un soleil, des stores, une bicyclette, une casquette, un passage protégé, un policier, une souris, un sac à dos, une interdiction, des tresses, une sucette, un seau.*
On poursuivra cette imprégnation du son par un ou deux jeux au choix.

– Jeu de pigeon vole avec les mots suivants : *trace, kangourou, la Suisse, cuisinière, casserole, tresses, hasard, coccinelle, chaîne, la Seine, sous, choux, festin, mouche tsé-tsé.*

– Jeu de fléchettes avec les mots suivants : *cinéma, salon, cigogne, suivant, salade, dessiner, paillasson, conseil, festin, essorage, actrice, Corse, tresses, mars, mousse.*

– Jeu de l'oreille fine avec les mots suivants : *saucisse, Suissesse, satisfaction, sensationnel, soustraction, suspense, sauce, stéthoscope, assassin, souci, sorcière, station, studio, costume, sportif, poisson, stylo, sandwich, écharpe, bêtise, chenille, poison, magique, chamois.*

– Jeu de devinettes. Définitions de mots contenant le son [s].
Je suis une note de musique ou un poisson : *sol, sole.*
Je ressemble beaucoup à l'escargot mais je n'ai pas ma maison sur mon dos : *la limace.*
On dit qu'elle fait grandir, est-ce vrai ? : *la soupe.*
On m'utilise pour écrire : *le stylo.*

– Jeu d'articulation :
« C'est ainsi, c'est sûr, que les saucisses sont. »

2. Individuel/écrit

► Cahier d'activités 1, exercice 1 p. 66.

SÉQUENCE 2 : DÉCOUVERTE DES GRAPHIES DU SON [S]

Déroulement possible

1. Collectif/oral

• Découverte des graphies du son
Sous les six dessins et la localisation du phonème, écrire les mots correspondants et en déduire les graphies retenues : s, ss, c, ç, t et x.
Faire dire aux enfants : « j'entends le son [s] et je peux voir les lettres : s ss c ç t ».
► Manuel, lecture de la rubrique « Je classe les mots » p. 105.
Attirer l'attention des enfants sur ⚠ : « Je vois la lettre s, mais je n'entends pas le son [s] ».
Faire seulement remarquer : *un repas, la maison.*
• Travail de la combinatoire avec les étiquettes-puzzle collectives.
Nom de la lettre (graphie principale du son étudié) : « èsse ». Son produit : « ssssss ». À combiner avec les sons voyelles déjà étudiés.
Prendre l'étiquette : « s » l'associer à une des étiquettes des sons voyelles.
On pourra :
– Faire trouver oralement des mots contenant cette syllabe.
– Faire localiser la syllabe étudiée dans un mot (travail sur ardoise).
– Faire une dictée de syllabes.
– Faire chercher une syllabe manquant dans un mot.
– Mettre des syllabes en trop dans un mot.
► Manuel, lecture de la rubrique « J'assemble » p. 105.

• Des mots des histoires avec le son [s] :
c'est, suis, sont, sur, sa aussi, c'est, son, féliciter, hélas, s'est, sous, sanglots [I], *ses, savant, passer, hausse, poissons, sa, sœur, souvenirs, postales, commencez, course, s'élance, chaussée, justesse, passe, vitesse, sérieux, savais, sourire, carrosse, soudain, monsieur, semble, suit, sourit, Écossais,* [II], *savait, c'était, glissai, sortant, mousse, seras* [III].

2. Individuel/écrit

► Cahier d'activités 1 : exercices 2 et 3 p. 66.
À l'occasion d'une recherche de mots écrits contenant le son [s] (exercice 2) on pourra montrer que « c » et « sc » sont suivis de « e » ou « i » que « ç » est suivi de « a », « o » ou « u » et que « t » est généralement suivi de « ion », ceci sans systématisation.

SÉQUENCE 3 : ÉCRITURE MANUSCRITE

Fiche-guide 7 (pp. 62-63).
Étude au tableau du modèle « s ». On pourra comparer le tracé de la lettre à une canne à pêche.
Faire attention à commencer la lettre « s » par un trait oblique puis faire un arrondi.
(On pourra se reporter au cahier d'écriture, complément de la méthode.)

► Cahier d'activités 1 : exercice 4 p. 66.
Dictée : exercice 5 p. 66. Faire réécrire les mots revus le matin sur l'ardoise.

SÉQUENCE 3 : RÉINVESTISSEMENT – JEUX

Spécificité
Retrouver les différentes désignations d'un personnage.

Déroulement possible

Collectif/oral

► Manuel, lecture de la rubrique « Jeux » p. 87.
Lire les différentes désignations et les relier au dessin correspondant. On pourra se reporter au texte. Cette rubrique permet de vérifier les acquis de façon ludique.

Indications pour l'étude dirigée ou le travail à la maison

► Livre du maître : fiche photocopiable à compléter p. 279.
• Dans le manuel, lecture du texte p. 86 et de la fiche son p. 105.
• Mémoriser ou s'entraîner à écrire : *un sifflet, une caisse, un garçon.*

Unité 4

— premier jour —

Manuel de l'enfant pp. 88-89.
► Cahier d'activités 1 p. 57.

Mise en route
Dans le manuel : relecture du texte p. 86 et de la fiche son p. 105.
Sur l'ardoise : écrire ce qui a été revu à la maison : *un sifflet, une caisse, un garçon.*

SÉQUENCE 1 : DÉCOUVERTE ET COMPRÉHENSION DU TEXTE

Spécificité
Suite d'ordres introduits par la tournure « tu vas faire » ou par l'impératif.

Matériel
– Texte écrit en script sur feuille collective (à conserver).
– Étiquettes vierges découpées à la dimension des mots « manger », « voiles », « vêtements », « requins ».

« Tu vas nous faire à manger ! me commanda Jambe-de-Bois, une fois que nous fûmes sortis du port. « Raccommode aussi nos vêtements et nos voiles. Nettoie le pont. Astique nos canons. Sinon je te jette aux requins ! » Quel travail !

vas/**va**
nous/**sous**, **vous**
sortis/**sor**tant
nos/**dos**, photo**s**
pont/ils **sont**
astique/**hélas**, bouti**que**
canons/**ca**deau, **ca**pitaine, **non**
sinon/aussi, **non**
jette/chouette, fillette, ils **mett**ent

Déroulement possible

Fiche-guide 2 § 7 (p. 56).

1. Collectif/oral

• Rappeler qui parlait à la fin de l'épisode précédent.
• Présentation du texte avec quatre mots cachés par des étiquettes tenues par des aimants : « manger », « voiles », « vêtements », « requins ».
• Repérage des guillemets et des points d'exclamation. (Conclusions.)
• Repérage des mots connus.
• Lecture de la première phrase, hypothèses sur le mot caché. Pour valider une hypothèse on pourra décaler l'étiquette pour voir soit le « m » soit le « er » de manger.

• Faire relire cette première ligne avec l'intonation pour bien faire comprendre que c'est un ordre ; en déduire le sens de « commanda ».
Jambe-de-Bois donne-t-il d'autres ordres ?
Découvrir le mot « raccommode » (syllabe *ra* et s'aider de *commanda*.)
• Hypothèses sur « vêtements » et « voiles ». Pour découvrir les mots et leur place on pourra s'aider de la première lettre qui est la même pour les deux et de la longueur de l'étiquette.
• Attention au mot « nos » que les enfants pourront confondre avec « nous ».
« Pont » et « canons » pouvant être déchiffrés, les mots « Nettoie » et « astique », qui leur sont associés, seront découverts par le sens.
• Hypothèses sur « requins ».
Lecture par les enfants, puis par le maître.

2. Individuel/écrit

► Manuel : lecture du texte p. 88 et de la rubrique « Je mémorise » p. 89.
► Cahier d'activités 1 : exercices 1 et 2 p. 57.

SÉQUENCE 2 : FONCTIONNEMENT DE LA LANGUE

Spécificité
L'ordre, l'impératif.

Matériel
– Le texte écrit sur la feuille collective (de la séance précédente).

Déroulement possible

Fiche-guide 4 (p. 58).

1. Collectif/oral

• Relecture du texte au tableau.
Mise en valeur des différents ordres et écriture au tableau :

Raccommode nos vêtements. Raccommode nos voiles. Nettoie le pont. Astique nos canons.	faire la transformation	Tu dois raccommoder nos vêtements. Tu dois raccommoder nos voiles. Tu dois nettoyer le pont. Tu dois astiquer les canons.

• Inventer d'autres ordres et faire les transformations à l'oral.

► Manuel : lecture de la rubrique « Je fais fonctionner la langue » p. 89.

2. Individuel/écrit

► Cahier d'activités 1 : exercice 3 p. 57.
Mettre les enfants en garde contre une lecture trop rapide et superficielle (qui ne leur permettrait pas de noter les variantes au niveau des mots).

SÉQUENCE 3 : RÉINVESTISSEMENT

Spécificité
Reprise des structures impératives du texte p. 88 en utilisant des mots des textes, voire des histoires antérieures.

Déroulement possible

Fiche-guide 5 (p. 59).

1. Collectif/oral

► Manuel : lecture de la rubrique « Je lis un nouveau texte » p. 89.
On pourra noter que le mot « course », rencontré dans *Petit voyage à Londres* où il signifiait compétition, a ici le sens de réapprovisionnement.

2. Individuel/écrit

► Cahier d'activités 1 : exercice 4 p. 57.
On fera attention aux accords entre le déterminant et le nom.

SÉQUENCE 4 : PRODUCTION D'ÉCRITS

Spécificité
Production de phrases avec un stock de mots limité.

Déroulement possible

Fiche-guide 8 (pp. 64-65).

1. Collectif/oral

• Faire inventer à l'oral des phrases formées avec les mots du texte.
• Seuls les mots du texte sont acceptés : les autres vérifient.
• Recommencer en acceptant un seul mot n'appartenant pas au texte (puis deux).

2. Individuel/écrit

► Cahier d'activités 1 : exercice 5 p. 57.
On déterminera avant l'exercice, le nombre de mots n'appartenant pas au texte qu'on pourra utiliser.

Indications pour l'étude dirigée ou le travail à la maison

► Livre du maître : compléter la fiche photocopiable p. 279.
• Dans le manuel, lecture du texte p. 88 et de la rubrique « Je mémorise » p. 89.
• Mémoriser ou s'entraîner à écrire : *Nettoie le pont !*

Unité 4

— deuxième jour —

Manuel de l'enfant pp. 88, 89 et 106.
► Cahier d'activités 1 p. 67.

Mise en route
Sur l'ardoise : écrire ce qui a été revu : *Nettoie le pont !*

SÉQUENCE 1 : DÉCOUVERTE DU SON [ɛ]

Si vous suivez la progression du livre : étude du son [ɛ]. Si vous suivez une autre progression, voir tableau pp. 156-157.

Spécificité Découverte du son : [ɛ]. Suivant la région, la distinction entre [ɛ] et [e] sera plus ou moins importante. Exceptionnellement, le mot-clé ne contient pas le son voyelle étudié en finale. En effet, on ne trouve la graphie principale « è » que très rarement en fin de mot.
Matériel – 4 dessins collectifs : *une flèche, la forêt, une aile, la neige.* – étiquettes-puzzle collectives.

Déroulement possible

Fiche-guide 6 (pp. 60-61).

1. Collectif/oral : discrimination auditive

• Découverte du son commun dans les quatre dessins ; ordre de présentation : *flèche, aile, forêt, neige.*
• Localisation de ce son
– Premier niveau : début ; milieu ; fin.
– Deuxième niveau : dans les syllabes orales.
• Production de ce son : c'est une voyelle (d'avant) moyenne.
Lèvres écartées comme pour un sourire, un peu plus ouvertes que pour le [e]. La pointe de la langue vient contre les dents du bas, on souffle par la bouche, les cordes vocales vibrent. Le son est prolongeable. Faire prononcer [e] et [ɛ] pour sentir la différence.
• Imprégnation du son
► Manuel : rubrique « Je chasse le son » p. 106.
Liste des éléments de l'illustration contenant le son [ɛ] :
un pistolet, la neige, une flèche, la forêt, une aile, une pelle, le soleil, un bonnet, un balai, des raquettes, un tire-fesses, une fenêtre, seize, dix-sept, treize, un pull-over, un piquet, des oreilles… .
On poursuivra cette imprégnation du son par un ou deux jeux au choix.
Dans ces exercices, certains mots comporteront le son [e]. On pourra observer les différences selon les régions.

– Jeu de pigeon vole avec les mots suivants : *semaine, bâton, marchand, crèpe, fraise, locomotive, <u>pré</u>, après, igloo, l'appétit, il appelle, bison, bête, <u>bébé</u>,*

– Jeu de fléchettes avec les mots suivants : *ennemi, aigle, aider, aiguisé, aimant, élève, renne, fillette, crème, couverture, après, il chantait, chalet, balai, sommet.*

– Jeu de l'oreille fine avec les mots suivants : *merveille, permettre, cervelle, serviette, bergère, raclette, il fait, mercredi, sirène, célèbre, citrouille, fée, métro, peinture, télévisé.*

– Jeu de devinettes. Les enfants doivent trouver un mot contenant le son [ɛ] :
C'est un jour de la semaine : *mercredi.*
Ce sont trois mois de l'année : *mai, juillet, septembre.*
C'est une saison de l'année : *l'hiver.*
Elle garde les moutons : *la bergère.*
On l'entend quand les pompiers arrivent : *la sirène.*

– Jeu d'articulation :
« Les bergères ont rêvé d'un hiver enneigé. »

2. Individuel/écrit

► Cahier d'activités 1 : exercice 1 p. 67.
Dessins : *billet, maison, bonnet, écossais, fenêtre.*

SÉQUENCE 2 : DÉCOUVERTE DES GRAPHIES DU SON [ɛ]

1. Collectif/oral

• Découverte des graphies du son
Sous les quatre dessins et la localisation du phonème, écrire les mots correspondants et en déduire les graphies retenues : è, ê, ai, ei, et, ou e.
Faire dire aux enfants : « J'entends le son [ɛ] et je peux voir les lettres : è, ê, ai, ei, et, ou e. »
► Manuel, lecture de la rubrique « Je classe les mots » p. 106.
• Travail de la combinatoire avec les étiquettes-puzzle collectives.
Nom de la lettre (graphie principale du son étudié) : e accent grave. Son produit : *èèèè.*
À combiner avec les sons consonnes : [l] [m] [n] [ʃ] [t] [v] [d].
Prendre une des étiquettes des consonnes et l'associer à l'étiquette « è ».
On pourra :
– Faire trouver oralement des mots contenant cette syllabe.
– Faire localiser la syllabe étudiée dans un mot (travail sur ardoise).

– Faire une dictée de syllabes.
– Faire chercher une syllabe manquant dans un mot.
– Mettre des syllabes en trop dans un mot.
► Manuel : lecture de la rubrique « J'assemble » p. 106.

• Des mots des histoires avec le son [ɛ] :
lièvre, maison, j'ai, connaît, c'est, neiger [I], *air, Angleterre, mer, achète, fait, vitesse, savais, billets, mettent, cherchais, Écossais,* [II], *c'était, avait, verrait, découvert, capitaine, cherche, manquait, oreille, vêtements* [III].

2. Individuel/écrit

► Cahier d'activités 1 : exercices 2 et 3 p. 67.

SÉQUENCE 3 : ÉCRITURE MANUSCRITE

1. Collectif/oral

Fiche-guide 7 (pp. 62-63).
Vérifier que les enfants font bien l'accent grave incliné vers la droite, en descendant et entre le 2e et le 3e interligne.

2. Individuel/écrit

► Cahier d'activités 1 : exercice 4 p. 67.
Dictée : exercice 5 p. 67. Faire réécrire les mots revus le matin sur l'ardoise.

SÉQUENCE 4 : RÉINVESTISSEMENT – JEUX

Spécificité
Devinette qui permet de vérifier l'acquisition du vocabulaire.

Déroulement possible

Collectif/oral

► Manuel : lecture de la rubrique « Jeux » p. 89.
Lire successivement les quatre renseignements et demander à chaque fois qui a découvert l'animal.

Indications pour l'étude dirigée ou le travail à la maison

► Livre du maître : compléter la fiche à photocopier p. 279.
• Dans le manuel, lecture du texte p. 88 et de la fiche son p. 106.
• Mémoriser ou s'entraîner à écrire : *une flèche, la forêt, une aile.*

Unité 5

— premier jour —

Manuel de l'enfant pp. 90-91.
► Cahier d'activités 1 p. 58.

Mise en route
► Dans le manuel : relecture du texte p. 88 et des mots de la fiche son p. 106.
Sur l'ardoise : écrire ce qui a été revu à la maison : *une flèche, la forêt, une aile.*

SÉQUENCE 1 : DÉCOUVERTE ET COMPRÉHENSION DU TEXTE

Spécificité Texte narratif. Description de la vie sur le bateau.
Matériel – Texte en script sur feuille collective.

Pour faire la cuisine, il fallait d'abord tuer les rats qui se cachaient derrière les pots et les caisses. À cause du roulis, les gamelles me tombaient dessus ! Pour la couture, c'était horrible. Les vêtements des pirates étaient noirs de crasse. Et les voiles ? Elles étaient toutes déchirées ! Les canons étaient rouillés. Le bateau de Jambe-de-Bois, était vraiment minable.

qui/que
roulis/rouler
tombaient/il **tom**be
couture/cou, voi**ture**
horrible/te**rrible**
étaient/était, cach**aient**, tomb**aient**
crasse/elle p**asse**

Déroulement possible

Fiche-guide 2 § 5 (p. 55).

1. Collectif/oral

Le début de ce travail pourra se faire en binôme ou en petits groupes (3 ou 4).
Donner un texte polycopié à chacun.
Faire souligner sur la feuille tous les mots déjà rencontrés.
Demander à chacun d'écrire sur son ardoise un mot du texte, inconnu.
Apporter au tableau les ardoises différentes.
Découvrir collectivement 4 ou 5 mots au maximum (en comparant avec des mots connus ou par combinatoire). Si « roulis » et « gamelles » sont étudiés, faire expliquer le sens (roulis : oscillation droite/gauche du bateau, à ne pas confondre avec tangage : oscillation avant/arrière).
Lecture silencieuse du texte.

Cacher le texte et demander de le résumer.
Découverte des mots restants par le contexte.
Lecture par les enfants, puis par le maître.

2. Individuel/écrit

► Manuel : lecture du texte p. 90 et de la rubrique « Je mémorise » p. 91.
► Cahier d'activités 1 : exercices 1 et 2 p. 58.

SÉQUENCE 2 : FONCTIONNEMENT DE LA LANGUE

Spécificité
L'accord en nombre de « était ». Ce travail n'est qu'une imprégnation. Les termes de verbe, sujet, imparfait, singulier, pluriel ne sont pas à employer.
On pourra pour parler du sujet dire « la chose, ou le personnage, dont on parle » et pour le reste « ce qu'on dit de cette chose, ou de ce personnage ».

Matériel
– Le texte écrit sur la feuille collective (de la séance précédente).
– Étiquettes :

les vêtements | étaient noirs | le taxi | était noir

les taxis | le vêtement | les navires

étaient minables | le navire | était minable

Déroulement possible

Fiche-guide 4 (p. 58).

1. Collectif/oral

Relecture du texte au tableau.
Mise en valeur de « Les vêtements étaient noirs ». Sortir ces deux étiquettes.
Où a-t-on déjà vu le mot noir ? (histoire II texte 7) on disait « un taxi noir ».
Sortir ces deux étiquettes. Émettre des hypothèses.
Faire des substitutions de groupes au tableau en respectant les accords.

► Manuel : lecture de la rubrique « Je fais fonctionner la langue » p. 91.

2. Individuel/écrit

► Cahier d'activités 1 : exercice 3 p. 58.

SÉQUENCE 3 : RÉINVESTISSEMENT

Spécificité
Lire un autre type d'écrit : ici, une carte postale.

Déroulement possible

Fiche-guide 5 (p. 59).

1. Collectif/oral

► Manuel : lecture de la rubrique « Je lis un nouveau texte » p. 91.
On pourra faire référence au projet d'écriture de la période 2 pour la présentation et le contenu.
On pourra attirer l'attention des enfants sur l'anachronisme que constitue l'utilisation de la carte postale sur un bateau de pirates ainsi que sur l'impossibilité de l'expédier.

2. Individuel/écrit

► Cahier d'activités 1 : exercice 4 p. 58.

SÉQUENCE 4 : PRODUCTION D'ÉCRITS

Spécificité
Description d'un personnage.

Matériel
– Affiches collectives des textes.

Déroulement possible

Fiche-guide 8 (pp. 64-65).

1. Collectif/oral

Au tableau, lister sous le nom de chacun des deux personnages, les renseignements que l'on possède.

Miguel	Jambe-de-Bois
Il était un passager clandestin. Il avait faim. Il était orphelin. Il était sans travail. Il était mousse.	Il était capitaine des pirates. Il lui manquait une jambe, un œil, une oreille et une main. Il était terrible.

Faire proposer d'autres renseignements possibles et les noter.
Faire produire des phrases de deux types :
Miguel était ________ et Jambe-de-Bois était ________. (renseignements différents)
Miguel et Jambe-de-Bois étaient ____________. (même renseignement)

2. Individuel/écrit

► Cahier d'activités 1 : exercice 5 p. 58.
En fonction du niveau des enfants, demander de reproduire une des phrases, de choisir des renseignements ou d'en inventer d'autres.

Indications pour l'étude dirigée ou pour le travail à la maison

► Livre du maître : compléter la fiche photocopiable p. 279.
• Dans le manuel, lecture du texte p. 90 et de la rubrique « Je mémorise » p. 91.
• Mémoriser ou s'entraîner à écrire : *Il était noir. Ils étaient noirs.*

Unité 5

— deuxième jour —

Manuel de l'enfant pp. 90-91 et 107.
► Cahier d'activités 1 p. 68.

Mise en route
Sur l'ardoise : écrire ce qui a été revu : *Il était noir. Ils étaient noirs.*

SÉQUENCE 1 : DÉCOUVERTE DU SON [k]

Si vous suivez la progression du livre : étude du son [k]. Si vous suivez une autre progression, voir tableau pp. 156-157.

Spécificité Découverte du son : [k]. Penser aux associations cr et cl.
Matériel – 4 dessins collectifs : *une carotte, un sac, une étiquette, un kilo.* – Étiquettes-puzzle collectives

Déroulement possible

Fiche-guide 6 (pp. 60-61).

1. Collectif/oral : discrimination auditive

Découverte du son commun dans les quatre dessins.
Ordre de présentation : *une étiquette, une carotte, un sac, un kilo.*
• Localisation de ce son
– Premier niveau : début ; milieu ; fin.
– Deuxième niveau : dans les syllabes orales.
• Production de ce son
Faire jouer les enfants à prononcer une série de [k], le dos de la langue bute d'un coup sec contre le palais, on souffle par la bouche. Pas de vibrations des cordes vocales. Le son n'est pas prolongeable. C'est une consonne (occlusive) sourde.
• Imprégnation du son
► Manuel : lecture de la rubrique « Je chasse le son » p. 107.
Liste des éléments de l'illustration contenant le son [k] : *une étiquette, une carotte, un sac, un kilo, une casserole, une cocotte-minute, un cuisinier, sa toque, une cuisine, des plaques électriques, des crêpes, la cantine, des couettes, du chocolat, un couteau, une cuillère, des couverts, du sucre, une coupe, une cruche, un koala, un clin d'œil.*

On poursuivra cette imprégnation du son par un ou deux jeux au choix.

– Jeu de pigeon vole avec les mots suivants : *cane, éléphant, fourchette, soucoupe, pigeon, car, gare, il est gros, crocs, grotte, parc, cravate, exemple, téléspectateur, bouteille, client, glissade.*

– Jeu de fléchettes avec les mots suivants : *canon, canapé, crapaud, collier, clou, découpage, réclamer, récréation, cercle, écriture, cinq, plastique, bibliothèque, pastèque, bec.*

– Jeu de l'oreille fine avec les mots suivants : *quelconque, cocorico, kayak, spectacle, concombre, crocodile, criquet, école, perroquet, cargo, crabe, écouteurs, maison, goûter, ogre, pingouin, glace.*

– Jeu de devinettes. Les enfants doivent trouver un mot contenant le son [k] :
C'est un sport qui se pratique avec une épée : *l'escrime.*
C'est un légume qu'on met dans la ratatouille : *la courgette.*
Ce sont deux nombres entre un et dix : *quatre et cinq.*
C'est un jour de la semaine : *mercredi.*
C'est un oiseau qui parle : *le perroquet.*

– Jeu d'articulation :
« Un croco en kayak a croqué cinq yacks. »

2. Individuel/écrit

► Cahier d'activités 1 : exercice 1 p. 68.
Dessins : *kilt, gâteau, masque, requin, téléphone.*

SÉQUENCE 2 : DÉCOUVERTE DES GRAPHIES DU SON [k]

1. Collectif/oral

• Découverte des graphies du son
Sous les quatre dessins et la localisation du phonème, écrire les mots correspondants et en déduire les graphies retenues : c, qu et k.
Faire dire aux enfants : « J'entends le son [k] et je peux voir les lettres : c, qu ou k. »
► Manuel : lecture de la rubrique « Je classe les mots » p. 107.

Attirer l'attention des enfants sur ⚠ : « Je vois la lettre c, mais je n'entends pas le son [k] ».
Faire seulement remarquer : *un banc, une glace.*
• Travail de la combinatoire.
Présenter les étiquettes-puzzle collectives :
Nom de la lettre (graphie principale du son étudié) : cé.
Son produit : [k].
À combiner avec les sons voyelles déjà étudiés.
Prendre l'étiquette « c », l'associer à une des étiquettes des sons voyelles.
(Ici, pour combiner avec i ou e il faudra prendre l'étiquette k ou qu.)
On pourra :
– Faire trouver oralement des mots contenant cette syllabe.

– Faire localiser la syllabe étudiée dans un mot (travail sur ardoise).
– Faire une dictée de syllabes.
– Faire chercher une syllabe manquant dans un mot.
– Mettre des syllabes en trop dans un mot.
► Manuel : lecture de la rubrique « J'assemble » p. 107.

• Des mots des histoires avec le son [k] :
connaît, comme, chacun, crie, court, escargots [I], *avec, capitale, courent, boutique, cartes, cadeau, commencez, course, car, carrosse, queue, coup de coude, éclatent, courir, Écossais* [II], *que, accosté, capitaine, cou, clandestin, côtes, Caraïbes, manquait, coups, commanda, raccommode, astique, requins, cuisine, cachaient, à cause, couture, crasse, canons* [III].

2. Individuel/écrit

► Cahier d'activités 1 : exercices 2 et 3 p. 68.

SÉQUENCE 3 : ÉCRITURE MANUSCRITE

1. Collectif/oral

Fiche-guide 7 (pp. 62-63).
Bien vérifier le point d'attaque et le sens de rotation de la lettre. Étude du modèle au tableau : *c, la carotte.*

2. Individuel/écrit

► Cahier d'activités 1 : exercice 4 p. 68.
Dictée : exercice 5 p. 68. Faire réécrire les mots revus le matin sur l'ardoise.

SÉQUENCE 4 : RÉINVESTISSEMENT – JEUX

Spécificité
Création de phrases ludiques à partir d'étiquettes.

Déroulement possible

Collectif/oral

► Manuel : lecture de la rubrique « Jeux » p. 91.
Lire les différents groupes, montrer que ces phrases grammaticalement correctes peuvent être possibles ou impossibles. Confronter *porc* et *port.*

Indications pour l'étude dirigée ou le travail à la maison

► Livre du maître : compléter la fiche photocopiable p. 279.
• Dans le manuel, lecture du texte p. 90 et de la fiche son p. 107.
• Mémoriser ou s'entraîner à écrire : *une carotte, une casquette, un kilo.*

Unité 6

— premier jour —

Manuel de l'enfant pp. 92-93.
► Cahier d'activités 1 p. 59.

Mise en route
► Dans le manuel : relecture du texte p. 90 et de la fiche son p. 107.
Sur l'ardoise : écrire ce qui a été revu à la maison : *une carotte, une casquette, un kilo.*

SÉQUENCE 1 : DÉCOUVERTE ET COMPRÉHENSION DU TEXTE

Spécificité
Dialogue entre Jambe-de-Bois et Miguel.

Matériel
– Texte en script séparé en quatre parties sur feuille collective (à conserver).
– Étiquettes des différentes parties du texte. (Chacune portera un repère pour pouvoir en parler sans avoir à les lire : étoile, rond, carré,…)

> En haut du mât, la vigie surveillait l'horizon. Dès que l'île de Tobago fut loin derrière nous, Jambe-de-Bois hurla :

> « Un navire anglais en vue ! On va le massacrer ! » Le pirate vissa sa longue-vue devant son bandeau noir. « Je ne vois rien ! Et en plus, il fait nuit !

> – Vous avez choisi le mauvais œil, Capitaine.
> – Qu'est-ce que tu fais dans mes pattes, misérable mousse ?

> Tu veux aller embrasser les requins ? Va aider à charger les canons ! C'est un navire marchand plein de trésors ! »

En haut du mât, la vigie surveillait l'horizon. Dès que l'île de Tobago fut loin derrière nous, Jambe-de-Bois hurla : « Un navire anglais en vue ! On va le massacrer ! Le pirate vissa sa longue-vue devant son bandeau noir. – Je ne vois rien ! Et il fait nuit ! – Vous avez choisi le mauvais œil, Capitaine. – Qu'est-ce que tu fais dans mes pattes, misérable mousse ? Tu veux aller embrasser les requins ? Va aider à charger les canons ! C'est un navire marchand plein de trésors ! »

bandeau/ca**deau**
vois/voir, **voi**ture, **voi**le
nuit/enf**ui**, dep**ui**s, pl**ui**e, enn**ui**e, l**ui**, s**ui**s
mauvais/sa**vais**
fais/fait, **fai**re
misérable/minable
embrasser/emporte, **a**bri, **pa**sser
aider/combinatoire
charger/nei**ger**, passa**ger**, man**ger**
marchand/re**mar**quer, a**mar**res
plein/plus, **pl**uie
trésors/très, **tr**ois, **tr**ain, **or**phelin, **or**eille

Déroulement possible

Fiche-guide 2 § 10 (p. 56).

1. Collectif/oral

Ce texte est coupé en quatre parties. Suivant le nombre de groupes mis en place dans la classe, on pourra donner deux ou trois fois la même partie à des groupes différents.
Chaque groupe a une partie et fait ses découvertes en mettant en valeur les mots connus, les mots déchiffrés.
Le maître passe de groupe en groupe et pourra aider des groupes en difficulté. Il veillera à ce que dans un même groupe les enfants expliquent leurs découvertes à leurs camarades.
Affichage des textes au tableau en juxtaposant les groupes semblables. Lecture de chaque partie (les groupes ayant travaillé sur la même partie s'aidant les uns les autres).
Ne garder qu'un seul exemplaire de chaque partie.
Reconstituer le texte en prenant comme repère :
→ …hurla : (qui indique que quelqu'un va parler).
→ « Un navire… (qui indique le début d'un dialogue).
→ – Vous avez …. mousse ? (le tiret indique le changement de personne dans le dialogue et l'absence de guillemets en fin signifie que le dialogue continue).
→ Tu veux … trésors ! » (les guillemets qui se ferment indiquent la fin du dialogue).
On vérifiera la cohérence du texte reconstitué.
On définira le rôle de la « vigie » et on localisera sur un dessin l'endroit où elle se trouve.
On pourra faire mimer par un enfant le capitaine vissant sa longue-vue devant son bandeau noir pour montrer le côté drôle de la situation.
Lecture par les enfants, puis par le maître.

2. Individuel/écrit

► Manuel : lecture du texte p. 92 et de la rubrique « Je mémorise » p. 93.
► Cahier d'activités 1 : exercices 1 et 2 p. 59.

SÉQUENCE 2 : FONCTIONNEMENT DE LA LANGUE

Spécificité
Emploi d'un verbe à l'infinitif (le mot n'est pas à employer avec les enfants) à la suite d'un verbe conjugué.

Matériel
– Le texte en script sur la feuille collective (de la séance précédente)

Déroulement possible

Fiche-guide 4 (p. 58).

1. Collectif/oral

Relecture du texte au tableau.
Mise en valeur de « Tu veux aller embrasser les requins ? »
Écriture au tableau de « Tu veux …..
Faire produire des phrases à l'oral reprenant la structure étudiée.
« Que peut-on demander à Miguel de faire ? »
Élargir par des exemples concernant la vie de la classe.
Noter quelques phrases au tableau.
► Manuel : lecture de la rubrique « Je fais fonctionner la langue » p. 93.

2. Individuel/écrit

► Cahier d'activités 1 : exercice 3 p. 59.

SÉQUENCE 3 : RÉINVESTISSEMENT

Spécificité
Nouveau texte qui utilise le point de fonctionnement de la langue qui vient d'être travaillé mais aussi l'impératif vu précédemment.

Déroulement possible

Fiche-guide 5 (p. 59).

1. Collectif/oral

► Manuel, lecture de la rubrique « Je lis un nouveau texte » p. 93.
Faire imaginer la fin sous l'une des trois formes : dessin, écrit, oral.

2. Individuel/écrit

► Cahier d'activités 1 : exercice 4 p. 59.
L'exercice porte sur l'histoire précédente.

SÉQUENCE 4 : PRODUCTION D'ÉCRITS

Spécificité
Élaboration de phrases à partir de différents groupes fonctionnels.

Matériel
– Étiquettes des mots proposés. Cahier d'activités 1 : exercice 5 p. 59.

Déroulement possible

Fiche-guide 4 (p. 58).

1. Collectif/oral

Montrer par manipulation que le choix d'un groupe de mots influe sur le choix d'un groupe suivant.

2. Individuel/écrit

► Cahier d'activités 1 : exercice 5 p. 59.

Indications pour l'étude dirigée ou le travail à la maison

► Livre du maître : compléter la fiche photocopiable p. 279.
• Dans le manuel, lecture du texte p. 92 et de la rubrique « Je mémorise » p. 93.
• Mémoriser ou s'entraîner à écrire : *Tu veux embrasser les requins ?*

Unité 6

— deuxième jour —

Manuel de l'enfant pp. 92-93 et 108.
► Cahier d'activités 1 p. 69.

Mise en route
Sur l'ardoise : écrire ce qui a été revu à la maison : *Tu veux embrasser les requins ?*

SÉQUENCE 1 : DÉCOUVERTE DU SON [ɛ̃]

Si vous suivez la progression du livre : étude du son [ɛ̃].
Si vous suivez une autre progression, voir tableau pp. 156-157.

Spécificité Découverte du son : [ɛ̃] [1].
Matériel – 4 dessins collectifs : *la main, le requin, le timbre, la peinture.* – Étiquettes-puzzle collectives.

Déroulement possible

Fiche-guide 6 (pp. 60-61).

1. Collectif/oral : discrimination auditive

• Découverte du son commun dans les quatre dessins.
Ordre de présentation : *le timbre, la peinture, la main, le requin.*
• Localisation de ce son
– Premier niveau : début ; milieu ; fin.
– Deuxième niveau : dans les syllabes orales.

1. Dans certaines régions, on le distingue de [œ̃] (brin [brɛ̃] ≠ brun [brœ̃], dans beaucoup d'autres, ce n'est pas le cas.

• Production du son [ɛ̃] :
C'est une voyelle nasale, la prononciation est proche de [ɛ] (lèvres écartées, bouche ouverte, langue au repos, vibrations des cordes vocales). Une partie de l'air passe par le nez (on modifie le son en se bouchant le nez).
• Imprégnation du son
► Manuel : « Je chasse le son » p. 108.
Liste des éléments de l'illustration contenant le son [ɛ̃] : *le timbre, la peinture, la main, le requin, le daim, le pingouin, le lapin, l'insecte, Grindelire, un, le sous-marin, l'imprimante, le pinceau, le coussin, des dessins, le train… .*
On poursuivra cette imprégnation du son par un ou deux jeux au choix :

– Jeu de pigeon vole avec les mots suivants : *matin, matou, indien, cantine, souvenir, maison, lutin, voisin, vison, poisson, moulin, timbale, cotillons.*

– Jeu de fléchettes avec les mots suivants : *hindou, impossible, interdit, instituteur, inscription, printemps, pinceau, épingle, éteinte, brindille, sous-marin, bassin, marin, lutin, éteint.*

– Jeu de l'oreille fine avec les mots suivants : *poudre de perlimpinpin, tintin, intestins, vingt et un, serpentin, maintenant, copains, romarin, inventions, mensonges, souvent, camions, poisson, poussière.*

– Jeu de devinettes. Les enfants doivent trouver un mot contenant le son [ɛ̃] :
Ce sont deux nombres entre un et vingt : *cinq, quinze.*
Ce n'est pas compliqué : *simple.*
Grindelire en est un : *lutin.*
C'est la saison qui vient après l'hiver : *le printemps.*
– Jeu d'articulation :
« Un lapin coquin a plein de copains malins. »

2. Individuel/écrit

► Cahier d'activités 1 : exercice 1 p. 69.

SÉQUENCE 2 : DÉCOUVERTE DES GRAPHIES DU SON [ɛ̃]

Déroulement possible

1. Collectif/oral

• Découverte des graphies du son
Sous les quatre dessins et la localisation du phonème, faire apparaître l'écriture et en déduire les graphies retenues : in im ain ein et un
Faire dire aux enfants : « J'entends le son [ɛ̃] et je peux voir les lettres : in im ain ein ou un. »
► Manuel : lecture de la rubrique « Je classe les mots » p. 108.
Attirer l'attention des enfants sur ⚠ : « Je vois les lettres in, mais je n'entends pas le son [ɛ̃] ».

Faire seulement remarquer les deux mots : cuisine, le capitaine.

• Travail de la combinatoire avec les étiquettes-puzzle collectives :

Nom des lettres (graphie principale du son étudié) : i et ènne. Son produit : [ɛ̃]. À combiner avec les sons consonnes déjà rencontrés.

Prendre une des étiquettes des sons consonnes et l'associer à l'étiquette *in*.

On pourra :

– Faire trouver oralement des mots contenant cette syllabe.

– Faire localiser la syllabe étudiée dans un mot (travail sur ardoise).

– Faire une dictée de syllabes.

– Faire chercher une syllabe manquant dans un mot.

– Mettre des syllabes en trop dans un mot.

► Manuel : lecture de la rubrique « J'assemble » p. 108.

• Des mots des histoires avec le son [ɛ̃] :
un [I], *matin, train* [II], *clandestin, faim, orphelin, main, requins* [III].

2. Individuel/écrit

► Cahier d'activités 1 : exercices 2 et 3 p. 69.

SÉQUENCE 3 : ÉCRITURE MANUSCRITE

Déroulement possible

1. Collectif/oral

Fiche-guide 7 (pp. 62-63).

Étude du modèle au tableau : *in, le requin.*

Bien vérifier la présence du point sur le i et l'égalité des « ponts » du n.

2. Individuel/écrit

► Cahier d'activités 1 : exercice 4 p. 69.

Dictée : exercice 5 p. 69. Faire réécrire les mots revus le matin sur l'ardoise.

SÉQUENCE 4 : RÉINVESTISSEMENT – JEUX

Spécificité Devinette humoristique.

Déroulement possible

1. Collectif/oral

► Manuel : lecture de la rubrique « Jeux » p. 93.

Faire remarquer l'humour aux enfants et leur proposer de trouver d'autres devinettes humoristiques (poisson-scie, poisson-chat…)

Indications pour l'étude dirigée ou le travail à la maison

► Livre du maître : compléter la fiche photocopiable p. 279.

• Dans le manuel, lecture du texte p. 92 et de la fiche son p. 108.

• Mémoriser ou s'entraîner à écrire : *le requin, le timbre, la main.*

Unité 7

— premier jour —

Manuel de l'enfant pp. 94-95.

► Cahier d'activités 1 p. 60.

Mise en route

► Dans le manuel : relecture du texte p. 92 et de la fiche son p. 108.

Sur l'ardoise : écrire ce qui a été revu à la maison : *le requin, le timbre, la main.*

SÉQUENCE 1 : DÉCOUVERTE ET COMPRÉHENSION DU TEXTE

Spécificité
Matériel – Texte en script sur feuille collective (à conserver). – 6 étiquettes blanches pour cacher certains mots.

Le bateau anglais nous avait vus. Il fuyait déjà. Jambe-de-Bois hissa son pavillon noir orné d'une tête de mort. Les Anglais couraient sur le pont. Ils avaient peur ! Et moi, je tremblais de tous mes membres ! Notre bateau s'approcha à toute vitesse.

hissa/vissa
pavillon/fillette, **bill**et
orné/orphelin, **or**eille, trés**or**
mort/port
couraient/il **cour**t, ils ét**aient**
avaient/avait
tremblais/très, **tr**ois, **tr**ésors, sem**ble**
tous/tour, **tou**te
membres/embrasser, **tremb**lais, sept**embre**
notre/nos, au**tre**, mon**tre**
s'approcha/appelle, **pro**visions, **cha**cun

Déroulement possible

Fiche-guide 2 § 8 (p. 56).

1. Collectif/oral

• Présenter le texte avec un mot caché par phrase : *anglais, noir, pont, peur, membres, vitesse* (ils ont tous été vus sauf « membres »).
• Mise en valeur des mots connus.
• Découverte de certains mots : *fuyait, pavillon, hissa, tremblait*.
• Relecture du texte phrase à phrase en laissant un blanc pour les mots manquants.
Faire écrire sur l'ardoise le mot qui manque (laisser en évidence les textes précédents où les enfants pourront retrouver les mots manquants).
• Comparer les ardoises, faire éliminer les impossibilités (sens ou grammaire).
• Valider la bonne solution en enlevant l'étiquette cachant le mot.
• Lecture par les enfants, puis par le maître.
On veillera à faire faire les liaisons (les matérialiser : Les‿Anglais).

2. Individuel/écrit

► Manuel : lecture du texte p. 94 et de la rubrique « Je mémorise » p. 95.
► Cahier d'activités 1 : exercices 1 et 2 p. 60.

SÉQUENCE 2 : FONCTIONNEMENT DE LA LANGUE

Spécificité
Correspondance des pronoms personnels *moi-je* et *toi-tu*.

Matériel
– Le texte écrit sur la feuille collective (de la séance précédente).

Déroulement possible

Fiche-guide 4 (p. 58).

1. Collectif/oral

Relecture du texte au tableau.
Mise en valeur de « Moi, je tremblais. »
Faire mimer par un enfant et lui faire dire.
Un autre enfant fera de même il dira « Moi, je... et, toi, tu... ».
On renouvellera l'expérience plusieurs fois.

► Manuel : lecture de la rubrique « Je fais fonctionner la langue » p. 95.

2. Individuel/écrit

Cahier d'activités 1 : exercice 3 p. 60.

SÉQUENCE 3 : RÉINVESTISSEMENT

Spécificité
Suite d'instructions permettant de se déplacer sur une carte (lecture d'un texte injonctif).

Déroulement possible

Fiche-guide 5 (p. 59).

1. Collectif/oral

► Manuel : lecture de la rubrique « Je lis un nouveau texte » p. 95.
Faire suivre le chemin sur la carte au fur et à mesure.

2. Individuel/écrit

► Cahier d'activités 1 : exercice 4 p. 60.

SÉQUENCE 4 : PRODUCTION D'ÉCRITS

Spécificité
Réorganiser des groupes de mots d'une façon cohérente pour obtenir la description de la tête et du chapeau d'un personnage.

Matériel
– Étiquettes reprenant le même genre de renseignements que les groupes de mots de l'exercice 5 page 60 et concernant un personnage connu des enfants de la classe.

Déroulement possible

Fiche-guide 8 (pp. 64-65).

1. Collectif/oral

Présenter les étiquettes au tableau, les lire, trouver de qui il s'agit, les organiser de plusieurs façons possibles en ajoutant ou non d'autres mots.

2. Individuel/écrit

► Cahier d'activités 1 : exercice 5 p. 60.

Indications pour l'étude dirigée ou le travail à la maison

► Livre du maître : compléter la fiche photocopiable p. 279.
• Dans le manuel, lecture du texte p. 94 et de la rubrique « Je mémorise » p. 95.
• Mémoriser ou s'entraîner à écrire : *Moi, je tremblais de peur.*

Unité 7

— deuxième jour —

Manuel de l'enfant pp. 94-95 et 109.
► Cahier d'activités 1 p. 70.

Mise en route
Sur l'ardoise : écrire ce qui a été revu à la maison : *Moi, je tremblais de peur.*

SÉQUENCE 1 : DÉCOUVERTE DU SON [U]

Si vous suivez la progression du livre : étude du son [u]. Si vous suivez une autre progression, voir tableau pp. 156-157.

Spécificité Découverte du son : [u]. Penser aux associations : *ouille.*
Matériel – 4 dessins collectifs : *un couteau, une bouteille, le loup, un ours.* – Étiquettes-puzzle collectives.

Déroulement possible

Fiche-guide 6 (pp. 60-61).

1. Collectif/oral : discrimination auditive

• Découverte du son commun dans les quatre dessins ; ordre de présentation : *une bouteille, un couteau, le loup, un ours.*
• Localisation de ce son
– Premier niveau : début ; milieu ; fin.
– Deuxième niveau : dans les syllabes orales.
• Production de ce son
Les lettres sont arrondies, projetées en avant, langue en arrière, on souffle par la bouche, il y a des vibrations au niveau de la gorge. C'est un son prolongeable : une voyelle d'arrière arrondie.
• Imprégnation du son
► Manuel : « Je chasse le son » p. 109.
Liste des éléments de l'illustration contenant le son [u] : *un couteau, une bouteille, le loup, un ours, des moustaches, un poulet, une fourchette, un ballon de football, ils jouent, des boules de neige, un col roulé, un igloo, un trou, un hibou, un mouton, un goûter, du houx...* .

On poursuivra cette imprégnation du son par un ou deux jeux au choix.

– Jeu de pigeon vole avec les mots suivants : *oubli, nombres, souvent, savant, tronc, trou, fourmi, fermer, bambou, bonbon, bonjour Louis, miettes, mouette, pousser, penser, fille, il fouille, grenouille, groseille.*

– Jeu de fléchettes avec les mots suivants : *oursin, ouvrier, ouragan, ouistiti, oublier, décousu, courage, bouton, fourmi, foule, matou, caillou, clou, bijou, verrou.*

– Jeu de l'oreille fine avec les mots suivants : *roudoudou, kangourou, roucouler, toutou, soucoupe, choucroute, couleur, gargouille, douleur, douze, tournevis, école, reculer, puissant, brûlure, cuisine.*

– Jeu de devinettes. Définitions de mots contenant le son [u] :
C'est un doigt de la main : *le pouce.*
On peut le lire tous les jours : *le journal.*
C'est un petit insecte qui pique : *un moustique.*
C'est un mois de l'année avant la rentrée : *août.*

– Jeu d'articulation :
« Toute cette foule de loups est couchée dans l'igloo. »

2. Individuel/écrit

► Cahier d'activités 1 : exercice 1 p. 70.
Dessins : *bouton, puits, roue, rue, clown.*

SÉQUENCE 2 : DÉCOUVERTE DES GRAPHIES DU SON [U]

Déroulement possible

1. Collectif/oral

• Découverte des graphies du son
Sous les quatre dessins et la localisation du phonème, écrire les mots correspondants et en déduire la graphie retenue : ou.
Faire dire aux enfants : « J'entends le son [u] et je vois les lettres : ou ».
À l'occasion, on peut leur faire remarquer le [u] de igl<u>oo</u>, f<u>oo</u>t, sc<u>oo</u>ter et celui de cl<u>ow</u>n, préciser que ce sont des mots d'origine étrangère et très rares.
► Manuel : lecture de la rubrique « Je classe les mots » p. 109.
• Travail de la combinatoire avec les étiquettes-puzzle collectives :
Donner le nom des lettres o et u et le son qu'elles produisent (graphie principale du son étudié) :
Son produit : [u].
À combiner avec les sons consonnes déjà étudiés.
Prendre une des étiquettes des sons consonnes et l'associer à l'étiquette *ou.*
On pourra :
– Faire trouver oralement des mots contenant cette syllabe.
– Faire localiser la syllabe étudiée dans un mot (travail sur ardoise).
– Faire une dictée de syllabes.
– Faire chercher une syllabe manquant dans un mot.
– Mettre des syllabes en trop dans un mot.
► Manuel : lecture de la rubrique « J'assemble » p. 109.

• Des mots des histoires avec le son [u] :
pour, court, sous, nouveaux [I], *courent, boutique, Tour, course, sourire, rouler, coup de coude, courir, sourit, où, souvenir* [II], *mousse, pousse, découvert, cou, coups, nous, roulis, couture, toutes, rouillés, couraient* [III].

2. Individuel/écrit

► Cahier d'activités 1 : exercices 2 et 3 p. 70.

SÉQUENCE 3: ÉCRITURE MANUSCRITE

Déroulement possible

Fiche-guide 7 (pp. 62-63).

1. Collectif/oral

Étude du modèle au tableau.
Bien vérifier le point d'attaque et le sens de rotation de la lettre « o » et l'attache du « u » sur le « o »

2. Individuel/écrit

► Cahier d'activités 1 : exercice 4 p. 70.
Dictée : exercice 5 p. 70. Faire réécrire les mots revus le matin sur l'ardoise.

SÉQUENCE 4 : RÉINVESTISSEMENT – JEUX

Spécificité
L'exercice vrai ou faux permet de vérifier de façon ludique la compréhension du texte.

Déroulement possible

Fiche-guide 5 (p. 59).

1. Collectif/oral

Lire les quatre phrases.
Montrer que la phrase 2 a une réponse claire car la proposition est proche du texte. Montrer que de la 2 on peut déduire la réponse à la phrase 3 (elles sont incompatibles).
Pour la 4, rien n'est dit dans le texte, mais c'est très possible.
Pour la phrase 1, c'est faux dans l'histoire, mais auparavant ils pouvaient très bien venir de l'île de la Tortue qui était un repaire des pirates à cette époque.
► Manuel : lecture de la rubrique « Jeux » p. 95.

Indications pour l'étude dirigée ou le travail à la maison

► Livre du maître : compléter la fiche photocopiable p. 279.
• Dans le manuel, lecture du texte p. 94 et de la fiche son p. 109.
• Mémoriser ou s'entraîner à écrire : *le loup, un ours, un couteau*

Unité 8

— premier jour —

Manuel de l'enfant pp. 96-97.
► Cahier d'activités 1 p. 61.

Mise en route
► Dans le manuel : relecture du texte p. 94 et de la fiche son p. 109.
Sur l'ardoise : écrire ce qui a été revu à la maison : *le loup, un ours, un couteau.*

SÉQUENCE 1 : DÉCOUVERTE ET COMPRÉHENSION DU TEXTE

Spécificité
Suite de l'intrigue, vue par Miguel.

Matériel
– Texte en script sur feuille collective (à conserver).
– Étiquettes des différentes parties du texte. (Chacune portera un repère pour pouvoir en parler sans avoir à les lire : étoile, rond, carré,…).

JE CHARGEAI LES BOULETS DANS NOS DIX CANONS.

° Les marchands anglais allaient se rendre au premier coup car ils n'avaient pas de canons.

* De plus, ils ne savaient pas se battre.

□ C'était une victoire assurée pour le pirate Jambe-de-Bois !

CLIP-CLOP-CLIP-CLOP

+ Le capitaine martelait le pont en agitant son grand sabre couvert de sang séché.

NOUS APPROCHIONS

= Les pirates montraient les dents et aiguisaient leur lame.

ILS SE PRÉPARAIENT AU COMBAT

Je chargeai les boulets dans nos dix canons. Les marchands anglais allaient se rendre au premier coup car ils n'avaient pas de canons. De plus, ils ne savaient pas se battre. C'était une victoire assurée pour le pirate Jambe-de-Bois ! Clip-clop-clip-clop ! Le capitaine martelait le pont en agitant son grand sabre couvert de sang séché. Nous approchions. Les pirates montraient les dents et aiguisaient leur lame. Ils se préparaient au combat.

boulets/boutique
dix/il **dit**
allaient/allons, **all**er
rendre/Londr**es**
battre/bateau, mon**tre**, no**tre**
victoire/voir, **noir**
assurée/combinatoire
martelait/marchand + combinatoire
agitant/vigie, sor**tant**
sabre/sa, septem**bre**, novem**bre**
couvert/dé**couvert**
sang/sanglot
séché/sérieux, fâ**ché**
approchions/s'approcha
montraient/montre, cach**aient**, tomb**aient**, ét**aient**
aiguisaient/guide
lame/combinatoire
préparaient/provision, **pr**emier, cou**raient**
combat/comprennent
Les étiquettes en capitale sans signes sont des étiquettes qui resteront au tableau pour servir de trame au texte et de repère pour les enfants.

Déroulement possible

Fiche-guide 2 § 10 (p. 56).

1. Collectif/oral

Les quatre étiquettes de la trame sont au tableau.
• Repérage des mots connus, découverte des autres.
• Distribution aux groupes des étiquettes. (L'étiquette la plus courte sera donnée au groupe le plus faible. Pour une classe fonctionnant à plus de cinq groupes, une même étiquette pourra être donnée à deux groupes différents.)
Chaque groupe repère les mots connus et les met en valeur. Dans chaque groupe, lecture de l'étiquette par chaque enfant (sans déranger les autres groupes).
Mise en commun : lecture à la classe de chaque étiquette par un enfant et affichage au tableau.
• Remise en ordre :
« CAR ILS N'AVAIENT PAS DE CANONS » permet de mettre l'étiquette à sa place.
« DE PLUS » permet de mettre l'étiquette * après °, c'est un 2ᵉ argument.
□ peut avoir plusieurs places. Faire justifier le choix des enfants.
« MARTELAIT » permet de mettre l'étiquette + après clip-clop.
= se place avant la dernière : on explique les préparatifs (Les enfants pourront remarquer que « ils » de la dernière étiquette remplace « les pirates ».)
Lecture par les enfants, puis par le maître.
On pourra faire trouver aux enfants d'autres bruits que celui fait par la jambe de bois : flip-flap, tip-tap, floup-floup…

2. Individuel/écrit

► Manuel : lecture du texte p. 96 et de la rubrique « Je mémorise » p. 97.

► Cahier d'activités 1 : exercices 1 et 2 p. 61.
À la suite de l'exercice 2, on pourra faire chercher aux enfants des mots déformés à l'intérieur d'une phrase (et leur montrer l'importance du contexte pour comprendre le sens d'un mot).

SÉQUENCE 2 : FONCTIONNEMENT DE LA LANGUE

Spécificité
Mise en évidence du rapport de causalité par le biais de *car*.

Matériel
– Le texte écrit sur la feuille collective (de la séance précédente).
– Étiquette collective du travail de groupe (de la séance précédente).

Les marchands anglais allaient se rendre au premier coup car ils n'avaient pas de canons.

Déroulement possible

Fiche-guide 4 (p. 58).

1. Collectif/oral

• Relecture du texte au tableau, puis de l'étiquette.
Mise en valeur de : « *Les anglais allaient se rendre car ils n'avaient pas de canons* ».
Reprendre le début de la phrase et demander d'autres « suites » :
Les anglais allaient se rendre car ils avaient peur…, car ils n'étaient pas assez nombreux…
• Reprendre des phrases de même structure concernant la vie de la classe et faire le même travail.
► Manuel : lecture de la rubrique « Je fais fonctionner la langue » p. 97.

2. Individuel/écrit

► Cahier d'activités 1 : exercice 3 p. 61.

SÉQUENCE 3 : RÉINVESTISSEMENT

Spécificité
Reprise de la structure étudiée séquence 2 avec des mots des textes précédents.

Déroulement possible

Fiche-guide 5 (p. 59).

1. Collectif/oral

► Manuel : lecture de la rubrique « Je lis un nouveau texte » p. 97.

Oralement, faire imaginer pourquoi les autres capitaines tremblaient. Faire dire : « Les autres capitaines tremblaient car… »

2. Individuel/écrit

► Cahier d'activités 1 : exercice 4 p. 61.

SÉQUENCE 4 : PRODUCTION D'ÉCRITS

Spécificité Faire un portrait.
Matériel – Affiches collectives vierges.

Déroulement possible

Fiche-guide 8 (pp. 64-65).

1. Collectif/oral

Faire trouver aux enfants quels genres de renseignements on peut donner pour décrire un personnage. On notera les propositions des enfants. Sans leur dire, on les classera (habillement, particularité physique, objet qu'il porte,…). Leur faire trouver le point commun à chaque catégorie puis un début de phrase permettant d'introduire les détails. Leur proposer un dessin ou une photo simple de personnage à décrire. Faire la description à l'oral en utilisant les listes établies.

2. Individuel/écrit

Cahier d'activités 1 : exercice 5 p. 61.

Indications pour l'étude dirigée ou le travail à la maison

► Livre du maître : compléter la fiche photocopiable p. 279.
• Dans le manuel, lecture du texte p. 96 et de la rubrique « Je mémorise » p. 97.
• Mémoriser ou s'entraîner à écrire : *Les pirates se préparaient.*

Unité 8

— deuxième jour —

Manuel de l'enfant pp. 96-97 et 110.
► Cahier d'activités 1 p. 71.

Mise en route
Sur l'ardoise : écrire ce qui a été revu à la maison : *Les pirates se préparaient.*

SÉQUENCE 1 : DÉCOUVERTE DU SON [ʒ]

Si vous suivez la progression du livre : étude du son [ʒ]. Si vous suivez une autre progression, voir tableau pp. 156-157.

Spécificité Découverte du son : [ʒ]. Attention aux confusions [ʒ]/[ʃ] et [ʒ]/[z].
Matériel – 4 dessins collectifs : *le genou, un pigeon, la jambe, rouge.*

Déroulement possible

Fiche-guide 6 (pp. 60-61).

1. Collectif/oral : discrimination auditive

• Découverte du son commun dans les quatre dessins. Ordre de présentation : *un pigeon, la jambe, le genou, rouge.*
• Localisation de ce son
– Premier niveau : début ; milieu ; fin.
– Deuxième niveau : dans les syllabes orales.
• Production du son [ʒ] :
Faire jouer les enfants à prononcer une série de [ʒ] pour sentir le niveau de la bouche où se situe l'articulation : contact entre le dos de la langue et le palais, comme la consonne sourde correspondante [ʃ]. Mettre la main devant la bouche : on sent l'air qui passe → c'est un son prolongeable. Dire en alternance [ʒ]/[ʃ] : au niveau de la gorge, pour [ʒ], on sent les vibrations des cordes vocales. C'est une consonne (fricative) sonore.
• Imprégnation du son.
► Manuel : lecture de la rubrique « Je chasse le son » p. 110.
Liste des éléments de l'illustration contenant le son [ʒ] : *le genou, un pigeon, la neige, la jambe, du rouge, une horloge, la girafe, la gymnastique, le gymnase, le judo, un judoka, un journal, du jus, du fromage, les anneaux des jeux olympiques…* .

On poursuivra cette imprégnation du son par un ou deux jeux au choix.

– Jeu de pigeon vole avec les mots suivants : *orange, crayon, mission, il joue, chou, résine, régime, prison, pigeon, potage, tache, jaune, zone, il cache, cage, case…*

– Jeu de fléchettes avec les mots suivants : *génie, girouette, géant, jumelles, jambon, magique, argent, manger, végétation, voyageur, embouteillage, siège, paysage, manège, il patauge.*

– Jeu de l'oreille fine avec les mots suivants : *joujou, Georges, juge, rouge-gorge, jardinage, Gilbert, bougie, garage, Joséphine, déjeuner, pirate, Zorro, chameau, camarades, maternelle.*

– Jeu de devinettes. Définitions des mots contenant le son [ʒ] :
C'est un doigt : *le majeur.*
Ce sont trois mois de l'année : *janvier, juin, juillet.*
C'est un jour de la semaine : *jeudi.*
C'est une fleur jaune qui pousse au printemps : *la jonquille.*
Elles sont nées le même jour, la même année et pourtant elles sont sœurs : *les jumelles.*

– Jeu d'articulation :
« Un joli naja jaune n'a jamais de genou. »

2. Individuel/écrit

► Cahier d'activités 1 : exercice 1 p. 71.
Dessins : *journal, fille, magicien, manège, cheminée.*

SÉQUENCE 2 : DÉCOUVERTE DES GRAPHIES DU SON [ʒ]

Déroulement possible

1. Collectif/oral

• Découverte des graphies du son
Sous les quatre dessins et la localisation du phonème, écrire les mots correspondants et en déduire les graphies retenues : j, g et ge.
Faire dire aux enfants : « J'entends le son [ʒ] et je peux voir les lettres : j, g ou ge »
► Manuel : lecture de la rubrique « Je classe les mots » p. 110.
• Travail de la combinatoire avec les étiquettes-puzzle collectives :
Nom de la lettre (graphie principale du son étudié) : « ji ».
Son produit : « jjjjj ».
À combiner avec les sons voyelles déjà étudiés.
Prendre l'étiquette : j et l'associer à une des étiquettes des sons voyelles.
On pourra :
– Faire trouver oralement des mots contenant cette syllabe.
– Faire localiser la syllabe étudiée dans un mot (travail sur ardoise).
– Faire une dictée de syllabes.
– Faire chercher une syllabe manquant dans un mot.
– Mettre des syllabes en trop dans un mot.
► Manuel : lecture de la rubrique « J'assemble » p. 110.

• Des mots des histoires avec le son [ʒ] :
jusqu'au, neiger, jour [I], *génial, j'ai, justesse, jupe, rejoint* [II], *je, Jambe-de-Bois, jambe, jette, vigie, chargeai, agitant, manger* [III].

2. Individuel/écrit

► Cahier d'activités 1 : exercices 2 et 3 p. 71.

SÉQUENCE 3 : ÉCRITURE MANUSCRITE

Fiche-guide 7 (pp. 62-63).

1. Collectif/oral

Étude du modèle au tableau : *j, la jambe.*
Pour le j : vérifier la présence et la place du point.
Pour le g : vérifier le point d'attaque et le sens de rotation du rond.
Pour le g et le j vérifier la taille de la boucle et son orientation (l'opposer à celle du f).

2. Individuel/écrit

► Cahier d'activités 1 : exercice 4 p. 71.
Dictée : exercice 5 p. 71. Faire réécrire les mots revus le matin sur l'ardoise.

SÉQUENCE 4 : RÉINVESTISSEMENT – JEUX

Spécificité
« Mots tordus » : jouer avec la langue pour vérifier les acquisitions.

Déroulement possible

Collectif/oral

► Manuel : lecture de la rubrique « Jeux » p. 97.
• Lire les phrases, repérer les « mots tordus » et les faire rectifier.
Il sera intéressant de détecter, parmi les enfants, ceux qui lisent seulement en prenant les mots de façon globale et superficielle, (qui ne verront pas les changements), ceux qui ne font que déchiffrer (qui ne prendront pas le sens), et ceux enfin qui jouent déjà avec la langue.

Indications pour l'étude dirigée ou le travail à la maison

► Livre du maître : compléter la fiche photocopiable p. 279.
• Dans le manuel, lecture du texte p. 96 et de la fiche son p. 110.
• Mémoriser ou s'entraîner à écrire : *rouge, une jambe, le genou.*

Unité 9

— premier jour —

Manuel de l'enfant pp. 98-99.
► Cahier d'activités 1 p. 62.

Mise en route
► Dans le manuel : relecture du texte p. 96 et des mots du tableau p. 110.
Sur l'ardoise : écrire ce qui a été revu à la maison : *rouge, une jambe, le genou.*

SÉQUENCE 1 : DÉCOUVERTE ET COMPRÉHENSION DU TEXTE

Spécificité
Rebondissement, effet de surprise, modifiant la situation.
Matériel – Texte en script sur feuille collective (à conserver). – Étiquettes pour cacher les mots du texte. – Agrandissement de l'illustration.

Tout à coup, vingt panneaux secret s'ouvrirent dans les flancs du navire. Des soldats en uniforme surgirent sur le pont. Vingt gueules de canons furent pointées vers nous ! C'était un bateau militaire camouflé ! « Nous avons été attirés dans un piège » hurla Jambe-de-Bois. Feu ! F… !

panneaux/nouveaux
secrets/crie, **cr**asse, massa**cr**er, bill**et**, boul**et**
s'ouvrirent/ouvre, **rire**, na**vire**
flancs/ré**fl**échit
surgirent/**vigi**e, s'ouv**rirent**
pointées/loin, re**join**t
militaire/combinatoire + **faire**
camoufle/mousse, ré**fl**échit, **fl**anc
été/combinatoire
attirés/tire
feu !/je v**eu**x, d**eu**x, il p**eu**t, les y**eu**x

Déroulement possible

Fiche-guide 2 § 5 (p. 55).

1. Collectif/oral

Le texte est affiché au tableau. Chaque mot est caché par une étiquette sauf « tout à coup » écrit en gros. Les guillemets sont apparents.

• Faire lire ce groupe de mots et faire découvrir qu'il va se passer quelque chose d'étonnant.

• Afficher l'illustration. L'étudier et en dégager les éléments importants : mine réjouie des Anglais, Anglais qui apparaissent en uniforme avec chapeau, air ébahi des pirates, canons dans les flancs du navire anglais…

• Émission d'hypothèses de la part des enfants : enlever le cache des mots donnés par les enfants.

Pour certains mots que les enfants ne peuvent pas trouver (*panneaux, surgirent, furent pointées,…*) on pourra noter sur le cache un synonyme.

D'autres mots pourront être découverts en montrant progressivement le mot (faire glisser l'étiquette).

On fera dire aux enfants pourquoi le dernier mot n'est pas achevé.

Lecture par les enfants, puis par le maître.

2. Individuel/écrit

► Manuel : lecture du texte p. 98 et de la rubrique « Je mémorise » p. 99.

► Cahier d'activités 1 : exercices 1 et 2 p. 62.

Exercice 1, on fera mettre les panneaux sur trois niveaux.

SÉQUENCE 2 : FONCTIONNEMENT DE LA LANGUE

Spécificité
Le pluriel en *x* (une autre marque du pluriel).
Matériel – Le texte écrit sur la feuille collective (de la séance précédente).

Déroulement possible

Fiche-guide 4 p. 58.

1. Collectif/oral

Relecture du texte au tableau.

• Mise en valeur de « Tout à coup, vingt panneaux secrets s'ouvrirent dans les flancs du navire ».

Rapprocher *un panneau/des panneaux*. Faire expliquer la différence par les enfants.

• Demander aux enfants des mots se terminant par [o].

• Les écrire au tableau en deux colonnes : ceux qui se terminent par « eau » et les autres.

• Les écrire au pluriel et faire remarquer que ceux qui se terminent par « eau » (ou « au » un étau) prennent un « x », les autres un « s ».

Sur l'ardoise : proposer des noms au singulier (en « eau » ou non) accompagnés de « un » ou « une » et demander de les réécrire avec « des » (un râteau, un cerceau, un cerveau, un caniveau, un taureau, un chameau,… un pirate, un matin, une table, un canot, un loto, une voiture, un tricot…)

► Manuel : lecture de la rubrique « Je fais fonctionner la langue » p. 99.

On pourra aussi faire remarquer une autre expansion du nom.

• Mettre en valeur « Des soldats en uniforme surgirent sur le pont. »

En gardant « des soldats » on fera des commutations au niveau du groupe « en uniforme », « en habit », « en veston », « en habit de clown »…

Puis on fera le même travail avec un autre nom « un garçon en »…, « une fille en »…, « une maîtresse en… »

2. Individuel/écrit

► Cahier d'activités 1 : exercice 3 p. 62.

SÉQUENCE 3 : RÉINVESTISSEMENT

Spécificité
Reprise du sens et du vocabulaire du texte mais, cette fois-ci, le narrateur est extérieur au déroulement de l'action.

Déroulement possible

Fiche-guide 5 (p. 59).

1. Collectif/oral

► Manuel : « Je lis un nouveau texte » p. 99.
Faire trouver aux enfants ce qui, dans le texte de la page 98, nous indique que le narrateur est aussi acteur.

2. Individuel/écrit

► Cahier d'activités 1 : exercice 4 p. 62.

SÉQUENCE 4 : PRODUCTION D'ÉCRITS

Spécificité
Réutilisation de mots et d'expressions dans un autre contexte.
Matériel – Affiche du texte.

Déroulement possible

Fiche-guide 4 (p. 58).

1. Collectif/oral

Réécrire au tableau « Tout à coup… ». Demander aux enfants les signes de ponctuation (!) et les mots qui, dans le texte, suggèrent la surprise : (*secrets, ils surgirent, il était camouflé, un piège, Feu ! F… ! il hurla*). Les écrire au tableau. Demander aux enfants de faire le récit d'une grande surprise commençant par « Tout à coup… ».

2. Individuel/écrit

► Cahier d'activités 1 : exercice 5 p. 62.

Indications pour l'étude dirigée ou le travail à la maison

► Livre du maître : compléter la fiche photocopiable p. 279.
• Dans le manuel, lecture du texte p. 98 et de la rubrique « Je mémorise » p. 99.
• Mémoriser ou s'entraîner à écrire : *Les panneaux s'ouvrirent.*

Unité 9

— deuxième jour —

Manuel de l'enfant pp. 98-99 et 111.
► Cahier d'activités 1 p. 72.

Mise en route
Sur l'ardoise : écrire ce qui a été revu à la maison : *Les panneaux s'ouvrirent.*

SÉQUENCE 1 : DÉCOUVERTE DU SON [b]

Si vous suivez la progression du livre : étude du son [b]. Si vous suivez une autre progression, voir tableau pp. 156-157.

Spécificité
Découverte du son : [b]. Penser aux associations : br et bl.
Matériel – 4 dessins collectifs : *un tabouret, la jambe, un bateau, un balai.* – Étiquettes-puzzle collectives.

Déroulement possible

Fiche-guide 6 (pp. 60-61).

1. Collectif/oral : discrimination auditive

• Découverte du son commun dans les quatre dessins ; ordre de présentation : *un tabouret, un balai, un bateau, la jambe.*
• Localisation de ce son
– Premier niveau : début ; milieu ; fin.
– Deuxième niveau : dans les syllabes orales.
• Production du son [b]
Faire jouer les enfants à prononcer une série de [b]. Observer la bouche du voisin : les lèvres fermées s'ouvrent brusquement, l'air est expulsé (main devant la bouche), comme la consonne sourde correspondante. Dire en alternance [b]/[p] : il y a vibrations des cordes vocales mais il est impossible de le vérifier. Le son n'est pas prolongeable. C'est une consonne (occlusive) sonore.
• Imprégnation du son
► Manuel : lecture de la rubrique « Je chasse le son » p. 111.
Liste des éléments de l'illustration contenant le son [b] :
un tabouret, la jambe, un bateau, un balai, la bibliothèque, une blouse, un blouson, un barbu, un bureau, un arbre et une baleine, une boîte, une poubelle, des nombres, un cube, un ballon, des bonbons, une table, un banc, un bébé, un biberon, un bonnet, une blonde

On poursuivra cette imprégnation du son par un ou deux jeux au choix.

– Jeu de pigeon vole avec les mots suivants : *bouche, marché, bison, chou-fleur, cartable, salle, nombreux, poisson, boisson, bout, pou, bond, pont, barque, brique, tricot, bloquer, fromage, blague, fabriquer*.

– Jeu de fléchettes avec les mots suivants : *billes, bizarre, bicyclette, bricolage, blague, debout, câble, mobile, sabre, nombril, robe, il tombe, superbe, microbe, herbe*.

– Jeu de l'oreille fine avec les mots suivants : *bambou, bibliothèque, rhubarbe, bonbon, bilboquet, rugby, immeuble, habits, football, portable, ordinateur, dromadaire, comprendre, propre, vite*.

– Jeu de devinettes. Définitions de mots contenant le son [b].
C'est le plus grand animal qui vit dans l'eau : *la baleine*.
Ce n'est pas une bouche mais certains animaux mangent avec : *le bec*.
C'est un outil de jardinage : *la bêche*.
C'est un endroit où l'on peu emprunter des livres : *la bibliothèque*.

– Jeu d'articulation :
« À bord du bateau, un bébé baudet bondit. »

2. Individuel/écrit

► Cahier d'activités 1 : exercice 1 p. 72.

SÉQUENCE 2 : DÉCOUVERTE DES GRAPHIES DU SON [b]

1. Collectif/oral

• Découverte des graphies du son
Sous les quatre dessins et la localisation du phonème, écrire les mots correspondants et en déduire la graphie retenue : b.
Faire dire aux enfants : « J'entends le son [b] et je vois la lettre : b. »
([b] peut aussi s'écrire bb comme dans « abbé » mais c'est très rare. À ne signaler que si l'exemple survient.)
► Manuel : lecture de la rubrique « Je classe les mots » p. 111.
• Travail de la combinatoire avec les étiquettes-puzzle collectives.
Nom de la lettre (graphie principale du son étudié) : bé. Son produit : [b]. À combiner avec les sons voyelles déjà étudiés.
Prendre l'étiquette : b et l'associer à une des étiquettes des sons voyelles.
On pourra :
– Faire trouver oralement des mots contenant cette syllabe.
– Faire localiser la syllabe étudiée dans un mot (travail sur ardoise).
– Faire une dictée de syllabes.
– Faire chercher une syllabe manquant dans un mot.
– Mettre des syllabes en trop dans un mot.
► Manuel : lecture de la rubrique « J'assemble » p. 111.

• Des mots des histoires avec le son [b] :
bons, bien, abri [I], *bleus, boutique, beau, billets, observe* [II], *semble, Tobago, Jambe-de-Bois, terrible, d'abord, bateau, bandeau, misérable, embrasser, tremblais, boulets, se battre, combat* [III].

2. Individuel/écrit

► Cahier d'activités 1 : exercices 2 et 3 p. 72.

SÉQUENCE 3 : ÉCRITURE MANUSCRITE

Fiche-guide 7 (pp. 62-63).

1. Collectif/oral

Étude du modèle au tableau : *b, le bateau*.
Bien vérifier la hauteur de la lettre (3e interligne) et que l'enfant monte en tournant et redescende droit.

2. Individuel/écrit

► Cahier d'activités 1 : exercice 4 p. 72.
Dictée : exercice 5 p. 72. Faire réécrire les mots revus le matin sur l'ardoise.

SÉQUENCE 4 RÉINVESTISSEMENT – JEUX

Spécificité Jeu du détective.

Déroulement possible

Collectif/oral

► Manuel : lecture de la rubrique « Jeux » p. 99.
Observer les dessins et mettre en valeur les différences.
Lire les trois phrases et étudier les renseignements séparément (nature du bateau puis localisation), puis les faire correspondre.

Indications pour l'étude dirigée ou pour le travail à la maison

► Livre du maître : compléter la fiche photocopiable p. 279.
• Dans le manuel, lecture du texte p. 98 et des mots de la fiche son p. 111.
• Mémoriser ou s'entraîner à écrire : *un bateau, une jambe, la poubelle*.

Unité 10

premier jour

Manuel de l'enfant pp. 100-101.
► Cahier d'activités 1 p. 63.

Mise en route
► Dans le manuel : relecture du texte p. 98 et de la fiche son p. 111.
Sur l'ardoise : écrire ce qui a été revu à la maison : *un bateau, une jambe, la poubelle.*

SÉQUENCE 1 : DÉCOUVERTE ET COMPRÉHENSION DU TEXTE

Spécificité Épilogue.
Matériel – Texte en script sur feuille collective (à conserver). – Texte sur feuille individuelle. Ardoise.

Trop tard ! Les Anglais furent plus rapides ! Baoum ! Leurs vingt boulets fracassèrent notre coque. Tout s'écroula autour de moi ! Au secours ! Je ne savais même pas nager ! Les requins attendaient déjà les morceaux de pirates qui tombaient à l'eau. Ce fut le dernier combat de l'horrible Jambe-de-Bois, mon premier employeur. Mais, pour moi, ce fut le début d'une belle carrière ! Les Anglais me récupérèrent et me nommèrent mousse au service du roi d'Angleterre.

trop/très, **tr**ain, **tr**ois, **tr**avail, **tr**ésor
tard/gare, **par**, **car**
rapides/combinatoire
fracassèrent/français, **effr**ayé
coque/connaît, **co**mme, **co**mmanda, mo**queu**r
s'écroula/crie, **cr**asse, se**cr**et
autour/au, **tour**
secours/se, il **court**, la **course**
nager/neiger, man**ger**, char**ger**
attendaient/tend, en**tendu**
morceaux/mort, nouv**eaux**, pann**eaux**
dernier/pre**mier**
employeur/emporte, vo**y**age, l**eur**, p**eur**
début/découvert, **dé**chirées, **dé**jà
belle/bel, **elle**
carrière/car, der**rière**
récupérèrent/réfléchit, déchi**rées**, fracass**èrent**

Déroulement possible

Fiche-guide 2 § 11 (p. 56).

1. Collectif/oral

Distribution du texte à chaque enfant. Lecture silencieuse.
On demandera à chaque enfant de créer des questions sur le sens du texte.
Les plus faibles les prépareront à l'oral. Les autres, suivant leur niveau, écriront sur l'ardoise soit le(s) mot(s) sur le(s)quel(s) porte la question soit la question complète. Le maître, à la demande des enfants, pourra écrire au tableau certains mots susceptibles d'être trouvés dans de nombreuses questions : (*où, quand, que, qui, pourquoi...*)
Les enfants poseront les questions à la classe et on cherchera dans le texte collectif la justification de la réponse.
Si tout le texte n'est pas balayé par les questions des enfants, le maître pourra poser des questions complémentaires.
Lecture par les enfants, puis par le maître.

2. Individuel/écrit

► Manuel : lecture du texte p. 100 et de la rubrique « Je mémorise » p. 101.
► Cahier d'activités 1 : exercices 1 et 2 p. 63.

SÉQUENCE 2 : FONCTIONNEMENT DE LA LANGUE

Spécificité Les déterminants possessifs « mon » et « notre ».
Matériel – Le texte écrit sur la feuille collective (de la séance précédente).

Déroulement possible

Fiche-guide 4 (p. 58).

1. Collectif/oral

Relecture du texte au tableau.
Mise en valeur de « Leurs vingt boulets fracassèrent notre coque. »
Faire des substitutions à l'oral avec d'autres exemples donnés par le maître concernant la vie de la classe. C'est notre classe, notre école... Puis on demandera aux enfants de faire une action mettant en jeu un objet personnel, et on leur fera énoncer : « Je range mon cartable. Je prends mon livre. Je sors mon stylo... »
On pourra dessiner au tableau un enfant avec une bulle (dans la bulle on écrira *c'est mon...*) et un groupe d'enfants avec une bulle commune (*c'est notre...*).
► Manuel : lecture de la rubrique « Je fais fonctionner la langue » p. 101.

2. Individuel/écrit

► Cahier d'activités 1 : exercice 3 p. 63.

SÉQUENCE 3 : RÉINVESTISSEMENT

Spécificité Reprise du texte sous une autre forme. Contrairement au texte d'origine, Jambe-de-Bois est explicitement mangé par les requins.

Déroulement possible

Fiche-guide 5 (p. 59).

1. Collectif/oral

► Manuel : lecture de la rubrique « Je lis un nouveau texte » p. 101.
On pourra trouver d'autres expressions décrivant les requins mangeant les pirates (Il se fit manger, il tomba sous les dents, il se fit dévorer, croquer, avaler...).
Faire justifier par les enfants la présence de « À toute vitesse ».

2. Individuel/écrit

► Cahier d'activités 1 : exercice 4 p. 63.
Cet exercice permet un retour sur l'ensemble de l'histoire.
Il sera bon, avant de lancer les enfants dans le manuel de leur faire dire dans quel texte se trouve le mot. Attention au piège : « amis » ne fait pas partie de cette histoire mais de l'histoire 1 : *Le lièvre et la tortue Rosemonde*.

SÉQUENCE 4 : PRODUCTION D'ÉCRITS

Spécificité Choix d'une image et élaboration d'un texte la décrivant. Possibilité d'enchaîner deux images.

Déroulement possible

Fiche-guide 8 (pp. 64-65).

1. Collectif/oral

Faire décrire les images et les rapporter au texte correspondant. La première montre Jambe-de-Bois aux prises avec les requins, la seconde Miguel nommé mousse, la troisième le bateau et la quatrième Miguel se cachant dans un tonneau.
Faire élaborer oralement différents textes pour chaque image.
On tentera, suivant le niveau des enfants, d'enchaîner deux images en respectant ou non l'ordre du texte, en respectant ou non le sens de l'histoire.
On prendra soin de leur faire employer correctement certains connecteurs (*mais, puis,...*).

2. Individuel/écrit

► Cahier d'activités 1 : exercice 5 p. 63.

Indications pour l'étude dirigée ou le travail à la maison

► Livre du maître : compléter la fiche photocopiable p. 279.
• Dans le manuel, lecture du texte p. 100 et de la rubrique « Je mémorise » p. 101.
• Mémoriser ou s'entraîner à écrire : *C'est mon bateau. C'est notre bateau.*

Unité 10

—— deuxième jour ——

Manuel de l'enfant pp. 100-101 et 112.
► Cahier d'activités 1 p. 73.

Mise en route
Sur l'ardoise : écrire ce qui a été revu à la maison : *C'est mon bateau. C'est notre bateau.*

SÉQUENCE 1 : DÉCOUVERTE DU SON [wa]

Si vous suivez la progression du livre : étude du son [wa]. Si vous suivez une autre progression, voir tableau pp. 156-157.

Spécificité Découverte du son : [wa].
Matériel – 4 dessins collectifs : *un oiseau, un roi, une étoile, un poisson*. – Étiquettes-puzzle collectives.

Déroulement possible

Fiche-guide 6 (pp. 60-61).

1. Collectif/oral : discrimination auditive

• Découverte du son commun dans les quatre dessins. Ordre de présentation : *un oiseau, un roi, une étoile, un poisson.*
• Localisation de ce son
– Premier niveau : début ; milieu ; fin.
– Deuxième niveau : dans les syllabes orales.
• Production du son [wa] :
C'est le cas spécial de l'association d'une semi-consonne [w], proche de [u] et de la voyelle [a] (voir ces sons), ce n'est pas un son simple. Faire jouer les enfants à prononcer [u] et [w], puis [wa], pour sentir la différence.

• Imprégnation du son

► Manuel : lecture de la rubrique « Je chasse le son » p. 112.

Liste des éléments de l'illustration contenant le son [wa] :
un oiseau, un roi, une étoile, un poisson, la patinoire, les voyelles, une poire, un miroir, du noir, une croix, trois, des oies… .

On poursuivra cette imprégnation du son par un ou deux jeux au choix :

– Jeu de pigeon vole avec les mots suivants : *voiture, wagon, moineau, bocal, toile, tuile, nougat, croix, moitié, foulard, carapace, soif, bois, boa.*

– Jeu de fléchettes avec les mots suivants : *oiseau, poignée, boîte, employeur, poireau, troisième, chamois, autrefois, maladroit, exploit, joie.*

– Jeu de devinettes. Définitions de mots contenant le son [wa] :
C'est une partie de la journée : *le soir.*
L'araignée en fait pour attraper les mouches : *des toiles.*
Il en faut deux pour être entier : *la moitié.*
C'est un animal à cornes qui vit en montagne : *le chamois.*

– Jeu d'articulation :
« Voici, crois-moi, trois pois pour toi, trois pois pour moi ».

2. Individuel/écrit

► Cahier d'activités 1 : exercice 1 p. 73.

SÉQUENCE 2 : DÉCOUVERTE DES GRAPHIES DU SON [wa]

Déroulement possible

1. Collectif/oral

• Découverte des graphies du son.

Sous les quatre dessins et la localisation du phonème, écrire les mots correspondants et en déduire la graphie retenue : oi.

Faire dire aux enfants : « J'entends le son [wa] et je vois les lettres : oi. »

On pourra faire remarquer que le son [wa] peut s'écrire aussi « oy » comme dans « employeur » dans le texte p. 100 (on le retrouve dans : *royaume, doyen, moyen, tutoyer, aboyer…*). Le « y », ici, travaille sur deux sons.

► Manuel : lecture de la rubrique « Je classe les mots » p. 112.

Attirer l'attention des enfants sur ⚠ : « Je vois les lettres oi, mais je n'entends pas le son [wa] ».

Signaler seulement : *loin.*

• Travail de la combinatoire avec les étiquettes-puzzle collectives :

À combiner avec les sons consonnes déjà étudiés.

Prendre une des étiquettes des sons consonnes et l'associer à l'étiquette *oi*.

On pourra :
– Faire trouver oralement des mots contenant cette syllabe.
– Faire localiser la syllabe étudiée dans un mot (travail sur ardoise).
– Faire une dictée de syllabes.
– Faire chercher une syllabe manquant dans un mot.
– Mettre des syllabes en trop dans un mot.

► Manuel : lecture de la rubrique « J'assemble » p. 112.

Des mots des histoires avec le son [wa] :
moi, voir, soir, pleuvoir, noir [I], *poissons, droite, s'éloignent* [II], *Jambe-de-Bois, voiles, vois, choisi, employeur* [III].

2. Individuel/écrit

► Cahier d'activités 1 : exercices 2 et 3 p. 73.

SÉQUENCE 3 : ÉCRITURE MANUSCRITE

1. Collectif/oral

Fiche-guide 7 (pp. 62-63).

Bien vérifier le point d'attaque et le sens de rotation de la lettre o ainsi que le point sur le i et l'attache entre les deux lettres.

2. Individuel/écrit

► Cahier d'activités 1 : exercice 4 p. 73.

Dictée : exercice 5 p. 73. Faire réécrire les mots revus le matin sur l'ardoise.

SÉQUENCE 4 : RÉINVESTISSEMENT

Spécificité
Un dessin légendé.

Déroulement possible

Collectif/oral

► Manuel : lecture de la rubrique « Jeux » p. 101.

Lire le titre et les légendes. On pourra élargir en demandant aux enfants de situer la poupe, la proue, voire certaines voiles, après recherche.

Indications pour l'étude dirigée ou le travail à la maison

► Livre du maître : compléter la fiche photocopiable p. 279.

• Dans le manuel, lecture du texte p. 100 et de la fiche son p. 112.

• Mémoriser ou s'entraîner à écrire : *le roi, une étoile, un oiseau.*

Les poissons sandwichs

Disciplines du programme

• Découverte du monde : matière.
• Français : lecture d'un texte prescriptif.

Type de document

• Recette de cuisine.

Durée

• Plusieurs séances à répartir sur plusieurs jours en fonction des pistes de recherche choisies.

Déroulement

1. Collectif/oral

► Manuel p. 113.

Question 1 : Elle a pour but de faire trouver à l'enfant la nature du document (recette de cuisine) en lui faisant formuler des hypothèses qu'il devra vérifier.
Un texte prescriptif :
1. sert à donner des ordres, des conseils, des indications à ceux qui vont le lire.
2. se reconnaît à une organisation qui lui est propre :
• une liste → les ingrédients séparés par un blanc.
• des dessins → représentant les différentes étapes de la réalisation qui sont numérotées.
• des caractères de tailles et polices différentes → le titre, les ingrédients, les instructions.
• des verbes à l'impératif → indiquant les différentes actions à accomplir.

Question 2 : Elle va orienter l'enfant dans sa découverte du document.
Quels sont les renseignements que nous donne cette recette ?
• Le nombre de personnes → 4.
• Le nom des ingrédients → miettes de thon, pain de mie, citron, avocat, mimolette.
• La quantité → (on fera remarquer que la quantité utilisée ne correspond pas toujours à un conditionnement de vente).
• Les ustensiles → une cuillère, un bol, une fourchette, des cure-dents et un couteau non cité mais qui est nécessaire (les faire énumérer, les écrire au tableau, cocher ceux qui correspondent à la recette : (voir propositions de prolongements).
• Ce qu'il faut faire → en image et en texte, correspondance entre les deux.

Question 3 : Elle va donner des pistes à l'enfant pour élargir sa recherche, l'enrichir. Cette partie va permettre d'organiser un travail par groupes.

• par groupes
À partir d'autres recettes
– Repérer les renseignements découverts précédemment.
– Rechercher s'il y en a de nouveaux : mode de cuisson, temps de repos (pâte à crêpes),…
– D'autres pistes pourront être envisagées :
À partir d'autres recettes, déterminer un classement : sucré, salé ; chaud, froid ; entrée, plat principal, dessert ; produits d'origines animale, végétale ; …
Favoriser, quelle que soit la piste choisie, les activités de classement et leur mise en place dans un tableau à colonnes.
ex : sucré/salé-cru/cuit.

	sucré	salé
cuit	crêpes tartes	soupe purée
cru	salade de fruits	salade de crudités

2. Individuel/écrit

► Cahier d'activités 1 page 74.
exercices 1, 2, 3 et 4
• Faire lire les consignes à haute voix avant de commencer les exercices.

Propositions de prolongements

• Sur le thème de l'alimentation, on pourra faire la distinction entre les différentes classes d'aliments et élaborer des menus équilibrés.
• Le repas à travers les âges : comment mangeaient nos ancêtres.
• L'origine des aliments : animale (viande, poisson, produits laitiers), végétale (fruits, légumes ce qui pousse sur terre, dans la terre, dans les arbres).
• La transformation des aliments : du grain au pain, du lait au yaourt…
• Les spécialités régionales et nationales, en liaison avec l'origine des enfants.
• Les arts de la table : les différents couverts, comment dresser et décorer la table.
• Fabrication d'un menu (en arts plastiques) : décoration, calligraphie, travail sur ordinateur.
• Consultation de livres de recettes.
• Comparaison de menus de restaurants.
• Réalisation de la recette présentée ou d'une autre en relation avec la vie de la classe.

BIBLIOGRAPHIE en liaison thématique avec le document

– André Jobin, *La cuisine sans feu*, Alpen publishers.
– Documentation par l'image n° 30 : *Alimentation digestion*, Nathan, novembre 1992.
– Tavernier, *Enseigner la biologie et la géologie à l'école élémentaire,* Bordas.

Le Petit Quotidien

Discipline du programme

• Français : lecture d'un texte informatif.

Type de document

• La « Une » d'un journal pour enfants.

Durée

• Plusieurs séances à répartir sur plusieurs jours en fonction des pistes de recherches choisies.

Déroulement

1. Collectif/oral

► Manuel p. 114.

Question 1 : Elle a pour but de faire trouver à l'enfant la nature du document (« Une » de journal pour enfants) de formuler des hypothèses et d'en apporter la preuve.
Un texte informatif se reconnaît à une organisation qui lui est propre :
1. des titres, des sous-titres de caractères différents pour classer les informations suivant leur importance.
2. des paragraphes séparés par des blancs pour aider à la lecture.
3. des photos pour illustrer, expliquer.

Question 2 : Elle va orienter l'enfant dans sa découverte du document.
Quels sont les renseignements que nous donne cette page ?
• Le nom du journal → le repérer grâce à la taille de ses caractères.
• La date de parution → en déduire la périodicité.
• Le prix → noter les deux unités.
• Les destinataires → âge des enfants.
• Le sommaire → les différentes rubriques dans le journal.
• Le sujet principal → le repérer par ses caractères, sa place et son illustration.

Question 3 : Elle va donner des pistes à l'enfant pour élargir sa recherche, l'enrichir. Cette partie va permettre d'organiser un travail par groupes.

• par groupes

À partir d'autres journaux :
Faire une classification de parution : mensuels, hebdomadaires, quotidiens.
Faire une classification suivant l'âge des lecteurs : enfants, adolescents, adultes.
Faire une comparaison avec un magazine : différences de papier, de périodicité, de taille, de structure (agrafé ou non), spécialité…
Confronter différentes « unes » de journaux du même jour et voir les sujets traités en commun. (Entourer d'une même couleur tous les articles traitant du même sujet.)

2. Individuel/écrit

► Cahier d'activités 1 page 75.

exercice 1
Relire les consignes à haute voix. Vérifier que le titre, l'âge et la date ont été bien entourés avant de passer aux autres exercices.

exercices 2, 3 et 4
Lire collectivement ce qui est demandé.

Propositions de prolongements

• On pourra reprendre les propositions de prolongements de l'exploitation du texte fonctionnel *Le lièvre et la tortue* p. 101 du livre du maître.
• Réalisation de la « une » d'un journal d'école à l'occasion d'une manifestation.
• Comparaison avec les journaux télévisés (on pourra enregistrer une cassette vidéo).
• Comparaison avec des journaux de début et de milieu de siècle.
• La création d'un journal de classe ou d'école.

Les bateaux

Disciplines du programme

• Arts plastiques : les couleurs, les techniques.
• Découverte du monde : le temps.
• Français : lecture d'un texte informatif.

Types de documents

• Reproductions de tableaux.
• Frise chronologique.

Durée

• Plusieurs séances à répartir sur plusieurs jours en fonction des pistes de recherches que la classe poursuivra.

Déroulement

Collectif/oral

► Manuel page 115.

Question 1 : Elle a pour but de faire trouver :
– les points communs entre les trois œuvres : les bateaux, la mer.
– les différences : les techniques, les couleurs, la précision du dessin, l'époque où les tableaux ont été peints.

Un texte informatif accompagne ces tableaux. Il :
1. sert à donner de nombreuses informations → titre de l'œuvre – nom de l'artiste.
2. se reconnaît à une organisation qui lui est propre
→ des lignes courtes
→ des polices différentes.

Question 2 : Elle va permettre à l'enfant de situer dans le temps les tableaux les uns par rapport aux autres.
Faire repérer par les enfants le mot « aujourd'hui » et la flèche.
Montrer que « avant » aujourd'hui est représenté (cela s'est déjà produit) alors que « après » aujourd'hui on ne trouve rien (cela se produira). Introduction de la notion de futur.
Remonter la frise chronologique en partant de Aujourd'hui et donner le nom du tableau que l'on rencontre. Préciser : il a été peint avant... après..., il est plus vieux que..., il est plus récent que....
Ce travail sur la chronologie offrira la possibilité, si le maître le souhaite, de situer les peintres dans leur époque (Signac, Serres) et aussi d'expliquer ce qu'étaient les miniatures au Moyen Âge qui illustraient les textes.

Question 3 : Elle va donner des pistes à l'enfant pour élargir sa recherche, l'enrichir. Cette partie va permettre d'organiser un travail par groupes.

• Par groupes

À partir d'autres reproductions de tableaux de bateaux :
→ les ranger du plus ancien au plus récent, faire justifier (mode de propulsion, matériaux de construction utilisés, personnages présents sur le bateau...).
→ les classer suivant le mode de propulsion.
→ les classer suivant le lieu où l'on les utilise (mer, fleuve, rivière).

Propositions de prolongements

• Visite dans un musée.
• Découvrir une technique : le pointillisme. Après comparaison des tableaux, faire prendre conscience que le tableau de Signac est constitué de points. Rechercher des objets pouvant servir d'outil afin d'obtenir cet effet (pinceau, coton-tige, allumette, plume, bouchon de liège taillé, chou-fleur...).
• Découvrir les couleurs : faire mélanger les couleurs primaires. Réalisation d'un nuancier lors de la mise en commun.
• Faire chercher d'autres miniatures.
• Faire chercher d'autres peintres ayant utilisé la technique du pointillisme.
• Consultation, en bibliothèque, de livres d'art.
• Écoute de chants sur la mer (*La mer* de Charles Trenet, *Santiano* de Hugues Aufray,...).

BIBLIOGRAPHIE

Le Magicien des couleurs, Arnold Lobel, École des loisirs.
Encyclopédie Encarta Microsoft.

Un poisson

Disciplines du programme

• Découverte du monde : le vivant.
• Français : lecture d'un dessin légendé.

Type de document

• Écran d'une encyclopédie sur CD-Rom.

Durée

• Plusieurs séances à répartir sur plusieurs jours en fonction des pistes de recherches choisies.

Déroulement

Collectif/oral

► Manuel p. 116.

Question 1 : Elle a pour but de faire trouver à l'enfant la nature du document (page d'encyclopédie sur CD-Rom) et d'en apporter la preuve.
L'enfant devra repérer que :
→ c'est un écran d'ordinateur : présence des logos en haut à droite et en bas de l'écran.
→ c'est extrait d'un CD-Rom (titre en haut à gauche : *Mon Premier Dictionnaire Nathan.*
→ c'est un dessin légendé (titre, dessin et identification de certaines parties).

Question 2 : Elle oriente l'enfant dans sa découverte du document.
Quels sont les renseignements que nous donne ce genre de document ?
• Au niveau du dessin légendé, on a une désignation des différentes parties du poisson.
• Au niveau du CD-Rom, un classement par ordre alphabétique est fait puisqu'on est dans un dictionnaire. (Noter la présence du curseur sur le « P » de l'alphabet identifiant le sujet « Poisson ».). On pourra demander aux enfants de trouver la place de la flèche si on avait un article sur le lapin, la voiture... et de trouver quels sujets pourraient être traités si la flèche étaient sur le « b », le « m »,... ou si elle était entre le « s » et le « u ».
On tentera de découvrir les possibilités du logiciel grâce aux icônes et à leur titre.
• Le titre du logiciel « Mon Premier Dictionnaire » laisse supposer que d'autres logiciels de ce type peuvent être consultés (selon l'âge de l'utilisateur).

Question 3 : Elle va donner des pistes à l'enfant pour élargir sa recherche, l'enrichir. Cette partie va permettre d'organiser un travail par groupes.

• Par groupes

À partir d'autres écrans :
– Repérer les renseignements découverts précédemment.
– Rechercher s'il y en a de nouveaux.
– D'autres pistes pourront être envisagées :
– Création d'une page de CD-Rom à partir de photos découpées dans des magazines puis collées sur un écran que les enfants réalisent eux-mêmes. Les enfants inventent les titres, les icônes, les légendes.

Propositions de prolongements

• Consultation d'une encyclopédie sur CD-Rom et recherche de renseignements.
• Comparaison avec une encyclopédie papier.
• Travail sur l'alphabet puisque nous sommes dans un dictionnaire.
• Présentation d'autres alphabets contemporains ou non.

BIBLIOGRAPHIE

Encyclopédie Larousse Liris interactive.
Mon Premier Dictionnaire Super Génial Nathan Nathan et Liris interactive.
Encyclopédie Encarta Microsoft.

Poésies

Discipline du programme

• Français : lecture de textes poétiques.

Type de document

• Deux poésies.

Durée

• Plusieurs séances à répartir sur plusieurs jours.

Déroulement

Collectif/oral

► Manuel p. 117.

L'enseignant lit les deux poésies.

• Remarques des enfants qui vont permettre de mettre en évidence des caractéristiques du texte poétique :

1. Le poète joue avec les mots et leur musique (répétition des mêmes sons).
Dans le poème de Richepin, on insistera sur les sonorités finales qui accentuent la douceur du balancement. Dans le texte de Carco au contraire, on insistera sur les sonorités brèves, sèches comme l'averse. L'impression qui se dégage est très différente de celle du premier poème.
2. Faire identifier ces sons répétés. La mémorisation des textes en sera facilitée.
3. Mémorisation du texte : sur une affiche collective, faire retrouver, dans la poésie, les mots connus. Puis, lors de lectures successives, remplacer les mots par des dessins.
4. Lecture à haute voix de la poésie par les enfants volontaires.

Propositions de prolongements

• Poursuite de la constitution de l'anthologie.

• Recherche d'autres poésies sur le thème de l'eau, des bateaux, de la vie des marins, du voyage.

RÉVISIONS-JEUX RÉVISIONS-JEUX RÉVISIONS-JEUX

► Manuel, p. 118.

Arrivé à la fin de chaque période, l'enseignant pourra travailler sur la page de révisions de sons. On peut repréciser que, quel que soit l'ordre de présentation qu'il aura choisi, il doit néanmoins avoir présenté tous les sons de la période.
Cette page de récapitulation va donc lui permettre de faire le point sur les acquisitions des enfants dans ce domaine.
On retrouvera le dessin du mot-clé servant de référent au son étudié, ainsi que les mots reprenant les différentes graphies du son.

L'enseignant pourra également faire relire dans les pages sons les mots de la rubrique « Des mots de l'histoire ».
En effet, il est possible que certains mots n'aient pu être lus lors de la découverte du son, à cause de l'ordre de présentation choisi par le maître, et de l'avancée dans l'histoire.
Il a aussi à sa disposition les fiches photocopiables.

► Cahier d'activités 1, p. 78.

Des jeux sont proposés pour clore la période.

Ils sont en rapport plus ou moins direct avec l'histoire. L'enfant pourra les faire seul et retrouvera les personnages de ses textes.
On vérifiera que les consignes de jeux sont comprises par tous.

Pour la période 3 sont proposés :
• un message codé à partir d'un alphabet. En quoi Grindelire va-t-il se déguiser ?
• Un rébus donnant le nom de villes célèbres pour leur carnaval.
– Retrouver un chemin en coloriant des lettres pour identifier un message.

Écris un message

Voir fiche-guide 8 pp. 64-65.

1. Collectif/oral

► Cahier d'activités 1 pp. 76-77.

• Observe

La complexité de la carte au trésor nécessite un examen et une observation approfondie. On laissera aux enfants le temps d'identifier les dessins, de lire les différentes rubriques. Une fois ce travail effectué, on pourra amorcer la réflexion sur le document.

• Réfléchis

On guidera la réflexion par les questions proposées :
À quoi sert le document ?
À qui s'adresse-t-il ?
Comment est construit le texte ?
Sur la carte, par quel endroit doit-on passer ?
Sur la carte, repérer les différents endroits et lire leur nom (on pourra faire un agrandissement de la carte au tableau). Trouver la signification des pointillés (trajet à parcourir).
Sur le message : mettre en valeur les différents lieux de passage et les actions. (On pourra entourer les uns et souligner les autres.)
Mettre en relation le message et la carte en suivant les pointillés symbolisant le trajet.

• Élaboration du projet

Demander au enfants de trouver un endroit différent sur la carte pour cacher leur trésor, de déterminer l'endroit où leur bateau va accoster puis de tracer le chemin les menant au trésor.
Le projet sera d'écrire le message permettant de le retrouver.
Pour cela il faut respecter les mêmes structures que le message du pirate.

2. Individuel/écrit

Faire relire la boîte à idées qui pourra être complétée par le maître à la demande des enfants, ou par les enfants eux-mêmes.
Les enfants réaliseront un premier jet sur leur cahier d'essai, ils pourront s'entraider si nécessaire.
Le message terminé, ils pourront le lire à un camarade. Si celui-ci peut le suivre sur sa carte et arriver à la cachette, le message est réussi !
Pour terminer le projet de façon ludique, il pourra dessiner son trésor.

Troisième voyage de Sindbad le marin

J'eus bientôt perdu le souvenir des dangers courus dans mes voyages, je m'ennuyais de vivre dans le repos ; pour la troisième fois je m'embarquai.
Tout alla bien les premiers mois, mais un jour nous fûmes battus par une horrible tempête qui nous poussa dans le port d'une île où le capitaine aurait souhaité ne pas entrer.
– Cette île, nous dit-il, est habitée par des sauvages velus qui vont venir nous assaillir. Quoique ce soient des nains, notre résistance serait vaine parce qu'ils sont en plus grand nombre que les sauterelles.
Ce discours nous jeta dans la consternation.
Bientôt nous vîmes paraître une multitude de hideux sauvages hauts de deux pieds et couverts par tout le corps d'un poil roux et long. Ils se jetèrent à la nage, environnèrent notre vaisseau, s'accrochèrent aux cordages et grimpèrent jusqu'au tillac avec une surprenante agilité.
Comme nous n'osions rien dire, ils continuèrent tranquillement leurs manœuvres et, après nous avoir fait débarquer, ils emmenèrent le vaisseau.
La mort dans l'âme, nous nous avançâmes dans l'île.
Après avoir marché un certain temps, nous aperçûmes un grand palais. Nous étant décidés à entrer, nous vîmes dans le vestibule d'un côté un monceau d'ossements humains, de l'autre des broches à rôtir. [....]
Alors, nous rompîmes le silence, pour délibérer sur le parti que nous avions à prendre, mais sans nous arrêter à aucun. La journée se passa à parcourir l'île en nous nourrissant de fruits. Sur le soir, n'ayant trouvé aucun abri, nous rentrâmes au palais.
Le géant ne manqua pas d'y revenir et de souper d'un de nos compagnons ; après quoi, il s'endormit et ronfla jusqu'au jour, puis il nous laissa comme la veille.
Une idée m'était venue à l'esprit pour sortir de cette situation affreuse, je la communiquai à mes camarades.
– Mes frères, leur dis-je, il y a du bois le long de la mer, construisons des radeaux pour nous sauver. J'avoue que, sur de si fragiles bâtiments, nous courons le risque de perdre la vie ; mais n'est-il pas préférable d'être enseveli dans le mer que dans les entrailles de ce monstre ?
Mon avis fut goûté ; nous nous mîmes à la besogne.
Le soir, il fallut encore nous résoudre à voir rôtir un de nos camarades ; nous nous vengeâmes de la cruauté du géant. Voici comment :
Dès que nous l'entendîmes ronfler, neuf des plus hardis et moi prîmes chacun une broche dont nous fîmes rougir la pointe dans le feu et, tous en même temps, nous la lui enfonçâmes dans l'œil.
La douleur fit pousser au géant un cri épouvantable. Il se leva, étendit les mains pour se saisir de nous ; mais nous eûmes le temps de fuir. Il nous suivit un moment en faisant entendre des hurlements.
Nous nous rendîmes sur le rivage et nous mîmes nos radeaux à la mer, attendant l'aurore pour nous jeter dessus. Mais à peine fit-il jour que nous aperçûmes notre ennemi accompagné de deux géants de son espèce qui le conduisaient et d'un assez grand nombre d'autres marchant devant lui.
À ce spectacle, nous nous précipitâmes sur nos radeaux. Les géants, voyant cela, nous poursuivent dans l'eau, munis de grosses pierres, et nous les lancent si adroitement, qu'à l'exception de mon radeau, tous les autres furent brisés et les hommes noyés.
Après avoir été longtemps ballottés par les flots, mes deux compagnons et moi, nous fûmes poussés contre une île. Sur le soir, brisés de fatigue, nous nous endormions, lorsque nous ne tardâmes pas à être réveillés par le sifflement d'un serpent ; il était si près de nous qu'il engloutit un de mes camarades.
Nous prîmes aussitôt la fuite.
La nuit suivante, nous nous installâmes sur un gros arbre ; mais nous entendîmes bientôt le serpent ; il s'éleva contre le tronc et engloutit mon autre camarade d'un seul coup.
Je demeurai sur l'arbre jusqu'au jour, j'en descendis plus mort que vif et, la mort me paraissant préférable à cet état, je courus vers la mer avec l'intention de m'y précipiter.
Dieu, sans doute, eut pitié de mes souffrances, car j'aperçus un navire. Je criai de toutes mes forces pour me faire entendre, je fis des signes avec la toile de mon turban.
L'équipage m'aperçut enfin, et on m'envoya la chaloupe. Quand je fus à bord, je racontai par quelle aventure je m'étais trouvé dans cette île déserte.
Nous courûmes la mer avec ce vaisseau ; enfin, après une longue navigation, je revins à Bagdad.
Sindbad acheva ainsi l'histoire de son troisième voyage ; le jour suivant, il reprit le récit de ses aventures.

Les Mille et une nuits,
© Éditions Fabbri.
Adaptation : D.R.

Bibliographie de Michel Amelin

En collaboration avec les illustrateurs suivants :
Mon papa le roi. Bayard (Les Belles histoires), 1995
Daniel (François). *Foufou, la colère des corbeaux*. Épigones, 1998
Wensell (Ulises). *Le Petit Empereur de Chine*. Bayard, 1997 (Les Belles histoires)
Jarrie (Martin). *Le Masque d'or et de sang*. Nathan, 1997
Matje (Martin). *Foufou le kangourou volant*. Épigones, 1996 (Myriades)
Helye (Catherine). *Le Fils du pirate*, Nathan, 1996 (Demi lune)
Pons (Bernadette). *Mardi-Gras chez les souris*. Grasset, 1995 (Lecteurs en herbe)

Bibliographie de Jérôme Ruillier

Où sont passés mes rennes ? Hachette Jeunesse, 1998
En collaboration avec l'auteur :
Carrier (Isabelle). *Trop petit*. Casterman, 1998 (Courant d'air)
La Dent de Pierre. Magnard, 1997

Bibliographie thématique : Pirates

Baumann (Hans). *Jambes-Rouges : l'apprenti pirate*. Flammarion (Castor-poche junior), 1981
Biegel (Paul). *Le Petit capitaine*. Hachette
Farré (Marie). *Les aventures de Papagayo*. Gallimard (Folio cadet) - bons lecteurs 8-9 (Bibliothèque)
Murail (Marie-Aude). *Le Chien des mers*. École des loisirs, 1991 (Mouche) - bons lecteurs 8-10 (Bibliothèque)
Pinkwater (Daniel). *Pirate de l'espace*. Flammarion-Père Castor, 1997 (Castor-poche junior).
Rodrian (Irène). *Les Incroyables aventures du plus petit des pirates*. Flammarion-Père Castor, 1984 (Castor-poche junior)
Solet (Bertrand). *Le Talisman de Vannina*. Bayard, 1990 (J'aime lire) - 8-10 (Bibliothèque)

La petite sœur de Julien

La petite sœur de Julien aborde la question de la naissance, à travers les interrogations de Julien. C'est Julien qui raconte, fait part de ses questions face à l'arrivée prochaine d'une petite sœur. Récit à la première personne, au présent, cette fois ; le registre oral rend le personnage attachant et proche des enfants mais il faudra leur faire percevoir combien le style diffère de celui de l'histoire du petit mousse. Il s'agit d'**un récit ancré dans le réel**.
L'illustration dans ce texte accentue le point de vue de Julien. On vit l'histoire à travers ses yeux, ses interrogations…

Première et quatrième pages de couverture

Manuel de l'enfant pp. 119 et 136.
► Cahier d'activités 2 pp. 4 et 5.

Spécificité
Pour l'entrée dans cette nouvelle histoire, le travail sur les première et quatrième pages de couverture est particulièrement important : il permet d'introduire le prénom du narrateur, qui n'apparaît qu'au deuxième épisode dans le dialogue.

Matériel
– Poster des couvertures de l'histoire, cache pour la quatrième page de couverture, le temps du travail, ou manuel pp. 119 et 136.

Pour un puzzle de lecture : texte de la quatrième page de couverture en script sur 6 étiquettes collectives (*cf.* ci-dessous), les mêmes étiquettes pour chaque groupe d'enfants.

La petite sœur de Julien	« Tu verras Julien, un bébé c'est la catastrophe : ça crache et ça sent mauvais
Julien va bientôt avoir une petite sœur.	– Ne l'écoute pas Julien ! Un bébé, c'est trooooop mignon ! »
Grand débat dans la cour de récréation :	Julien s'interroge : comment sera-t-elle, sa petite sœur ? Et lui comment sera-t-il en, grand frère ?

Déroulement possible :

Fiche-guide 1 (pp. 52-53).

1. Collectif/oral

La première page de couverture : hypothèses de lecture.
Les différents termes (auteur, illustrateur…) seront suggérés par les élèves qui repésreront d'eux-mêmes les indices et élaboreront collectivement la « fiche d'identité de la page de couverture ».
Faire remarquer les différentes typographies utilisées pour les différents items.

Titre :	*La petite sœur de Julien*
Auteur :	Marie-Hélène Delval
Illustrateur :	Régis Faller
Éditeur :	Bordas

Le questionnement fera bien préciser le nombre de personnages (3), leur disposition (assis sur un canapé), les relations entre les trois personnages (un garçon, Julien et ses parents) et conduira à émettre des hypothèses sur le contenu de l'histoire. La maman de Julien attend un bébé (on voit qu'elle est enceinte, elle a un gros ventre) : ce sera une petite sœur (le titre).
Faire lire le titre : les mots sont connus, Julien peut être déchiffré (le son [ʒ] a été vu dans l'histoire 3).
La quatrième page de couverture : deux approches possibles :
a) Le texte est reproduit au tableau en script, la découverte est collective.
b) Travail de groupe : les élèves par groupes de deux ou de quatre reconstituent le texte. La vérification peut se faire 1) collectivement (un groupe affiche le texte reconstruit au tableau à l'aide des bandes préparées par le maître, puis on enlève le cache du texte original pour vérification), 2) par groupes.
Indices : majuscules en début de lignes, guillemets ouverts/fermés.
Sur l'ensemble de la page, rechercher les renseignements de la première page que l'on retrouve sur la quatrième (ici : le titre et le logo de Grindelire). Faire remarquer aussi les têtes des bébés, l'âge des lecteurs visés et les autres titres de la collection.

2. Individuel/écrit

► Cahier d'activités 2, exercices 1, 2 et 3 p. 4.
► Cahier d'activités 2, exercices 1 à 4 p. 5.

Période 4 : proposition

La petite sœur

MARIE-HÉLÈNE DELVAL

			TRAVAIL SUR LE SENS			
			Texte de l'album reproduit dans le manuel	Fonctionnement de la langue	Cahier d'activités n° 2	Livre du maître
SEMAINE 1	U 1	JOUR 1	p. 120	p. 121 : ne plus	p. 6/7	pp. 200-201
		JOUR 2	p. 120			
	U 2	JOUR 1	p. 122	p. 123 : parce que	p. 8/9	pp. 203-204-205
		JOUR 2	p. 122			
SEMAINE 2	U 3	JOUR 1	p. 124	p. 125 : qui	p. 10/11	pp. 206-207-208
		JOUR 2	p. 124			
	U 4	JOUR 1	p. 126	p. 127 : Où ?	p. 12/13	pp. 210-211-212
		JOUR 2	p. 126			
SEMAINE 3	U 5	JOUR 1	p. 128	p. 129 : quand	p. 14/15	pp. 213-214-215
		JOUR 2	p. 128			
	U 6	JOUR 1	p. 130	p. 131 : expansions du GN	p. 16/17	pp. 217-218
		JOUR 2	p. 130			
SEMAINE 4	U 7	JOUR 1	p. 132	p. 133 : passé/présent/ futur	p. 18/19	pp. 220-221
		JOUR 2	p. 132			
	U 8	JOUR 1	p. 134	p. 135 : mais	p. 20/21	pp. 222-223-224
		JOUR 2	p. 134			
SEMAINE 5 et 6	U 9	JOUR 1	Suivant l'organisation de la classe, son niveau, ne pas hésiter à prendre son temps et étaler la semaine est consacrée à des bilans, des mises au point et de l'entraînement. À cette période tous les types de supports et utiliser les ressources de la B. C. D., de la bibliothèque munici-			
		JOUR 2				
	U 10	JOUR 1				
		JOUR 2				

de progression
de Julien

RÉGIS FALLER

TRAVAIL SUR LE CODE

Manuel	Cahier d'activités n° 2	Livre du maître
[g], p. 137	p. 22	pp. 201-202-203
[ø] [œ], p. 138	p. 23	pp. 205-206
[z], p. 139	p. 24	pp. 208-209-210
[j], p. 140	p. 25	pp. 212-213
[ɲ], p. 141	p. 26	pp. 215-216-217
[wɛ̃], p. 142	p. 27	pp. 218-219-220
révisions	révisions	pp. 221-222 révisions
révisions	révisions	p. 224 révisions

découverte de l'album sur 5 semaines. La sixième de l'année, il faut multiplier les occasions de lire sur pale.

ET AUSSI...

Lire des textes documentaires ou fonctionnels

- DÉCOUVERTE DU MONDE : l'encyclopédie
  Manuel, p. 143
  Cahier d'activités n° 2, p. 28
  Livre du maître, pp 225-226
- DÉCOUVERTE DU MONDE : le calendrier
  Manuel, p. 144
  Cahier d'activités n° 2, p. 29
  Livre du maître p. 227
- ARTS PLASTIQUES : la mère et l'enfant
  Manuel, p. 145
  Livre du maître, p. 228
- ÉDUCATION CIVIQUE : l'hygiène buccale
  Manuel p. 146
  Livre du maître, p. 229

Poésies

- *La petite fille*, TOPOR
  Manuel, p. 147 ; livre du maître, p. 230
- *À ma fille*, V. HUGO
  Manuel, p. 147 ; livre du maître, p. 230

Projet d'écriture

Annonce l'arrivée d'un bébé
- Cahier d'activités n° 2, pp. 30-31
- Livre du maître, p. 231

Révisions/jeux

- Manuel p. 148
- Cahier d'activités n° 2, pp. 32-33
- Livre du maître, p. 230

Unité 1

premier jour

Manuel de l'enfant pp. 120-121.
► Cahier d'activités 2 pp. 6 et 7.

Mise en route
► Dans le manuel : relecture du titre, de la quatrième page de couverture.
Rappel oral par les enfants des hypothèses de lecture proposées.

SÉQUENCE 1 : DÉCOUVERTE ET COMPRÉHENSION DU TEXTE

Spécificité
Premier épisode, présentation des deux personnages introduits dans le texte : Amélie et Jérôme (au premier plan sur l'illustration). Julien n'est pas nommé, mais c'est lui qui raconte l'histoire : les enfants doivent bien repérer le narrateur : qui parle ?

Matériel
– Texte en script sur feuille collective.
– Page du manuel.

Déroulement possible

Fiche-guide 2 § 3 (p. 55).

1. Collectif/oral

• Travail à partir du texte affiché et de l'illustration.
Rappel : Qui parle ? Qui dit *je* ? C'est Julien qui raconte l'histoire. À partir de la page du manuel, faire expliciter les indices de l'illustration : deux enfants au premier plan : au second plan, un papa (celui de la petite fille ?) avec un bébé dans les bras, et une maman (celle du garçon ?) avec un bébé dans une poussette. On ne voit pas Julien. Où est-il ? L'illustration représente ce qu'il voit.
Dans le texte, identification de deux prénoms, Amélie et Jérôme, lien à faire avec le texte de quatrième page de couverture (*cf.* le dialogue, grand débat).
Lecture silencieuse du texte par les enfants.
Questionnement : faire expliciter ou pointer au tableau ce que les enfants ne comprennent pas. Élucider les mots nouveaux (*bébé, vie, année,* doivent pouvoir être déchiffrés). Lecture du texte à haute voix par plusieurs enfants puis par le maître.
La dernière phrase de ce premier épisode permettra un échange oral pour anticiper sur la suite de l'histoire : en quoi l'arrivée d'un bébé change la vie de la famille. Laisser les enfants ayant vécu cette situation s'exprimer. Cet échange peut, selon le projet de l'enseignant, avoir lieu le jour de la lecture de cet épisode ou comme mise en route pour l'épisode suivant.
Avant les exercices par écrits, faire reconstituer collectivement certaines phrases du texte à partir d'étiquettes de groupes de mots : par exemple, la première phrase introduite au moment de la découverte du texte pour préparer l'exercice 2, p. 6 :

Je ne sais plus	très bien	quoi en penser	de ce bébé

qui va arriver chez nous.

Insister sur la signification, la perplexité du narrateur.
► Lecture du texte dans le manuel p. 120 et de la rubrique « Je mémorise » p. 121.

2. Individuel/écrit

► Cahier d'activités 2 : exercices 1 et 2 p. 6.

SÉQUENCE 2 : FONCTIONNEMENT DE LA LANGUE

Spécificité
Nouveau marqueur de négation *ne ... plus.*

Matériel
– Phrases du texte en étiquettes mots en script au tableau :

Je	ne	sais	plus	très bien quoi en penser	.

Prévoir également une étiquette pour *pas.*

Déroulement possible

Fiche-guide 4 (p. 58).

1. Collectif/oral

Les enfants devraient d'eux-mêmes rappeler à cette occasion la forme négative déjà rencontrée *ne... pas* (Histoire 2, pp. 54-55). Changer *plus* en *pas* : laisser commenter la différence.
Faire bien comprendre aux enfants la différence entre :
Je parle → Je ne parle pas.
Je bavarde → Je ne bavarde plus. (Avant je bavardais, et maintenant je ne bavarde plus).
Quels autres changements sont possibles ? Si aucune proposition des enfants, leur proposer de supprimer des mots : l'objectif est de supprimer *ne... plus* et de commenter le changement de sens. Puis faire l'opération inverse : ajouter les éléments supprimés.
Proposer une autre phrase, par exemple une des phrases du manuel : *Il sait courir, il sait sauter, il sait écrire.* Les enfants la modifient oralement ou par écrit sur leur ardoise.
Travailler oralement les phrases proposées dans le cahier d'activités : *Elle sait quoi en penser, La tortue Rosemonde pleure, Alex et Léa sont à Londres, Kevin court comme les autres.*
Faire trouver des exemples tirés de l'expérience personnelle des enfants qui permettent un emploi en situation : *Paul ne suce plus son pouce, ne boit plus de biberon,* etc. Oralement, on peut ajouter : *Avant,*

Paul suçait son pouce, maintenant il ne le suce plus, etc.

► Manuel : lecture de la rubrique « Je fais fonctionner la langue » p. 121.

2. Individuel/écrit

► Cahier d'activités 2 : exercice 3 p. 6.

SÉQUENCE 3 : RÉINVESTISSEMENT

> **Spécificité**
> – Le texte met en scène un enfant handicapé.
> – Réinvestissement de la structure négative.

Déroulement possible

Fiche-guide 5 (p. 59).

1. Collectif/oral

À ce stade de l'année, certains enfants peuvent sans doute lire le texte de façon autonome, mais on peut en proposer une lecture découverte à un petit groupe d'enfants moins avancés ou éventuellement à la classe entière.
Rechercher des mots déjà rencontrés dans le texte de l'histoire de Julien (ici, *classe, mère*), des mots déjà connus, expliquer les mots difficiles (*fauteuil roulant, accident*), mais aussi la signification de l'indication « *à suivre* ».
► Lecture dans le manuel de la rubrique « Je lis un nouveau texte » p. 121.

2. Individuel/écrit

► Cahier d'activités 2 : exercice 4 p. 7.
Vérifier la compréhension des questions.

SÉQUENCE 4 : PRODUCTION D'ÉCRITS

> **Spécificité**
> Produire un court texte en référence au début de l'histoire.
>
> **Matériel**
> – Les trois vignettes du cahier d'activités que l'enseignant pourra reproduire pour permettre un travail collectif et les étiquettes pour permettre une manipulation individuelle et préparer le travail de production d'écrits.

Déroulement possible

Fiche-guide 8 (pp. 64-65).

1. Collectif/oral

Les enfants commentent oralement les trois illustrations de l'exercice 5, p. 7 du cahier d'activités 2 et formulent oralement une histoire.
Faire lire les étiquettes affichées au tableau. Des enfants fabriquent de petits textes en manipulant ces étiquettes au tableau. Celles-ci peuvent constituer une aide mais il faut essayer d'éviter que les enfants se limitent à ces suggestions ; on veillera à enrichir leur recherche avec d'autres mots des textes lus.

2. Individuel/écrit

► Cahier d'activités 2 : exercice 5 p. 7.

Indications pour l'étude dirigée ou le travail à la maison

► Livre du maître : compléter la fiche à photocopier p. 279.
• Dans le manuel, lecture du texte p. 120 et de la rubrique « Je mémorise » p. 121.
• Mémoriser ou s'entraîner à écrire : *Il ne sait plus sauter.*

Unité 1

— deuxième jour —

Manuel de l'enfant pp. 120-121 et 137.
► Cahier d'activités 2 p. 22.

Mise en route
► Dans le manuel : relecture du texte p. 120 et de la rubrique « Je mémorise » p. 121.
Sur l'ardoise ou sur le cahier d'essai, écrire ce qui a été revu à la maison : *Il ne sait plus sauter.*

SÉQUENCE 1 : DÉCOUVERTE DU SON [g]

Si vous suivez la progression du livre : étude du son [g]. Si vous suivez une autre progression, voir tableau pp. 198-199.

> **Spécificité**
> Découverte du son [g].
>
> **Matériel**
> – 4 dessins collectifs : *gâteau, guitare, bague, wagon.*
> – Trois fléchettes individuelles (si jeu de fléchettes).
> – Étiquettes-puzzle collectives.

Déroulement possible

Fiche-guide 6 (pp. 60-61).

1. Collectif/oral : discrimination auditive

• Découverte du son commun à partir des quatre dessins
Ordre de présentation : *gâteau, guitare, bague, wagon.*
• Localisation du son selon le schéma connu :
– Premier niveau : début, milieu ou fin de mot.
– Deuxième niveau : dans les syllabes orales.
• Production du son [g] :
Faire jouer les enfants à prononcer une série de [g] pour sentir le niveau de la bouche où se situe l'articulation (par exemple par rapport à [b] et [d]). Le dos de la langue bute contre le voile du palais, l'air est expulsé par la bouche mais le son n'est pas prolongeable. Il y a des vibrations au niveau de la gorge qu'il est impossible de constater. C'est une consonne (occlusive) sonore (elle correspond à la consonne sourde [k]).
• Imprégnation du son
► Manuel p. 137 « Je chasse le son ».
Liste des éléments de l'illustration contenant le son [g] : *gare, gâteau, goûter, wagon, guirlande, muguet, bague, baguette, guitare, marguerite, glace, Grindelire, graine…*
Mots des histoires : *escargot, griffe, gronde, sanglots* [I], *Angleterre, gare, guide, gauche, regarde* [II], *Tobago gamelles, aiguisaient, gueules, anglais* [III], *langue, rigolo, guili-guili, gronder, dégoûté, grand , garni, garçon, Guerre des étoiles, grand-mère, regardait, grosse, longues, grâce à* [IV].

On poursuivra l'imprégnation par un ou deux jeux de discrimination auditive au choix.

– Jeu de pigeon vole ou jeu de fléchettes avec les mots suivants : *gant, gare, goutte, gai, gars, gâté, grand, grosse, guirlande, guitare, guépard, guêpe, gourmand, guerre, kangourou, rigolo, regardait, escargot, dégoûté, wagon, marguerite, légume, toboggan, baguette, longues, bague, mangue, langue, vague.*

– Jeu de l'oreille fine avec les mots suivants : *Gagarine, gargarisme, zig-zag, gargouille, escargot, langue, dégoûté, wagon, guirlande, kangourou, baguette, guitare, gomme, marguerite, goutte, gris, glisse, glace, gare, garé, Gaspard, goûter, pigeon, classe, bébé, année, mère, vie, crie, carré, car.*

– Jeu de devinettes. Définitions de mots contenant le son [g] :
Il porte ses petits dans une poche : *le kangourou.*
Il porte sa maison sur son dos : *l'escargot.*
Elle se déguste en dessert et elle sert à renvoyer les images : *la glace.*
Elle sert de décoration au sapin de Noël : *la guirlande.*

2. Individuel/écrit

► Cahier d'activités 2 : exercice 1 p. 22.
Vérifier, avant de commencer l'exercice, qu'il y a accord sur la signification des dessins (*des bougies, une gare, des gants, un canard et une guitare*).

SÉQUENCE 2 : DÉCOUVERTE DES GRAPHIES DU SON [g]

1. Collectif oral

• Découverte des graphies du son
Écrire sous les dessins les mots correspondants pour faire apparaître les différentes graphies : ici g et gu.
Faire dire aux enfants : « J'entends le son [g] et je peux voir les lettres g ou gu. »
Attention ! pour entendre le son [g] avec la lettre i ou e, je dois écrire les lettres « gu ».
► Manuel, lecture de la rubrique « Je classe les mots » p. 137.
Attirer l'attention des enfants sur ⚠ : « je vois la lettre g, mais je n'entends pas le son [g] » : *bougie, vingt…* Faire seulement la remarque.
• Travail de la combinatoire.
Les enfants vont combiner les sons déjà étudiés.
Ici par exemple g et a → ga : pour écrire la syllabe, je prends la lettre g et la lettre a.
g + ou → gou, mais gu + i → gui, gu + é → gué, etc.
• Pour les jeux, on se reportera à la fiche-guide.
► Manuel : lecture de la rubrique « J'assemble » p. 137.

2. Individuel/écrit

► Cahier d'activités 2 : exercices 2 et 3 p. 22.
Pour le coloriage magique (exercice 2), on expliquera la consigne : vérifier qu'il y a accord sur les couleurs à utiliser.
L'exercice 3 fait classer les mots selon leur graphie g ou gu (*Je vois, j'entends,* etc.). Vérifier oralement que les enfants se repèrent dans le tableau. Il s'agit d'un tableau à double entrée qu'il faut lire dans un premier temps avec eux.

SÉQUENCE 3 : ÉCRITURE MANUSCRITE

Spécificité
La calligraphie du *g*.

Déroulement possible

Fiche-guide 7 (pp. 62-63).

1. Collectif/oral

Vérifier le point d'attaque, le sens de rotation dans l'écriture du rond de la lettre dans le sens inverse des aiguilles d'une montre et la boucle qui descend de deux interlignes en dessous de la ligne d'écriture.

2. Individuel/écrit

► Cahier d'activités 2 : exercice 4 p. 22.
Dictée : exercice 5 p. 22 (les mots revus le matin sur l'ardoise).

SÉQUENCE 4 : RÉINVESTISSEMENT – JEUX

Spécificité
Jeu du détective.

Déroulement possible

Fiche-guide 5 (p. 59).

Collectif/oral ou individuel/écrit

Selon le niveau des enfants, on pourra faire lire la phrase du manuel p. 121 et faire trouver le bébé, ou faire un exercice similaire au tableau, avec par exemple des dessins collectifs utilisés pour la découverte des sons ou tout autre objet.

Indications pour l'étude dirigée ou le travail à la maison

► Livre du maître : compléter la fiche à photocopier p. 279.
• Dans le manuel, lecture du texte p. 120 et de la rubrique « Je mémorise » p. 121.
• Mémoriser ou s'entraîner à écrire : *Il mange un gros gâteau.*

Unité 2

— premier jour —

Manuel de l'enfant pp. 122-123.
► Cahier d'activités 2 pp. 8 et 9.

Mise en route
Sur l'ardoise ou le cahier d'essai, écrire ce qui a été revu à la maison : *Il mange un gros gâteau.*
Rappel oral par les enfants du premier épisode : Qui parle ? Qui raconte l'histoire ? En quoi l'arrivée d'un bébé change la vie d'une famille.
► Dans le manuel : relecture du texte p. 120.

SÉQUENCE 1 : DÉCOUVERTE ET COMPRÉHENSION DU TEXTE

Spécificité
Discussion entre les deux amis de Julien, Amélie et Jérôme : leur désaccord sur les bébés peut provoquer au sein de la classe des discussions. Les deux amis s'adressent directement à Julien.

Matériel
– Texte en script sur feuille collective avec certains mots cachés. Proposition : cacher les mots ou groupes de mots en gras dans le texte comme ci-dessous.
Jérôme **répète** d'un **air** important : « Tu verras, **Julien**. Un bébé, **c'est la catastrophe**, c'est moi qui te le dis ! Ça braille **le jour**, ça crie la nuit. Ça **crache et ça sent mauvais**. Et **toi**, tu n'arrêtes pas de te faire gronder **parce que** tes **parents** sont trop **énervés** ! » **Amélie** intervient en faisant **danser** ses couettes : « Ne l'écoute pas, **Julien** ! Un bébé, c'est **trooooop mignon** ! »

Déroulement possible

Fiche-guide 2 § 8 (p. 56).

1. Collectif/oral

Plusieurs fragments du texte sont déjà connus (*cf.* travail sur la quatrième page de couverture).
Faire identifier les deux locuteurs : identification des deux prénoms Amélie et Jérôme, lien à faire avec le texte de quatrième de couverture (*cf.* le dialogue, *grand débat*), la reprise de certains fragments.
Certains mots ou groupes de mots sont cachés (voir proposition ci-dessus : mots présents dans le texte de quatrième de couverture, autres). Les enfants les écrivent sur leur ardoise ou les proposent à l'enseignant qui les écrit au tableau. Explicitation collective des mots inconnus.
Faire bien élucider à qui sont attribuées les paroles rapportées. Pour aider les enfants qui ont du mal, utiliser les silhouettes des différents personnages de l'histoire.
Vérifier les hypothèses de lecture concernant l'arrivée d'un bébé dans une maison.
Lecture silencieuse du texte par chaque enfant, puis à voix haute par le maître.

2. Individuel/écrit

► Lecture du texte dans le manuel : texte p. 122 et de la rubrique « Je mémorise » p. 123.
► Cahier d'activités 2, exercices 1 et 2 p. 8.
L'exercice 2, qui consiste à compléter des phrases avec des mots fournis, pourra être préparé oralement avec les enfants en difficulté.

Au moment de la découverte du texte, introduire la phrase qui servira à la séquence 2 « Fonctionnement de la langue » *Tu n'arrêtes pas de te faire gronder parce que tes parents sont trop énervés.*

SÉQUENCE 2 : FONCTIONNEMENT DE LA LANGUE

Spécificité
Cause : *pourquoi – parce que.*

Matériel
– Phrases de base du texte en script sur des étiquettes collectives + deux étiquettes pour les deux mots grammaticaux *parce que* et *pourquoi*

Tu n'arrêtes pas de te faire gronder

tes parents sont trop énervés.

Déroulement possible

Fiche-guide 4 (p. 58).

1. Collectif/oral

Introduire *pourquoi* en rétablissant la question sous-jacente.

– *Pourquoi n'arrêtes-tu pas de te faire gronder ? Tu n'arrêtes pas de te faire gronder parce que tes parents sont trop énervés.*

À cette phrase exemple, on ajoutera un travail sur les phrases suivantes ou d'autres phrases liées à la vie de la classe.

– *Pourquoi tes parents sont-ils énervés ? Ils sont énervés parce que le bébé crie.*

– *Pourquoi le bébé crie-t-il ? Il crie parce qu'il a faim.*

– *Pourquoi Amélie intervient-elle ? Elle intervient parce qu'elle n'est pas d'accord.*

– *Pourquoi la vie de Julien va-t-elle changer ? Elle va changer parce qu'un bébé va arriver chez lui.*

Dans l'exercice oral qui vise à préparer l'écrit, on veillera à ce que la réponse reprenne le pronom sujet et le verbe. (Il faut différencier ce type d'exercice d'un échange oral spontané dans lequel, à une question en *pourquoi,* il est naturel d'obtenir une réponse commençant directement par *parce que*).

Lecture de la rubrique « Je fais fonctionner la langue » p. 123.

2. Individuel/écrit

► Cahier d'activités 2 : exercice 3 p. 8.

On demande simplement à l'enfant de faire correspondre la question et la réponse.

SÉQUENCE 3 : RÉINVESTISSEMENT

Spécificité
– Suite du texte mettant en scène Kevin.
– Réinvestissement d'une situation de débats entre deux enfants (comme le texte de Julien).
– Utilisation de la conjonction *parce que.*

Déroulement possible

Fiche-guide 5 (p. 59).

1. Collectif/oral ou par groupes/oral

Lecture individuelle du texte pour les plus rapides qui peuvent ensuite, soit commencer à illustrer ce nouveau texte, soit commencer le travail sur le cahier d'activités (voir ci-après).

Dans tous les cas, on fera chercher les mots connus (*tu verras, le nouvel enfant de sa classe, fauteuil roulant, et les prénoms des enfants*). Les enfants devront identifier le fait qu'il s'agit des mêmes personnages qu'à la page précédente (Nadia et Kevin). Puis ils se poseront des questions sur le texte ou l'enseignant les posera lui-même, l'objectif étant d'aborder à l'oral les questions auxquelles ils auront à répondre par écrit à savoir : Qui a invité Kevin ? À quel jeu Kevin est-il très fort ? Pourquoi le frère de Nadia est-il un peu inquiet ?

► Lecture dans le manuel de la rubrique « Je lis un nouveau texte » p. 123.

2. Individuel/écrit

► Cahier d'activités 2 : exercice 4 p. 9.

Il reprend les questions posées collectivement.

SÉQUENCE 4 : PRODUCTION D'ÉCRITS

Spécificité
Choisir une image (Julien inquiet ou ravi, Amélie) et écrire un petit texte pour l'illustrer.

Matériel
– Les trois vignettes du cahier d'activités que l'enseignant pourra agrandir pour permettre un travail collectif + boîte à idées du cahier d'activités 2, sous forme d'étiquettes pour permettre une manipulation et préparer le travail de production d'écrits.

Déroulement possible

Fiche-guide 8 (pp. 64-65).

1. Collectif/oral

Les enfants commentent oralement les trois illustrations de l'exercice 5, p. 9 et formulent oralement une histoire pour chacune d'elles. Faire lire les mots de la boîte à idées. Les étiquettes collectives permettent aux enfants de manipuler eux-mêmes les groupes de mots pour construire le texte souhaité Ces mots peuvent constituer une aide mais il faut éviter que les enfants se limitent à ces suggestions ; on veillera à les laisser chercher dans leurs textes d'autres mots qu'ils voudraient utiliser. Sur le cahier d'essai (ou directement sur le cahier d'activités), chacun écrit, selon le cas, une ou deux phrases. La validation peut se faire par lecture à haute voix à son voisin ou à la classe. Recopier éventuellement sur le cahier d'activités.

2. Individuel/écrit

► Cahier d'activités 2 : exercice 5 p. 9.

Indications pour l'étude dirigée ou le travail à la maison

► Livre du maître : compléter la fiche à photocopier p. 279.
• Dans le manuel, lecture du texte p. 122 et de la rubrique « Je mémorise » p. 123.
• Mémoriser ou s'entraîner à écrire : *Le bébé crie. Pourquoi ?*

Unité 2

— deuxième jour —

Manuel de l'enfant pp. 122-123 et 138.
► Cahier d'activités 2 p. 23.

Mise en route

► Dans le manuel : relecture du texte page 122 et de la rubrique « Je mémorise » p. 123.
Sur l'ardoise ou sur le cahier d'essai : écrire ce qui a été revu à la maison : *Le bébé crie. Pourquoi ?*

SÉQUENCE 1 : DÉCOUVERTE DES SONS [ø] ET [œ]

Si vous suivez la progression du livre : étude des sons [ø] et [œ]. Si vous suivez une autre progression : voir tableau pp. 198-199.

Spécificité
Découverte des sons [ø] et [œ].
Ces deux sons posent le même problème que [o] et [ɔ] : les seuls mots qui permettent de les opposer sont encore plus rares et n'appartiennent pas au vocabulaire actif des enfants : *jeûne/jeune*, (un individu) *veule*, *(ils) veulent*. De plus, tous les locuteurs ne font pas ces différences et, selon les régions, les prononciations diffèrent [1].
On peut choisir de faire travailler les deux sons séparément ou ensemble ; pour permettre à l'enseignant de se déterminer en fonction des habitudes de prononciation de sa région, nous les présentons dans des tableaux distincts.

Matériel
- 4 dessins collectifs : *nœud, bleu, fleur, cœur*.
- Trois fléchettes individuelles (si jeu de fléchettes).
- Étiquettes individuelles collectives.

1. Dans la plupart des cas, on prononcera [ø] en fin de mot ou fin de syllabe ouverte (syllabe terminée par une voyelle, c'est-à-dire où l'on n'entend pas de consonne à l'oral même si le mot écrit en comporte une, par exemple : *heureux* [ø-rø]). Par contre, on prononcera [œ] dans une syllabe fermée (syllabe terminée par une consonne, même si le mot comporte la voyelle finale e à l'écrit, par exemple *fleur, heure* respectivement [flœr] et [œr]).

Déroulement possible

Fiche-guide 6 (pp. 60-61).

1. Collectif/oral : discrimination auditive

• Découverte du son commun dans les quatre dessins : ordre de présentation indifférent.
• Du fait de la distribution particulière de ces deux sons, leur localisation se fera dans ce cas en fonction de la place de la syllabe dans le mot : selon qu'ils sont dans la première syllabe ou la dernière.
• Production des sons [ø] et [œ] :
Ce sont des voyelles d'avant arrondies, leur prononciation est proche de [ə] avec lequel elles sont souvent confondues (lèvres en avant formant un petit rond, on souffle par la bouche, langue au repos, vibrations des cordes vocales). [œ] est légèrement plus ouvert que [ø]. Ce sont des sons prolongeables. On peut faire prononcer successivement les deux sons si l'on souhaite que les enfants perçoivent la différence avec des mots comme *je peux / j'ai peur.*
• Imprégnation du son
► Manuel « Je chasse le son » p. 138.
Liste des éléments de l'illustration contenant le son [ø] : *bleu, pneu, cheveux, feu, feutre, jeu, nœud* ; et le son [œ] : *fleur, directeur, couleur, ordinateur, beurre, heure, cœur, œuf, bœuf, sœur.*

Mots des histoires précédentes contenant le son [ø] : *je veux, il peut, pleuvoir* [I], *yeux, bleus, sérieux, queue, deux, monsieur, eux* [II], *feu* [III].
D'autres mots encore : *danseuse, coiffeuse, merveilleux, curieux, heureux, creux, honteux* (et tous les féminin correspondants : *honteuse*…, mais aussi les féminins d'adjectifs ou de noms en eur : *moqueuse, menteuse*…), *jeudi, vœux.*
contenant le son [œ]
leur, sœur, moqueur, visiteurs [II], *peur, gueules, employeur* [III].

Mots de l'histoire 4 contenant le son [ø] :
deux, areu-areu, yeux, ça veut, mieux, un peu
– contenant le son [œ] :
leurs, leur, sœur, peur, intérieur, heure.

On poursuivra l'imprégnation par un ou deux jeux de discrimination auditive au choix.

– Jeu de pigeon vole ou jeu de fléchettes avec les mots suivants : *jeudi, œufs, cœur, œuf, honteux, danseuse, merveilleux, curieux, creux, pneu, coiffeuse, menteuse, beurre, couleur, fleur, ordinateur, directeur, heure, menteur, intérieur.*

– Jeu de l'oreille fine pour trouver les mots suivants en [ø] :
heureux, heureuse, peureux, peureuse, œufs, jeudi, pneu, danseuse, véreux, feu, feutre, jeu, coiffeuse, sœur, directeur, beurre, bord, pile, part, pot, dos, sot, jaune, tard, son, doux.
pour trouver des mots suivants en [œ] :
œuf, sœur, directeur, beurre, peur, danseur, intérieur, employeur, visiteur, jeudi, pneu, danseuse, feu, feutre, bord, pile, part, pot, dos, sot, jaune, tard, son, doux.

– Jeu de devinettes. Définitions de mots contenant le son [ø] :
On les mange en omelette : *les œufs*.
Les filles en portent dans leurs cheveux : *des nœuds*.
Il y en a quatre sur une voiture : *des pneus*.
C'est lui qui dirige l'école : *le directeur*.

2. Individuel/écrit

Vérifer, avant de commencer l'exercice, qu'il y a accord sur la signification des dessins (*un skieur, un feu, un immeuble, un bébé et un cœur*). Il s'agit de colorier les dessins quand on entend le son [ø] ou [œ].
► Cahier d'activités n° 2 : exercice 1 p. 23.

SÉQUENCE 2 : DÉCOUVERTE DES GRAPHIES DES SONS [ø] ET [œ]

1. Collectif/oral

• Placer sous les dessins les étiquettes correspondantes pour faire apparaître les différentes graphies : ici *eu* et *œu*.
Faire dire aux enfants : « J'entends le son [ø] et je peux voir les lettres *eu* ou *œu*. J'entends le son [œ] et je peux voir les lettres *eu* ou *œu* ».
► Manuel : lecture de la rubrique « Je classe les mots » p. 138.
• Travail de la combinatoire avec les sons déjà étudiés.
► Manuel : lecture de la rubrique « J'assemble » p. 138.

2. Individuel/écrit

► Cahier d'activités 2 : exercices 2 et 3 p. 23.
Pour l'exercice 2, il s'agit d'entourer les groupes de lettres *eu* et *œu*. On expliquera si nécessaire la consigne à l'aide d'un exemple au tableau.
L'exercice 3 fait reconstituer des mots à partir de syllabes mélangées. Vérifier oralement la signification des dessins. (*ordinateur, aspirateur, directeur*)

SÉQUENCE 3 : ÉCRITURE MANUSCRITE

Spécificité
Toutes les lettres entrant dans la composition des deux sons ont déjà été abordées, on insistera sur leur enchaînement.

Déroulement possible

Fiche-guide 7 (pp. 62-63).

1. Collectif/oral

On vérifiera le point d'attaque de la lettre et la bonne orientation des boucles des différentes lettres.

2. Individuel/écrit

► Cahier d'activités 2 : exercice 4 p. 23.
Dictée : exercice 5 p. 23.

SÉQUENCE 4 : RÉINVESTISSEMENT – JEUX

Spécificité
Vrai ou faux.

Déroulement possible

Fiche-guide 5 (p. 59).
Selon le niveau des enfants, on fera lire les trois phrases dans le manuel. Si nécessaire, on expliquera les mots *mouettes* et *chouettes*. On peut également construire avec les enfants d'autres devinettes de ce type.

Collectif/oral

► Lecture dans le manuel de la rubrique « Jeux » p. 123.

Indications pour l'étude dirigée ou le travail à la maison

► Livre du maître : compléter la fiche à photocopier p. 279.
• Dans le manuel, lecture des textes p. 122 et de la fiche son p. 138.
• Mémoriser ou s'entraîner à écrire : *Je veux un nœud et une fleur bleue.*

Unité 3

— premier jour —

Manuel de l'enfant pp. 124-125.
► Cahier d'activités 2 pp. 10-11.

Mise en route
Sur l'ardoise ou le cahier d'essai, écrire la phrase revue à la maison : *Je veux un nœud et une fleur bleue.*
Rappel oral par les enfants du début de l'histoire : Jérôme explique à Julien les inconvénients de l'arrivée d'un bébé chez lui. Amélie n'est pas d'accord. Quelles hypothèses pour la suite ?
► Dans le manuel : relecture du texte pp. 120 et 122.

SÉQUENCE 1 : DÉCOUVERTE ET COMPRÉHENSION DU TEXTE

Spécificité
Poursuite de la discussion entre Amélie et Jérôme. Julien exprime sa perplexité à la fin du passage.

Matériel
– Le texte en script est réparti sur trois feuilles collectives (si travail de groupes).

> Et la voilà qui se met à raconter les areu-areu de son petit frère, qui est troooop rigolo ! Et elle explique qu'elle lui fait des guili-guili et qu'elle sait même lui donner son biberon et lui changer ses couches.

> « Berk ! fait alors Jérôme d'un air dégoûté. Des couches pleines de caca ! »
> Amélie hausse les épaules et laisse tomber avec le plus grand mépris :
> « Oh, tais-toi ! Tu ne comprends rien aux bébés. »

> Et moi, je ne sais plus très bien quoi penser. Parce que les areu-areu, les guili-guili et les couches qui sentent mauvais, ça ne m'inspire vraiment pas !

Déroulement possible

Fiche-guide 2 § 1 pp. 54-55 : dispositif habituel (découverte collective) ou § 10, p. 56 groupe/oral.

1A. Collectif/oral

1re possibilité : lecture silencieuse du texte par chaque enfant.
Questionnement : faire identifier ou pointer au tableau ce que les enfants connaissent ou reconnaissent. Élucidation collective des mots nouveaux. Lecture du texte par le maître, puis par les enfants.

1B. Groupe/oral

2e possibilité : le texte est divisé en trois parties ; chaque groupe découvre une partie du texte puis la lit aux autres.
Les principaux indices pour retrouver l'organisation d'ensemble du texte sont :
<u>Les mots de liaison</u> :
Et la voilà qui se met à raconter : poursuite du récit de la page précédente.
alors montre que Jérôme intervient après quelqu'un d'autre.
Et moi implique un changement de point de vue.
<u>Liens sémantiques</u> :
Jérôme reprend le thème des couches en réponse à Amélie.
Julien, dans le dernier paragraphe, commente toutes les idées développées par ses camarades (*les areu-areu, les guili-guili et les couches*).

Après la lecture du texte par les enfants puis par le maître, on fera en sorte d'élucider oralement les questions de l'exercice 1 cahier d'activités 2, p. 10.

2. Individuel/écrit

Dans le manuel, lecture du texte p. 124 et de la rubrique « Je mémorise » p. 125.
► Cahier d'activités 2 : exercices 1 et 2 p. 10.
L'exercice 2 vise à séparer les différents mots pour retrouver le texte d'origine. Même si les enfants connaissent ce type d'exercice, le préparer à l'oral.

Au moment de la découverte du texte, introduire la phrase qui servira à la séquence 2 « Fonctionnement de la langue » : *Amélie se met à raconter les areu-areu de son petit frère qui est trop rigolo.*

SÉQUENCE 2 : FONCTIONNEMENT DE LA LANGUE

Spécificité
Expansion du groupe nominal (relative en *qui*).

Matériel
– Phrase du texte en script au tableau : *Amélie se met à raconter les areu-areu de son petit frère qui est trop rigolo.*

Déroulement possible

Fiche-guide 4 (p. 58).

1. Collectif/oral

1. On cherche comment réduire la phrase : Que peut-on supprimer ? *qui est trop rigolo.* Quel changement de sens ? → On enlève une précision. Opération inverse d'addition : que peut-on ajouter ? *qui est trop mignon.* Quel changement de sens ? → On ajoute une précision. Comparer :
Amélie parle de son petit frère, qui est rigolo. → Amélie parle de son petit frère.
Amélie change les couches qui sentent mauvais. → Amélie change les couches.
Julien donne le biberon qui est très chaud. → Julien donne le biberon, etc.
Bien faire travailler dans les deux sens, aussi bien la suppression que l'addition.
Les enfants composent oralement de nouvelles phrases à partir des histoires précédentes.
2. Sous forme de jeu : on cherche les deux phrases cachées dans la phrase du texte :
Amélie parle de son frère. Son frère est rigolo → Amélie parle de son frère qui est rigolo.
On peut faire de même avec toutes les phrases données ci-dessus.
Lecture de la rubrique « Je fais fonctionner la langue » p. 125.

2. Individuel/écrit

► Cahier d'activités 2 : exercice 3 p. 10.

Fabriquer une phrase qui contient une relative. Cet exercice sera précédé d'un travail collectif (si possible avec des étiquettes collectives) de façon à ce que les enfants manipulent les structures. On peut également envisager ce même travail de manipulation par petits groupes.

SÉQUENCE 3 : RÉINVESTISSEMENT

Spécificité
On lit un autre texte : une surprise pour Mini-Loup.

Déroulement possible

Fiche-guide 5 (p. 59).

1. Collectif/oral

À partir du manuel p. 125 « Je lis un nouveau texte », les enfants repèrent les mots et les structures qu'ils connaissent (*une voiture qui fait pouët*), mais également la ressemblance avec l'histoire de Julien (naissance d'un bébé, dialogue). On pourra également faire identifier la référence (auteur, titre, éditeur).

2. Individuel/écrit ou collectif-groupe

► Cahier d'activités 2 : exercice 4 p. 11.
Cet exercice nécessite une recherche dans le manuel. Les enfants ne devraient avoir aucun mal à localiser ces phrases, puisqu'ils connaissent bien les textes. Le numéro de la page pourra cependant ne pas être exigé. La recherche peut se faire individuellement ou en petit groupe.
Corrigé de l'exercice 4, p. 11 : C'est Julien qui ne sait plus très bien quoi penser. p. 120 ; C'est Amélie qui fait danser ses couettes. p. 122 ; C'est Léa qui a un air savant. p. 46 ; C'est Jérôme qui a un air important. p. 122 ; C'est maman qui a un air sérieux. p. 54 ; C'est Jérôme qui a un air dégoûté. p. 124.

SÉQUENCE 4 : PRODUCTION D'ÉCRITS

Spécificité
Raconter à sa façon l'histoire d'Amélie.

Matériel
– Agrandissement des trois vignettes du cahier d'activités.
– Les groupes de mots proposés dans le cahier d'activités 2, p. 11 sous forme d'étiquettes pour permettre une manipulation et préparer le travail de production d'écrits.

Déroulement possible

Fiche-guide 8 (pp. 64-65).

1. Collectif/oral

Les enfants commentent oralement les trois illustrations de l'exercice 5, p. 11 et formulent oralement une histoire. Pour cela, on peut faire lire les mots proposés. Ces mots peuvent constituer une aide mais il faut éviter que les enfants se limitent à ces suggestions ; on veillera à les laisser chercher dans leurs textes d'autres mots qu'ils voudraient utiliser. Sur le cahier d'essai (ou directement sur le cahier d'activités), chacun écrit, selon le cas, une ou deux phrases. La validation peut se faire par lecture à haute voix à son voisin ou à la classe. Puis recopier sur le cahier d'activités.

2. Individuel/écrit

► Cahier d'activités 2 : exercice 5 p. 11.

Indications pour l'étude dirigée ou le travail à la maison

► Livre du maître : compléter la fiche à photocopier p. 279.
• Dans le manuel, lecture du texte p. 124 et de la rubrique « Je mémorise » p. 125.
• Mémoriser ou s'entraîner à écrire : *Elle parle de son frère qui est rigolo.*

Unité 3

— deuxième jour —

Manuel de l'enfant pp. 124-125 et 139.
► Cahier d'activités 2 p. 24.

Mise en route
Sur l'ardoise ou sur le cahier d'essai : écrire ce qui a été revu : *Elle parle de son frère qui est rigolo.*

SÉQUENCE 1 : DÉCOUVERTE DU SON [z]

Si vous suivez la progression du livre : étude du son [z]. Si vous suivez une autre progression, voir tableau pp. 198-199.

Spécificité
Découverte du son: [z].

Matériel
– 4 dessins collectifs : *zèbre, chaise, lézard, arrosoir.*
– Trois fléchettes individuelles (si jeu de fléchettes).
– Étiquettes-puzzle collectives.

Déroulement possible

Fiche-guide 6 (pp. 60-61).

1. Collectif/oral : discrimination auditive

• Découverte du son commun dans les quatre dessins : ordre de présentation : *zèbre, arrosoir, lézard, chaise.*
• Localisation du son selon le schéma habituel :
– Premier niveau : début, milieu ou fin de mot.
– Deuxième niveau : dans les syllabes orales.
• Production du son [z] :
Faire jouer les enfants à prononcer une série de [z], pour sentir le niveau de la bouche où se situe l'articulation : contact entre la pointe de la langue et le palais, juste derrière les dents, comme la consonne sourde correspondante [s]. Mettre la main devant la bouche : on sent l'air qui passe → c'est un son prolongeable. Dire en alternance [z] et [s] : au niveau de la gorge, pour [z], on sent les vibrations des cordes vocables. C'est une consonne (fricative) sonore.
• Imprégnation du son
► Manuel « Je chasse le son » p. 139.

Liste des éléments de l'illustration contenant le son [z] : *zèbre, lézard, douze, onze, zoo, trapèze, chimpanzé, gazelle, chaise grise, arrosoir, cerise, oiseau, rose, trésor, visite…* .
Mots des histoires : *maison, Rosemonde* [I], *visiter, visiteurs* [II], *provisions, cuisine, horizon, choisi, misérable, trésor, ils aiguisaient (leur lame)* [III].

Mots de l'histoire IV : ordre d'apparition des mots contenant le son [z] : *faisant, la case, un tissu rose, elle faisait, ça lui plaisait, assise.*

On poursuivra l'imprégnation par un ou deux jeux de discrimination auditive au choix.

– Jeu de pigeon vole ou jeu de fléchettes avec les mots suivants :
zèbre, zoo, voisin, trésor, maison, arrosoir, oiseau, provisions, magasin, Rosemonde, musique, raisin, cuisine, fusée, visite, lézard, horizon, bizarre, douze, cerise, ardoise, chose, valise, grise, rose, chaise, vase trapèze.

– Jeu de l'oreille fine avec les mots suivants :
zigzag, trapèze, onze, treize, ciseaux, trésor, douze, visiter, lézard, chaise, dixième, cerise, arrosoir, tapis, sapin, sucette, danser.

– Jeu de devinettes. Définition des mots contenant le son [z] :
On s'assoit dessus : *la chaise.*
Les pirates partaient à leur recherche : *les trésors.*
C'est un fruit, on le mange à la fin de l'été : *le raisin.*
On en fait quand la route tourne beaucoup : *des zigzags.*

2. Individuel/écrit

Vérifier, avant de commencer l'exercice, qu'il y a accord sur la signification des dessins (*un serpent, un oiseau, une rose, des chaussons et une maison*). Il s'agit de colorier les dessins quand on entend le son [z].
► Cahier d'activités 2, exercice 1 p. 24.

SÉQUENCE 2 : DÉCOUVERTE DES GRAPHIES DU SON [z]

• Écrire sous les dessins les mots correspondants pour faire apparaître les différentes graphies : ici z et s.
Faire dire aux enfants : « J'entends le son [z] et je peux voir les lettres z ou s. »
Attention ! quand une voyelle est suivie d'un seul s puis d'une autre voyelle, on entend [z].
► Lecture du manuel « Je classe les mots » p. 139.
Attirer l'attention des enfants sur ⚠ : « Je vois z, mais je n'entends pas [z] » : *le nez, le riz, chez…*
Faire seulement la remarque.
• Travail de la combinatoire.
Les enfants vont combiner les sons déjà étudiés. Étiquettes-puzzle collectives fabriquées par l'enseignant.
Par exemple z et a → za : pour écrire la syllabe, je prends la lettre *z* et la lettre *a* (*bizarre*), *z - on* → *zon* (*horizon*), etc.
Pour faire utiliser la graphie s, il faudra proposer des mots comme *visite, maison…*
• Faire faire les jeux habituels (voir fiche-guide).
► Manuel : lecture de la rubrique « J'assemble » p. 139.

2. Individuel/écrit

► Cahier d'activités 2 : exercices 2 et 3 p. 24.
Pour l'exercice 2, il s'agit d'entourer la lettre z chaque fois qu'on la voit dans une série de lettres en script et de mots en écriture cursive. On expliquera si nécessaire la consigne à l'aide d'un exemple au tableau.
L'exercice 3 permet de classer des mots dans un tableau à double entrée selon leur prononciation et leur graphie. Les dessins étant accompagnés de l'étiquette mot, cet exercice ne devrait pas poser de problème. S'assurer que les mots sont correctement identifiés.

SÉQUENCE 3 : ÉCRITURE MANUSCRITE

Spécificité
Écriture du z.

Déroulement possible

Fiche-guide 7 (pp. 62-63).

1. Collectif/oral

Vérifier le point d'attaque, le sens de la rotation dans l'écriture.

On veillera dans ce cas à ce que la boucle descende de deux interlignes vers le bas.

2. Individuel/écrit

► Cahier d'activités 2 : exercice 4 p. 24.
Dictée : exercice 5 p. 24.

SÉQUENCE 4 : RÉINVESTISSEMENT – JEUX

Spécificité
Blague.

Collectif/oral

Selon le niveau des enfants, faire lire la phrase du manuel p. 125 individuellement et demander d'expliquer le jeu de mots (double sens du verbe *changer*) ou l'écrire au tableau et faire réfléchir les enfants sur sa signification.

Indications pour l'étude dirigée ou le travail à la maison

► Livre du maître : compléter la fiche à photocopier p. 279.
• Dans le manuel, lecture du texte p. 124 et de la fiche son p. 139.
• Mémoriser ou s'entraîner à écrire : *J'ai vu un zèbre au zoo.*

Unité 4

— premier jour —

Manuel de l'enfant pp. 126-127.
► Cahier d'activités 2 pp. 12-13.

Mise en route
Sur l'ardoise ou le cahier d'essai, écrire ce qui a été revu à la maison : *J'ai vu un zèbre au zoo.*
Rappel oral par les enfants de l'épisode précédent : Amélie raconte comment elle s'occupe de son petit frère, Jérôme ne partage pas son sentiment, Julien est perplexe. Quelles hypothèses pour la suite ?
► Dans le manuel : relecture du texte p. 124.

SÉQUENCE 1 : DÉCOUVERTE ET COMPRÉHENSION DU TEXTE

Spécificité
Texte long : Julien parle des préparatifs pour la naissance. Travail sur le calendrier (voir Fiche découverte du monde sur le temps) p. 144.

Matériel
– Le texte en script est réparti sur trois feuilles collectives. Exemple de découpage :

> J'ai commencé à barrer les jours sur mon calendrier. La naissance est prévue vers le 15 mai. Ce soir, j'ai barré la case du 18 mars. Ça se rapproche.

> Maman a déjà préparé le berceau. Pour l'instant, il est dans la chambre de mes parents. Il est joli, garni d'un tissu rose et blanc. J'essaie d'imaginer un bébé dedans, ma petite sœur, puisqu'il paraît que c'est une fille. Ça fait drôle.

> L'autre jour, Maman venait de tricoter une paire de petits chaussons. Elle les faisait marcher sur la table au bout de ses doigts. Elle a dit d'une drôle de voix : « Quand je pense que bientôt, il y aura des petits pieds dedans ! »

Déroulement possible

Fiche-guide 2 § 1 pp. 54-55 : dispositif habituel (découverte collective) ou § 10, p. 56 groupe/oral.

1A. Collectif/oral

1re possibilité : dispositif habituel : lecture silencieuse du texte par chaque enfant.
Questionnement : faire identifier ou pointer au tableau ce que les enfants connaissent ou reconnaissent. Élucidation collective des mots nouveaux : *naissance, calendrier, berceau*… Lecture du texte par le maître, puis par les enfants.

1B. Groupes/oral

• 2e possibilité : le texte est divisé en trois parties comme ci-dessus, chaque groupe découvre une partie du texte puis la lit aux autres. Chaque partie du texte forme un tout, aborde un thème différent : la date de la naissance, le berceau et les chaussons. Les principaux indices pour retrouver l'organisation d'ensemble du texte sont :
Le premier paragraphe : continuité avec l'épisode précédent → c'est Julien qui parle : la naissance se rapproche. Les deux autres paragraphes : les préparatifs et maman → *Maman a déjà préparé le berceau* et *L'autre jour* (début du deuxième et troisième paragraphe respectivement) entament chacun un nouveau thème ; *L'autre jour* permet de repérer une étape sup-

plémentaire dans la préparation. Noter aussi que le texte progresse du plus général (*la chambre, le berceau*) au particulier : *bébé et ses vêtements.*

2. Individuel/écrit

► Dans le manuel, lecture du texte p. 126 et de la rubrique « Je mémorise » p. 127. On insistera particulièrement sur les noms qui permettront un réemploi dans la séquence 4 de production d'écrits.
► Cahier d'activités 2 : exercices 1 et 2 p. 12.
L'exercice 1 nécessite une lecture très précise du texte (seules trois des six phrases correspondent au texte). On pourra préparer collectivement l'exercice en posant les questions correspondantes *(Où est Julien ? Dans la cour ? Dans sa chambre ?)* ou le faire faire par groupes de deux.
Pour l'exercice 2, l'enfant devra retrouver avec précision les mots modifiés : même dispositif.

Au moment de la découverte du texte, introduire la phrase qui servira à la séquence 2 « Fonctionnement de la langue » : *Pour l'instant, le berceau est dans la chambre de mes parents.*

SÉQUENCE 2 : FONCTIONNEMENT DE LA LANGUE

Spécificité
Le lieu : *dans, sur, à, vers, devant, sous, où.*

Matériel
Phrase du texte en script au tableau.
Étiquettes pour les prépositions comme ci-dessous :

Pour l'instant, le berceau est	dans		
la chambre de mes parents	sur	à	vers
devant	sous	où	.

Déroulement possible

Fiche-guide 4 (p. 58).

1. Collectif/oral

Introduire *où* en rétablissant la question sous-jacente : *Où est le berceau ?* Les enfants construisent oralement des phrases utilisant les prépositions rencontrées dans le texte *dans, sur, devant, vers.* Imaginer et leur faire imaginer des situations insolites pour motiver cet exercice : déplacer un objet sur ou sous une table…
Faire décrire l'illustration de la page 126 pour préparer l'exercice 3, p. 12 du cahier d'activités 2 : *Julien est devant le calendrier, les jouets sont sous le calendrier, le calendrier est sur le mur.*
► Manuel : lecture de la rubrique « Je fais fonctionner la langue » p. 127.

2. Individuel/écrit

On peut représenter au tableau un objet, en déplacer un autre et demander aux enfants d'écrire la phrase correspondante sur leur ardoise ou leur cahier d'essai.
► Cahier d'activités 2 : exercice 3 p. 12.

SÉQUENCE 3 : RÉINVESTISSEMENT

Spécificité
Liste de courses pour le bébé.

Déroulement possible

Fiche-guide 5 (p. 59).

1. Collectif/oral

Les enfants cherchent les mots qui étaient dans le texte du jour (*bébé, chaussons*), les mots rencontrés dans l'histoire (*biberon, couches*).
Faire observer la disposition du texte : à quoi sert ce texte ? Qui a pu l'écrire ? Quand fait-on des listes comme celle-là ? Pourquoi ?
À partir de cette liste, introduire les préparatifs nécessaires à la venue d'un bébé ou à tout autre événement.
► Manuel : lecture de la rubrique « Je lis un nouveau texte » p. 127.

2. Individuel/écrit

► Cahier d'activités 2 : exercice 4 p. 13.
Il porte sur les histoires 2, 3 et 4.
Retrouver qui parle en choisissant entre les différents noms proposés. Selon le niveau des enfants, le préparer collectivement ou laisser les enfants chercher les réponses par groupes de deux. La mise en commun permettra de valider les réponses et de les faire justifier.

SÉQUENCE 4 : PRODUCTION D'ÉCRITS

Spécificité
Raconter les préparatifs pour la venue du bébé.

Matériel
– Écriture au tableau en dictée à l'adulte des suggestions des enfants ou de la boîte à idées du cahier d'activités sous forme d'étiquettes collectives.

Déroulement possible

Fiche-guide 8 (pp. 64-65).

1. Collectif/oral

Les enfants commentent oralement les préparatifs pour la venue du bébé et formulent oralement une histoire. Le maître écrit au tableau les suggestions, les enfants cherchent dans leurs textes. Lire les mots de la boîte à idées. Ces mots peuvent constituer une aide mais il faut éviter que les enfants se limitent à ces suggestions.
Sur le cahier d'essai (ou directement sur le cahier d'activités), chacun écrit son texte. La validation peut se faire par lecture à haute voix à son voisin ou à la classe. Puis, dans le cas d'un travail préalable dans le cahier d'essai, l'écrire sur le cahier d'activités.

2. Individuel/écrit

► Cahier d'activités 2 : exercice 5 p. 13.

Indications pour l'étude dirigée ou le travail à la maison

► Livre du maître, compléter la fiche à photocopier p. 279.
• Dans le manuel, lecture du texte p. 126 et de la rubrique « Je mémorise » p. 127.
• Mémoriser ou s'entraîner à écrire : *Le berceau est dans la chambre.*

Unité 4

— deuxième jour —

Manuel de l'enfant pp. 126-127 et 140.
► Cahier d'activités 2 p. 25.

Mise en route
► Dans le manuel : relecture du texte p. 126 et de la rubrique « Je mémorise » p. 127.
Sur l'ardoise ou sur le cahier d'essai : écrire ce qui a été revu à la maison : *Le berceau est dans la chambre.*

SÉQUENCE 1 : DÉCOUVERTE DU SON [J]

Si vous suivez la progression du livre : étude du son [j]. Si vous suivez une autre progression, voir tableau pp. 198-199.

Spécificité Découverte du son [j].
Matériel – 4 dessins collectifs : *pied, yeux, soleil, feuille.* – Trois fléchettes individuelles (si jeu de fléchettes). – Étiquettes individuelles collectives.

Déroulement possible

Fiche-guide 6 (pp. 60-61).

Collectif/oral : discrimination auditive

• Découverte du son commun dans les quatre dessins. Ordre de présentation proposé : *soleil, feuille, yeux, pied.*
• La localisation du son
– Premier niveau : début, milieu ou fin de mot.
– Deuxième niveau : dans les syllabes orales. Utiliser les autres mots proposés ci-après pour des mots de plusieurs syllabes.
• Production du son [j]
C'est une semi-consonne (ou une semi-voyelle) dont la prononciation est très proche de celle du i. En fait, quand un i est suivi d'une autre voyelle, il est prononcé [j]. Comparer *avis* [avi], *avez* [ave], et *aviez* [avje]. Il peut aussi se trouver en finale de mot, toujours après une autre voyelle *feuille* [fœj], *soleil* [solɛj], etc.
Dans tous les mots ci-dessus, on a toujours un son [e], [a], [œ] (ouvert) suivi de [j], mais la même graphie peut rendre la séquence de sons [ij], comme dans : *une chenille, des brindilles, des coquillages, un papillon.*

• Imprégnation du son
► Manuel « Je chasse le son » p. 140.
Liste des éléments de l'illustration contenant le son [j] :
un papillon, une fille, un tuyau, des billes, des rayures, les yeux, les oreilles, le portail, des feuilles, le feuillage, des bouteilles, des cailloux, le soleil, des béquilles, un yaourt....
Mots des histoires : *le lièvre, le chien revient, le soleil* [I] ; *la fillette, génial, sérieux, les billets, monsieur, rien* [II] ; *provision, viande, travail, œil, oreille, payé, derrière, rien, fuyait, pavillon, premier, nous approchions, piège, employeur, carrière* [III] ; *bien, Julien, braille, intervient, rien, calendrier, fille, bientôt, pieds, tiens, l'intérieur, les yeux brillants, merveilles, vieil, pierre, s'écrier, une vieille photo, braillera, mieux* [IV].

D'autres mots : *un crayon, un noyau, le noyer, voyager, aboyer, essuyer, balayer, un royaume, un rayon, une voyelle, appuyer.*
une coquille, la famille, une citrouille, des nouilles, un médaillon, une bataille, des mailles, la taille, une jonquille
un réveil, un fauteuil, un écureuil.

On poursuivra l'imprégnation par un ou deux jeux au choix :

– Jeu de fléchettes avec les mots suivants :
yeux, feuillage, caillou, mouillé, coquillages, papillon, rayures, essayer, balayer, payer, s'ennuyer, essuyer, tuyau, appuyer, envoyer, nettoyer, noyau, noyer, joyeux, voyage, réveil, sommeil, travail, bétail, écureuil, chevreuil, feuille, jonquille, paille, abeille, oreille, grenouille, portefeuille, chenille, brindilles.

– Jeu de pigeon vole ou de l'oreille fine avec les mots suivants :
vieille, feuillage, chenille, mouillé, coquillages, papillon, brindilles, grenouille, tuyau, paille, abeille, oreille, rayures, payer, calendrier, portefeuille, essayer, noyau, caillou, balayer, jonquille, pile, classe, bébé, année, vie, il crie, carré, gris, pays.

– Jeu de devinettes. Définition de mots contenant le son [j] :
Il sert à marquer les jours : *le calendrier.*
Elles fabriquent du miel : *les abeilles.*
On en trouve sur la plage : *des coquillages.*
Elle rampe avant de devenir un papillon : *la chenille.*

2. Individuel/écrit

► Cahier d'activités 2 : exercice 1 p. 25.
Dire aux enfants des mots dans lesquels il doivent repérer la syllabe où l'on entend [j] : exemple de liste de mots à utiliser : *écureuil, grenouille, soleil, papillon, bouteille.*

SÉQUENCE 2 : DÉCOUVERTE DES GRAPHIES DU SON [J]

1. Collectif/oral

• Découverte des graphies du son
Écrire sous les dessins les mots correspondants pour faire apparaître les différentes graphies *i, y, il* et *ill.*
Faire dire aux enfants : « J'entends le son [j] et je peux voir les lettres : i, y, il ou ill. »
► Manuel p. 140 : « Je classe les mots ».
Attirer l'attention des enfants sur ⚠ : « Je vois la lettre y, mais je n'entends pas le son [j] » : *un python, un pyjama, un stylo le thym…* Faire seulement la remarque.

2. Individuel/écrit

► Cahier d'activités 2 : exercices 2 et 3 p. 25.
Pour l'exercice 2, il s'agit d'entourer le mot vedette autant de fois qu'il est écrit. On expliquera si nécessaire la consigne à l'aide d'un exemple au tableau.
L'exercice 3 fait reconstituer des mots à partir de syllabes mélangées. Vérifier oralement la signification des dessins (*soleil, portail, écureuil*).

• Travail de la combinatoire.
• Voir fiche-guide :
exemple : a et il → ail : pour écrire la syllabe, je prends la lettre a et les lettres il.
ou et il → ouil, mais eu + il → euil.
► Manuel : rubrique « J'assemble » p. 140.

SÉQUENCE 3 : ÉCRITURE MANUSCRITE

> **Spécificité**
> Toutes les lettres abordées dans cette leçon ont déjà été travaillées.

Déroulement possible

Fiche-guide 7 (pp. 62-63).

1. Collectif/oral

L'enseignant aura repéré les enfants ayant des difficultés pour tracer ces lettres, il pourra proposer une aide plus particulière pour les enfants qui en auront besoin.

2. Individuel/écrit

► Cahier d'activités 2 : exercice 4 p. 25.
Dictée : exercice 5 p. 25.

SÉQUENCE 4 : RÉINVESTISSEMENT – JEUX

> **Spécificité**
> Jeu de logique.

Déroulement possible
Collectif/oral

Selon le niveau des enfants, on pourra faire lire le texte de la rubrique « Jeux » p. 127 individuellement, chacun cherchant la réponse ou écrire le texte au tableau et le travailler collectivement.

Indications pour l'étude dirigée ou le travail à la maison

► Livre du maître : compléter la fiche à photocopier p. 279.
• Dans le manuel, lecture du texte p. 126 et de la fiche son p. 140.
• Mémoriser ou s'entraîner à écrire : *Ils balayent les feuilles.*

Unité 5

— premier jour —

Manuel de l'enfant pp. 128-129.
► Cahier d'activités 2 pp. 14-15.

Mise en route
Sur l'ardoise ou le cahier d'essai, écrire ce qui a été revu : *Ils balayent les feuilles.*
Rappel oral par les enfants de l'épisode précédent : Julien parlait des préparatifs pour la naissance de sa petite sœur.
► Dans le manuel : relecture du texte p. 126.

SÉQUENCE 1 : DÉCOUVERTE ET COMPRÉHENSION DU TEXTE

Spécificité
Julien s'interroge sur la maternité.

Matériel
– Texte en script sur feuille collective ou texte divisé en trois parties.

C'est vrai, on les sent bien maintenant les petits pieds du bébé. Quelquefois, Maman me dit : « Tiens, mets ta main là, sur mon ventre. » Et je sens des coups. Ça me fait rire. Ça me fait un peu peur aussi.

Je me demande quel effet ça fait d'avoir quelque chose de vivant à l'intérieur de soi. Et je suis content de ne pas être une fille. Comme ça, ça ne risque pas de m'arriver quand je serai grand.

Pourtant, ça n'a pas l'air de leur faire peur, aux filles. Ma copine Amélie, par exemple, quand elle parle de son petit frère, elle finit toujours par ajouter avec des yeux brillants : « Moi, plus tard, j'aurai plein de bébés ! » Mais bon, de toute façon, moi, je suis un garçon.

Déroulement possible

Fiche-guide 2 § 1 (pp. 54-55).
Découverte collective ou § 10, p. 56 groupe/oral.

1A. Collectif/oral

1re possibilité : dispositif habituel. Rappel : Qui parlait dans le texte 4 ? Que disait la maman de Julien ? Elle parlait des petits pieds du bébé.
Lecture silencieuse du texte par chaque enfant.
Questionnement : faire identifier ou pointer au tableau ce que les enfants connaissent ou reconnaissent. Élucidation collective des mots nouveaux : l'intérieur, le ventre, les yeux brillants. Lecture du texte par les enfants, puis par le maître.

1B. Groupes/oral

2e possibilité : le texte est divisé en trois parties comme ci-dessus, chaque groupe découvre une partie du texte puis la lit aux autres. Les principaux indices pour retrouver l'organisation d'ensemble du texte sont d'ordre sémantique : le premier fragment parle des petits pieds du bébé (suite du texte 4). Nécessité du deuxième fragment *avoir quelque chose de vivant à l'intérieur de soi* pour introduire le *pourtant* du troisième fragment. Le troisième paragraphe donne un exemple (*par exemple*), illustre l'interrogation fondamentale de Julien au deuxième paragraphe.
Lecture du texte par le maître, puis par les enfants.

2. Individuel/écrit

► Lecture du texte dans le manuel p. 128 et de la rubrique « Je mémorise » p. 129
► Cahier d'activités 2 : exercices 1 et 2 p. 14.
Les deux exercices peuvent être préparés par un travail oral collectif. Pour l'exercice 1, étiquettes collectives à faire manipuler au tableau par les enfants.

Ça me fait rire.	« Tiens, mets ta main là, sur mon ventre. »
Ça me fait un peu peur aussi.	Et je sens des coups
Quelquefois, Maman me dit :	

Même chose pour l'exercice 2 : prévoir des étiquettes pour tous les signes de ponctuation.

Au moment de la découverte du texte, on aura introduit la phrase qui servira à la séquence 2 « Fonctionnement de la langue » : *Cela ne risque pas de m'arriver quand je serai grand.*

SÉQUENCE 2 : FONCTIONNEMENT DE LA LANGUE

Spécificité
Temps : *quand.*

Matériel
– Phrases en étiquettes script au tableau :

| Cela ne risque pas de m'arriver | quand | je serai grand |
| dans | Cela risque-t-il d'arriver ? | |

Déroulement possible

Fiche-guide 4 (p. 58).

1. Collectif/oral

Les enfants construisent oralement des phrases en posant des questions avec *quand.* Le texte ne comportant pas de prépositions indiquant le temps comme c'était le cas pour le lieu (unité 4), on a choisi de faire manipuler uniquement *quand,* mot interrogatif et introducteur de proposition de temps. Dans l'échange oral, sur le modèle des phrases construites dans l'unité précédente, les enfants proposeront sans doute des réponses introduisant la préposition *dans* (*dans deux jours*), etc.
Proposer une autre phrase, par exemple une des phrases du manuel : *Quand Amélie a-t-elle les yeux brillants ?*
► Manuel : lecture de la rubrique « Je fais fonctionner la langue » p. 129.
On préparera collectivement l'exercice 3 en utilisant des étiquettes pour ces trois questions et les groupes de mots du cahier d'exercices : Quand le bébé crie-t-il ? Quand le bébé va-t-il arriver chez Julien ? Quand Amélie a-t-elle les yeux brillants ?

2. Individuel/écrit

► Cahier d'activités 2 : exercice 3 p. 14.

SÉQUENCE 3 : RÉINVESTISSEMENT

Spécificité
Poème de J. Prévert : *Quand la vie est…* Permet le réinvestissement de *quand.*

Déroulement possible

Fiche-guide 5 (p. 59).

1. Collectif/oral

► Manuel : lecture de la rubrique « Je lis un nouveau texte » p. 129.
Les enfants identifieront d'emblée la structure répétitive avec *quand.* On pourra leur faire découvrir la relation entre les vers impairs et les vers pairs, construire la relation d'inclusion : *forêt → arbre → branche* et préparer la séquence de production d'écrits.

2. Individuel/écrit

► Cahier d'activités 2 : exercice 4 p. 15.
Celui-ci sera travaillé au cours de la séquence 4.
Cet exercice ne porte pas sur le poème de Prévert. C'est un vrai/faux qui met en jeu les personnages de toutes les histoires et fait travailler l'expression *avoir peur de.*

SÉQUENCE 4 : PRODUCTION D'ÉCRITS

Spécificité
Continuer un poème.
Matériel
– Le poème de Prévert est reproduit au tableau.

Déroulement possible

Fiche-guide 5 (p. 59).

1. Collectif/oral

Faire apparaître le lien entre les vers deux à deux.
À partir des suggestions faites dans le cahier (exercice 5, p. 15, cahier d'activités 2), chercher des groupes de trois noms qui sont dans la même relation que *forêt, arbre* et *branche.* Par exemple :

bouquet fleur pétale	ciel oiseau plume	mer poisson écailles	mer sable coquillage	mer bateau voile	ciel oiseau chant

Ces propositions n'ont aucun caractère contraignant. L'échange au sein de la classe permettra de développer les pistes les plus ouvertes possibles.

2. Individuel/écrit

► Cahier d'activités 2 : exercice 5 p. 15.
Chaque enfant fait un premier essai, puis le lit à toute la classe. On vérifie qu'il corresponde à la structure du poème de Prévert.
Certaines productions des enfants peuvent être rassemblées en un grand poème affiché en classe et/ou envoyées à une autre classe.

Indications pour l'étude dirigée ou le travail à la maison

► Livre du maître : compléter la fiche à photocopier p. 279.
• Dans le manuel, lecture du texte p. 128 et de la rubrique « Je mémorise » p. 129.
• Mémoriser ou s'entraîner à écrire : *Quand je serai grand…*

Unité 5

— deuxième jour —

Manuel de l'enfant pp. 128-129 et 141.
► Cahier d'activités 2 p. 26.

Mise en route
► Dans le manuel : relecture du texte p. 128 et de la rubrique « Je mémorise » p. 129.
Sur l'ardoise ou sur le cahier d'essai : écrire ce qui a été revu : *Quand je serai grand…*

SÉQUENCE 1 : DÉCOUVERTE DU SON [ɲ]

Si vous suivez la progression du livre : étude du son [ɲ]. Si vous suivez une autre progression, voir tableau pp. 198-199.

Spécificité
Découverte du son [ɲ].
Matériel
– 4 dessins collectifs : *champignon, poignet, cygne, peigne.* – Trois fléchettes individuelles (si jeu de fléchettes). – Étiquettes-puzzle collectives.

Déroulement possible

Fiche-guide 6 (pp. 60-61).

1. Collectif/oral : discrimination auditive

• Découverte du son commun dans les quatre dessins. Ordre de présentation : *poignet, peigne, champignon, cygne.* Malgré trois mots ayant en commun les sons

[p] et [ɲ], la découverte du phonème se fera sans doute par défaut (le p est déjà connu).

• Localisation du son :

– Premier niveau : début, milieu ou fin de mot.

– Deuxième niveau : dans les syllabes orales.

Remarquons cependant que ce son est très rare en début de mot. Il se trouve essentiellement dans des mots familiers qui ne font pas partie du vocabulaire actif des enfants ! Il s'agit de : *gnangnan, gnocchi, gnognote, gniole, gnon.*

• Production du son [ɲ] :

Faire jouer les enfants à prononcer une série de[ɲ] pour sentir le niveau de la bouche où se situe l'articulation. Regarder la bouche de son voisin. On sent des vibrations au niveau de la gorge et une partie de l'air passe par le nez. C'est une consonne nasale palatale (contact entre le dos de la langue et le milieu du palais) : elle est prononcée au même endroit de la bouche que les consonnes [ʃ] et [ʒ].

• Imprégnation du son

► Manuel « Je chasse le son » p. 141.

Liste des éléments de l'illustration contenant le son [ɲ] :

la campagne, une baignade, se baigner, des baigneurs, un chignon, un peigne, un peignoir (de bain), le poignet, un cygne, une ligne (pour pêcher), des champignons, des agneaux, des montagnes.

Mots des histoires : *Ils s'éloignent* [II], *mignon* [IV]

D'autres mots : *un beignet, une cigogne, gagner*

On poursuivra l'imprégnation par un ou deux jeux au choix.

– Jeu de pigeon vole ou jeu des fléchettes avec les mots suivants :

gnangnan, gnocchi, gnognote, gniole, gnon, mignon, poignet, agneaux, baignade, baigneurs, chignon, peignoir, champignons, montagnes, campagne, peigne, cygne, ligne.

– Jeu de l'oreille fine avec les mots suivants :

gnangnan, gnognote, mignon, poignet, agneau, baignade, baigneurs, chignon, peignoir, champignons, montagnes, mine, mille, timide, copine, main, mince.

– Jeu de devinettes. Définitions de mots contenant le son [ɲ] :

On s'en sert pour se coiffer : *le peigne.*

Il a un long cou pour attraper les poissons dans l'eau : *le cygne.*

Elle produit du raisin : *la vigne.*

2. Individuel/écrit

Vérifier, avant de commencer l'exercice, qu'il y a accord sur la signification des dessins (*une cigogne, une montagne, un poignet, une bague* et *une baignoire*). Il s'agit de colorier les dessins quand on entend le son [ɲ].

► Cahier d'activités 2 : exercice 1 p. 26.

SÉQUENCE 2 : DÉCOUVERTE DES GRAPHIES DU SON [ɲ]

1. Collectif oral

• Découverte des graphies du son

Écrire sous les dessins les mots correspondants pour faire apparaître la graphie : ici *gn.*

Faire dire aux enfants : « J'entends le son [ɲ] et je vois les lettres gn. »

Attention ! la suite n + i suivie d'une autre voyelle comme dans *génial* est, selon la norme standard, prononcée [nja]. En fait, il est difficile de distinguer les deux prononciations. On réservera cependant le son [ɲ] à la graphie gn.

► Manuel : lecture de la rubrique « Je classe les mots » p. 141.

• Travail de la combinatoire avec les sons déjà étudiés. Étiquettes-puzzle collectives fabriquées par l'enseignant.

exemple gn et a → gna : pour écrire la syllabe, je prends les lettres g et n et la lettre a.

gn - oi → gnoi, gn + on → gnon (*peignoir, mignon*).

• Jeux habituels, voir fiche-guide.

► Manuel : lecture de la rubrique « J'assemble » p. 141.

2. Individuel/écrit

► Cahier d'activités 2 : exercices 2 et 3 p. 26.

Pour l'exercice 2, il s'agit d'entourer tous les *gn.* On expliquera si nécessaire la consigne à l'aide d'un exemple au tableau en faisant bien distinguer *gn, gl, qu* et *gu.*

L'exercice 3 fait reconstituer des mots à partir de choix de syllabes : l'enfant doit choisir celle qui permet de construire le mot correspondant au dessin. Corriger ensuite l'exercice oralement.

SÉQUENCE 3 : ÉCRITURE MANUSCRITE

> **Spécificité**
> Enchaînement des deux lettres.

Déroulement possible

Fiche-guide 7 (pp. 62-63).

1. Collectif/oral

À ce stade de l'année, le tracé de la lettre dans l'espace à la verticale puis à l'horizontale sur plusieurs supports et à l'aide de plusieurs outils : avec le doigt, sur l'ardoise, avec un crayon... ne sera nécessaire que pour des enfants dont on aura repéré les difficultés. Les deux lettres ayant déjà été étudiées, on veillera à leur enchaînement.

2. Individuel/écrit

► Cahier d'activités 2 : exercice 4 p. 26.

Dictée : exercice 5 p. 26.

SÉQUENCE 4 RÉINVESTISSEMENT – JEUX

Spécificité
Charade.

Déroulement possible

Collectif/oral ou individuel/oral

Selon le niveau des enfants, on pourra faire lire les phrases du manuel p. 129 et laisser chercher collectivement la solution.

Indications pour l'étude dirigée ou le travail à la maison

► Livre du maître : compléter la fiche à photocopier p. 279.
• Dans le manuel, lecture du texte p. 128 et de la fiche son p. 141.
• Mémoriser ou s'entraîner à écrire : *Elle porte un peigne dans son chignon.*

Unité 6

— premier jour —

Manuel de l'enfant pp. 130-131.
► Cahier d'activités 2 pp. 16-17.

Mise en route
Sur l'ardoise ou le cahier d'essai, écrire ce qui a été revu à la maison : *Elle porte un peigne dans son chignon.*
Rappel oral par les enfants de l'épisode précédent : Julien s'interrogeait sur la naissance des bébés.
► Dans le manuel : relecture du texte p. 128.

SÉQUENCE 1 : DÉCOUVERTE ET COMPRÉHENSION DU TEXTE

Spécificité
La recherche du prénom.

Matériel
– Texte en script sur feuille collective.

Déroulement possible

Fiche-guide 2 § 11 (p. 56).

1. Collectif/oral

Les enfants lisent le texte au tableau en lecture silencieuse. Un ou plusieurs enfants posent ensuite des questions sur le texte à leurs camarades. La vérification est collective avec le texte affiché au tableau.
Les questions posées par les enfants devraient préparer l'exercice 1. Il faudra faire en sorte qu'ils aient bien compris quel était le prénom favori de chaque membre de la famille. Faire expliquer par les enfants *La Guerre des étoiles* et *Alice au pays des merveilles*. Et également, où est le très vieil album ? Qui Julien voit-il dessus ?
Au moment du travail collectif sur le texte, introduire la phrase qui servira à la séquence 2 « Fonctionnement de la langue » : *Il y avait une grosse dame en longues jupes, avec un bonnet de dentelle.*
Lecture par les enfants, puis par le maître.

2. Individuel/écrit

► Lecture du texte dans le manuel : texte p. 130 et rubrique « Je mémorise » p. 131.
► Cahier d'activités 2 : exercice 1 p. 16.

SÉQUENCE 2 : FONCTIONNEMENT DE LA LANGUE

Spécificité
Expansion du groupe nominal qui permet d'apporter plus de précisions au nom.

Matériel
– Phrase du texte en étiquettes mots (ou groupes de mots) en script au tableau :

Il y avait	une	grosse	dame	en longues jupes	.
avec un bonnet de dentelle	assise sur un banc de pierre				

Déroulement possible

Fiche-guide 4 (p. 58).

1. Collectif/oral

Faire reconstituer la phrase et poser le problème de l'ordre des groupes : est-ce que la phrase veut dire la même chose ? Amener les enfants à remarquer qu'il est possible d'enlever *en longues jupes, avec un bonnet de dentelle* ou seulement l'un de ces groupes, qu'on peut aussi ajouter *assise sur un banc de pierre* (c'est la phrase du texte).
Suggérer d'ajouter d'autres groupes : *avec une robe verte, debout sur une chaise,* etc.
Avec un groupe nominal minimal (*une fille, un garçon...*) et faire construire un groupe nominal étendu avec diverses expansions.
► Manuel : lecture de la rubrique « Je fais fonctionner la langue » p. 131.
– *Par groupes de deux* : chaque enfant écrit un groupe nominal minimal sur son ardoise, son voisin doit ajouter une précision, mise en commun de quelques phrases.

2. Individuel/écrit

► Cahier d'activités 2 : exercices 2 et 3 p. 16.
L'exercice 2 vise à faire reconstituer la phrase du texte, à partir des étiquettes de groupes de mots. Pour l'exercice 3, plusieurs réponses sont possibles : on conservera à cet exercice un caractère ouvert. Le faire collectivement pour faire apparaître ces latitudes.

SÉQUENCE 3 : RÉINVESTISSEMENT

Spécificité Texte sur les droits des enfants, extrait du *Petit Quotidien.*

Déroulement possible

Fiche-guide 5 (p. 59).

1. Collectif/oral

► Manuel : relire le texte p. 130. Si au cours de la découverte du texte, les questions préparant l'exercice 4 n'avaient pas été posées, le maître proposerait le questionnement suivant :
Quel prénom le papa de Julien aurait-il voulu ? Dans quel livre a-t-il trouvé ce prénom ? Quel prénom voulait Julien ? Où Julien a-t-il trouvé ce prénom ?

2. Individuel/écrit

► Cahier d'activités 2 : exercice 4 p. 17.

3. Collectif/oral

► Manuel : lecture de la rubrique « Je lis un nouveau texte » p. 131.
Les enfants lisent le texte individuellement et se posent des questions sur le texte. On veillera notamment à élucider oralement le type de document présenté (Journal pour enfants : *Le Petit Quotidien*, sa date…) et la signification de l'origine du mot *enfant* (*cf.* l'exercice 5 p. 17).

SÉQUENCE 4 : PRODUCTION D'ÉCRITS

Spécificité Écrire un court texte sur les capacités des enfants.
Matériel – Lecture de l'extrait des droits de l'enfant dans le manuel p. 131.

Déroulement possible

Fiche-guide 8 (pp. 64-65).

1. Collectif/oral

À partir de la lecture de ce texte, essayer de répondre oralement à la question suivante : qu'est-ce qu'un enfant est capable de faire ? Donner son avis, choisir des livres, des vêtements, faire des courses…
Sur le cahier d'essai (ou directement sur le cahier d'activités), chacun écrit, selon le cas, une ou deux phrases. La validation peut se faire par lecture à haute voix à son voisin ou à la classe. Chacun recopie son texte sur le cahier d'activités.

2. Individuel/écrit

► Cahier d'activités 2 : exercice 5 p. 17.

Indications pour l'étude dirigée ou le travail à la maison

► Livre du maître : compléter la fiche à photocopier p. 279.
• Dans le manuel, lecture du texte p. 130 et de la rubrique « Je mémorise » p. 131.
• Mémoriser ou s'entraîner à écrire : *Il y avait une grosse dame.*

Unité 6

— deuxième jour —

Manuel de l'enfant pp. 130-131et 142.
► Cahier d'activités 2 p. 27.

Mise en route
► Dans le manuel, relecture du texte p. 130 et de la rubrique « Je mémorise » p. 131.
Sur l'ardoise ou sur le cahier d'essai : écrire ce qui a été revu à la maison : *Il y avait une grosse dame.*

SÉQUENCE 1 : DÉCOUVERTE DU SON [wɛ̃]

Si vous suivez la progression du livre : étude du son [wɛ̃]. Si vous suivez une autre progression, voir tableau pp. 198-199.

Spécificité Découverte du son [wɛ̃]. Il s'agit du cas spécial de l'association d'une semi-consonne et d'une voyelle, ce n'est pas un son simple.
Matériel – 4 dessins collectifs : *point, coin, groin, foin.* – Trois fléchettes individuelles (si jeu de fléchettes). – Étiquettes-puzzle collectives.

Déroulement possible

Fiche-guide 6 (pp. 60-61).

1. Collectif/oral : discrimination auditive

• Découverte du son commun dans les quatre dessins : l'ordre de présentation importe peu pour ces mots monosyllabiques.
• Localisation du son :
• Production du son [wɛ̃]:
C'est le cas spécial de l'association d'une semi-consonne [w], proche de [u] et de la voyelle [ɛ̃] (voir ces sons), ce n'est pas un son simple. Faire jouer les enfants à prononcer [u] et [w], puis [wɛ̃], pour sentir la différence, ainsi que [wa].
• Imprégnation du son
► Manuel « Je chasse le son » p. 142.
Liste des éléments de l'illustration contenant les sons [wɛ̃] :
le foin, une pointe, des points, le groin (d'un cochon), *le coin, le coin-coin du canard, les poings.*
Mots des histoires : *il les rejoint* [II], *au loin, au moins* [III]
D'autres mots : *joint, besoin, coing, témoin, moins, néanmoins* (pingouin a une graphie rare que nous avons choisie de ne pas mettre en avant mais que le maître pourra introduire)

On poursuivra l'imprégnation par un ou deux jeux de discrimination auditive au choix :

– Jeu de pigeon vole avec les mots suivants :
coin-coin, foin, points, pointe, groin, le coin, poings, moins, pingouin, rejoint, loin, joint, besoin, coing, témoin, néanmoins, fin, tien, brin, vient, poulain, chemin, loi, bien, toit, tuile, oui.

– Jeu de devinettes. Définitions de mots contenant [wɛ̃] :
Il y en a quatre dans une pièce carrée : *des coins.*
En donnant un coup avec on peut faire très mal : *un poing.*
Il peut raconter ce qu'il a vu : *le témoin.*
C'est le museau du cochon : *le groin.*

2. Individuel/écrit

► Cahier d'activités 2 : exercice 1 p. 27.
Les enfants doivent cocher oui s'ils entendent [wɛ̃] : non dans le cas contraire. Exemple de liste de mots à utiliser pour l'exercice : *foin, pointe, roi, pingouin, coin, fin, groin, foire, lutin, soin.*

SÉQUENCE 2 : DÉCOUVERTE DE LA GRAPHIE DU SON [wɛ̃]

• Découverte des graphies
Écrire sous les dessins les mots correspondants pour faire apparaître la graphie : *oin.*
Faire dire aux enfants : « J'entends le son [wɛ̃] et je vois les lettres *oin.* »
► Lecture du manuel « Je classe les mots » p. 142.
• Travail de la combinatoire.
Ici, par exemple c et o, i, n → *coin* : pour écrire la syllabe, je prends la lettre c et les lettres o, i, et n.
l - oin → *loin*, m + oin → *moins.*
• Faire les jeux habituels (cf. fiche-guide).

Individuel/écrit

► Cahier d'activités 2 : exercices 2 et 3 p. 27.
Pour l'exercice 2 (coloriage magique), on vérifiera qu'il y a accord sur les couleurs à utiliser.
L'exercice 3 fait reconstituer des mots à partir d'un choix de syllabes. Vérifier oralement que la consigne est claire et faire éventuellement le premier collectivement (tous les mots obtenus existent en français, l'un d'eux seulement convient pour la phrase).

SÉQUENCE 3 : ÉCRITURE MANUSCRITE

Spécificité
Enchaînement de trois lettres.

Déroulement possible

Fiche-guide 7 (pp. 62-63).

1. Collectif/oral

Toutes les lettres abordées dans cette leçon ont déjà été travaillées.
L'enseignant aura repéré les enfants ayant des difficultés pour les tracer, il pourra proposer une aide plus particulière pour ceux qui en auront besoin.

2. Individuel/écrit

► Cahier d'activités 2 : exercice 4 p. 27.
Dictée : exercice 5 p. 27.

SÉQUENCE 4 : RÉINVESTISSEMENT – JEUX

Spécificité
Devinette.

Déroulement possible

Collectif/oral ou individuel/oral

Selon le niveau des enfants, on pourra faire lire la phrase du manuel p. 131 ainsi que la solution, et on fera prendre conscience aux enfants des possibilités de jeux qu'offre la langue.

Indications pour l'étude dirigée ou le travail à la maison

► Livre du maître : compléter la fiche à photocopier p. 279.
• Dans le manuel, lecture du texte p. 130 et de la fiche son p. 142.
• Mémoriser ou s'entraîner à écrire : *Le trait rejoint des points.*

Unité 7

— premier jour —

Manuel de l'enfant pp. 132-133.
► Cahier d'activités 2 pp. 18-19.

Mise en route
Sur l'ardoise ou le cahier d'essai, écrire ce qui a été revu à la maison : *Le trait rejoint des points.*
Rappel oral par les enfants de l'épisode précédent : Julien et ses parents sont à la recherche du prénom pour le bébé. Qui est la grosse dame sur la photo du vieil album de la grand-mère de Julien ?
► Dans le manuel : relecture du texte p. 130.

SÉQUENCE 1 : DÉCOUVERTE ET COMPRÉHENSION DU TEXTE

Spécificité La petite sœur s'appellera Sara comme la mère de la grand-mère de la grand-mère de Julien.
Matériel – Texte en script sur feuille collective pour vérification ultérieure.

Déroulement possible

Fiche-guide 2 § 6 (pp. 55-56).

1. Collectif/oral

Les enfants relisent le texte de l'épisode précédent et émettent des hypothèses sur la suite. Le maître note au tableau les propositions des enfants en dictée à l'adulte. On affiche ensuite le texte et on confronte la version de l'auteur et les propositions de la classe en utilisant le questionnement usuel : faire expliciter ou pointer au tableau ce que les enfants reconnaissent, et identifier collectivement les mots inconnus. La principale difficulté du texte réside dans la compréhension de la situation de l'aïeule de Julien par rapport à lui. C'est une occasion si la situation de la classe s'y prête de les sensibiliser à ce problème : certains ont-ils encore leurs grands-parents, leurs arrière-grands-parents. Quel âge ont ces personnes ?
Pour récapituler le sens du texte et préparer l'exercice 1, on peut proposer aux enfants de remettre en ordre les phrases extraites du texte et qui sont reproduites à la page 18 du cahier d'activités 2.
Lecture silencieuse du texte par les enfants puis à voix haute par le maître.

2. Individuel/écrit

► Lecture du texte dans le manuel p. 132 et de la rubrique « Je mémorise » p. 133.
► Cahier d'activités 2 : exercices 1 et 2 p. 18.
L'exercice 2 sera précédé d'une lecture collective des quatre phrases et d'une recherche du groupe de mots du texte. Expliquer le sens de <u>chausser</u> (proche de <u>chaussure</u>).

Au moment de la découverte du texte, introduire la phrase : *Ma petite sœur s'appellera Sara.*

SÉQUENCE 2 : FONCTIONNEMENT DE LA LANGUE

Spécificité Passé, présent, futur.
Matériel Étiquettes mots en script au tableau : *Ma petite sœur s'appellera Sara.* [Ma petite sœur] [s'appellera] [Sara] [La grand-mère] [la copine] [de Julien] [s'appelle] [s'appelait] [.]

Déroulement possible

Fiche-guide 4 (p. 58).

1. Collectif/oral

Mettre à profit la signification du texte pour faire manipuler les temps passé, présent, futur. **Il n'est pas question de faire acquérir la conjugaison**. On multipliera les propositions orales pour faire construire des phrases utilisant l'une des trois étiquettes *s'appelle, s'appelait* et *s'appellera*. On introduira également les phrases de l'exercice 3 pour retrouver l'ordre logique. Dans le cahier d'activités, les dessins ont été ordonnés pour que le texte obtenu ait une cohérence. Faire rechercher aux enfants les prénoms de leurs grands-parents, ce qui permettra de les faire jouer avec les structures abordées.
► Manuel : lecture de la rubrique « Je fais fonctionner la langue » p. 133.

2. Individuel/écrit

Chaque enfant écrit une courte phrase sur son ardoise puis mise en commun de quelques phrases.
► Cahier d'activités 2 : exercice 3 p. 18.

SÉQUENCE 3 : RÉINVESTISSEMENT

Spécificité Un message de papa.

Déroulement possible

Fiche-guide 5 (p. 59).

1. Collectif/oral

Les enfants découvrent le texte individuellement ou à plusieurs.

► Manuel : lecture de la rubrique « Je lis un nouveau texte » p. 133.

À quoi correspond ce texte ? Qui écrit ? (*un papa*) À qui ? (à son fils : *mon chéri*) Pourquoi écrit-il ? (c'est mercredi, le garçon dormait quand son père est parti travailler…)

Ce texte sera l'occasion de laisser les enfants s'exprimer, s'ils le désirent, sur des expériences similaires.

2. Individuel/écrit

► Cahier d'activités 2 : exercice 4 p. 19.

Ces devinettes portent exclusivement sur l'histoire 4. On peut laisser les enfants chercher les réponses par eux-mêmes et faire un corrigé collectif ensuite pour valider les réponses, ou au contraire préparer oralement l'exercice.

SÉQUENCE 4 : PRODUCTION D'ÉCRITS

Spécificité Inventer une petite histoire.
Matériel – Mots de l'exercice 5, p. 19, cahier d'activités 2.

Déroulement possible

Fiche-guide 8 (pp. 64-65).

1. Collectif/oral

Les enfants émettent oralement des idées d'histoire qu'ils peuvent écrire.

On peut faire lire les mots proposés pour aider les enfants mais il faut éviter qu'ils se limitent à ces suggestions ; on veillera à les laisser chercher dans leurs textes d'autres mots qu'ils voudraient utiliser. Sur le cahier d'essai (ou directement sur le cahier d'activités), chacun écrit, selon le cas, une ou deux phrases. La validation peut se faire par lecture à haute voix à son voisin ou à la classe. Puis écrire sur le cahier d'activités.

2. Individuel/écrit

► Cahier d'activités 2 : exercice 5 p. 19.

Dans l'exercice 6, est proposée une grille de mots croisés que les enfants pourront aborder individuellement ou travailler par groupes.

Indications pour l'étude dirigée ou le travail à la maison

► Livre du maître : compléter la fiche à photocopier p. 279.

• Dans le manuel, lecture du texte p. 132 et de la rubrique « Je mémorise » p. 133.

• Mémoriser ou s'entraîner à écrire : *Ma petite sœur s'appellera Sara.*

Unité 7

— deuxième jour —

Manuel de l'enfant pp. 132-133.

Mise en route

► Dans le manuel : relecture du texte page 132 et de la rubrique : « Je mémorise » page 133.

Sur l'ardoise ou sur le cahier d'essai : écrire la phrase revue à la maison : *Ma petite sœur s'appellera Sara.*

SÉQUENCE 1 : TRAVAIL DE RENFORCEMENT SUR LES SONS

Spécificité Renforcement de la prononciation des sons les plus courants et discrimination fine.
Matériel Le tableau ci-dessous donne quelques exemples de listes de mots, classés par son, qui permettront à un enfant de renforcer ses compétences en discrimination. L'enseignant reprendra les tableaux proposés dans les autres leçons pour renforcer l'identification de sons en fonction des besoins de chaque enfant. On privilégiera l'articulation de séries de mots comportant le même son, plutôt qu'un travail faisant travailler les oppositions (*cf.* Livre du maître, ch. 2).

Déroulement possible

Collectif/oral

Les exercices employés pour découvrir un son peuvent être utilisés pour renforcer les compétences des enfants.

L'enseignant lit une série de mots contenant le même son, l'enfant doit dire de quel son il s'agit. On peut aussi lire successivement un mot de chaque colonne, pour des sons très proches. Mais on n'abordera ce type d'exercice que lorsque chaque son aura été bien installé séparément, pour éviter des confusions entre des sons trop proches.

[ɔ̃]	[ɑ̃]	[k]	[g]
un bond un rond son ton un don un blond	un banc un rang sans tant une dent blanc	un cadeau un cran un bac un clan le cou un carré	un gâteau un grand une bague un gland goût garé
[f]	[v]	[p]	[b]
le foie la fin frais la file une folle une agrafe	la voie le vin vrai la ville vole aggrave	un pou une coupelle le prix une planche le pain une pelle	un bout une poubelle l'abri blanche le bain belle
[ʃ]	[ʒ]	[t]	[d]
le chou il cache une cachette il bouche la chatte le choix	la joue la cage une cagette il bouge une jatte la joie	un pétale un peintre tresser une tonne toi tard	une pédale peindre dresser il donne le doigt un dard

L'enseignant construira des jeux de discrimination auditive à partir de la liste de mots donnés ci-dessus et des leçons précédentes.

– Jeu de pigeon vole, de fléchettes, de l'oreille fine.
– Jeu de devinettes.
On peut en faire fabriquer aux enfants à partir d'un son choisi préalablement ou d'un son de leur choix.

Discrimination visuelle

Des exercices de discrimination visuelle pourront être proposés aux enfants en fonction des difficultés repérées.

Combinatoire

Exercices de combinatoire : se reporter aux leçons précédentes, rubrique « J'assemble ».

SÉQUENCE 2 : ÉCRITURE MANUSCRITE

Spécificité
Entraînement à l'écriture selon les difficultés rencontrées. Se reporter au cahier d'écriture.

SÉQUENCE 3 : RÉINVESTISSEMENT – JEUX

Spécificité
Compléter une liste de prénoms.

Déroulement possible

Collectif/oral

► Faire lire dans le manuel p. 133 la liste de prénoms. Faire trouver le principe sur lequel elle est construite : la dernière syllabe du premier prénom est la première du second, et ainsi de suite. Poursuivre le jeu avec les prénoms de la classe ou d'autres.

Indications pour l'étude dirigée ou le travail à la maison

► Livre du maître : compléter la fiche à photocopier p. 279.
• Dans le manuel, lecture du texte p. 132 et de la rubrique « Je mémorise » p. 133.
• Mémoriser ou s'entraîner à écrire : *Mamie a chaussé ses lunettes.*

Unité 8

— premier jour —

Manuel de l'enfant pp. 134-135.
► Cahier d'activités 2 pp. 20 et 21.

Mise en route
Sur l'ardoise ou le cahier d'essai, écrire ce qui a été revu à la maison : *Mamie a chaussé ses lunettes.*
Rappel oral de l'épisode précédent et peut-être de toute l'histoire : La petite sœur s'appellera Sara comme la mère de la grand-mère de la grand-mère de Julien.
► Dans le manuel : relecture du texte page 132.
Quelles hypothèses de lecture sont possibles à présent ? Il faudrait faire sentir aux enfants que ce pourrait être le dernier épisode.

SÉQUENCE 1 : DÉCOUVERTE ET COMPRÉHENSION DU TEXTE

Spécificité
Dernier épisode. Insister sur l'état d'esprit de Julien, impatient de voir sa petite sœur.

Matériel
– Texte écrit en script sur feuille collective au tableau.
Lecture individuelle du texte.

Déroulement possible

Fiche-guide 2 § 11 (p. 56).

1. Collectif/oral

Les enfants lisent le texte affiché au tableau en lecture silencieuse. Un ou plusieurs enfants posent des questions sur le texte à leurs camarades qui vérifient à l'aide du texte au tableau. Insister sur les différentes actions de Julien dans ce texte : on peut les préparer sous forme d'étiquettes collectives (phrases de l'exercice 1, p. 20) et les faire remettre en ordre au tableau.
Introduire la phrase qui servira à la séquence 2 « Fonctionnement de la langue » : *Je ne lui changerai sûrement pas ses couches mais je lui raconterai des histoires.*
Les mots que les enfants ne reconnaissent pas sont élucidés collectivement.
Lecture du texte à haute voix par le maître, puis par les enfants.

2. Individuel/écrit

► Lecture du texte dans le manuel : texte p. 134 et de la rubrique « Je mémorise » p. 135.
► Cahier d'activités 2 : exercices 1 et 2 p 20.

Si nécessaire, faire reconstituer la phrase à l'aide des étiquettes collectives :

Tout à l'heure	avant d'aller me coucher	je suis entré
dans la chambre de mes parents	J'ai fait rouler
le berceau	tout doucement	.	.

SÉQUENCE 2 : FONCTIONNEMENT DE LA LANGUE

Spécificité
Mais : ce connecteur relie deux propositions qui entrent dans une relation particulière : celle qui est avant *mais* oriente le lecteur vers une conclusion qui est contredite par la proposition qui suit *mais*. Ainsi, *Je ne lui changerai sûrement pas ses couches* oriente le lecteur vers la conclusion que Julien ne s'occupera pas de sa petite sœur. En fait, la proposition *je lui raconterai des histoires* montre le contraire.

Matériel
– Phrase du texte en étiquettes de groupes de mots en script au tableau :

| Je ne lui changerai sûrement pas ses couches | mais |
| je lui raconterai des histoires | je lui ferai des câlins | . |

Déroulement possible

Fiche-guide 4 (p. 58).

1. Collectif/oral

Mettre la phrase exemple au tableau, sous forme d'étiquettes collectives : faire changer la deuxième partie de la phrase.
Faire collectivement l'exercice 3, pour appareiller les deux parties des phrases. On pourra par exemple mettre au tableau, en désordre, les différentes phrases de l'exercice et les faire reconstituer.
► Manuel : lecture de la rubrique « Je fais fonctionner la langue » p. 135.

2. Individuel/écrit

► Cahier d'activités 2 : exercices 3 et 4 p. 20.

SÉQUENCE 3 : RÉINVESTISSEMENT

Spécificité
Le petit cousin de Marcel, extrait de Marcel Pagnol, *La Gloire de mon père.*

Déroulement possible

Fiche-guide 5 (p. 59).

1. Collectif/oral

► Lecture manuel « Je lis un nouveau texte » p. 135.
Découverte collective de texte : faire chercher les mots déjà présents dans l'histoire 4 : *chambre, mère, assise, bébé, ravi(es)* et élucider collectivement les mots difficiles : *joufflue, crête* (comme le coq et la poule).
Insister sur les ressemblances entre ce texte et La petite sœur de Julien, mais aussi les différences.
Faire identifier les références du texte (auteur, titre, éditeur) et faire remarquer les différences par rapport aux pages de couverture.

2. Individuel/écrit

► Cahier d'activités 2 : exercice 5 p. 21.
Ce sont des devinettes sur les histoires des trois premières périodes. Selon le niveau de la classe, on pourra laisser les enfants chercher les réponses ou au contraire les guider dans leur recherche.

SÉQUENCE 4 : PRODUCTION D'ÉCRITS

Spécificité
Remettre en ordre des images et écrire un résumé de l'histoire.

Matériel
– Agrandissement des quatre vignettes du cahier d'exercices.

Déroulement possible

Fiche-guide 8 (pp. 64-65).

1. Collectif/oral

Les enfants commentent oralement les quatre illustrations de l'exercice 6, p. 21 et formulent oralement le résumé.
Faire lire les mots proposés. Ils peuvent constituer une aide mais il faut éviter que les enfants se limitent à ces suggestions ; on veillera à les laisser chercher dans leurs textes d'autres mots qu'ils voudraient utiliser. Sur le cahier d'essai (ou directement sur le cahier d'activités), chacun écrit une phrase pour chaque vignette. La validation peut se faire par lecture à haute voix à son voisin ou à la classe. Puis écrire sur le cahier d'activités.

2. Individuel/écrit

► Cahier d'activités 2 : exercice 6 p. 21.

Indications pour l'étude dirigée ou le travail à la maison

► Livre du maître : compléter la fiche à photocopier p. 279.
• Dans le manuel, lecture du texte p. 134 et de la rubrique « Je mémorise » p. 135.
• Mémoriser ou s'entraîner à écrire : *Je lui raconterai des histoires.*

Unité 8

— deuxième jour —

Manuel de l'enfant pp. 134-135.

Mise en route
► Dans le manuel : relecture du texte p 134 et de la rubrique « Je mémorise » p. 135.
Sur l'ardoise ou sur le cahier d'essai : écrire ce qui a été revu à la maison : *Je lui raconterai des histoires.*

SÉQUENCE 1 : TRAVAIL DE RENFORCEMENT SUR LES SONS

Spécificité
Renforcement de la prononciation des sons les plus courants et discrimination fine.
Poursuite et renforcement des exercices proposés dans l'unité 7, à laquelle on se reportera.

Le travail de découverte des différents sons de la langue française étant terminé, on pourra aussi, à ce stade réviser les sons étudiés durant les autres périodes (*cf.* dans le manuel tableaux révisions pp. 42, 80, 118, 148, 176).

SÉQUENCE 2 : ÉCRITURE MANUSCRITE

Spécificité
Renforcement.

Individuel/écrit

Exercice à prévoir sur le cahier d'essai en fonction des difficultés spécifiques des enfants. Voir aussi le cahier d'écriture.

SÉQUENCE 3 : RÉINVESTISSEMENT – JEUX

Spécificité
Jeu de logique.

Déroulement possible

Collectif/oral

► Manuel lecture p. 135 : Jeu de logique. Faire calculer mentalement la réponse ou trouver des moyens de le calculer de façon simple.

Indications pour l'étude dirigée ou le travail à la maison

► Livre du maître : compléter la fiche à photocopier p. 279.
• Dans le manuel, lecture du texte p. 134 et de la rubrique « Je mémorise » p. 135.
• Mémoriser ou s'entraîner à écrire : *Je ne lui changerai pas ses couches.*

Page d'encyclopédie

Disciplines du programme

• Découverte du monde : vivant.
• Français : lecture de textes informatifs.

Type de document

• Page d'encyclopédie sur la croissance.

Durée

• Plusieurs séances à répartir dans le temps en fonction des pistes de recherches choisies.

Déroulement

1. Collectif/oral

► Manuel p. 143.

Remarque : la lecture de ce document sera conduite comme une lecture découverte (*cf.* fiche 2 § 3 p. 55) avec prélèvement d'indices dans l'image et dans le texte. Elle pourra se substituer à une séance de lecture.

Question 1 : Elle a pour but de faire repérer à l'enfant les caractéristiques d'une page d'encyclopédie, son rôle et son utilité :
– apporter des connaissances, ici, sur la croissance.
– Que voit-on sur la page ? Laisser les enfants observer la page et réagir à ce document.
Il faudra qu'il soit clair pour tous qu'il s'agit d'un même enfant : un bébé, d'abord dans le ventre de sa mère (on le voit à quoi ? : la maman attend un bébé), puis le bébé (une petite fille : comment le sait-on ?) grandit et devient une jeune fille.
Faire le lien avec les représentations de la maman de Julien dans les illustrations de l'histoire.

Description de l'image :
de gauche à droite

1re ligne : une dame qui attend un bébé, un bébé à plat ventre entouré de jouets, une petite fille en patins à roulettes avec une image à la main et un sac sur le dos.
2e ligne : la même petite fille à trois étapes de sa vie. La lecture de l'image devra être précise mais peut être plus ou moins détaillée selon le projet de l'enseignant et l'intérêt des enfants : elle joue au ping-pong (raquette et balle), au milieu elle porte un sac à dos (d'écolière ?) et un livre à la main : que fait-elle ? elle revient de classe ? elle y va ? La jeune fille est assise sur un sac de voyage, elle tient une carte ou un journal déplié sur ses genoux : que fait-elle ? elle part en voyage ?

• Certains dessins sont assortis de commentaires :
Les cinq lignes du haut sont en caractères plus gros, pourquoi ? le titre ? Que peut-on lire ? Qu'apprend-on ?
Faire constater aux enfants que ces cinq lignes *disent* la même chose que les images : elles nous donnent des informations très générales sur la croissance des enfants.
À quoi servent les autres petits textes ? Que peut-on lire ? la lecture-découverte de ces petits paragraphes devrait conduire aux observations suivantes :
1. Les étapes de la vie : bébé → petite fille → jeune fille → femme.
2. Les transformations du corps : allongement des os, développement du corps, force.
3. Les ressemblances, à la maman, au papa... à d'autres membres de la famille...
• Conclusion : les petits paragraphes apportent d'autres informations plus précises sur la croissance des enfants.
À un moment ou à un autre, on pourra faire lire la 1re question qui reprend sous une autre forme les questions posées lors de l'échange oral. Préciser ce qu'est une page d'encyclopédie : un document qui donne des renseignements sur un sujet.
On élargira le questionnement : les enfants connaissent-ils des encyclopédies ?

Question 2 : Comment peux-tu constater que tu grandis ?
– Faire observer des photographies du temps où ils étaient bébés.
– Quand on va chez le médecin, à la visite médicale, on nous mesure. (Si on compare les mesures de chaque année on verra qu'elles sont différentes → courbes de taille et de poids dans le carnet de santé.)
– Les vêtements, les chaussures qu'on portait au début de l'année (l'année dernière, quand on était à la maternelle) sont trop petits.

2. Individuel/écrit

Pour ces exercices, on peut soit préparer, par un échange oral collectif, le travail individuel, soit organiser le travail en groupes, en laissant les enfants chercher la réponse à plusieurs, chacun devant ensuite la reporter dans son cahier d'activités.
► Cahier d'activités 2 : p. 28
Exercices 1, 2 et 3 p. 28.
Ils portent sur la première partie du document.
Exercice 4.
Remettre quatre dessins dans l'ordre des étapes de la vie (un bébé, un enfant...).

Question 3 : Recherche d'autres documents sur la croissance (des hommes ou des animaux) dans une encyclopédie.
La recherche peut se faire par groupe à partir d'encyclopédies apportées par les enfants.

Propositions de prolongements

Tous les projets suggérés ci-dessous sont à envisager dans la durée et donneront lieu à de nombreuses activités qui dépassent les activités d'expression orale, de lecture et d'écriture. Celles-ci seront cependant fondamentales pour leur réussite. Dans l'esprit de *La main à la pâte* à chaque étape, les enfants expliquent ce qu'ils voient, font un compte-rendu écrit de leurs observations (individuellement puis collectivement ou en petits groupes de deux ou quatre enfants selon les activités), font lire ce qu'ils ont écrit aux autres.

Remarque : Compte tenu des compétences exigibles en fin de CP, il est préférable de ne pas utiliser de mesures chiffrées pour les tailles (> 100 cm).

• Vérifier qu'on grandit : fabriquer une toise ou s'en procurer une et se mesurer :

1. Tous les enfants se mesurent mutuellement à l'aide d'une toise contre un mur de la classe sur lequel seront fixées des bandes de papier. Chaque enfant aura une bande sur laquelle outre son nom, il reportera la mesure de sa taille (un trait horizontal et le jour de la mesure). On renouvelle les mesures deux mois plus tard, par exemple au mois de juin et on compare. Ranger du plus grand au plus petit, les décorer.
2. Les enfants demandent à leurs parents leur taille à la naissance (carnet de santé) et reportent sur la bande obtenue en 1) leur mesure à la naissance. On mesure la différence. Proposer aux enfants d'écrire à plusieurs ce qu'ils ont fait, le résultat obtenu.
3. Même chose pour le poids (utiliser un pèse-personne domestique). Chaque enfant reporte dans un tableau, qu'on aura conçu avec le groupe, son poids à ces deux moments de sa vie, ils comparent.
4. Faire illustrer ces documents par les enfants soit à l'aide de photos d'eux aux différentes étapes soit à l'aide de dessins.

• Faire un élevage d'animaux : poussins, escargots, têtards… Observer, semaine après semaine les animaux.

• Faire des plantations : haricots, lentilles… même chose.

BIBLIOGRAPHIE en liaison thématique avec le document

Tavernier, *Sciences et technologie*, CP, Bordas, Manuel de l'enfant et guide du maître :
Petit enfant deviendra grand
Que deviennent les chenilles en grandissant ?
Je plante, je sème.
La vie d'une plante.
Charpak, *La main à la pâte*, Flammarion 1996.

L'almanach 1999 du facteur

Disciplines du programme

• Découverte du monde : temps.
• Français : lecture de textes informatifs.

Type de document

Almanach de l'année 1999 de La Poste.

Durée

• Plusieurs séances à répartir sur plusieurs jours en fonction des pistes de recherches que la classe poursuivra. La lecture de ce texte doit se faire après la lecture de la page 126 de l'histoire de Julien, au moment où le calendrier est mentionné dans le texte.

Déroulement

1. Collectif/oral

► Manuel p. 144.

Question 1 : fait trouver à l'enfant la nature du document (calendrier), son rôle et son utilité (repérage dans le temps).

– Que voit-on sur la page ? Laisser un temps pour observer ce document.
1. Faire identifier le logo de La Poste. Où l'ont-ils vu ? Vérifier que les enfants savent à quoi il correspond. Faire localiser le bureau de poste du quartier (bien souvent, il est proche de l'école).
2. L'almanach du facteur : Qui est le facteur ? Quel est son rôle ? Pourquoi appelle-t-on ce document l'almanach du facteur ? Ont-ils déjà vu d'autres almanachs ? Où ?
3. Préciser la différence entre les termes de *calendrier* et d'*almanach* : le calendrier, c'est le système de division du temps en années, en mois et en jours. C'est également sa représentation, matérialisée de façons différentes (avec les noms des fêtes, des saints…) aussi appelée almanach (il comporte alors toutes sortes d'observations astronomiques, prévisions météorologiques…).
4. Faire repérer aux enfants l'année (ici 1999), les mois de l'année, le mois en cours.
5. Quelles autres informations peut-on obtenir à l'aide de ce calendrier ?
On veillera à développer l'esprit de recherche des enfants ; ce sont eux qui doivent se questionner pour trouver toutes ces informations. Chiffres = jours du mois, abréviations = jours de la semaine (Voir ci-dessous, exercice 1, p. 29).
– À quoi sert cet almanach ? Connaître la date.

2. Individuel/écrit

► Cahier d'activités 2, p. 29.
Exercice 1
Faire expliciter les abréviations des jours de la semaine et les faire écrire.

Questions 2 et 3 : se repérer dans le calendrier et rechercher des informations (la date de leur anniversaire, celle de leurs amis) et comparaison avec le calendrier de l'année en cours.

1. Collectif/oral

• Demander à chaque enfant d'apporter un calendrier. Leur faire chercher la date de leur anniversaire dans le calendrier du livre, puis dans celui de l'année en cours → comparer : ce n'est pas le même jour de la semaine. Faire constater la différence.

2. Individuel/écrit

Faire manipuler les jours et les mois de l'année.
► Cahier d'activités 2 : p. 29.
Exercice 2 : repérer une date sur le calendrier.
Exercice 3 : écrire des jours.
Exercice 4 : remettre des mois dans l'ordre.

Propositions de prolongements

• À partir d'autres calendriers, et notamment un calendrier de *La Poste* de l'année en cours, observer les ressemblances et les différences.
• Approfondissement de l'observation du calendrier : tous les mois ont-ils le même nombre de jours ? Faire établir la liste de tous les mois de l'année et inscrire en regard le nombre de jours. Combien de jours en février ?
• Chercher les principales fêtes de l'année sur plusieurs calendriers d'années différentes : Noël, Pâques, Pentecôte… À quels jours de la semaine correspondent-ils ? Est-ce toujours le même jour ? Amener les enfants à constater que Noël, la fête du travail (le 1er mai), etc. sont des fêtes dont la date est toujours la même mais dont le jour de la semaine varie, alors que Pâques et Pentecôte sont toujours un dimanche mais à une date qui varie.
• La poste, le facteur, le circuit d'une lettre… : demander aux enfants d'apporter des documents qui portent le logo de la poste, des enveloppes timbrées reçues par leurs parents (à défaut, l'enseignant en apportera lui-même). Rechercher la façon dont est indiquée la date, faire chercher le sigle *La Poste* (il figure, en principe, sur tous les timbres), l'endroit d'où a été envoyée la lettre.
• Les saisons : chercher le nom des saisons, et les limites de chacune d'elle.

Tableaux

Disciplines du programme

• Arts plastiques.
• Français : lecture de textes artistiques. Il s'agit ici essentiellement d'une lecture d'images.

Type de documents

Trois tableaux représentant chacun une femme avec un enfant (probablement mère et fils) :
– École flamande, A. Moro (v. 1519-1575), *Veuve et son fils*, 1564, Musée municipal de Dole.
– A. Renoir (1841-1919), *Gabrielle et Jean,* coll. Guillaume Walter, Musée de l'Orangerie, Paris.
– C. Walch (1898-1948), *Mère et jeune garçon*, Musée d'Art Moderne de la Ville de Paris.

Durée

• Plusieurs séances à répartir dans le temps en fonction des pistes choisies. On pourra les aborder au moment où Julien sent les pieds du bébé dans le ventre de sa maman (Manuel p. 128) ou au moment du choix du prénom du bébé (texte p. 130). Ces deux textes traduisent les relations entre parents et enfants, qui seront à confronter à l'atmosphère qui se dégage de ces tableaux.

Déroulement

Collectif/oral

► Manuel p. 145.

Description précise de la page et des trois tableaux.

Question 1 : objectif : faire expliciter le fait que les trois tableaux représentent une mère avec un enfant, mais le questionnement peut être plus large (voir notamment ci-dessous dans les prolongements le travail sur le titre, nom du peintre…).
– Que voit-on sur la page ? Laisser les enfants observer la page et réagir face à ces tableaux.
• Situation des personnages les uns par rapport aux autres sur chacun des tableaux.
• Couleurs utilisées
• Qu'est-ce qui sert de décor ? Le fond du tableau de Walch : un village, pourquoi ? Quel est l'effet produit ? Et les autres tableaux ?

Questions 2 et 3 : Elles ont pour but d'aider les enfants à repérer les ressemblances et les différences entre les tableaux.
– Ressemblances : La place de l'enfant dans la famille (*cf.* texte p. 131). C'est le seul qui n'est pas sur les genoux (c'est le chien qui y est !). Renoir et Walch peignent l'enfant sur les genoux de sa mère et beaucoup d'affection et de tendresse en émanent. Faire percevoir la différence avec le tableau de l'École flamande.
– Voir également informations sur les peintres.

Propositions de prolongements

• Apporter d'autres reproductions de tableaux et notamment des tableaux sur le même thème : mère et enfant, mais aussi qui représentent des enfants (**question 3**). Observer les ressemblances et les différences.
• Faire, à partir de ces tableaux, le même travail que celui sur la première page de couverture d'un livre : repérer l'auteur, le titre, le musée auquel chaque tableau appartient. Les enfants devraient d'eux-mêmes faire le rapprochement, on pourra cependant orienter leur questionnement pour le faire découvrir → synthèse sous forme de tableau à double entrée (*cf.* fiche-découverte de la première de couverture) comparant la « fiche d'identité » d'un livre et celle d'un tableau.

Informations sur les peintres

Le tableau d'A. Moro (École flamande) traduit les rapports mère/enfant de l'époque : distance, rigueur, conformisme émanent de ce tableau (couleurs, vêtements des personnages, relation entre eux : la mère semble repousser son fils, sa main est posée sur l'épaule du garçon).
Environ 300 à 350 ans séparent ce tableau de celui d'Auguste Renoir, 1841-1919 (on sait en effet que c'est vers 1894 que Gabrielle, sa gouvernante, devint le modèle favori de Renoir). Participant à la constitution du mouvement impressionniste, il s'en éloigna peu à peu. Ce tableau caractérise fort bien sa peinture dans la dernière partie de sa vie et traduit son amour de la vie.
Walch, est un peintre moins connu ; on s'attachera à faire percevoir aux enfants le style radicalement différent de ce tableau par rapport à celui de Renoir : alors que ce dernier peint une femme souriante, des formes généreuses et arrondies, la mère représentée par Walch a un air moins avenant : les formes sont plus anguleuses.

Affiche pour l'hygiène et la santé

Disciplines du programme

• Éducation civique.
• Français : lecture de textes informatifs.

Type de document

Affiche pour sensibiliser les enfants à l'hygiène.

Durée

• Plusieurs séances à répartir dans le temps en fonction des pistes de recherches que la classe poursuivra.

Déroulement

Collectif/oral

► Manuel p. 146.

Que voit-on sur la page ? Laisser les enfants observer la page, réagir à ce document et décrire l'affiche.

Question1 : elle a pour but de faire trouver à l'enfant la nature du document, son rôle et son utilité ainsi que le public visé = destinataire = dessin stylisé.

Un oiseau nettoie les dents du crocodile qui ouvre gentiment la bouche. Les enfants devraient être sensibles à l'humour qui se dégage de cette situation.

Question 2 : Faire lire le texte du slogan, le mettre en rapport avec l'illustration.

Question 3 : Recherche à faire dans les journaux pour les enfants ou auprès des organismes de prévention.

Propositions de prolongement

Le travail sur ce document peut ouvrir le débat avec les enfants sur l'hygiène bucco-dentaire et être l'occasion d'une sensibilisation particulière sur ces questions.
On pourra relier ce travail à :
• la sensibilisation à l'équilibre de l'alimentation et expliquer pourquoi la surconsommation de sucre est nocive à la santé en général et aux dents en particulier.
• l'hygiène corporelle et dentaire.
• la prévention dans le domaine de la santé.
• l'explication des différents métiers de la santé.
• la croissance de l'enfant (dents de lait, dents définitives).

Bibliographie

R. Tavernier : *Découverte des Sciences CP-CE1*, Bordas, 1996.

Poésies

Discipline du programme

• Français : lecture de textes poétiques.

Type de documents

Textes poétiques sur le thème de l'enfance. Une comptine : *La petite fille* et deux strophes de Victor Hugo, extraites des *Contemplations*.

Durée

• Plusieurs séances à répartir dans la période 4.

Déroulement

Plusieurs approches sont possibles pour ces textes :
1. Une lecture magistrale visant à sensibiliser les enfants sur les rimes, le rythme, le sens caché (texte de V. Hugo) et qui débouchera ensuite sur une mémorisation. On sera très attentif à la façon de dire et de faire dire ces textes.
2. Une lecture découverte qui fera émerger leurs caractéristiques. C'est cette deuxième approche que nous développerons ici.

La petite fille ► Manuel p. 147.

Collectif/oral

Son intérêt réside dans le rythme et les rimes : des vers de cinq pieds et des rimes croisées. Le vocabulaire est simple et ne devrait pas poser de problème pour les enfants.
Afficher le texte en script au tableau et laisser les enfants l'observer pour qu'émergent les caractéristiques de ce texte :
– ce n'est pas une histoire comme les autres → disposition (on va à la ligne très souvent),
– nombre de syllabes identique d'une ligne à l'autre,
– rimes (une fois le procédé identifié, faire vérifier oralement puis à l'écrit en entourant dans le texte les sons qui reviennent, faire remarquer l'organisation des rimes → croisées),
– le dialogue entre la petite fille et le monsieur : bien noter les guillemets et les questions (ponctuation, *est-ce que*),
– identification des mots connus, des difficultés…
Plusieurs lectures à haute voix, par le maître et par les enfants, seront nécessaires pour que ceux-ci perçoivent bien le caractère spécifique de ces textes.

L'extrait de : *À ma fille* ► Manuel p. 147.

Collectif/oral

Le dispositif sera le même avec en plus un travail sur le sens du texte.
• De qui V. Hugo parle-t-il ? Qu'est-ce qui traduit ses sentiments ?
• L'effet produit par les contrastes de vocabulaire : pâle/rose, petite/de grands cheveux, je n'ose/ je veux, bien/mal, triste/joyeux, et de construction : Elle disait souvent/Et ne disait jamais… ou les répétitions de structures : *Qu'elle fût bien ou mal coiffée/Que mon cœur fût triste ou joyeux*
• Ici aussi, on est en présence de rimes croisées.
• Proposer de mémoriser ce poème.

Propositions de prolongements

• Chercher d'autres poèmes traitant du même thème.
• Créer à son tour un poème sur le thème de l'enfance.
• Illustrer les textes dans le cahier de poésies.

RÉVISIONS-JEUX RÉVISIONS-JEUX RÉVISIONS-JEUX

► Manuel : p. 148 pour la révision des sons.
► Cahier d'activités 2 : pp. 32-33.
Trois exercices de révisions sont proposés :
Selon le niveau des enfants, on pourra aborder les exercices 2 et 3 et les jeux de deux façons différentes :
1. Faire précéder les exercices individuels d'un travail oral collectif au cours duquel les enfants expliqueront tous ensemble l'exercice.
2. Laisser les enfants chercher par eux-mêmes ce qu'il faut faire, après avoir fait lire la consigne.

Individuel/écrit

Exercice 1
Cet exercice porte sur les mots-clé des sons de la période 4. Ces différents mots ont été mémorisés au cours de la période 4. On veut ainsi s'assurer que l'enfant forme correctement la lettre correspondante.

Individuel/écrit ou groupe/écrit

Exercice 2
Il nécessite à la fois que l'enfant discrimine graphiquement les mots qui se ressemblent (tous les mots comportant les mots *fleur, feuille et grand*), mais également qu'il en comprenne le sens : *fleuve* ressemble à *fleur* mais n'appartient pas à la même famille, alors que *floral* en fait partie.
Faire lire à voix haute l'ensemble des mots colonne par colonne et expliquer la consigne. Expliquer au besoin, ou faire expliquer par les enfants les mots difficiles : *floral* (de fleur, ex : composition florale : composition réalisée avec des fleurs, chercher oralement ou donner d'autres mots construits avec ce radical, *floraison*), *fleurette* (une petite fleur), *feuilleter* (tourner les pages d'un livre sans le lire), etc.
La première colonne fait travailler le mot *fleur* (mot-clé pour [œ]), la seconde *feuille* (mot-clé pour [j]), la troisième *grand* qui comporte le son [g] à l'initiale.

Individuel/écrit ou groupe/écrit

Exercice 3
Utiliser à bon escient les mots *sur*, *dans*, *sous*, qui servent à traduire les relations entre les objets.

Annonce l'arrivée d'un bébé

► Cahier d'activités 2 : pp. 30-31.

Spécificité Écrire un faire-part annonçant l'arrivée d'un bébé.
Matériel – Boîte à idées, cahier d'activités 2 pp. 30-31.

Déroulement possible

Fiche-guide 8 (pp. 64-65).

1. Collectif/oral

1. Observe

Faire observer les faire-part et les faire identifier comme tels. Les enfants ont-ils déjà vu des faire-part ?

2. Réfléchis

À quoi servent-ils ? Qui les écrit ? Qu'en fait-on ?
Chercher les informations suivantes : les prénoms des bébés, la date à laquelle ils sont nés, le nom de leurs parents. Y a-t-il d'autres informations ? Lesquelles ? On pourra à cette occasion faire un travail collectif sur les occasions d'envoyer des faire-part. Certains enfants seront peut-être allés à un mariage récemment.

3. Notre projet

Préparer le faire-part pour annoncer la venue de Sara. Que va-t-on écrire ?
– le nom du bébé qui va naître : Sara,
– le nom des parents : Monsieur et Madame X. Ici se posera le problème du choix du nom de famille, aucune indication n'est donnée à ce sujet dans l'histoire. Laisser les enfants libres d'inventer un nom de famille et des prénoms pour les parents de Julien : les guider dans ce questionnement si nécessaire,
– ajouter *et son grand frère Julien* ou *et leur fils* ou *et Julien* ou tout autre formulation plus originale qui serait proposée par les enfants.

4. La boîte à idées

On peut faire lire les mots de la boîte à idées pour aider les enfants mais il faut éviter qu'ils se limitent à ces suggestions ; on veillera à les laisser chercher dans leurs textes d'autres mots qu'ils voudraient utiliser.

2. Individuel/écrit

Sur le cahier d'essai (ou directement sur le cahier d'activités), chacun écrit son faire-part. La validation peut se faire par lecture à haute voix à son voisin ou à la classe. Puis, si travail sur le cahier d'essai, faire recopier sur le cahier d'activités.
Le faire-part terminé, l'enfant devra en illustrer le recto.

Souvenirs d'enfance

Lorsqu'elle allait au marché, elle me laissait au passage dans la classe de mon père, qui apprenait à lire à des gamins de six ou sept ans. Je restais assis, bien sage, au premier rang et j'admirais la toute-puissance paternelle. Il tenait à la main une baguette de bambou : elle lui servait à montrer des lettres et les mots qu'il écrivait au tableau noir, et quelquefois à frapper sur les doigts d'un cancre inattentif.
Un beau matin, ma mère me déposa à ma place, et sortit sans mot dire, pendant qu'il écrivait magnifiquement sur le tableau : « La maman a puni son petit garçon qui n'était pas sage. »
Tandis qu'il arrondissait un admirable point final, je criai : « Non ! Ce n'est pas vrai ! »
Mon père se retourna soudain, me regarda stupéfait, et s'écria : « Qu'est-ce que tu dis ? »
– Maman ne m'a pas puni ! Tu n'as pas bien écrit !
Il s'avança vers moi :
– Qui t'a dit qu'on t'avait puni ?
– C'est écrit.
La surprise lui coupa la parole un moment.
– Voyons, voyons, dit-il enfin, est-ce que tu sais lire ?
– Oui.
– Voyons, voyons… répétait-il.
Il dirigea la pointe du bambou vers le tableau noir.
– Eh bien, lis.
Je lus la phrase à haute voix.
Alors, il alla prendre un abécédaire, et je lus sans difficulté plusieurs pages…
Je crois qu'il eut ce jour-là la plus grande joie, la plus grande fierté de sa vie.
Lorsque ma mère survint, elle me trouva au milieu des quatre instituteurs, qui avaient renvoyé leurs enfants dans la cour de récréation, et qui m'entendaient déchiffrer lentement l'histoire du Petit Poucet… Mais au lieu d'admirer cet exploit, elle pâlit, déposa ses paquets par terre, referma le livre, et m'emporta dans ses bras, en disant : « Mon Dieu ! mon Dieu !… »
Sur la porte de la classe, il y avait la concierge, qui était une vieille femme corse : elle faisait des signes de croix. J'ai su plus tard que c'était elle qui était allée chercher ma mère, en l'assurant que « ces messieurs » allaient me faire « éclater le cerveau ».
À table, mon père affirma qu'il s'agissait de superstitions ridicules, que je n'avais fourni aucun effort, que j'avais appris à lire comme un perroquet apprend à parler, et qu'il ne s'en était même pas aperçu. Ma mère ne fut pas convaincue, et de temps à autre elle posait sa main fraîche sur mon front et me demandait : « Tu n'as pas mal à la tête ? »
Non, je n'avais pas mal à la tête, mais jusqu'à l'âge de six ans, il ne me fut plus permis d'entrer dans une classe, ni d'ouvrir un livre, par crainte d'une explosion cérébrale. Elle ne fut rassurée que deux ans plus tard, à la fin de mon premier trimestre scolaire, quand mon institutrice lui déclara que j'étais doué d'une mémoire surprenante, mais que ma maturité d'esprit était celle d'un enfant au berceau.

Marcel Pagnol, *La Gloire de mon père*

Bibliographie de Marie-Hélène Delval

(En collaboration avec les illustrateurs suivants)
Lapointe (Claude). *L'École des géants*. Bayard, 1996 (Les Belles histoires)
Solé Vendrell (Carme). *Derrière la très haute montagne*. Bayard, 1995 (Les Belles histoires)
Rosy (Maurice). *Le Pommier-Canoë*. Bayard, 1996 (Les Belles histoires)
Hahn (Nadine). *Rose cochon veut voir le monde*. Bayard, 1990 (Les Belles histoires)
Theinhardt (Volker). *La Moufette qui n'avait plus de maison*. Bayard, (Les Belles histoires)
Desson (Claude). *L'Ogre qui avait peur des enfants*. Bayard, 1997 (Les Belles histoires)
Camil (Colette). *Les Trois sorcières*. Bayard, 1992 (Les Belles histoires)
MacPhail (D.). *Les Deux maisons de Petit-Blaireau*. Bayard, 1993 (Les Belles histoires)
Varley (Susan). *Un petit frère pas comme les autres*. Bayard, 1993 (Les Belles histoires)
Millet (Claude et Denise). *Un petit loup de plus*. Bayard, 1993 (les Belles histoires)
Wensell (Ulises). *Éloïse et les loups*. Bayard, 1994 (Les Belles histoires)
Bloch (Serge). *Le Professeur Cerise*. Bayard, 1990 (J'aime lire)
Zaü. *Les Sept sorcières*. Bayard, 1991 (J'aime lire)
Beaujard (Yves). *Victor l'enfant sauvage*. Bayard, 1992 (J'aime lire)
Charrier (Michel). *Jacques et le tank*. Bayard, 1992 (J'aime lire) Bibliothèque
Ivers (Mette). *La Nuit de l'ange et du diable*. Bayard, 1994 (J'aime lire)

Bibliographie de Régis Faller

(En collaboration avec les auteurs suivants)
Jaffé (Laura) et Saint Marc (Laure). *Vivre ensemble : l'argent*. Bayard, 1998
Ben Kemoun (Hubert). *C'est quoi ta collec ?* Nathan, 1998 (Première lune)
Ben Kemoun (Hubert). *Ce n'est pas vrai !* Nathan, 1997 (Première lune)
Ben Kemoun (Hubert). *Tous les jours c'est foot !* Nathan, 1996 (Première lune)
Mora (Dolores). *J'apprends à lire avec les images*. Lito, 1996

Bibliographie thématique Quotidien

Aliki. *Mon premier copain*. Flammarion-Père Castor, 1989
Dumas (Philippe). *Ce Changement-là*. École des loisirs, 1981
Dumas (Philippe). *Nougatine*. École des loisirs, 1989
Fossette (Danièle). *Je ne veux pas aller au tableau !* Nathan, 1996
Gutman (Claude). *La Dame des poux*, Casterman, 1994
Gutman (Claude). *Comment se débarrasser de son petit frère ?* Nathan, 1997 (Première lune)
Hampâté Bâ. *Le Petit frère d'Amkoullel*. Syros (bibliothèque)
Henkes (Kevin). *Le plus beau bébé du monde*. Kaléidoscope, 1991
Lamorisse (Albert). *Le Ballon rouge*. École des loisirs, 1976
Lansdström (Olof et Lena). *Nisse à la plage*. École des loisirs, 1993
Léonard (Marie). *Tibili ou le petit garçon qui ne voulait pas aller à l'école*, Magnard, 1996 (Les romans)
Mac Afee (Annalena). *Des Invités bien encombrants*. Flammarion, 1984 (Divorce. Bibliothèque)
Mac Kee. *Encore toi Isabelle ?* Kaléidoscope, 1994
Nöstlinger (Christine). *François à l'école*. École des loisirs, 1989
Pef. *Rendez-moi mes poux !* Gallimard, 1998
Reberg (Evelyne). *C'est la vie Julie*. Bayard, 1990 (J'aime lire)
Say (Allen). *L'Arbre aux oiseaux*. École des loisirs, 1994
Sempé. *Le Petit Nicolas a des ennuis*. Gallimard, 1994 (bons lecteurs)
Serres (Alain). *Puni-Cagibi*. École des loisirs, 1992
Smadja (Brigitte). *Ma Princesse se déguise en casserole*. École des loisirs, 1995 (et toute la série *Ma princesse*)
Smadja (Brigitte). *Quand Papa était mort*. Syros, 1996 (Un jardin se crée)
Smadja (Brigitte). *Pauline n'a pas sa clé*. École des loisirs, 1996
Stevenson (James). *On n'a pas sommeil*. École des loisirs, 1983
Stevenson (James). *Un jour affreux !* École des loisirs, 1985
Tomie (Paola). *Bob et Bobby*. Albin Michel, 1989 (Bibliothèque)
Van Leeuwen (Jean). *Amanda cochon et son grand-frère Olivier*. École des loisirs, 1986

Documentaires
Capdevila (Roser). *Un bébé, quelle aventure !* Bayard, 1994
Nilson (Lennart). *Naître, raconté aux enfants*, Hachette, 1994
Ruffaut (Charlotte). *Petits ennuis*. Syros (Les petits carnets), 1994
Unwin (Mike). *Pourquoi je suis malade?* Usborne (La science pour débutants), 1994
Weinzaepflen (Nathalie). *Rémi répare son vélo*. École des loisirs, 1994 (Archimède)

Le dernier enchantement de Merlin

Avec *Le dernier enchantement de Merlin*, les enfants sont invités à pénétrer dans un univers à la fois poétique et merveilleux. Les premiers chants lyriques qui mentionnent ce personnage datent du XIe siècle mais font référence à des événements du VIe siècle. Il s'agit donc d'un personnage légendaire et de temps immémorial. On veillera à présenter aux enfants d'autres livres en relation selon différents critères : textes qui font intervenir Merlin, qui ont été écrits par É. Brisou-Pellen ou bien qui exploitent le thème de la magie, afin de permettre aux enfants d'établir des liens entre leurs lectures et de se constituer un réseau de références et de comparaisons.
Fidèle aux ambitions de sens et de compréhension de la collection, cette histoire, comme toutes les autres, confronte les enfants à la vraie langue de l'écrit, avec ses richesses et ses difficultés. Le registre du texte fait une large place à l'implicite et à l'interprétation.

Première et quatrième pages de couverture

Manuel de l'enfant pp. 149 et 166.
► Cahier d'activités 2 pp. 34 et 35.

Spécificité
– Lecture de l'image.
– Analyse des éléments fournis par une première et quatrième page de couverture.

Matériel
– Agrandissement des première et quatrième pages de couverture.

Déroulement possible

Fiche-guide 1 (pp. 52-53).

1. Collectif/oral

La première page de couverture : hypothèses de lecture.

On pourra faire formuler des hypothèses sur les deux personnages principaux de cette page. Quels sentiments les unissent ? Qu'est-ce qu'un enchantement ? Que pourrait bien être le dernier enchantement de Merlin ? Merlin se trouve-t-il sur cette page ?
Il serait bon de travailler, chaque fois que c'est possible sur le support de l'album d'É. Brisou-Pellen.

2. Individuel/écrit

► Cahier d'activités 2 : exercices 1, 2, 3 p. 34.

Déroulement possible

Fiche-guide 1 (pp. 52-53).

1. Collectif/oral

La quatrième page de couverture.

À cette période de l'année, et pour ne pas rendre le travail trop répétitif, les enfants pourraient aussi travailler sur la quatrième page de couverture qui fournit matière à anticipation orale ou à production d'écrit.
Que remarque-t-on sur la quatrième page de couverture ?
– Titre
– Illustrations
– Logo
– Âge des lecteurs.
On pourra faire un travail récapitulatif sur le « Dans la même collection » :
– On pourra aussi faire un travail de comparaison des cinq albums (premières et quatrièmes pages).
• Quelles sont les différences ?
• Qu'y a-t-il de commun ?

2. Individuel/écrit

► Cahier d'activités 2 : exercices 1, 2, 3 et 4 p. 35, plus exercice 5 p. 37.
Toutes les questions ne trouveront pas forcément leur réponse : il faut lire le livre !

Période 5 : proposition

Le dernier enchantement

ÉVELYNE BRISOU-PELLEN

			TRAVAIL SUR LE SENS			
			Texte de l'album reproduit dans le manuel	Fonctionnement de la langue	Cahier d'activités n° 2	Livre du maître
SEMAINE 1	U 1	JOUR 1	p. 150	p. 151 : **Il se sentait**	p. 36/37	pp. 238-239
		JOUR 2	p. 150			
	U 2	JOUR 1	p. 152	p. 153 : le lieu	p. 38/39	pp. 239-240
		JOUR 2	p. 152			
SEMAINE 2	U 3	JOUR 1	p. 154	p. 155 : déplacement	p. 40/41	pp. 241-242
		JOUR 2	p. 154			
	U 4	JOUR 1	p. 156	p. 157 : nous = toi et moi	p. 42/43	pp. 242-243
		JOUR 2	p. 156			
SEMAINE 3	U 5	JOUR 1	p. 158	p. 159 : énumération	p. 44/45	pp. 243-244
		JOUR 2	p. 158			
	U 6	JOUR 1	p. 160	p. 161 : vous savez Savez-vous ?	p. 46/47	pp. 244-245
		JOUR 2	p. 160			
SEMAINE 4	U 7	JOUR 1	p. 162	p. 163 : sa main la sienne	p. 48/49	pp. 245-246
		JOUR 2	p. 162			
	U 8	JOUR 1	p. 164	p. 165 : le temps	p. 50/51	p. 247
		JOUR 2	p. 164			
SEMAINE 5 et 6	U 9	JOUR 1	Suivant l'organisation de la classe, son niveau, ne pas hésiter à prendre son temps et étaler la semaine est consacrée à des bilans, des mises au point et de l'entraînement. À cette période tous les types de supports et utiliser les ressources de la B. C. D., de la bibliothèque munici-			
		JOUR 2				
	U 10	JOUR 1				
		JOUR 2				

de progression
de Merlin

STÉPHANE GIREL

TRAVAIL SUR LE CODE

Manuel	Cahier d'activités n° 2	Livre du maître
lettres muettes p. 167	p. 52/53	p. 248
la lettre x p. 168	p. 54/55	p. 249
la lettre h p. 169	p. 56/57	pp. 250-251
révisions p. 176	révisions pp. 62-63	révisions

découverte de l'album sur 5 semaines. La sixième de l'année, il faut multiplier les occasions de lire sur pale.

ET AUSSI...

Lire des textes documen… ou fonctionnels

• ARTS PLASTIQUES : miniature
Manuel, p. 170
Livre du maître, p. 252

• DÉCOUVERTE DU MONDE : temps/schéma légendé
Manuel, p. 171
Livre du maître p. 253

• FRANÇAIS : affiche
Manuel, p. 172
Cahier d'activités n° 2, p. 58
Livre du maître, p. 254

• DÉCOUVERTE DU MONDE : vivant
Manuel p. 173
Livre du maître, p. 255

• ÉDUCATION CIVIQUE
Manuel p. 174
Cahier d'activités n° 2, p. 59
Livre du maître p. 256

Poésies

• *À la fraîche fontaine*, MOREAS
Manuel, p. 175 ; livre du maître, p. 257

• *La plaine, les vallons plus loin...*, GUILLEVIC
Manuel, p. 175 ; livre du maître, p. 257

Projet d'écrit

• Cahier d'activités n° 2, pp. 60-61
• Livre du maître, p. 258

Révisions/j

• Manuel p. 176
• Cahier d'activités n° 2, pp. 62-63
• Livre du maître, p. 258

Abécédaire

• Cahier d'activités 2, p. 64

Unité 1

Rappel : l'unité est à réaliser sur deux jours (voire 3), comme dans les autres périodes. Le deuxième jour, on organisera en fonction des besoins de la classe, soit une révision de sons, soit le travail prévu sur les particularités de certaines lettres. Ainsi, si vous suivez la progression du manuel :

	Manuel	Cahiers activités 2	Livre du maître
lettres muettes	p. 167	pp. 52-53	p. 248
lettre x	p. 168	pp. 54-55	pp. 249-250
lettre h	p. 169	pp. 56-57	pp. 250-251

Manuel de l'enfant pp. 150-151.
► Cahier d'activités 2 pp. 36-37.
Mise en route : rappel des hypothèses de lecture de la couverture.

SÉQUENCE 1 : DÉCOUVERTE ET COMPRÉHENSION DU TEXTE

Spécificité
Début de l'histoire. Mise en place du décor.

Matériel
– Le texte a été réécrit en script et réparti sur quatre grandes étiquettes collectives (*cf.* Cahier d'activités 2, exercice 1 p. 36) : approximativement une étiquette par phrase.
1 : jusqu'à « fatigué »
2 : jusqu'à « années »
3 : jusqu'à « Tout ? »
4 : jusqu'à « souffle ».

Déroulement possible

Fiche-guide 2 § 10 (p. 56).

1. Collectif/oral

► Manuel : lecture du texte p. 150.
On interrogera dans un premier temps le **texte**.
Les étiquettes sont présentées en désordre au tableau.
Les principaux indices pour remettre le texte en ordre sont :
l'indication de temps : *Ce matin-là*
les liens sémantiques : *fatigué → grand âge, grand âge → connaissance du monde, il a tout vu → il vit soudain,*
les désignateurs : *Merlin*, puis *il*
la formulation : question/réponse : *Tout ? → Pas sûr...*
Plusieurs relectures valident la solution trouvée.
On évoquera différentes forêts de France (explicitation de *forêt **de** Brocéliande*) ; on situera celle de Brocéliande. On pourra évoquer ici ou à un autre moment son caractère mythique.

On attirera l'attention des enfants sur l'ordre des groupes de mots dans la phrase : *Il s'était si souvent transformé en...* (deux ordres possibles en commençant par vieillard ou par enfant, mais succession chronologique à l'intérieur de la progression).
Formulation d'hypothèses sur ce qui pourrait se passer.

L'illustration
On s'attachera dans un deuxième temps à l'illustration.
Observation et échanges : quelle représentation de Merlin l'illustrateur a-t-il choisie ? (plutôt vieux, à cause de la barbe qui dépasse). Pourquoi ? (évoque la sagesse et la connaissance et l'iconographie traditionnelle) A-t-on déjà vu ce personnage quelque part ? (première de couverture). Comparer avec d'autres iconographies : traditionnelle, celle de Walt Disney...

2. Individuel/écrit

► Cahier d'activités 2 : exercices 1 et 2 p. 36.
Pour l'exercice 2, l'objectif est de faire sentir aux enfants que la phrase n'a pas été construite au hasard mais que l'ordre des mots correspond à une logique (ou une chrono-logique) : deux successions sont possibles : de l'enfant au vieillard ou du vieillard à l'enfant mais à l'intérieur de la succession choisie, l'ordre des mots ne peut être changé.

SÉQUENCE 2 : FONCTIONNEMENT DE LA LANGUE

Spécificité
Sensibilisation à l'usage du pronom dans les verbes pronominaux.

Matériel
– Étiquettes collectives :
| Je | | Tu | | Il | | me sentais fatigué | | te sentais fatigué |
| se sentait fatigué | | . |

Déroulement possible

Fiche guide 4 (p. 58).

1. Collectif/oral

► Manuel : relecture par chaque enfant du texte p. 150.
Affichage des étiquettes dans le désordre. Reconstitution des trois phrases avec les étiquettes. Lecture des trois phrases. (*Cf.* manuel page 151.) Réinvestissement avec d'autres phrases proposées par le maître, puis d'autres phrases proposées par les enfants. (Oralement, avec des étiquettes individuelles, avec des étiquettes collectives.)
Variante : on ne travaille que sur une seule phrase à la fois, découpée en autant d'étiquettes que de mots :

exemples : [Je] [me] [coiffe] ou [Je] [me] [sentais] [fatigué]
Après seulement, on introduit des phrases aux autres personnes.

2. Individuel/écrit

► Cahier d'activités 2 : exercice 3 p. 36.

SÉQUENCE 3 : RÉINVESTISSEMENT

Fiche-guide 5 (p. 59).

1. Collectif/oral

► Lecture de la rubrique « Je lis un nouveau texte » p. 151 du manuel (silencieuse d'abord, puis à voix haute).
On attirera l'attention des enfants sur le lien avec le texte d'É. Brisou-Pellen (la magie, les transformations) et sur les dissemblances (thématique : sorcière/enchanteur et énonciative : 1re personne/3e personne).
On fera expliciter l'humour du texte qui repose sur une inversion (rôle de la mère joué par l'enfant) et une transposition (domaine de la magie/domaine scolaire à travers le vocabulaire : *réciter, réviser, se tromper* ; polysémie du mot *formule*…).

2. Individuel/écrit

► Cahier d'activités 2 : exercice 4 p. 37.
Fiche-guide 8 (pp. 64-65).
On pourra rappeler avec les enfants quelques-uns des éléments nécessaires pour comprendre une narration : où se passe l'histoire ? quand ? (ici texte d'un auteur contemporain qui utilise l'héritage de la littérature médiévale, qui fait elle-même référence à un passé mythique ; donc date indéterminée, époque du *Il était une fois* du conte). Qui est le personnage principal ? (notion de héros).
► Cahier d'activités 2 : exercices 5 et 6 p. 37.
L'exercice 6 nécessite la lecture ou relecture préalable de la quatrième page de couverture p. 166 du manuel.
L'exercice 5 attire l'attention des enfants sur les désignateurs et les renseignements que l'on donne sur les personnages. L'enfant est ainsi amené à opérer les substitutions suivantes : *sorcière/sorcier, vraie/vrai, Maman/Papa, elle/il* et à observer l'invariant *formidable*.
► Manuel : lecture de la rubrique « Devinette » p. 151.
On choisira, selon la vie de la classe, le moment opportun pour cette activité ludique qui ouvre sur le patrimoine culturel puisqu'il s'agit ici de la fameuse devinette posée à Œdipe par le Sphinx. (*cf.* Sophocle, *Œdipe roi*).

Indications pour l'étude dirigée ou le travail à la maison

► Lecture dans le manuel du texte p. 150, de la rubrique « Je mémorise » puis de la rubrique « Devinettes » p. 151.
• Lire le texte de la rubrique « Je lis un nouveau texte » p. 151.
• Mémoriser ou s'entraîner à écrire :
la forêt, un homme, un vieillard.
À ce stade de l'année, les enfants pourront écrire le travail à faire sur leur cahier ou l'on pourra, bien sûr toujours utiliser la fiche à photocopier prévue à cet effet.

Unité 2

Rappel : l'unité est à réaliser sur deux jours (voire 3), comme dans les autres périodes. Le deuxième jour, on organisera en fonction des besoins de la classe, soit une révision de sons, soit le travail prévu sur les particularités de certaines lettres. Ainsi, si vous suivez la progression du manuel :

	Manuel	Cahiers activités 2	Livre du maître
lettres muettes	p. 167	pp. 52-53	p. 248
lettre x	p. 168	pp. 54-55	pp. 249-250
lettre h	p. 169	pp. 56-57	pp. 250-251

Manuel de l'enfant pp. 152-153.
► Cahier d'activités 2 pp. 38-39.

Mise en route
► Dans le manuel : relecture du texte page 150.
Relecture des mots du tableau de la rubrique « Je mémorise » page 151.
Sur l'ardoise, écrire : *la forêt, un homme, un vieillard.*

SÉQUENCE 1 : DÉCOUVERTE ET COMPRÉHENSION DU TEXTE

Matériel
– Texte en script sur feuille collective.

Déroulement possible

Fiche-guide 2 § 11 (p. 56).

1. Collectif/oral

Rappel des éléments essentiels de l'épisode précédent.
Qu'est-ce qui pourrait couper le souffle de Merlin ?
Après lecture silencieuse du texte au tableau, le maître demande aux enfants de le relire en cherchant une question à poser à leurs camarades :
• soit une question de compréhension qu'ils se posent réellement (compréhension littérale ou compréhension fine) ;
• soit une question dont ils connaissent la réponse et destinée à éprouver la compréhension de leurs camarades.

On pourra établir un tour de rôle : celui qui a répondu à la question peut en poser une à son tour. On n'incitera pas les enfants à privilégier les devinettes de vocabulaire : le sens des mots se déduit du contexte. L'intérêt réside d'abord dans le sens général.
C'est l'atmosphère que le maître aura su créer dans sa classe qui permettra à chacun d'exprimer son éventuel désaccord avec la réponse proposée. Les arguments devront s'appuyer sur des indices précis à montrer dans le texte. Exemple : un enfant propose comme réponse *C'est Viviane qui dit : « Qui êtes-vous ? »*, l'enfant qui conteste viendra montrer au tableau *demanda-t-**il***.
Compréhension du texte : on insistera sur l'effet de surprise : ce qui coupe le souffle de Merlin, c'est tout simplement une jeune fille. On vérifiera que les personnages des dialogues sont bien identifiés, grâce aux bons indices (*demanda-t-il, La jeune fille → je, répondit-elle, Merlin → Je…*).
On pourra terminer par une lecture à voix haute qui ferait intervenir un enfant narrateur, un Merlin et une Viviane. Les dialogues ont-ils été bien lus ? Évaluation-argumentation des camarades. Selon le niveau de la classe, on pourra éventuellement distinguer par trois couleurs les interventions des différents lecteurs (phrases entourées ou soulignées au tableau).
Formulation d'hypothèses sur la suite : Quel tour de magie Merlin va-t-il faire ?

► Manuel : texte p. 152 et lecture de la rubrique « Je mémorise » p. 153.

2. Individuel/écrit

► Cahier d'activités 2 : exercices 1, 2 et 3 p. 38.

Exercice 1 : il est destiné à faire apparaître aux enfants d'une part, la multiplicité des désignateurs, d'autre part la logique de leur emploi : l'expression est d'abord très indéterminée (*une jeune fille*) puis peu à peu caractérisée (*une jeune fille ravissante*). On passe de l'article *un* à l'article *la*, pour arriver à *elle*.
Exercice 2 : il fait travailler une des raisons des difficultés de compréhension en lecture : l'identification des personnages, et plus particulièrement ici, les désignateurs.
Exercice 3 p. 38 : la dictée pourra porter sur le groupe de mots suivants : *le grand enchanteur* où la liaison entre l'adjectif et le nom risque de faire difficulté.

SÉQUENCE 2 : FONCTIONNEMENT DE LA LANGUE

Spécificité L'expression du lieu dans la phrase.
Matériel – Le texte écrit sur la feuille collective (de la séance précédente). – Les étiquettes suivantes : [Dans la clairière] [près de la fontaine] [.] [une jeune fille peignait ses longs cheveux]

Déroulement possible

Fiche-guide 4 (p. 58).

1. Collectif/oral

Étiquettes affichées dans le désordre au tableau.
Consigne : reconstituer une phrase avec ces étiquettes, pas nécessairement celle du texte. Plusieurs possibilités : suppression, substitution ou permutation des deux premières étiquettes.
Faire d'autres substitutions à l'oral avec d'autres exemples donnés par le maître puis par les enfants eux-mêmes.

► Manuel : lecture de la rubrique « Je fais fonctionner la langue » p. 153.

2. Individuel/écrit

► Cahiers d'activités 2 : exercice 4 p. 39.

SÉQUENCE 3 : REINVESTISSEMENT

Fiche guide 5 (p. 59).

1. Collectif/oral

Faire apparaître le lien sémantique avec le texte de É. Brisou-Pellen : scène traditionnelle de l'apparition de l'héroïne, de la femme aimée. Peut-on deviner qui sont les personnages en présence d'après les indications données sur le texte ? (*Le Mariage de Gauvain* : habituer les enfants à repérer les références d'un texte). Ne pas hésiter à faire apparaître le caractère conventionnel de la description, caractéristique d'une littérature courtoise. Les enfants ont-ils déjà lu de telles descriptions ? Dans quel genre de textes ?
Faire formuler oralement d'autres idées de descriptions pour une apparition merveilleuse.

2. Individuel/écrit

► Cahier d'activités 2 : exercice 5 p. 39.
Il s'agit ici d'un exercice de production d'écrit guidé. Faire expliciter oralement d'une part les exigences de l'exercice (reprendre la structure syntaxique du texte de référence : Dans + lieu, près de + lieu, un ou une + GN + verbe), d'autre part quelques idées de ce qui pourrait apparaître à Merlin (on laissera libre cours aux propositions humoristiques : *un monstre très mignon, une jeune fille velue…*).

Indications pour l'étude dirigée ou le travail à la maison

► Dans le manuel, lecture du texte p. 152 et de la rubrique « Je mémorise » p. 153.
• Mémoriser ou s'entraîner à écrire : *un beau chevalier.*

Unité 3

Rappel : l'unité est à réaliser sur deux jours (voire 3), comme dans les autres périodes. Le deuxième jour, on organisera en fonction des besoins de la classe, soit une révision de sons, soit le travail prévu sur les particularités de certaines lettres. Ainsi, si vous suivez la progression du manuel :

	Manuel	Cahiers activités 2	Livre du maître
lettres muettes	p. 167	pp. 52-53	p. 248
lettre x	p. 168	pp. 54-55	pp. 249-250
lettre h	p. 169	pp. 56-57	pp. 250-251

Manuel de l'enfant pp. 154-155.
► Cahier d'activités 2 pp. 40-41.
Mise en route : relecture du texte p. 152.

SÉQUENCE 1 : DÉCOUVERTE ET COMPRÉHENSION DU TEXTE

Matériel
– Illustration p. 154 du manuel.

Déroulement possible

Fiche-guide 2 § 2 (p. 55).

1. Collectif/oral

Présentation de l'illustration et rappel de la fin de l'épisode précédent.
Que voit-on sur l'image ? Quel nom pourrait-on donner à ces hommes et à ces femmes (dans une tonalité médiévale ?) Et à ceux qui jouent de la musique ? Cela correspond-il à un nouveau tour de Merlin ? En quoi est-ce merveilleux ?
Présentation du texte.
Concours de rapidité (lecture sélective) : lecture silencieuse avec pour consigne : cherchez le plus vite possible dans le texte le paragraphe relatif à l'illustration, puis les mots qui désignent les éléments de l'illustration. (→ *cercle, dames, chevaliers, troubadours*). Le gagnant vient montrer les mots au tableau.
Explication de troubadours (recours à un texte documentaire ou recherche des enfants).
Relecture silencieuse, et cette fois intégrale et à son rythme de l'ensemble du texte pour trouver les autres éléments de l'apparition merveilleuse.
Faire percevoir que le tour de magie de Merlin est un cadeau. Interroger les enfants sur le sens de la réponse de Viviane : (→ manière polie et implicite de refuser).
*– C'est splendide ! **Toutefois,** c'est beaucoup pour ma silencieuse forêt.*
Laisser le temps à chacun de trouver sa réponse en se confrontant à cet exercice.

2. Individuel/écrit

► Cahier d'activités 2 : exercice 1 p. 40.

SÉQUENCE 2 : JE FAIS FONCTIONNER LA LANGUE

Spécificité
Ordre des mots dans la phrase.

Matériel
– 4 étiquettes :

Au milieu	surgit	un château	.

Déroulement possible

Fiche-guide 4 (p. 58).

1. Collectif/oral

Étiquettes affichées au tableau dans le désordre.
Consigne : construisez une phrase avec les mots suivants.
Les enfants proposeront sans problème la permutation de « Au milieu », d'autant que le déplacement de ce groupe a déjà été vu, mais auront plus de mal à proposer l'inversion du sujet. Expliquer la fonction esthétique de ce déplacement liée à un registre de langue soutenu.
Proposer d'autres phrases avec inversion du sujet ; faire chercher des textes qui en contiennent.

2. Individuel/écrit

► Manuel : lecture de la rubrique « Je fais fonctionner la langue » p. 155.
► Cahier d'activités 2 : exercices 2 et 3 p. 40.

SÉQUENCE 3 : RÉVINVESTISSEMENT

Fiche-guide 5 (p. 59).

1. Collectif/oral

► Manuel : lecture de la rubrique : « Je lis un nouveau texte » p. 155.
Faire apparaître le lien avec le texte de d'É. Brisou-Pellen : registre des transformations et des apparitions *merveilleuses* (introduire ce mot de vocabulaire caractéristique de l'univers du conte et appréhendé dans une acception différente de celle du langage ordinaire des enfants).
Éventuellement présenter d'autres versions de Cendrillon (évoquer à cette occasion la pantoufle de *vair*).
Merlin utilise-t-il une baguette, lui ? Comment fait-il apparaître les choses ? (→ gestes magiques : il écarte les mains, il claque des doigts, il trace un cercle).

2. Individuel/écrit

► Cahier d'activités 2, projet d'écriture p. 60 et 61 (*cf.* fiche projet d'écriture) ou exercices 4 et 5 p. 41.

Indications pour l'étude dirigée ou le travail à la maison

► Dans le manuel, lecture du texte p. 154 et de la rubrique « Je mémorise » page 155.
• Mémoriser ou s'entraîner à écrire : *Le château a huit puissantes tours.*

Unité 4

Rappel : l'unité est à réaliser sur deux jours (voire 3), comme dans les autres périodes. Le deuxième jour, on organisera en fonction des besoins de la classe, soit une révision de sons, soit le travail prévu sur les particularités de certaines lettres. Ainsi, si vous suivez la progression du manuel :

	Manuel	Cahiers activités 2	Livre du maître
lettres muettes	p. 167	pp. 52-53	p. 248
lettre x	p. 168	pp. 54-55	pp. 249-250
lettre h	p. 169	pp. 56-57	pp. 250-251

Manuel de l'enfant pp. 156-157.
► Cahiers d'activités 2 pp 42-43.

Mise en route
Rappel de l'épisode précédent. Relecture du texte p. 154. Aux enfants : qu'auriez-vous gardé de l'apparition merveilleuse ?

SÉQUENCE 1 : DÉCOUVERTE ET COMPRÉHENSION DU TEXTE

Matériel
– Illustration du manuel p. 156.

Déroulement possible

Fiche-guide 2 § 2 (p. 55).

1. Collectif/oral

Observation de l'illustration. Que reste-t-il de l'apparition magique ? Quel est le sens de la position de Merlin aux genoux de Viviane ? Quelle est la symbolique de ce geste ? Peut-on deviner ses paroles ? (→ non, seul le texte permet de le faire) Peut-on deviner le sens de son message ? (→ oui)

Affichage du texte au tableau. Lecture silencieuse. Vérification de l'interprétation de l'image. Pourquoi avoir gardé le jardin ? (→ pas besoin d'autres humains, les amoureux sont seuls au monde ; fonction romantique de la nature). Explicitation du sens. Qui est Arthur ? Pourquoi n'est-il pas présenté auparavant dans le texte ? Rappel de la fonction d'un chevalier. Ici double aspect de Merlin : grand enchanteur, mais aussi chevalier dévoué à son roi. Cumule fonction magique, merveilleuse, et héroïque, plus littérature courtoise ici. Dans quelle phrase réside l'aveu voilé de Merlin ? Et celui de Viviane ?
Lecture à voix haute par trois enfants : un narrateur, un Merlin, une Viviane.
► Manuel : lecture du texte p. 156.

2. Individuel/écrit

► Cahier d'activités 2 : exercices 1 et 2 p. 42.

SÉQUENCE 2 : JE FAIS FONCTIONNER LA LANGUE

Spécificité
Sensibilisation à la compréhension du sens du pronom *nous*.

Matériel
– Affiche du texte de la p. 156.

Déroulement possible

Fiche-guide 4 (p. 58).

1. Collectif/oral

Imprégnation du sens des pronoms personnels, en particulier : nous = toi et moi.
Faire reformuler le sens du début du texte, en particulier de :
« Vous avez dit “nous suffira”, remarqua-t-elle. »
Vérifier que les pronoms sont référencés aux personnages qui conviennent : qui est *vous* (→ Merlin), qui est *nous* (→ Merlin et Viviane), qui est *elle* (→ Viviane) ? Quand Viviane ou Merlin disent *nous*, que pourraient-ils dire à la place ? (→ *vous et moi, toi et moi*)
Faire manipuler, puis produire des phrases avec *nous* (dans le contexte de la classe) et sa substitution en *toi et moi*. (Le cas de *nous* = *lui et moi* pourra être évoqué ou non).

2. Individuel/écrit

► Manuel p. 157 rubrique « Je fais fonctionner la langue ».
► Cahier d'activités 2 : exercice 3 p. 42.

SÉQUENCE 3 : RÉINVESTISSEMENT

Fiche-guide 5 (p. 59).

1. Collectif/oral

Faire apparaître la spécificité de ce type d'écrit par rapport au texte de É. Brisou-Pellen :
• recette de cuisine / histoire d'amour merveilleuse
• texte injonctif : impératif / narration : système du passé (imparfait-passé simple)
• domaine de référence : réalité / fiction.
Si possible réaliser la recette (pourquoi pas dans le cadre d'un repas médiéval ?) et y adjoindre d'autres plats du Moyen Âge.

2. Individuel/écrit

► Cahier d'activités 2 : exercice 4 p. 42.
On pourra dicter la phrase : *Je voudrais tant que vous m'attendiez dans ce jardin.*
► Cahier d'activités 2 : exercice 5 p. 43.
Le questionnaire à choix multiple a voulu permettre néanmoins un questionnement ouvert sur le sens du texte. Il laisse parfois la place à plusieurs réponses. La première se trouve directement dans le texte, contrairement aux deux autres qui sont d'ordre interprétatif. L'étude préalable du texte aura permis aux enfants de formuler leurs diverses réponses.
► Cahier d'activités 2 : exercice 6 p. 43.
Il s'agit ici de dessiner d'après une consigne.

Indications pour l'étude dirigée ou le travail à la maison

► Dans le manuel, lecture du texte p. 156 et de la rubrique « Je mémorise » p. 157
• Mémoriser ou s'entraîner à écrire : *Le roi a besoin de lui.*

Unité 5

Rappel : l'unité est à réaliser sur deux jours (voire 3), comme dans les autres périodes. Le deuxième jour, on organisera en fonction des besoins de la classe, soit une révision de sons, soit le travail prévu sur les particularités de certaines lettres. Ainsi, si vous suivez la progression du manuel :

	Manuel	Cahiers activités 2	Livre du maître
lettres muettes	p. 167	pp. 52-53	p. 248
lettre x	p. 168	pp. 54-55	pp. 249-250
lettre h	p. 169	pp. 56-57	pp. 250-251

Manuel de l'enfant pp. 158-159.
► Cahier d'activités 2 pp. 44-45.

SÉQUENCE 1 : DÉCOUVERTE ET COMPRÉHENSION DU TEXTE

Matériel
– Affiche du texte de la page 158, plus bandes de papier qui viennent cacher certains mots (*cf.* infra), plus photocopies du même texte pour les enfants.

Déroulement possible

Fiche-guide 2 § 8 (p. 56).

1. Collectif/oral

Travail par groupes : chaque groupe de quatre possède une feuille. Le secrétaire note, un enfant sera chargé de rapporter les raisons des choix effectués.
Présentation au tableau du texte en script dont on aura ôté et laissé en blanc la place des mots suivants :

Une année entière passa, une longue ——————.
Enfin, ————.
Il n'avait pas pu oublier Viviane, pas plus que ——— ————.
Pour se consoler de leur séparation, ils passèrent tout leur temps ————, et ————
apprit à ————
ses secrets :
comment se faire arbre, renard, biche ou rivière.
Peu à peu, elle sut tous les ————.
Tous les ———— sauf un...

Objectifs de chaque suppression :
1er trou : faire percevoir le rythme et la structure d'une phrase avec apposition.
2e trou : prélever le sens de chaque mot par rapport au contexte : *enfin ;* nécessité de lire ce qui suit pour répondre et savoir introduire le bon désignateur (qui sera repris par *Il*).
3e trou : perception de la structure de la phrase, plus reprise du pronom *il* en *l'*.
4e trou : contexte sémantique : contraire de séparation.
5e et 6e trou : usage des désignateurs ; noms propres possibles, faire proposer autre chose.
7e et 8e trou : contexte sémantique ; reprise de secrets par un équivalent. Structure et rythme de la phrase : reprise exacte de 7 en 8.
Pour chaque « trou » du texte à combler, on demande à un groupe différent de répondre et surtout d'argumenter. La validation se fait par l'argumentation avec les autres enfants et l'intervention du maître qui interroge le contexte. La vérification effective ne se fait qu'à la fin, lorsque le maître dévoile les caches.

2. Individuel/écrit

► Cahier d'activités 2 : exercices 1 et 2 p. 44, 4 p. 45.

SÉQUENCE 2 : FONCTIONNEMENT DE LA LANGUE

Spécificité
Sensibilisation à l'énumération.

Matériel
– Affiche du texte, *cf.* supra.
– Étiquettes de la phrase-support :

L'enchanteur apprit à la jeune fille ses secrets	arbre					
comment se faire	renard	biche	ou	rivière	.	

Déroulement possible

Fiche-guide 4 (p. 58).

1. Collectif/oral

Relire la phrase d'étude dans son contexte. Sens de ce *ou.*
Manipulation des étiquettes (individuelles ou au tableau) : étiquettes en désordre, reconstituer d'abord la phrase du texte, puis d'autres phrases possibles.
Explicitation de la construction : énumération par juxtaposition de noms, puis lien par *ou* avec le dernier. Le travail a pour objectif de préparer les enfants oralement à l'exercice 3 p. 44.

2. Individuel/écrit

► Manuel : lecture de la rubrique « Je fais fonctionner la langue » p. 159.
► Cahier d'activités 2 : exercice 3 p. 44.

SÉQUENCE 3 : RÉINVESTISSEMENT

Fiche-guide 5 (p. 59).

Déroulement

1. Collectif/oral

► Manuel : rubrique « Je lis un nouveau texte » p. 159.
Faire apparaître le lien avec le texte d'É. Brisou-Pellen : de quoi s'agit-il ? (→ extrait d'un conte).
Le texte d'É. Brisou-Pellen est-il un conte ? Quelle que soit la réponse : pourquoi ?
Qui parle dans cet extrait ? De quel genre de parole s'agit-il ? (→ parole formule magique, enchantement).
Faire apparaître le lien qui existe ici encore entre un geste magique (être assis sur une cuillère de bois) et une parole magique : les deux font partie d'un rituel.

2. Individuel/écrit

► Cahier d'activités 2 : exercices 5 et 6 p. 45.

Indications pour l'étude dirigée ou le travail à la maison

► Dans le manuel, lecture du texte p. 158 et de la rubrique « Je mémorise » p. 159.
• Mémoriser ou s'entraîner à écrire : *Leur séparation dura une année entière.*

Unité 6

Rappel : l'unité est à réaliser sur deux jours (voire 3), comme dans les autres périodes. Le deuxième jour, on organisera en fonction des besoins de la classe, soit une révision de sons, soit le travail prévu sur les particularités de certaines lettres. Ainsi, si vous suivez la progression du manuel :

	Manuel	Cahiers activités 2	Livre du maître
lettres muettes	p. 167	pp. 52-53	p. 248
lettre x	p. 168	pp. 54-55	pp. 249-250
lettre h	p. 169	pp. 56-57	pp. 250-251

Manuel de l'enfant pp. 160-161.
► Cahier d'activités 2 pp. 46-47.

Mise en route
Reformulation par les enfants de ce qui s'est passé dans l'épisode précédent.

SÉQUENCE 1 : DÉCOUVERTE ET COMPRÉHENSION DU TEXTE

Matériel
– Affiche du texte en script visible jusqu'à «… elle demanda simplement : ». Puis un grand cache (feuille de papier) dissimule la suite du texte jusqu'à « Merlin demeura muet ». Éventuellement, le texte interrompu sur feuilles individuelles pour chaque enfant, afin que la lecture ne se fasse pas que de loin et sur support vertical.

Déroulement possible

Fiche-guide 2 § 7 (p. 56).

1. Collectif/oral

• Présentation du texte au tableau :
Un triste jour, Viviane lut dans les yeux de Merlin qu'il allait repartir.
Elle ne lui dit pas qu'elle avait compris,

elle demanda simplement :

____

____

____

____

____

____

____

Merlin demeura muet.
Ce secret, que voulait-elle en faire ?

• Après lecture silencieuse de la partie visible du texte, on vérifiera la compréhension de ce qui a été lu : que signifie ici *lire dans les yeux* ? Viviane a-t-elle des pouvoirs elle aussi ? C'est un sens figuré : *elle avait compris.* Qu'est-ce qui pourrait pousser Merlin à repartir ?…
Ensuite, on laissera un peu de temps aux enfants pour réfléchir à une suite possible. Quels indices le texte offre-t-il ? (→ Merlin hésite à répondre et il s'agit d'un secret) Pourquoi pourrait-il hésiter ? Est-ce un secret dangereux ? Relation avec ce qui précède : cela a un rapport avec le fait que Merlin va repartir.
Relation avec l'épisode précédent : Merlin a déjà appris à Viviane beaucoup d'enchantements. Il n'en manque qu'un. Serait-ce ce fameux secret ?
Relation avec le titre du livre : serait-ce le dernier enchantement ?
Si ces hypothèses ne surgissent pas, ne pas trop les avancer à la place des enfants. On reviendra sur ce qu'il était possible de trouver après lecture.
Découverte du texte caché : lecture silencieuse de tous ou bien lecture « cadeau » et théâtralisée du maître. Faire expliciter ce que sont les moyens d'emprisonner quelqu'un avec du fer (chaînes, grilles de prison), du bois ou des pierres (bâtiments).
Variante : le travail oral de formulation d'hypothèses peut être suivi si on le souhaite d'une production écrite qui permettrait aux enfants de mettre en forme leurs idées.

2. Individuel/écrit

► Cahier d'activités 2 : exercices 1 et 2 p. 46.

SÉQUENCE 2 : FONCTIONNEMENT DE LA LANGUE

Spécificité
Sensibilisation à la reconnaissance de l'inversion du sujet dans une phrase interrogative.

Matériel
– Affiche du texte, *cf.* supra plus étiquettes individuelles et/ou collectives des mots suivants : [?] [–] [.]

[vous] [savez] [comment] [emprisonner] [quelqu'un]

– On fera attention à la majuscule.

Déroulement possible

1. Collectif/oral

Affichage des étiquettes au tableau ou distribution des étiquettes individuelles.
Consigne : Construisez deux phrases avec ces mots.
Proposer le même exercice avec d'autres phrases. Puis, demander aux enfants de proposer à leur tour d'autres phrases.

2. Individuel/écrit

► Manuel : lecture de la rubrique « Je fais fonctionner la langue » p. 161.
► Cahier d'activités 2 : exercice 3 p. 46.

SÉQUENCE 3 : RÉINVESTISSEMENT

Déroulement possible

Fiche-guide 5 (p. 59).

1. Collectif/oral

Demander aux enfants de raconter l'épisode qui vient d'être travaillé (page 160). Veiller à la cohérence et à l'exactitude du vocabulaire employé.
► Manuel : faire lire ensuite la rubrique « Je lis un nouveau texte » p. 161.
De quoi s'agit-il ? (→ résumé du texte étudié). Faire chercher les équivalents :
lut dans les yeux → devina
repartir → de nouveau partir
savez-vous comment → elle lui demanda comment (passage du discours direct au discours indirect).

2. Individuel/écrit

► Cahier d'activités 2 : exercices 4, 5 et 6 p. 47.

Indications pour l'étude dirigée ou le travail à la maison

► Dans le manuel, lecture du texte p. 160 et de la rubrique « Je mémorise » p. 161.
• Mémoriser ou s'entraîner à écrire : *Merlin lui jeta simplement un regard étrange.*

Unité 7

Rappel : l'unité est à réaliser sur deux jours (voire 3), comme dans les autres périodes. Le deuxième jour, on organisera en fonction des besoins de la classe, soit une révision de sons, soit le travail prévu sur les particularités de certaines lettres. Ainsi, si vous suivez la progression du manuel :

	Manuel	Cahiers activités 2	Livre du maître
lettres muettes	p. 167	pp. 52-53	p. 248
lettre x	p. 168	pp. 54-55	pp. 249-250
lettre h	p. 169	pp. 56-57	pp. 250-251

Manuel de l'enfant pp. 162-163.
► Cahier d'activités 2 pp. 48-49.

SÉQUENCE 1 : DÉCOUVERTE ET COMPRÉHENSION DU TEXTE

Matériel
– Le texte dans le manuel p. 162.

Déroulement possible

Fiche-guide 2 § 12 (p. 56).

1. Collectif/oral

Lecture silencieuse dans le manuel. Quand tout le monde a terminé, attendre les réactions spontanées des enfants. Échange oral sur le sens du texte. On fait lire à voix haute par un enfant chaque phrase sur laquelle s'appuie le commentaire ou l'argumentation (éventuellement référence à d'autres épisodes).
Compréhension : faire apparaître le lien entre la description de la nature et les sentiments des personnages (personnification dans *les nuages tourmentés,* moment hors du temps où seul le vent se fait entendre). Susciter le débat autour de l'attitude de Merlin : son abandon dans le sommeil, sa décision de confier le secret : savait-il ce qu'elle allait en faire ?
Faire apparaître l'évolution des personnages depuis le début de l'histoire : Viviane, désignée au début par *une jeune fille* devient en quelque sorte elle-même un enchanteur, ou une fée, alors que Merlin, *le grand enchanteur*, n'est plus ici qu'un *jeune homme*.
Le geste magique : rappeler les autres gestes magiques rencontrés précédemment (*églantier = rosier sauvage*). Symbolique du geste qui encercle, qui enferme.

2. Individuel/écrit

► Cahier d'activités 2 : exercices 1 et 2 p. 48, 4 p. 49.

SÉQUENCE 2 : FONCTIONNEMENT DE LA LANGUE

Spécificité
Sensibilisation à la substitution adjectif possessif plus nom / pronom possessif.
Matériel
– L'affiche du texte étudié.

Déroulement possible

Fiche-guide 4 (p. 58).

1. Collectif/oral

Écrire au tableau la phrase :
Il sentit la main de Viviane dans sa main.
• **Consigne :** Que remarquez-vous dans cette phrase ? (→ le même mot apparaît deux fois : *main*)
Comment éviter cette répétition ? Si la solution n'apparaît pas, afficher alors le texte étudié.
• **Consigne :** Comment l'auteur a-t-il résolu ce problème ? (repérage de la phrase correspondante de l'auteur).
Faire manipuler la substitution possible avec : *ses genoux, son écharpe :*
• **Consigne :** Si l'on voulait supprimer le nom (entourer le mot) qu'est-ce que cela donnerait ?
Autres exemples avec d'autres phrases produites par le maître puis proposées par un enfant au reste de la classe (en tournant).

2. Individuel/écrit

► Manuel : lecture de la rubrique « Je fais fonctionner la langue » p. 163.
► Cahier d'activités 2 : exercice 3 p. 48.

SÉQUENCE 3 : RÉINVESTISSEMENT

Déroulement possible

Fiche-guide 5 (p. 59).

1. Collectif/oral

► Manuel : lecture de la rubrique « Je lis un nouveau texte » p. 163).
• **Consigne :** Lisez silencieusement ce texte. Relisez-le, tout bas au besoin, pour préparer la lecture à voix haute. Lecture à voix haute par plusieurs enfants à tour de rôle. Commentaires des lectures (problème posé par le vers 3 : il faut prononcer en diérèse *la si/lhou/ette ;* accentuation du e muet de *saule)*
Lien avec le texte d'É. Brisou-Pellen (→ reflet de l'arbre) ? Moment de rêverie dans la nature. On pourra amener les enfants à faire le rapprochement entre les personnifications *le vent pleure* et *les nuages tourmentés*, caractéristiques d'un registre poétique ou soutenu.
On fera apprendre la poésie par cœur.

2. Individuel/écrit

► Cahier d'activités 2 : exercice 5 p. 49.
L'exercice porte sur une lecture interprétative du texte de Merlin et ne concerne pas le poème de cette séquence ; plusieurs réponses sont parfois possibles (3e question).

Indications pour l'étude dirigée ou le travail à la maison

► Dans le manuel, lecture du texte p. 162 et de la rubrique « Je mémorise » p. 163.
• Mémoriser ou s'entraîner à écrire : *Il conta à Viviane le dernier enchantement.*

Unité 8

Rappel : l'unité est à réaliser sur deux jours (voire 3), comme dans les autres périodes. Le deuxième jour, on organisera en fonction des besoins de la classe, soit une révision de sons, soit le travail prévu sur les particularités de certaines lettres. Ainsi, si vous suivez la progression du manuel :

	Manuel	Cahiers activités 2	Livre du maître
lettres muettes	p. 167	pp. 52-53	p. 248
lettre x	p. 168	pp. 54-55	pp. 249-250
lettre h	p. 169	pp. 56-57	pp. 250-251

Manuel de l'enfant pp. 164-165.
► Cahier d'activités 2 pp. 50-51.

SÉQUENCE 1 : DÉCOUVERTE ET COMPRÉHENSION DU TEXTE

Matériel
– Afficher la fin du texte précédent en script.

Déroulement possible

Fiche-guide 2 § 7 (p. 56).

1. Collectif/oral

Affichage au tableau de la fin du texte précédent :

Alors neuf fois elle fit tourner son écharpe
autour du buisson d'églantier,
en disant les neuf enchantements qui emprisonnent
sans pierres, ni bois, ni fer.

Annoncer que l'histoire arrive à son point final. Il ne manque plus qu'un épisode. Formulation d'hypothèses à l'oral sur ce que pourrait être la fin. Dictée à l'adulte d'une proposition de fin du texte. Cette proposition doit obéir aux choix des enfants qui ne doivent pas être orientés en dehors des exigences de cohérence d'ensemble.
Après cette mise en forme collective, lecture « cadeau » du maître (la mettre en valeur par une interprétation expressive) du texte de la p. 164 du manuel. Laisser intervenir les enfants librement sur la fin de ce texte.

2. Individuel/écrit

► Cahier d'activités 2 : exercices 1 et 2 p. 50.

SÉQUENCE 2 : JE FAIS FONCTIONNER LA LANGUE

Spécificité
Sensibilisation au déplacement de la locution négative *jamais plus* à l'intérieur de la phrase et permutation à l'intérieur du groupe.

Matériel
– Étiquettes individuelles suivantes :

jamais	plus	Nicolas	ne mangea	de chocolat

Déroulement possible

Fiche-guide 4 (p. 58).

1. Collectif/oral

Étiquettes en désordre sur les tables.
• **Consigne :** Construisez une phrase avec les étiquettes. Comparaison des résultats. Peut-on trouver encore d'autres solutions ?
Demander aux enfants de proposer d'autres phrases avec *jamais plus*. Faire permuter.

2. Individuel/écrit

► Manuel : lecture de la rubrique « Je fais fonctionner la langue » p. 165.
► Cahier d'activités 2 : exercice 3 p. 50.

SÉQUENCE 3 : RÉINVESTISSEMENT

Déroulement possible

Fiche-guide 5 (p. 59).

1. Collectif/oral

► Manuel : lecture silencieuse puis à voix haute par un enfant de la rubrique « Je lis un nouveau texte » p. 165.
• Question : pourquoi a-t-on choisi de proposer ce texte ici (→ fin de conte traditionnelle) ?
Relever les éléments caractéristiques du conte (→ le prince, le roi, la reine, la cour, les noces, la fin heureuse)
Comparaison avec le texte d'É. Brisou-Pellen :
prince et princesse/enchanteur et fille de fée
noces/amour éternel
résolution heureuse, situation finale qui dénoue les difficultés (le sommeil/la séparation)
ouverture sur l'avenir : *ils vécurent heureux jusqu'à la fin de leurs jours / et y resteront pour l'éternité.*

2. Individuel/écrit

► Cahier d'activités 2 : exercices 4 et 5 p. 51.

Indications pour l'étude dirigée ou le travail à la maison

► Dans le manuel, lecture du texte p. 164 et de la rubrique « Je mémorise » p. 165.
• Mémoriser ou s'entraîner à écrire : *Ils resteront ensemble pour l'éternité.*

Les lettres muettes

Manuel de l'enfant p. 167.
► Cahier d'activités 2 pp. 52-53.

SÉQUENCE – DÉCOUVERTE DES LETTRES MUETTES

Matériel
– Le tableau, ou une affiche si l'on veut conserver le travail.

Durée

De 20 à 30 minutes (selon la classe).

Déroulement possible

1. Collectif/oral

• *Situation problème.*
Présentation au tableau de mots appartenant à différentes familles. Ils sont proposés en désordre, en nuage :

grelot gris longer grelottant
long grise grelottement
grisaille grelotter longue
allongement

• **Consigne :** Proposez un classement en plusieurs colonnes pour ces mots.
Les enfants proposeront différents critères de classement (*gris* et *grelot* commencent par les mêmes lettres ; *longer* et *grelotter* se terminent de la même façon...). Tout classement cohérent sera reçu et validé. L'activité de classement en elle-même est intéressante sur le plan cognitif. Lorsque tous les classements auront été proposés, revenir sur un en particulier (ou le présenter comme une possibilité de classement supplémentaire s'il n'a pas été proposé) :

gris	long	grelot
grise	longue	grelottant
grisaille	longer	grelotter
	allongement	grelottement

Faire réexpliciter le critère de classement. Vérifier la compréhension du sens des mots. Faire expliciter le lien sémantique qui unit chaque mot à ceux de sa famille. Demander de compléter la famille de *long* (*rallonge – rallonger...*).
Demander ensuite ce qui, en dehors du sens, permet de dire que deux mots appartiennent à la même famille (→ la ressemblance). Entourer ou faire entourer la partie commune dans chaque mot :
long longue longer allongement
Comment se construisent les autres mots de la même famille que *long* (→ on ajoute des lettres après ou avant) ? Faire épeler le mot *long*. Quelle particularité comporte-t-il ? Toutes les lettres sont-elles nécessaires pour la prononciation de ce mot ? À quoi peut servir cette lettre *g* qui ne traduit aucun son (→ à établir le lien avec les mots de la famille.) ?
Dans la famille de *gris*, quelle est la lettre qui joue ce rôle ? Et dans la famille de *grelot* ?
On appelle ces lettres des lettres muettes. Préciser que toutes les lettres muettes ne servent pas nécessairement à relier des mots de même famille.
► Cahier d'activités 2 : exercices 1, 2 et 3 p. 52.
La lecture du tableau de la rubrique « Je classe les mots » page 167 fait apparaître une sélection de trois lettres muettes fréquentes en français. On demandera aux enfants de proposer pour chaque mot du tableau un exemple de mots de la même famille, au besoin en ayant recours à un dictionnaire :

nid : nidifier	trois : troisième
pied : pédestre, piédestal	sabot : sabotier
bras : brassard, embrasser	fruit : fruitier

L'observation du dessin de la rubrique « Je cherche » p. 167 permettra aux enfants de proposer d'autres mots comportant une lettre muette qui établit un lien avec les mots de leur famille. Outre ceux du tableau on y trouvera :
flot : flotter
forêt : forestier
abricot : abricotier
renard : renarde, renardeau
mont : montagne
sac : sacoche
(souris et radis comportent une lettre muette qui n'entre pas dans la composition d'autres mots de la même famille.)
• Des mots de l'histoire qui comportent une lettre finale muette

p. 150	un vieillard
p. 150	un enfant
p. 152	grand
p. 154	épais
p. 160	du bois
p. 162	le reflet

On pourra demander aux enfants de proposer pour chacun un autre mot de la même famille :
enfant : enfanter
grand : grande
épais : épaisse
bois : boisé
reflet : refléter.
► Cahier d'activités 2 : exercices 4, 5 et 6 p. 53.

Indications pour l'étude dirigée ou le travail à la maison

► Dans le manuel, lecture de la fiche p. 167.
• Mémoriser ou s'entraîner à écrire : *un enfant, un vieillard, du bois, un nid, le pied, le bras.*

La lettre x

Manuel de l'enfant p. 168.
► Cahier d'activités 2 pp. 54-55.

SÉQUENCE 1 – DÉCOUVERTE DE LA LETTRE x

Matériel – Le tableau, ou une affiche si l'on veut conserver le travail.

Durée

De 20 à 30 minutes (à adapter selon les classes).

Déroulement possible

1. Collectif/oral

• Situation problème

Présentation au tableau de plusieurs mots contenant la lettre x et représentatifs de ses différentes prononciations. Ils sont classés, mais les colonnes n'apparaissent pas encore et, bien sûr, rien n'indique le critère de classement :

la boxe	examiner	six	deuxième	des manteaux
un explorateur	un exercice	dix		des yeux
une explosion		soixante		des genoux

• **Consigne :** Quel est le point commun à l'ensemble de ces mots ? (→ ils contiennent tous un x).

On le souligne au tableau dans chaque mot puis on fait alors apparaître plus clairement la classification en colonnes :

la boxe un explorateur une explosion	examiner un exercice	six dix soixante	deuxième	des manteaux des yeux des genoux

• **Consigne :** Pourquoi ces mots ont-ils été ainsi classés en colonnes ? (→ les colonnes correspondent à une prononciation particulière de x : 1re colonne : ks, 2e colonne : gz, 3e colonne : [s], 4e colonne [z], 5e colonne : [ ]).

Selon l'objectif poursuivi et le degré d'explicitation voulu, on présentera simplement la spécificité du x qui n'a pas de valeur sonore (y compris donc dans des mots au singulier comme *noix, houx...*) ou on insistera aussi sur le fait que cette lettre a un sens : elle indique qu'il y a plusieurs manteaux, plusieurs yeux... Avec des enfants habitués à travailler par catégorisation, la première étape du déroulement (mots classés sans colonnes apparentes) peut être supprimée.

Discrimination auditive : Selon le niveau des enfants, on insistera plus ou moins sur :
• la localisation du son (dans quelles syllabes ?)
• la production du son (se reporter aux sons simples).
– Jeux de pigeon vole ou des fléchettes avec les mots suivants : *exemple, exercice, taxi, boxeur, xylophone, examiner.*

Une fois les critères de classification trouvés, on demandera aux enfants de venir écrire au tableau un mot nouveau proposé par le maître dans la colonne adéquate. On pourra proposer par exemple :
• pour ks : *saxophone – extérieur – excellent*
• pour gz : *exister - exemple*
• pour s : *vingt-six*
• pour [ ] : *cheveux – oiseaux – animaux – hiboux* (si l'on veut présenter des singuliers : *croix – voix – houx...*).

2. Individuel/écrit

► Cahier d'activités 2 : exercices 1, 2 et 3 p. 54.

SÉQUENCE 2

Collectif/oral

► Manuel : rubrique « Je cherche » p. 168.

L'étape suivante consiste à faire compléter les listes par les enfants en trouvant eux-mêmes de nouveaux mots. Ils pourront s'aider de l'illustration de la page 168. Chaque enfant vient écrire au tableau le mot découvert par l'image... :
• pour ks : taxi – index – boxe
• pour gz : xylophone
• pour [s] : six
• pour [ ] : manteaux – feux (tricolores) – genoux – noix – porte-voix – yeux – deux
... ou repéré dans le tableau de la rubrique 1.

On vérifiera que la lecture d'un tableau à double entrée est bien maîtrisée en le faisant lire : « J'entends ks, je vois x comme dans »...

► Manuel : rubrique « J'assemble » p. 168.

À partir de quelques mots choisis par le maître en fonction des difficultés des enfants, on pourra analyser le mot en syllabes puis déconstruire jusqu'à la combinaison d'un son consonne et d'un son voyelle : on fera « défiler » au tableau, à côté du son consonne représenté par x différents sons voyelles, toujours en relation avec des mots.

• Des mots de l'histoire qui contiennent la lettre x :

p. 152	ses cheveux
p. 152 et 160	des yeux
p. 152	je peux
p. 162	ses genoux

On pourra éventuellement demander aux enfants de retrouver ces mots, et d'autres, dans l'ensemble de leur texte.

[N.B : La présentation des différentes valeurs de la lettre x n'est évidemment pas exhaustive. Nous avons délibérément laissé de côté les autres indications de sens de la lettre x : la marque de la deuxième personne (*tu peux*), la différenciation des homophones (*voix/voie)*, la marque du lien masculin/singulier *(heureux/heureuse)*.]

► Cahier d'activités 2 : exercices 4, 5 et 6 pp. 54 et 55.

Indications pour l'étude dirigée ou le travail à la maison

► Dans le manuel, lecture de la fiche p. 168.

• Mémoriser ou s'entraîner à écrire : *le taxi, l'index, six, dix, les genoux, les cheveux.*

La lettre h

Manuel de l'enfant p. 169.

► Cahier d'activités 2 pp. 56-57.

SÉQUENCE 1 – DÉCOUVERTE DE LA LETTRE h

Matériel

– Le tableau, ou une affiche si l'on veut conserver le travail.

Durée

De 20 à 30 minutes.

Déroulement possible

1. Collectif/oral

Situation problème.

Présentation au tableau de plusieurs mots contenant la lettre h et représentatifs de ses deux identités : *h muet ou h disjonctif* (« aspiré »).

Ils sont classés, mais les colonnes n'apparaissent pas encore et, bien sûr, rien n'indique le critère de classement. Dans un premier temps, on ne présentera que des mots comportant un *h* à l'initiale :

l'herbe	le hamac
l'haleine	le hanneton
l'huile	le hangar
l'hélicoptère	la haine

• **Consigne :** Quel est le point commun à l'ensemble de ces mots ? (→ Ils commencent tous par un h.)

On le souligne au tableau dans chaque mot, puis on fait alors apparaître plus clairement la classification en colonnes :

l'herbe	le hamac
l'haleine	le hanneton
l'huile	le hangar
l'hélicoptère	la haine

• **Consigne :** Pourquoi ces mots ont-ils été classés ainsi en colonnes ? (→ comme le montre l'élision ou non de l'article devant le nom – pour les enfants *le petit mot devant le grand* – et donc la présence ou non de l'apostrophe, le h tantôt sert de mur entre les deux mots, tantôt ne joue aucun rôle.)

Avec des enfants habitués à travailler par catégorisation, la première étape du déroulement (mots classés sans colonnes apparentes) peut être supprimée.

On pourra rappeler l'autre usage de *h* que l'on a déjà rencontré dans le graphème *ch.*

2. Individuel/écrit

► Cahier d'activités 2 : exercices 1, 2 et 3 p. 56.

SÉQUENCE 2

1. Collectif/oral

Une fois les critères de classification trouvés et réexplicités, on demandera aux enfants de venir écrire au tableau des mots nouveaux proposés par le maître dans la colonne adéquate. On proposera d'abord des noms avec articles en en choisissant deux ou trois selon la vie de la classe dans les listes suivantes :

pour le h muet : *l'habitation – l'hydravion – l'hygiène – l'hôtel – l'hôpital –l'horizon – l'horloge – l'histoire.*

pour le h disjonctif : *la hache – le harpon – le hublot – le houx – le héron – le hasard – la harpe – le hameau.*

Problème à soumettre aux enfants : où ranger le mot *orchestre* ? (h disjonctif puisqu'il oblige à prononcer chaque lettre séparément : orc /h/ estre.

Degré de difficulté suivant : on proposera des verbes ou des adjectifs :

pour le h muet : *habiter – habiller – honorer – hiberner – horrible – heureux.*

pour le h disjonctif : *hacher – hachurer – haïr – hanter – hideux – haut.*

Aux enfants de trouver les manipulations qui permettent de classer (ajouter un article devant l'adjectif, ajouter « je » devant le verbe).

Degré de difficulté suivant : on introduit enfin des mots qui comportent un h à l'intérieur :

pour le h muet : *le bonheur – le théâtre – du thon – du thym – aujourd'hui – la silhouette – un rhume.*

pour le h disjonctif : *dehors – ébahi – ahuri – la préhistoire – le véhicule – envahir.*

► Manuel : rubrique « Je cherche » p. 169.

En s'aidant de l'illustration de la page 169 du manuel, les enfants pourront compléter les listes en trouvant eux-mêmes de nouveaux mots. Chaque enfant vient écrire au tableau le mot découvert par l'image :
pour le h muet : *l'homme – l'harmonica – l'hameçon – du thon – de l'huile – de l'herbe – le rhinocéros – le thé.*
pour le h disjonctif : *le hamac – les haricots – la houle – le homard – le hérisson – la haie – le hibou – la hache.*
On vérifiera la compréhension du tableau à double entrée de la rubrique « Je classe les mots » en faisant réexpliciter le critère de classement en deux colonnes.

Des mots de l'histoire qui contiennent la lettre h :

p. 150	un jeune homme
p. 154	huit
p. 156	le roi Arthur

On fera lire ces mots aux enfants en leur demandant de déterminer l'identité du h et éventuellement de les retrouver dans l'ensemble de leur texte.

2. Individuel/écrit

► Cahier d'activités 2 : exercice 4 p. 56.

Exercice 4 page 56 : cet exercice consiste à faire découvrir aux enfants que :
• dans le cas des noms qui commencent par un h muet, d'une part l'article est élidé au singulier, d'autre part, la liaison se prononce au pluriel (*l'homme/les hommes*) ;
• dans le cas des noms qui commencent par un h disjonctif, d'une part l'article n'est pas élidé au singulier, d'autre part, la liaison ne se fait pas au pluriel (*le hibou/les hiboux*). Les enfants, après avoir compris (il faut donc le faire expliciter à l'oral), n'ont qu'à suivre le premier modèle pour s'imprégner de cette découverte (*les heures ; les héros*).
Une version plus inductive de cet exercice pourrait être proposée (à la place de celui-ci ou au préalable) : il consisterait à présenter dans un seul tableau d'une part tous les singuliers, d'autre part tous les pluriels, et à faire trouver la correspondance élision au singulier/liaison au pluriel à partir de deux exemples. La consigne serait alors :

Observe et lis à voix haute les deux premiers exemples. Continue à marquer dans la colonne de droite la liaison ou la séparation.

l'homme	les‿hommes
le hibou	les/hiboux
l'habit	les habits
l'harmonica	les harmonicas
la haie	les haies
le haillon	les haillons
l'huître	les huîtres
le haricot	les haricots
l'hameçon	les hameçons

► Cahier d'activités 2 : exercices 5 et 6 p. 57.

Indications pour l'étude dirigée ou le travail à la maison

► Dans le manuel, lecture de la fiche p. 169.
• Mémoriser ou s'entraîner à écrire : *l'homme, l'hirondelle, le thé, le hérisson, le haricot.*

Miniature du Moyen Âge

Disciplines du programme

Arts plastiques : différentes techniques.
Découverte du monde : le temps dans la vie des hommes.
Français : lecture de l'image.

Type de document

Photographie d'une page de manuscrit médiéval avec enluminures.

Déroulement

Collectif/oral

► Manuel page 170.

Question 1 : Elle vise à faire reconnaître la situation : un tournoi et le contexte historique : le Moyen Âge. La lecture de la légende du document nécessitera une explication. Qu'est-ce qu'une miniature ? Les enfants s'orienteront peut-être sur le registre sémantique de la taille, on leur expliquera alors que ce document de petite taille figurait dans les manuscrits médiévaux en enluminures. Les indices à faire apparaître pour le tournoi sont : l'espace clos, délimité par des barrières, la présence de gens en armes alentour, la présence de personnes de haut rang installées comme pour un spectacle, le port de l'armure, les armoiries qui les revêtent.

Les indices à faire apparaître pour le Moyen Âge sont : le motif lui-même du tournoi, les vêtements des femmes et les armures des hommes, le support lui-même : texte accompagné d'une enluminure.

Question 2 : Elle attire l'attention sur la spécificité du support : un livre du Moyen Âge, et sur l'évolution de l'écriture et de l'orthographe : *« Comment les deux parties sont hors de leurs paveillons appareillez pour faire leurs devoirs a la voix du mareschal qui a getté le gant ».*

Propositions de prolongements

On pourra :
• Faire visiter différents musées consacrés au Moyen Âge.
• Apporter d'autres enluminures et en faire produire (projet de constitution de livre sur le modèle de Merlin).
• Insérer ce document dans une progression :
– sur l'histoire du livre (papyrus, volumen, codex…),
– sur le Moyen Âge ou les chevaliers.
• Repérer sur la frise chronologique de la classe (ou individuelle) la période du Moyen Âge. Préciser que c'est une très longue période de l'histoire : elle dure plusieurs siècles, plusieurs centaines d'années.

BIBLIOGRAPHIE en liaison avec le document

Toutes les adaptations du cycle du roi Arthur et des chevaliers de la Table Ronde.
La grande histoire du livre, Gallimard jeunesse, coll. Les racines du savoir.

Voir aussi bibliographie générale fin de la période 5, p. 261.

Un château fort

Disciplines du programme

Découverte du monde : temps.
Français : lecture d'un schéma légendé.

Types de documents

Photographie aérienne et schéma légendé.

Déroulement

Collectif/oral

► Manuel page 171.

Question 1 : Elle vise à faire identifier la nature des documents : photographie et schéma.
On attirera l'attention des enfants sur l'angle de la prise de vue. Il est le même pour la photographie que pour le schéma : de face et du dessus pour permettre de faire voir le plus de détails possible.

Question 2 : Elle vise à faire acquérir la connaissance de réalités historiques et d'un vocabulaire spécifique. Elle permet de réinvestir la lecture du schéma.

Question 3 : La recherche d'autres photographies de château permet d'une part d'impliquer l'enfant dans son apprentissage et d'autre part de faire apparaître d'autres types de châteaux selon les siècles (à partir de la Renaissance : châteaux non fortifiés, absence de donjon, présence de fenêtres, fonction esthétique…).

Par groupes

Objectif : histoire. Proposer d'autres photographies de châteaux et en faire nommer les différentes parties. Choisir des châteaux d'époques différentes pour faire apparaître les spécificités de chacune (*cf.* supra).
• Objectif : schéma légendé. Proposer d'autres photographies (de ville, de temple grec…) et faire constituer un schéma légendé à partir des renseignements fournis dans un texte (ex. : les colonnes soutiennent le fronton du temple…).

Propositions de prolongements

• On pourra élaborer une maquette à partir d'un schéma explicatif.
• Visite d'un château.
• Coller quelques photographies de châteaux du Moyen Âge sur la frise chronologique de la classe.
• Inventer une histoire qui se passerait au Moyen Âge, dans un château fort avec la contrainte suivante : utiliser les différents lieux du château (en dictée à l'adulte).

Voir aussi bibliographie générale fin de la période 5, p. 261.

Merlin ou les secrets de Brocéliande

Discipline du programme

Français : lecture d'un document informatif et lecture de l'image.

Type de document

Affiche.

Déroulement

1. Collectif/oral

► Manuel page 172.

Question 1 : Elle vise à faire percevoir la fonctionnalité d'une affiche : document informatif qui sert à donner un certain nombre de renseignements (nature de l'événement, date, lieu, tarif…).
On pourra par conséquent ajouter d'autres questions de relevé ponctuel sur le texte pour préparer aux exercices sur le cahier d'activités : Qui est le metteur en scène ? Comment réserver ?

Question 2 : Lecture de l'image : relevé d'indices ponctuels sur l'image. On pourra aussi demander l'avis des enfants sur la police de caractère utilisée pour écrire le nom de Merlin. (Qu'induit le choix de la graphie ?). On pourra demander aux enfants de l'écrire dans la graphie de leur choix (lien possible avec les enluminures, *cf.* supra, ou style « tag »…).

Question 3 : Analyse de l'image. On fera remarquer le décalage chronologique entre le costume de l'enfant et celui des autres personnages. Des hypothèses pourront être formulées sur l'histoire du spectacle : voyage dans le temps (de l'enfant ou de Merlin ?), rencontre avec Merlin immortel…

Par groupes

Tri de différentes affiches selon leur fonction (information sur spectacles, publicité, propagande politique…).

2. Individuel/écrit

► Cahier d'activités 2, exercices 1, 2, 3 et 4 p. 58.

Propositions de prolongements

- Constitution d'une affiche annonçant un événement de la vie de l'école.
- Création d'une illustration pour une histoire lue ou créée.
- Analyse d'une affiche proposant un spectacle dans une ville proche du milieu de vie de l'enfant.
- Étudier les différents moyens de communication pour annoncer un événement :
  - journal
  - affiche
  - téléphone
  - minitel.

Le chêne

Discipline du programme

Découverte du monde : vivant.

Type de document

Schéma explicatif tiré d'un quotidien pour enfants.

Déroulement

Collectif/oral

► Manuel page 173.

Question 1 : Fonctionnalité du document : il explique et informe. Il s'agit d'un document sur le chêne. Il explique sous différentes rubriques la vie de cet arbre.

Question 2 : Lecture sélective : les enfants doivent d'abord comprendre dans quelle rubrique chercher le renseignement demandé puis opérer un balayage rapide pour le trouver. Cette lecture sélective implique un tri implicite d'informations.

Question 3 : Elle permet d'organiser les informations en réseau et prépare le travail par groupes.

Par groupes

Collecter les documents sur d'autres arbres et y rechercher les mêmes renseignements que sur le chêne : quels vont être les points communs ?
On pourra aussi insister sur les différences.

Propositions de prolongements

• Organiser un dossier qui place en introduction les renseignements communs aux différents arbres puis qui présente, sous forme de fiches (avec schéma légendé) les spécificités de chacun.
• Ouverture sur le rôle symbolique du chêne : Dans le document proposé, quelles sont les deux ou trois qualités du chêne qui en font un arbre sacré dans de nombreuses civilisations (grandeur, longévité, solidité) ? On pourra aussi faire faire une recherche sur les druides.
• On pourra faire aussi des recherches sur les types de documents : Qu'est-ce qu'un documentaire ? Qu'est-ce qu'un schéma ? À quoi sert-il ?

BIBLIOGRAPHIE en liaison thématique avec le document

La Hulotte, n° 7 (pour reconnaître 40 arbres), n° 22 (le chêne), n° 35 (planter un arbre), n° 48 (19 arbres victimes du gui), n° 52 (la chute des feuilles).
R. Tavernier – *Découverte des sciences CP/CE1* – Bordas, 1996.

Voir aussi bibliographie générale fin de la période 5, p. 261.

Charte du promeneur en forêt

Disciplines du programme

Éducation civique.
Français : lecture d'un texte informatif-prescriptif.

Type de document

Affiche de l'Office National des Forêts.

Déroulement

1. Collectif/oral

► Manuel page 174.

Question 1 : Elle vise à l'identification du document et à la compréhension de ses finalités. La spécificité du document et sa difficulté résident dans le mode d'énonciation utilisé : l'emploi de la troisième personne au présent, là où on aurait pu attendre un impératif, atténue la tonalité injonctive, et d'autre part correspond à la notion de charte qu'il faudra expliciter (notion de contrat).

Question 2 : Elle fait référence cette fois à la situation de communication : qui sont le destinateur et le destinataire (émetteur et récepteur) ? ; document affiché dans les bureaux de l'Office National des Forêts et surtout sur les tableaux de bois dans les forêts (points de départ de randonnées, lieux de regroupements).

Question 3 : Elle élargit la réflexion :
– sur le type de support : à la notion de règles et de respect ; on est passé de la charte-contrat au règlement ;
– sur le thème : à la protection de la nature en général.

par groupes

Questions visant à développer la lecture sélective ou la réflexion sur la visée des textes (on pourra donner une tâche différente à chaque groupe) :
• énumérez les différentes nuisances qui guettent la forêt ;
• relevez les quatre paragraphes qui commencent par les mêmes mots ; parmi ces quatre paragraphes, trouvez le seul qui ne sert pas à mettre en garde mais à donner une information.

2. Individuel/écrit

► Cahier d'activités 2, exercices 1, 2 et 3 page 59.

Propositions de prolongements

• Éducation civique : réflexion-débat sur le respect d'autrui (homme, animal ou nature) ; élaboration d'une charte en rapport avec la vie de la classe.
• Sciences : la forêt : pousse des arbres, écosystème.
• Français : système d'énonciation : réflexion sur les différentes formulations possibles *(ne pas allumer de feu, n'allumez pas de feu, interdiction de faire du feu ; ne pas cueillir de fleurs, ne cueillez pas de fleurs, cueillette interdite).*

BIBLIOGRAPHIE en liaison thématique avec le document

La Hulotte, n° 13 (fiche pratique : faire un sondage en forêt).

Poésies

À la fraîche fontaine

► Manuel p. 175.

Collectif/oral

Ce poème est bien entendu à lire en référence avec la célèbre chanson enfantine *À la claire fontaine*. Deux approches sont possibles :

– lecture magistrale en soignant la diction
– lecture silencieuse des enfants

Quelle que soit la solution choisie, laisser émerger les remarques des enfants qui feront apparaître la ressemblance avec la chanson populaire :

– structure du premier vers : *à la...*
– reprise du vocabulaire : *fontaine*
– reprise des sonorités, rimes intérieures : *fraîche/claire, grand/allant (m'en allant promener), peuplier/promener*
– reprise du nombre de syllabes : hexamètres.

Les dissemblances seront également à expliciter :

– le thème : voyage, aventure/amour
– la structure : les trophes 1 et 3 de J. Moréas font refrain alors qu'elles constituent le couplet de la chanson.
– les personnages : un cavalier/une jeune fille, un cheval/un rossignol.

On pourra s'attacher à justifier le classement de ce texte dans la rubriques *Poésies* :

– la liberté d'interprétation
– l'importance de la forme : trois quatrains d'hexamètres
– la langue : inversion du sujet dans *s'arrête un cavalier*, le s de *jusques*
– les effets poétiques : *son noir cheval est blanc*
– la prononciation : *fraî**che**, jus**ques*** avec la liaison.

Éventuellement, on pourrait envisager de faire produire un texte qui détournerait à son tour une autre chanson populaire (*Au clair de la lune*...).

La plaine, les vallons plus loin...

► Manuel p. 175.

Collectif/oral

Comme pour le précédent poème, on pourra très bien choisir de ne pas exploiter le texte autrement que par la lecture et la récitation. On pourra habituer les enfants à repérer les références du texte : auteur, titre du recueil, éditeur. Mais on pourra faire émerger des remarques :

• sur le sens : les éléments d'un paysage dont on comprend au dernier vers qu'il est observé du haut d'un endroit élevé (laisser venir cette interprétation sans l'imposer) ; on pourra vérifier la compréhension de l'expression « tenir dans le creux de la main » et de l'opposition sémantique avec l'énumération précédente.

• sur la forme : six strophes de deux vers alternant octosyllabes et hexamètres (8/6, 6/6, 8/8, 6/6, 8/6, 6/6), une seule phrase, une accumulation de groupes juxtaposés et une comparaison finale.

On s'attachera à faire entendre le rythme ainsi créé en lisant plus bas les strophes 2, 4 et 6 et on interrogera les enfants sur les effets de cette alternance : effets sonores mais aussi visuels puisque les différentes strophes dessinent par leur alignement à droite des monts et des vallons.

RÉVISIONS-JEUX RÉVISIONS-JEUX RÉVISIONS-JEUX

Manuel p. 176.
► Cahier d'activités 2 pp. 62-63.

1. Collectif/oral

Arrivé à la fin du manuel, l'enseignant pourra travailler sur la page de révisions de sons, cette page va lui permettre de faire le point sur les acquisitions des enfants dans le domaine des sons. On retrouvera le dessin des principaux mots-clés ainsi que leur graphie.

2. Individuel/écrit

► Cahier d'activités 2 p. 62.
Exercice 1 : vérifie la compréhension du texte par la lecture d'images.
Exercice 2 : vérifie la compréhension du texte par lecture de phrases.
Exercice 3 : vérifie l'acquisition de mots présentant des particularités (x, h, lettres muettes).
Les dessins : *sabot, hérisson, taxi, nid.*
► Cahier d'activités 2 p. 63.
Exercice 1 : remettre des lettres dans l'ordre.
Exercice 2 : se repérer sur un plan à partir de consignes.
Exercice 3 : compléter des cases à partir de la lecture d'un plan.
► Cahier d'activités 2 p. 64.
Cette page présente un abécédaire des prénoms pour révisions libres. Des exploitations multiples sont possibles.

RÉVISIONS-JEUX

Projet d'écriture

Discipline du programme

Français : décris une apparition.

Types de documents

Deux extraits de récit merveilleux : *Le dernier enchantement de Merlin* d'É. Brisou-Pellen et *La Belle et la Bête.*

Déroulement

► Cahier d'activités 2 pp. 60 et 61.

1. Collectif/oral

Demander aux enfants d'apporter des livres où l'on trouve des apparitions merveilleuses. Lecture des extraits concernés en amont comme en aval de la séquence.

(N.B : merveilleux : événements extraordinaires dans un univers déjà à part. À différencier du fantastique : événements extraordinaires dans un univers quotidien).

Lecture silencieuse des deux extraits de la rubrique « Observe ». L'un est connu, l'autre non : restituer le contexte.

Quels sont les points communs à ces deux textes ?

• Description d'une apparition merveilleuse.

• Impression de surprise et de rapidité :

chez É. Brisou-Pellen, rendue par :

– la syntaxe : simple coordination par *et* « Il écarta les mains, **et** un verger… », inversion des sujets, usage du passé simple.

– le vocabulaire : « surgit », « aussitôt ».

Dans *La Belle et la Bête*, rendue par :

– la syntaxe : l'exclamation : « Quelle ne fut pas sa surprise », usage du passé simple et du plus-que-parfait.

– le vocabulaire : « À peine ».

Quelles sont les différences ?

• Apparition *ex nihilo* chez É. Brisou-Pellen, transformation dans *La Belle et la Bête.*

• Présence d'un magicien chez É. Brisou-Pellen, charme qui agit seul dans *La Belle et la Bête.*

2. Individuel/écrit

Faire repérer d'abord collectivement les gestes magiques accomplis par Merlin (écarter les mains, claquer des doigts, tracer un cercle) puis les éléments de l'apparition (un verger, un jardin, un château, une pelouse, des dames et des chevaliers, des troubadours).

Répondre à la consigne de la rubrique « Réfléchis ».

Le projet : décrire une apparition.

• Boîte à idées construite en dictée à l'adulte : Quels pourraient être les gestes magiques ? Qu'est-ce qui pourrait bien apparaître ? Quels pourraient en être les qualificatifs (tonalité positive ou péjorative, au choix des enfants) ?

• Lecture collective de la boîte à idées de la classe, puis de celle de la page 61 du cahier d'activités 2.

Rappel des caractéristiques du texte à produire : un geste magique par apparition merveilleuse, usage du passé simple (ou tentative) et éventuellement de connecteurs comme « tout à coup » ou « soudain ».

• Écriture individuelle sur le cahier d'activités ou d'essai, selon que l'on voudra favoriser les réécritures ou non. L'idéal étant de donner sens à ce projet sous forme de produit fini.

On aura toujours pour objectif de faire vérifier à l'enfant que son message est compréhensible par autrui. La lecture à son voisin et le dessin de son apparition permettront de vérifier la cohérence textuelle.

Propositions de prolongements

• Lire d'autres exemples de récits d'apparitions.

• Insérer les productions des enfants dans un projet sur la magie, le merveilleux ou les contes. On pourra soit faire produire un album en y insérant le texte qui vient d'être produit, soit faire une exposition des textes accompagnés d'une grande illustration.

La poule brune

Dans la cour, Georges observait le toit de la ferme, un joli toit de tuiles roses avec de hautes cheminées. On ne voyait pas la tête de Grandma. Seule, une grive chantait, perchée sur l'une des cheminées. « La vieille plante est restée coincée dans le grenier, pensa Georges. Dieu soit loué ! »

Soudain, une tuile se détacha du toit et dégringola dans la cour. La grive s'envola aussitôt.
Puis une autre tuile tomba.
Suivie d'une demi-douzaine.
Et alors, très lentement, comme une créature monstrueuse sortant d'un gouffre, la tête de Grandma surgit du toit…
Puis un cou décharné…
Et ses épaules…
– Tu ne crois pas que tu devrais arrêter maintenant, Grandma ? demanda Georges.
– Ça y est, j'arrête ! répondit-elle. Je me sens en pleine forme ! Je t'avais bien averti que j'avais des pouvoirs magiques ! Je t'avais bien dit que j'étais sorcière jusqu'au bout des ongles ! Mais tu ne voulais pas me croire, n'est-ce pas ? Tu ne voulais pas écouter ta vieille Grandma !
– Ce n'est pas toi qui as fait ça, Grandma ! s'écria Georges. C'est moi ! J'ai fabriqué une potion magique !
– Une potion magique ? Toi ? aboya-t-elle. Balivernes !
– Oui, c'est moi ! C'est moi ! répéta Georges.
– Tu mens, comme d'habitude ! hurla Grandma. Tu racontes toujours des bobards.
– Je ne mens pas, Grandma. Je te le jure.

Là-haut, au-dessus du toit, le visage ridé de Grandma se tourna vers Georges d'un air méfiant.
– Veux-tu vraiment dire que tu as fabriqué une potion magique, tout seul ? demanda-t-elle.
– Oui, Grandma, tout seul.
– Je n'en crois rien, dit-elle. En tout cas, je me sens très bien là-haut. Apporte-moi une tasse de thé.
Une poule brune picorait dans la cour, près de Georges. Cela lui donna une bonne idée. Vite, il déboucha le flacon et versa une dose de potion dans la cuillère.
– Regarde-moi ça, Grandma ! cria-t-il.
Il s'accroupit et tendit la cuillère vers la poule.
– Petit, petit, petit, dit-il. Viens picorer ici.
Les poules sont des volatiles gloutons et stupides. Elles croient que tout est bon à manger. Celle-ci s'imaginait que la cuillère était pleine de graines. Elle sautilla vers Georges, pencha sa tête de côté et fixa la cuillère.
– Petit, petit, petit, répéta Georges. Allons, petite poule.
La poule brune tendit le cou et becqueta la potion. Une pleine becquée de potion.
L'effet fut électrique.
– *Ouiche* ! caqueta la poule, en bondissant droit dans le ciel comme une fusée.
La poule atteignit la hauteur du toit puis s'écroula dans la cour. Elle restait assise sur le croupion, toutes plumes hérissées, hébétée, ridicule. Georges continuait à l'observer. Et Grandma aussi, depuis le toit.
La poule se remit sur ses pattes. Elle tremblait et *gloussaillait* d'une drôle de façon ! Elle ouvrait, fermait le bec, sans raison. Elle semblait vraiement mal en point.
– Regarde ce que tu as fait, imbécile ! s'exclama Grandma. La poule est en train de mourir ! Tu vas entendre ton père ! Il va te flanquer une bonne raclée ! Et tu ne l'auras pas volée !
Tout à coup, un nuage de fumée noire s'échappa du bec de la poule.
– Elle flambe ! hurla Grandma. La poule est en feu !
Georges courut remplir un seau d'eau à l'abreuvoir.
– La poule est rôtie ! Le dîner est servi ! criait Grandma.
Georges jeta l'eau du seau sur la poule. Il y eut un grésillement et la fumée disparut.
– Elle a pondu son dernier œuf ! hurlait Grandma. Les poules rôties ne pondent plus que des œufs durs !
Le feu éteint, la poule paraissait en meilleure forme. Ses pattes ne flageolaient plus. Elle agitait même ses ailes. Puis, elle s'accroupit comme pour le départ d'un cent mètres. Mais elle sauta en *hauteur*, fit un saut périlleux et retomba allègrement sur ses pattes.
– C'est une poule de cirque ! criait Grandma du sommet du toit. Un volatile acrobate !
Et maintenant, la poule grandissait.
Enfin ! C'était ce qu'attendait Georges.
– Elle grandit ! hurla-t-il. Elle grandit, Grandma ! Regarde, elle grandit !
De plus en plus grande, de plus en plus haute. Elle fut bientôt quatre ou cinq fois plus grande qu'au début.
– Tu vois, Grandma ? criait Georges.
– Diable, je vois ! répondit la vieille. Je ne vois que ça !
Georges, tout excité, sautillait d'un pied sur l'autre, en montrant l'énorme poule.

– Elle a bu ma potion magique, Grandma, répétait-il, et elle a grandi comme toi !
Mais il y avait une différence. Grandma avait grandi en s'étirant comme un élastique. Pas la poule, qui était restée joliment dodue.
Bientôt, elle fut plus grande que Georges. Elle ne s'arrêta que lorsqu'elle atteignit la taille d'un cheval.
– N'est-ce pas fantastique, Grandma ? cria Georges.
– Elle n'est pas aussi grande que moi ! chantonnait Grandma. Par rapport à moi, la poule est poulette ! Moi, je suis la plus grande !

R. Dahl, *La potion magique de Georges Bouillon*
Traduit de l'anglais par M.R. Farre.

Bibliographie d'Évelyne Brisou-Pellen

Comment vivre sept vies sans avoir mal aux pieds. Rageot, 1997 Bibliothèque
(En collaboration avec les illustrateurs suivants)
Merlin (Christophe). *Le Jongleur le plus maladroit.* Nathan jeunesse, 1998 (Demi lune)
Deiss (Véronique). *Le Monstre du CM1.* Casterman, 1996 (Huit et plus)
Karlukovska (Irina). *Le Philtre d'amour.* Nathan jeunesse, 1998 (Demi lune)
Le Roi de trouille-les-pétoches. Rageot, 1994 (Cascade contes)
Deux ombres sur le pont. Hachette jeunesse (Le Livre de poche jeunesse), 1994 (Bibliothèque)
L'Homme rouge de Hang Tchéou. Milan, 1994 (Zanzibar)
La Vie au Moyen Âge. Nathan jeunesse, 1998 (Megascope)
Deiss (véronique). *Le Grand amour du bibliothécaire.* Casterman, 1996 (Huit et plus)
Le Chevalier qui ne savait pas lire. Rageot (Cascade contes)
La Vraie princesse Aurore. Rageot, 1995
Le Vrai prince Thibault. Rageot, 1994
Puig-Rosado (Fernando). *Un Roi beaucoup trop gourmand.* Bayard, 1997 (J'aime lire)
Le Trésor des Azteques. Père Castor. Castor-poche Benjamin cadet, 1987
Le Trésor des deux chouettes. Rageot (Cascade roman), 1991
Puig-Rosado (Fernando). *Les Concombres du roi.* Bayard éditions-Le Centurion (J'aime lire) Bibliothèque
Série Papyrus Pocket jeunesse, 1998 (cinéma)

Bibliographie de Stéphane Girel

Prunelle. École des loisirs, 1996 (Pastel)
(En collaboration avec les auteurs suivants)
Rascal. *Blanche dune.* École des loisirs, 1998 (pastel)
Rascal. *La Route du vent.* École des loisirs, 1997 (Pastel)
Rascal. *La Reine de neige.* École des loisirs (Pastel)
Cassabois (Jacques). *Contes traditionnels de Bourgogne.* Milan (Contes traditionnels)
Cadier (Florence). *Qui est Laurette ?* Nathan jeunesse, 1999 (Première lune)

Bibliographie thématique

Légendes du Moyen Âge

Chrétien de Troyes
Lancelot, le chevalier à la charrette. Gallimard, 1970
Perceval. Gallimard, 1970
Yvain, le chevalier au lion. Gallimard, 1970, (En bibliothèque Bons lecteurs 8-9)

Detay-Lanzmann (Françoise), **Hibert** (Nicole). *Le Château fort.* Mango

Hastings
Gauvain. Albin Michel, 1981
Le Mariage de Gauvain. Albin Michel, 1985

Hiest Lallemand (Évelyne). *L'Enchanteur enchanté et autres contes bretons.* Hachette jeunesse (Le Livre de poche jeunesse), 1994 (Bibliothèque)

Macaulay (David). *Naissance d'un château fort.* École des loisirs, 1998 (Neuf) Bons lecteurs

Page
Merlin l'enchanteur
Le Roi Arthur. Corentin, 1993

Recouvrance (Sebastien), **Laze** (Christophe). *Contes du petit breton.* Gisserot Jean-Paul.
Caselli (Giovanni). *Des Celtes aux chevaliers du Moyen Âge.* Hachette jeunesse, 1982

FICHES

À

PHOTOCOPIER

Nom : .... Date : ....

1 **Relie à** vrai **ou** faux **.**

Le lièvre et le chien sont amis. •

Le chien griffe et gronde. • • vrai

Rosemonde griffe le lièvre. • • faux

Les amis de la tortue sont des escargots. •

2 **Complète avec le mot qui convient.**

le ou la ______ soleil ______ niche

un ou une ______ chien ______ maison

Le lièvre court le monde :

il ou elle ______ court le monde.

La tortue réfléchit :

il ou elle ______ réfléchit.

Nom : .... **Date :** ....

3 **Réécris dans les bulles ce que disent les animaux.**

« Comme elle te va bien ! »
dit la tortue.

« Ma maison ! »
crie le chien.

4 **Écris comme le modèle.**

Les escargots sont trois amis.

Nom : .... Date : ....

5 Relie chaque dessin à l'étiquette qui convient.

6 Écris la lettre qui manque.

un _ivre  le n_d  une _aison 

la tort_e  une _ose  le ch_t 

7 Complète les mots avec mi, li, lu ou ra.

 des ___nettes  un pi___te

 une ___mace  une che___née

Nom : .... **Date :** ....

1 Quels sont les titres possibles pour l'histoire ? Coche.

- ☐ Petit voyage à Paris.
- ☐ On va visiter la Tour de Londres.
- ☐ L'Écossais en jupe.
- ☐ Le Français en kilt.
- ☐ Léa et Axel à Londres.

2 Entoure les phrases qui sont dans l'histoire.

Léa tira la langue à son frère.

Elle s'avance sur la chaussée.

Le train arrive en gare de Londres.

Le train arrive dans la gare de Londres.

Elle s'élance sur la chaussée.

3 Écris quatre groupes de mots.

le montre
mon partent
ils voitures
la cadeau
son sœur
ma course
elles montent
sa billets
les guide

4 Écris le numéro de la page de l'histoire où se trouve chaque mot.

course :	page	moqueur :	page ....
kilt :	page	volant :	page ....
souvenirs :	page	boutique :	page ....

Nom : .... Date : ....

5 Réécris les phrases dans l'ordre de l'histoire.

- Maman achète des souvenirs.
- Il tend une montre à Alex.
- Léa, Alex et Maman partent pour Londres.
- Un monsieur les suit.

6 Relie chaque mot à son étiquette.

le nez	●	● [e]	
le savon	●	● [n]	
deux	●	● [ɔ̃]	
un bébé	●	● [d]	2

7 Colorie de la même couleur les étiquettes et les mots qui les contiennent.

Étiquettes	Mots
on	beau
an	chou
eau	son
ch	benne
nn	maman

Nom : .... **Date :** ....

1 Numérote les phrases dans l'ordre de l'histoire.

☐ Miguel est nommé mousse au service du roi d'Angleterre.

☐ Dans le port de Tobago, Miguel se glisse dans un tonneau.

☐ Sur le bateau, il y a beaucoup de travail pour Miguel.

☐ Mais les Anglais sont plus forts que les pirates.

☐ Un jour la vigie voit un bateau anglais. Les pirates se préparent au combat.

☐ Il est découvert par le capitaine Jambe-de-Bois.

2 Relie la phrase au mot qui lui manque.

Je ne savais pas que c'était un ...... de pirates •		• tremblais
Jambe-de-Bois était un ...... des Caraïbes •		• minable
Son bateau était vraiment ...... •		• pirate
Et moi, je ...... de tous mes membres •		• bateau

3 Entoure ce qui est juste pour compléter la phrase. Barre ce qui est faux.

- Jambe-de-Bois est un pirate ↗ et moi / ↘ et toi je suis un enfant.
- Raccommode nos vêtements ↗ car ils sont déchirés. / ↘ car ils sont mouillés.
- Les Anglais ↗ était ravi. / ↘ étaient ravis.

Nom : .... **Date :** ....

4 **Complète par** vrai **ou** faux **.**

Miguel se glissa dans un taxi anglais. ....

Au temps de Jambe-de-Bois, les Anglais avaient un roi. ....

Miguel offre une montre à Jambe-de-Bois. ....

Jambe-de-Bois a de grands yeux bleus. ....

Miguel veut être mousse au service du roi d'Angleterre. ....

5 **Trouve un autre titre pour l'histoire :**
« Va, petit mousse, où le vent te pousse... »

6 **Relie chaque mot-clé à son étiquette.**

[f] 

[p] 

[ɛ̃] 

[s] 

[u] 

le pirate — le requin — le feu — le loup — le sifflet

la flèche — le bateau — la carotte — le roi — la jambe

[k] 

[ɛ] 

[ʒ] 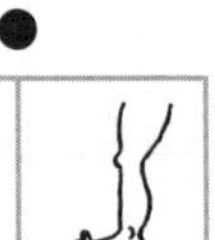

[b] 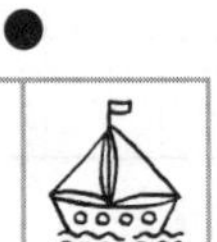

[wa] 

Nom : ....   Date : ....

7 Lis les mots et écris-les dans la colonne qui convient.

orphelin - les provisions - les morceaux - le pont - d'abord - le sang - j'appelle - terrible - j'ai faim - une caisse - un bandeau - faire

[f]	[s]	[p]	[b]

8 Complète les mots en choisissant les syllabes qui conviennent.

ju   ge   jam   geon   ca   ki   quin   cou

une ___pe   un ___lo   un ___nou   un re___

un pi___   il ___rait   une ___be   les ___nons

•	•
•	•
•	•
•	•

Nom : .... **Date :** ....

1 Coche les cases des phrases qui correspondent à l'histoire.

- ☐ Amélie explique qu'elle donne le biberon à son petit frère.
- ☐ Jérôme aime beaucoup s'occuper de son petit frère.
- ☐ Julien a choisi le prénom de sa petite sœur avec ses parents.
- ☐ Miguel raconte l'histoire de sa petite sœur.
- ☐ La maman de Julien a préparé le berceau pour le bébé.

2 Complète les phrases avec les mots qui conviennent :

venue, frère, jours, biberon, petite, couches

Julien va avoir une .... sœur. Sa copine
Amélie parle souvent de son petit .... :
elle lui donne son .... et sait même lui
changer ses .... Julien et sa maman
préparent la .... du bébé. Julien compte les
.... qui restent avant la naissance.

3 Entoure ce qui est juste, barre ce qui est faux.

- Le berceau est à / dans la chambre.
- La naissance est prévue sur / vers le 15 mai.
- Jérôme se fait gronder
  - parce que le bébé boit son biberon.
  - parce que ses parents sont énervés.

Bilan 4

Nom : .... **Date :** ....

4 Barre l'intrus dans chaque ligne.

- sœur | frère | grand-mère | taxi | papa
- bébé | chaussons | pirate | biberon | berceau

5 Choisis ce que Julien fera quand Sara sera née. Écris-le :

- Il lui changera ses couches.
- Il lui racontera des histoires.
- Il fera rouler le berceau tout doucement.
- Il lui chantera des chansons.
- Il lui fera des guili-guili et lui donnera son biberon.

6 Relie chaque mot-clé à son dessin.

- un gâteau
- une feuille
- un nœud
- un peigne
- des fleurs
- un zèbre
- un point

[j]	
[ɲ]	
[g]	
[ø]	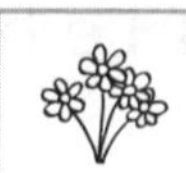
[ɛ̃]	
[œ]	
[z]	

Nom : .... Date : ....

7 **Entoure dans les mots ou phrases toutes les façons d'écrire les sons suivants.**

[z]		**en bleu,**	[j]		**en vert**
[ø]		**et**	[œ]		**en jaune**

Il a un peu peur. – un trapèze – la fille – Elle est assise. – la grenouille – le nœud – la cerise – des yeux brillants – sa sœur – le lézard – l'horizon – des fleurs

8 **Lis les mots et écris-les dans la colonne qui convient :**

un gâteau – un oiseau – la paille –
la guitare – la maison – une bague – un soleil –
la rose – la feuille – un zèbre – un portail – la gare.

	[z]			[j]			[g]	

9 **Complète les mots avec la syllabe qui convient :** gon, gnon, gou .

un kan_____rou un champi ______ le wa ______

Nom : .... **Date :** ....

1 Quel est le dernier enchantement de Merlin ?

2 Remets les mots de la phrase dans l'ordre et écris-la.

| s'aimeront | et | Merlin | pour | Viviane | l'éternité | . |

3 Barre l'intrus :

| magie | enchantement | pouvoir | cheveux | transformation |

4 Retrouve les mots de l'histoire de Merlin et complète :

une fô ..... le mon ..... un che ..... lier

une fon ..... ne ..... un châ ..... un ..... din

une musi ..... un ar ..... une ca .....

l'éter ..... té

Nom : .... **Date :** ....

5 Relie les mots aux dessins correspondants.

un renard	des fruits	le lac	la clairière	une fée
•	•	•	•	•
•	•	•	•	•

6 Complète avec *me, te, se*.

Merlin .... transforme en ours.

Je .... transforme en ours.

Viviane .... transforme en ours.

Tu .... transformes en ours.

7 Déplace le groupe souligné à l'intérieur de la phrase.

- Dans la forêt, <u>une vaste clairière</u> s'étend.

- <u>Vous</u> êtes un grand enchanteur.

?

- <u>Jamais plus</u> Merlin ne se transforma en biche.

Nom : .... **Date :** ....

8 **Évite la répétition en remplaçant l'expression soulignée comme dans l'exemple :**

- Merlin garde son écharpe. Viviane fait tourner <u>son écharpe</u>.

Viviane fait tourner la sienne.

- Merlin a donné son amour à Viviane. Viviane lui a donné <u>son amour</u>.

9 **Complète comme dans l'exemple :**

dernier → *dernière*

haut →

premier →

le renard →

gris →

10 **Range chaque mot dans la colonne qui lui convient :**

genoux exemple texte six dixième

ks de taxi	**gz** de exercice	[ ] de hiboux	[z] de deuxième	[s] de dix

11 **Écris** *l'*, *le* **ou** *la* **devant les mots suivants :**

__ habitation, __ héros, __ heure, __ hangar, __ haie

• **Matériel pour le jeu de fléchettes à découper.**

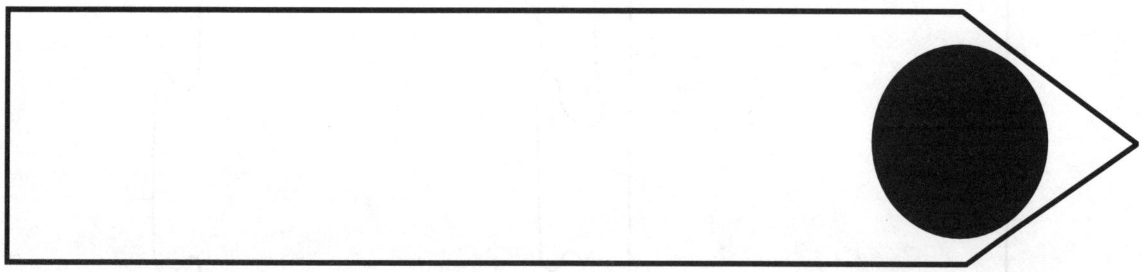

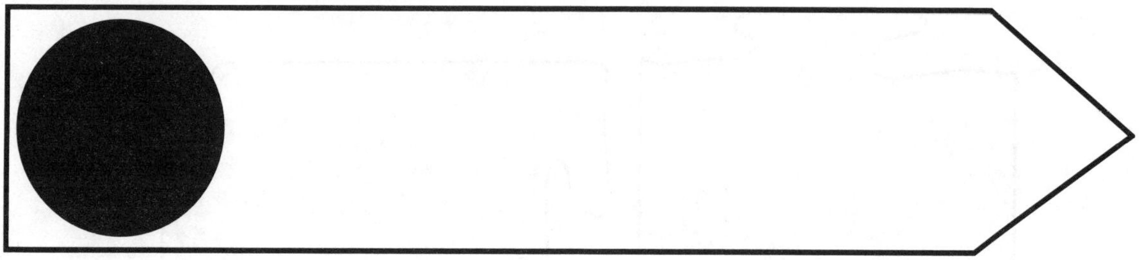

• **Matériel pour le puzzle de combinatoire.**

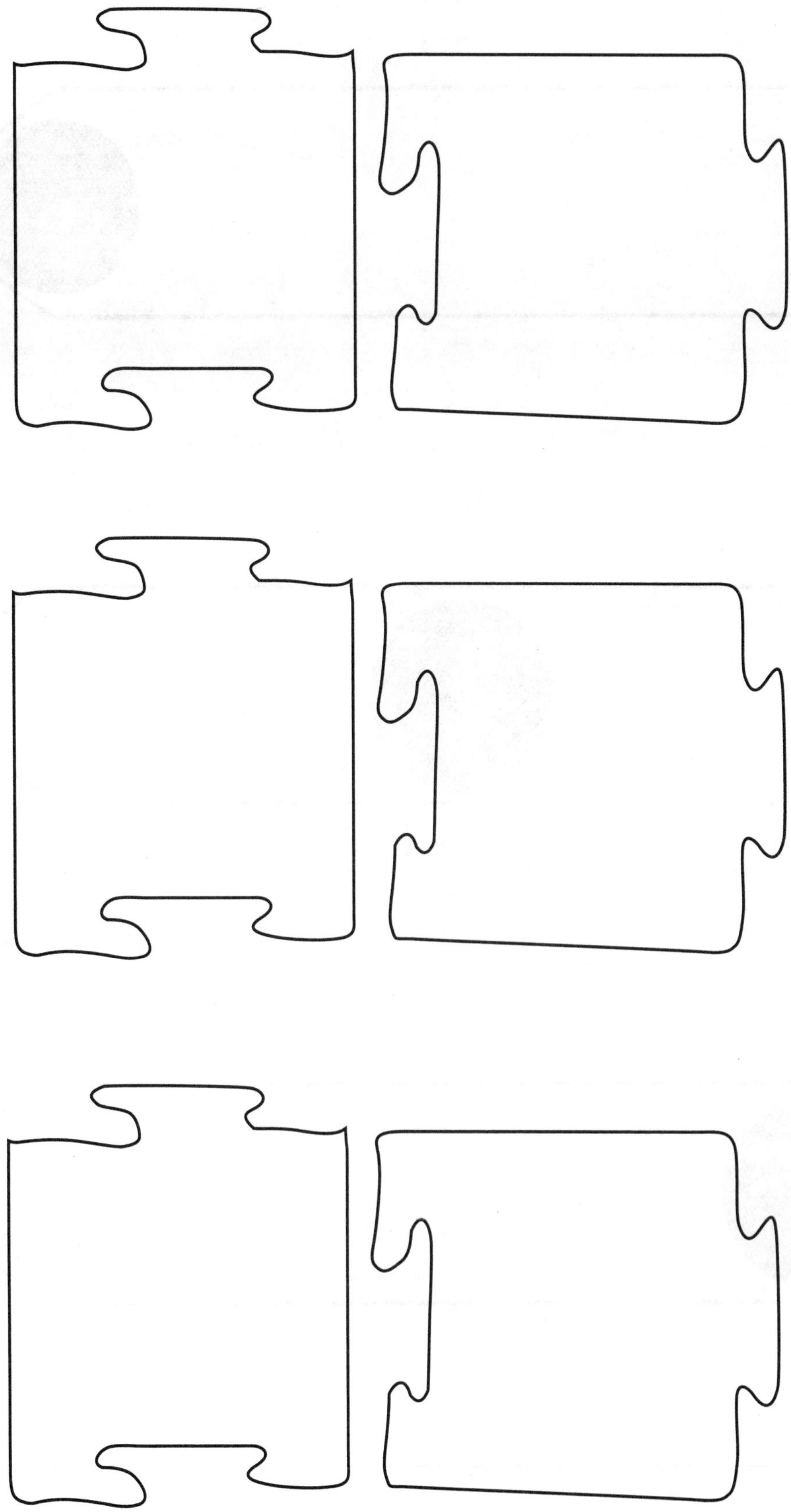

Grille hebdomadaire pour l'étude dirigée ou le travail à la maison

Pour le .... • Lecture du texte page .... • Lecture de la rubrique « Je mémorise » page .... • Mémoriser ou s'entraîner à écrire : .... •	Pour le .... • Lecture du texte page .... • Lecture de la fiche son page.......... • Mémoriser ou s'entraîner à écrire : .... • ....
Pour le .... • Lecture du texte page .... • Lecture de la rubrique « Je mémorise » page .... • Mémoriser ou s'entraîner à écrire : .... •	Pour le .... • Lecture du texte page .... • Lecture de la fiche son page.......... • Mémoriser ou s'entraîner à écrire : .... • ....

Grindelire